Le sort des autres

Nancy LEFENFELD

Le sort des autres

*Le sauvetage des enfants juifs
à la frontière franco-suisse*

Traduit de l'anglais par Lucienne Latour-Zederman

L'édition française contient des corrections, des modifications et quelques compléments d'information à l'ouvrage original, écrit en anglais et publié en 2013.

Première édition : *The Fate of Others. Rescuing Jewish Children on the French-Swiss Border*, Timbrel Press, Clarksville, Maryland, 2013.

© **L'Harmattan, 2016**
5-7, rue de l'Ecole-Polytechnique, 75005 Paris

http://www.harmattan.fr
diffusion.harmattan@wanadoo.fr

ISBN : 978-2-343-08420-6
EAN : 9782343084206

À mon mari,
Robert Lefenfeld

Sigles

AC	Amitié chrétienne
AFSC	American Friends Service Committee
ADHS	Archives départementales de la Haute-Savoie
AEG	Archives d'État de Genève
AIU	Alliance israélite universelle
ARJF	Anciens de la Résistance juive en France
Arr. ter. GE	Arrondissement territorial de Genève
CC	Consistoire central
CDJC	Mémorial de la Shoah, Musée/Centre de documentation
CGQJ	Commissariat général aux questions juives
CIMADE	Comité d'intermouvements auprès des évacués
EIF	Éclaireurs israélites de France
FSJF	Fédération des sociétés juives de France
JDC	American Jewish Joint Distribution Committee
MAU	KZ-Gedenkstätte Mauthausen
MJS	Mouvement de jeunesse sioniste
ORT	Obschestvo Remeslenovo i zemledelcheskovo Trouda
OSE	Œuvre de secours aux enfants
SIG	Schweizerischer Israelitischer Gemeindebund
UGIF	Union générale des Israélites de France
USHMM	United States Holocaust Memorial Museum
YIVO	YIVO Institute for Jewish Research
YV	Yad Vashem
VSJF	Verband Schweizerischer Jüdischer Fürsorgen

Un tableau de Klee, appelé « Angelus Novus », montre un ange sur le point de s'éloigner de quelque chose qu'il contemple fixement. Ses yeux sont figés, sa bouche ouverte, ses ailes déployées. C'est ainsi que l'on se représente l'Ange de l'Histoire. Son visage est tourné vers le passé. Là où nous percevons un enchaînement d'évènements, il ne voit qu'une unique catastrophe qui sans cesse entasse des décombres et les projette devant ses pieds. L'ange aimerait rester là, réveiller les morts, et rétablir ce qui a été fracassé. Mais une tempête souffle du Paradis, elle s'est prise dans ses ailes avec une telle violence que l'ange ne peut plus les refermer. La tempête le propulse irrésistiblement dans l'avenir, auquel il tourne le dos, tandis que le tas de débris devant lui s'élève vers le ciel. Cette tempête, c'est ce que nous appelons le Progrès.

Walter Benjamin, « Thèses sur la Philosophie de l'Histoire IX », 1940.

Sommaire

Avant-propos 19
Remerciements 25
1. Prélude 29
2. « Le Lieu béni » : Saint-Gervais-les-Bains 41
3. Le Pas de l'Échelle 63
4. Ville-la-Grand 99
5. Annecy 123
6. Nice 153
7. La Plaine du Loup 183
8. Adieu à la France 195
9. Frontières 219
10. La dernière traversée 253
Postface : l'Ange de l'Histoire 265
Annexes 269
   Annexe 1 : Acceptation et expulsion à la frontière suisse 269
   Annexe 2 : Résumé des données statistiques et profils des convois ... 276
   Annexe 3 : Hébergement des enfants juifs en Suisse 329
Glossaire 331
Bibliographie 333
Index 341

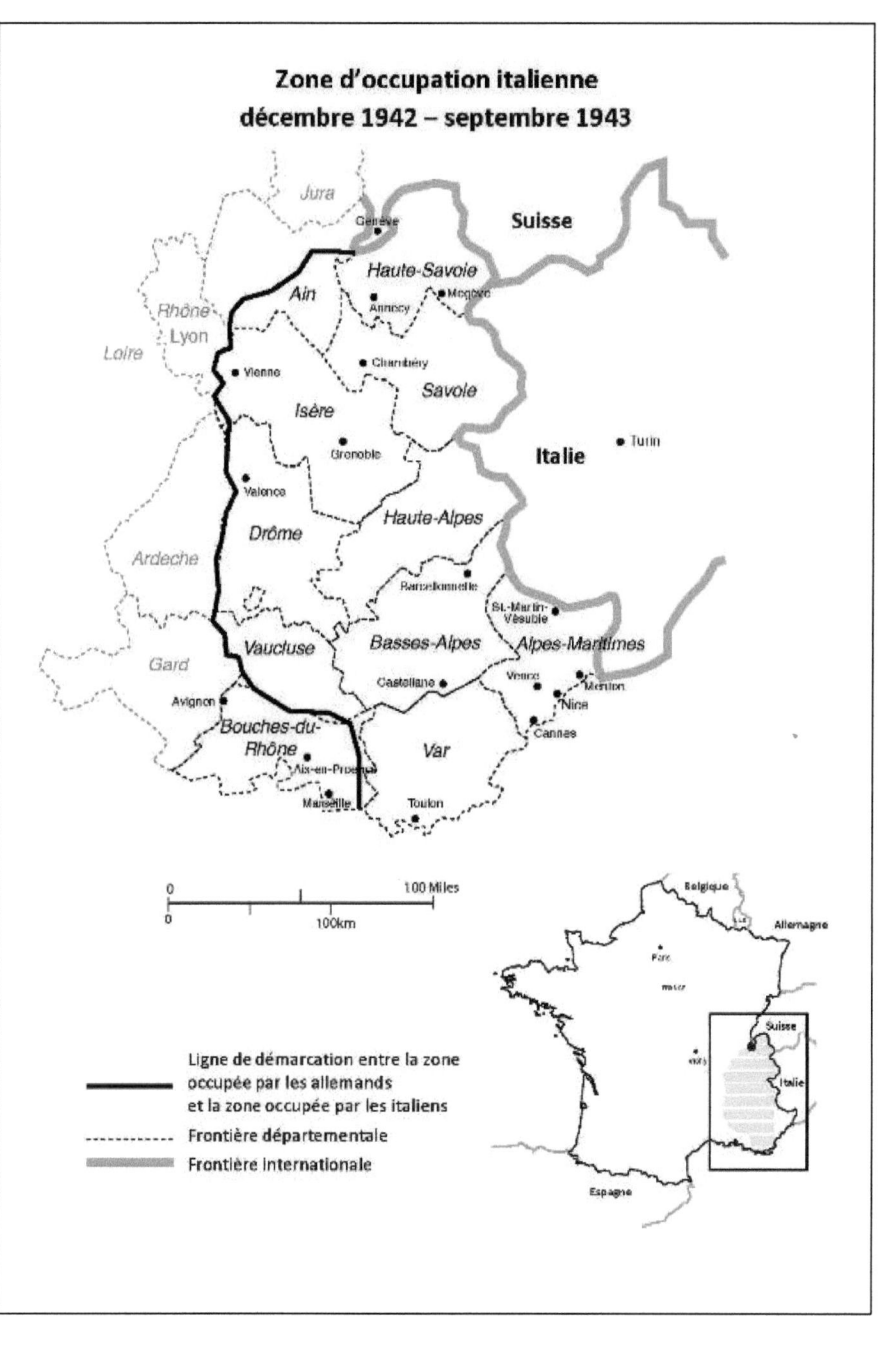

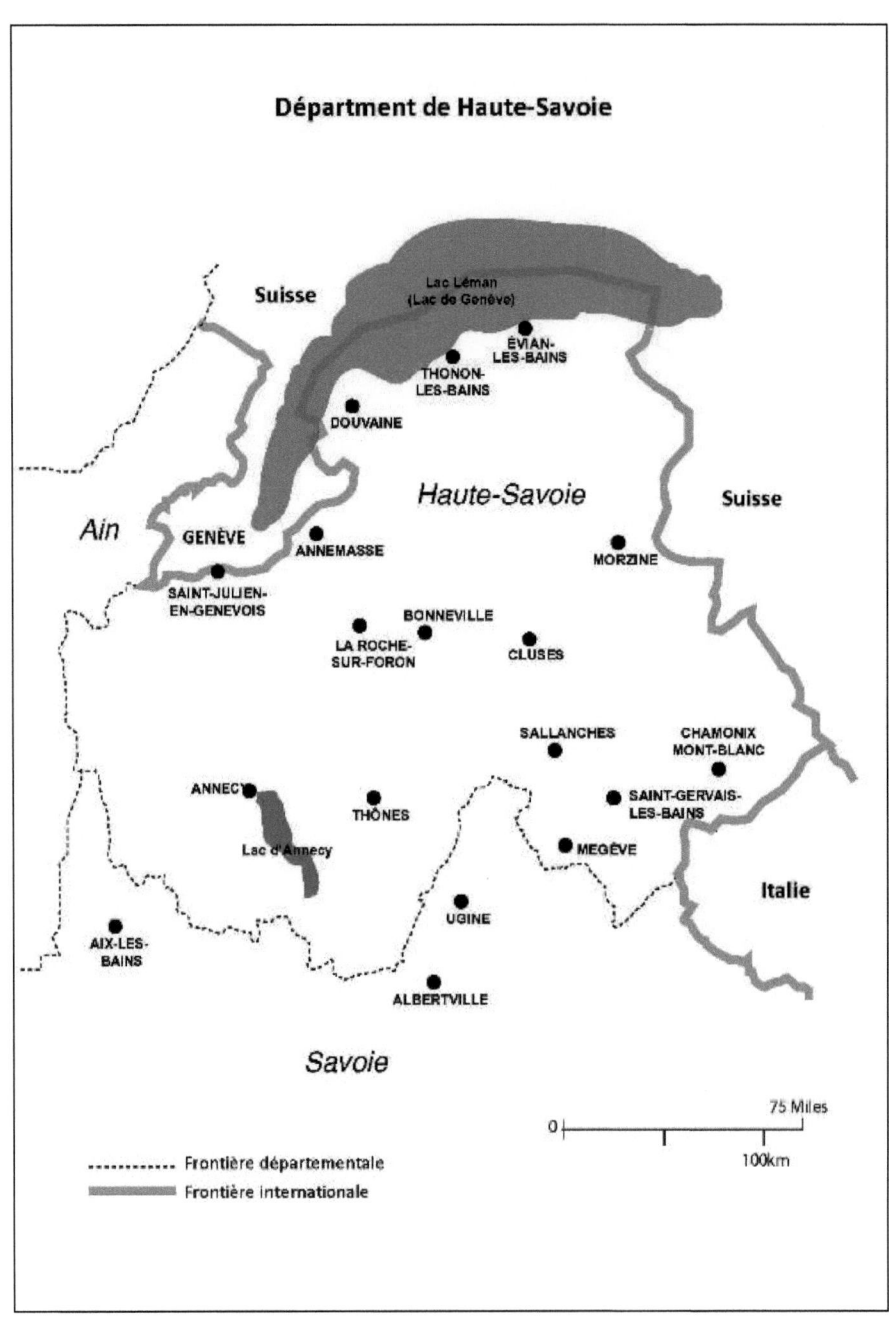

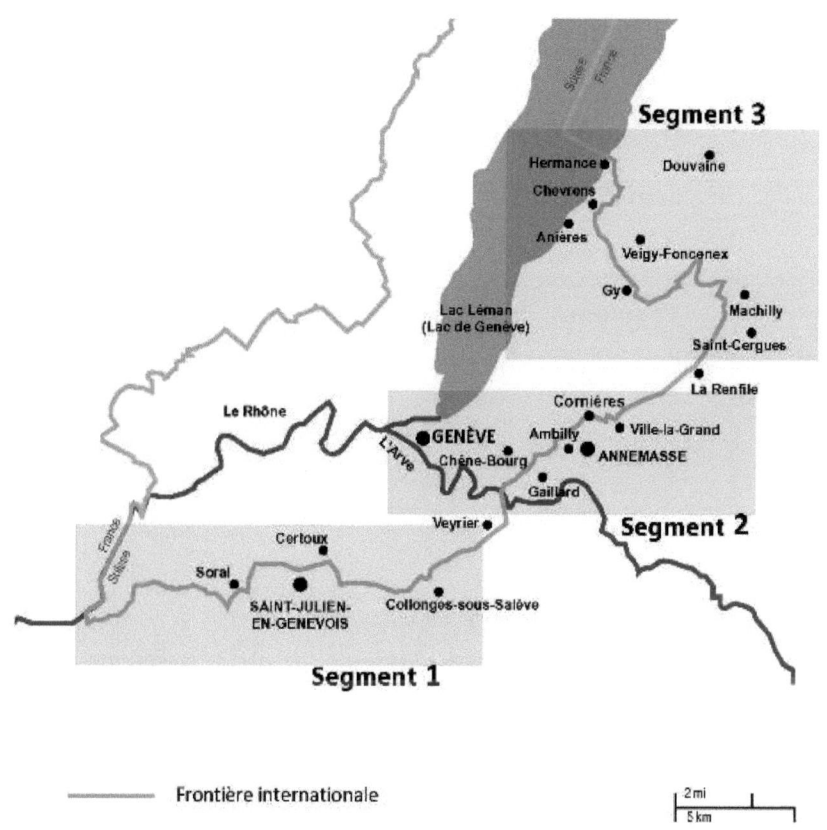

Segment 1

Segment 2

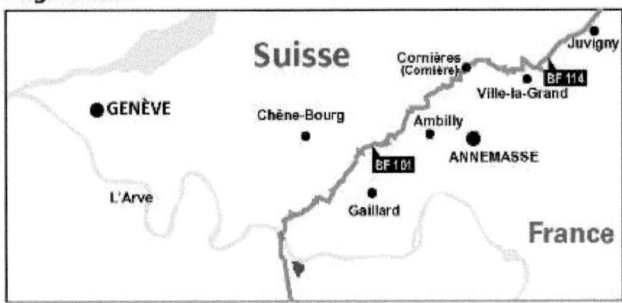

Segment 3

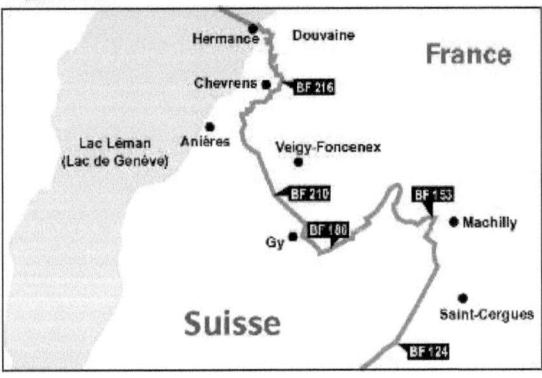

Avant-propos

Lundi 21 avril 1997, veille de Pâques, *Erev Pesach* 5757. J'avais demandé que chaque membre de la famille et chaque ami qui assisterait à notre *seder*, amène quelque chose à partager : poème, histoire, ou simplement quelques pensées. J'avais lu un article sur trois personnes rescapées de la *Shoah,* et les difficultés qu'elles rencontraient pour obtenir des réparations de l'Allemagne. J'avais été particulièrement émue par l'histoire de celle que j'appellerai Lisette et, ce soir-là, j'en partageai un bref synopsis avec mes invités.

En août 1942, Lisette a trois ans, elle est internée avec sa mère et ses sœurs dans le sud de la France. On donne à la mère de Lisette le choix de partir avec ses filles ou de les laisser à des personnes qu'elle ne connaît pas. Elle choisit de partir sans ses enfants. Lisette et ses sœurs passent clandestinement en Suisse. Son père est déporté lui aussi, les deux parents sont assassinés à Auschwitz. Lisette était « a child survivor » (une enfant survivante), expression nouvelle pour moi mais qui me deviendrait bientôt familière.

Lisette parlait dans l'article non seulement de son passé difficile mais aussi des défis du présent et de la crise qu'elle traversait. Je l'ai contactée par l'intermédiaire du journal et lui ai demandé comment je pouvais l'aider. Elle m'a répondu et nous nous sommes rencontrées.

Toute petite, Lisette avait été traumatisée. Devenue adulte, elle s'efforçait de gagner sa vie et de gérer colère, rancune et dépression. Elle n'avait aucun souvenir de ses parents, rien de surprenant vu son jeune âge en 1942. Il était surprenant, par contre, qu'elle n'ait aucun souvenir des évènements d'avant son départ pour les États-Unis, elle avait alors six ans. Ce manque de souvenirs, ou disons, son impuissance à se remémorer, était terriblement frustrant. De plus, elle comprenait mal ce qui s'était passé pendant les six premières années de sa vie, ce qu'elle en savait était fragmentaire, difficile à saisir. Sans récit cohérent de sa propre enfance, elle était assaillie de questions. Chercheuse de nature et de profession, je décidai de voir si je pouvais l'aider à remonter dans le passé et à trouver des réponses.

La France fut occupée pendant quatre ans par les Allemands. Cette période de l'Occupation, loin d'être uniforme, connut des changements, subtils, voire spectaculaires. Pour comprendre ce qui était arrivé à la famille de Lisette, j'ai dû apprendre ce qu'avait été l'Occupation, et comment elle avait évolué. J'ai aussi dû étudier la chronologie des mesures anti-juives mises en place par les autorités allemandes et le gouvernement de Vichy. J'ai passé, au début, de nombreuses heures à l'United States Holocaust Memorial Museum (Musée mémorial de l'Holocauste des États-Unis) et à la Library of Congress (Bibliothèque du Congrès), à étudier la question juive en général dans la France occupée, et le sauvetage des enfants juifs internés dans les camps en particulier. Il y avait peu de documents en anglais à ce sujet, mais de nombreux textes en français comportaient des passages relatifs aux enfants. Lire le français m'était difficile, j'ai donc photocopié énormément de documents pour procéder tranquillement et laborieusement à leur lecture chez moi. J'ai également écrit à des organismes gouvernementaux en France pour obtenir des copies de documents qui m'aideraient à établir la chronologie des déplacements de la famille.

Il m'est apparu à un moment donné que l'OSE (Œuvre de secours aux enfants), avait peut-être joué un rôle dans le sauvetage de Lisette et de ses sœurs. Je me suis rendue compte que l'organisation était toujours très active et j'ai préparé une demande de renseignements que Lisette a adressée au siège de l'OSE à Paris. Elle a reçu en réponse plusieurs pages photocopiées : le contenu d'un dossier constitué sur elle et ses sœurs pendant la guerre. Certains de ces documents portaient la signature du père et de la mère de Lisette, signatures qu'elle découvrait pour la première fois. Par la suite elle a fait la connaissance de la femme qui l'avait sauvée, ses sœurs se souvenaient de son pseudonyme.

Je suis Juive américaine, née en 1951. Je ne suis pas historienne. Avant 1997 je n'avais aucune idée de ce qu'avait été la vie des Juifs de France sous l'occupation allemande. Je ne savais rien de leur lutte quotidienne pour trouver nourriture et abri, tout en essayant d'échapper aux arrestations et à la déportation. Je n'avais aucune idée que des centaines de femmes et d'hommes juifs, avaient œuvré dans la clandestinité, souvent dans des réseaux organisés, pour en sauver d'autres, des enfants en particulier. Je n'avais aucune idée que beaucoup de ces femmes et hommes juifs, qui endossèrent cette responsabilité étaient si jeunes. Aucune idée que les réseaux de sauvetage juifs travaillaient main dans la main, dans le secret le plus absolu, avec des catholiques et des protestants. Aucune idée que tant d'eux sacrifièrent leur vie, en essayant d'en sauver d'autres, du sort que les nazis leur avaient programmé.

Désireuse d'approfondir la question des Juifs qui avaient sauvé d'autres Juifs, je me rendis en France en 1998. C'était la première fois que je voyageais par-delà les mers. J'ai passé deux semaines à étudier des documents d'archives au Centre de documentation juive contemporaine (CDJC), qui fait aujourd'hui partie du Mémorial de la Shoah. J'ai également consulté les archives de l'OSE. J'ai été profondément émue de lire les témoignages rédigés par des Juifs, et en particulier par des femmes juives sur leurs missions de sauvetage. Il n'est pas habituel d'entendre parler de sauveurs juifs, et encore plus inhabituel de femmes juives. Les femmes faisaient intégralement partie des réseaux de sauvetage, on avait souvent recours à elles pour les missions les plus dangereuses. Elles ont été plus réticentes que les hommes à décrire ce qu'elles avaient accompli. Peu de femmes ont publié leurs mémoires. Longtemps leur modestie les en a empêchées.

La nature du danger que les Juifs subirent est difficile à comprendre : elle ne peut se réduire à des généralités, elle évolua avec la situation militaire et les réactions populaires envers les autorités d'occupation. Les activités légales de sauvetage (en surface) et illégales (souterraines et clandestines) menées par les organisations juives évoluèrent en conséquence. Quand j'ai entrepris cette recherche je me suis énormément appuyée sur l'excellent livre de Lucien Lazare, *La Résistance juive en France*. J'en ai fait ma bible. Ma copie est si usée qu'elle se détache en morceaux lorsque je l'ouvre.

C'est là que pour la première fois j'ai lu les noms de Mila Racine et de Marianne Cohn, deux jeunes filles juives qui firent passer clandestinement des enfants juifs de France en Suisse. Elles étaient amies. Après l'arrestation de Mila, qui tentait de faire passer un convoi d'enfants, Marianne reprit le flambeau. Lucien Lazare en parle brièvement, mais cela m'a incitée à découvrir qui elles étaient, ce qu'elles firent, et ce qui leur arriva. J'ai fait des recherches, identifié et interrogé des personnes qui ont fait partie du dernier convoi de Marianne, tombé entre les mains des Allemands lors de leur tentative de passer la frontière suisse le 31 mai 1944. Il existe diverses sources qui décrivent l'arrestation et la détention de l'une et de l'autre ou des deux, mais peu abordent l'importance du travail de sauvetage qu'elles accomplirent. Au fur et à mesure que je me familiarisai avec le sujet, il m'a semblé logique de centrer mes recherches sur Mila et l'équipe qu'elle aida à constituer et qu'elle dirigea.

Membre du MJS, Mouvement de jeunesse sioniste, Mila a été la première à qui l'on a demandé de faire passer un groupe d'enfants non accompagnés en Suisse. C'était à la mi-août 1943. La jeune femme de vingt-trois ans faisait partie d'un important regroupement provisoire de réfugiés juifs qui étaient en résidence assignée (également appelé résidence forcée) à Saint-Gervais, au pied du Mont-Blanc. Saint-Gervais faisait partie de la zone d'occupation italienne qui comprenait le sud-est de la France. L'été avait été clément, les soldats italiens avaient protégé les Juifs, les avaient traités avec bienveillance. Mais la situation politique en Italie avait changé à la fin juillet. Début août, il était clair que l'occupation italienne allait se terminer. On demanda à Mila d'escorter un groupe d'enfants de Saint-Gervais vers une localité jouxtant Genève, entre Annemasse et Saint-Julien-en-Genevois, et de les faire passer à travers la clôture de barbelés qui avait été érigée le long de la frontière. Ce premier convoi était un test. Les enjeux étaient importants. S'il réussissait, le MJS établirait immédiatement un réseau pour sauver d'autres enfants pourchassés. Le 16 août, Mila et les enfants arrivèrent au lieu choisi pour le passage, mais rien ne se déroula comme prévu et la traversée en fut contrariée. Si elle avait décidé de ramener les enfants à Saint-Gervais, personne n'aurait trouvé à redire. Elle avait fait tout ce que l'on attendait d'elle et ce qui était arrivé était indépendant de sa volonté. Mais Mila refusa de renoncer.

Le premier convoi réussit à passer, puis le second, le troisième, le quatrième, le cinquième et bien d'autres. Les sauveteurs juifs œuvraient dans le secret le plus absolu, sous de fausses identités. Ils furent aidés par un réseau clandestin comprenant des catholiques, des protestants, des religieux et des laïcs, des hommes et des femmes, des jeunes et des vieux. Plus de soixante-dix ans plus tard, pratiquement aucun de ceux qu'ils sauvèrent ne connaît leur véritable identité. Pratiquement aucun ne sait ce que signifient ces mystérieuses initiales : MJS.

Il n'est pas étonnant que de tels faits ne soient pas connus même après des décennies. L'anonymat jouait un rôle essentiel dans ce travail de l'ombre. Il était dangereux d'en consigner la trace, car ceux qui œuvraient dans l'illégalité durant la Shoah étaient promis à la déportation, à la mort. Par contre les Allemands ont si bien tout consigné que les mots me manquent pour en parler correctement. Des millions de documents, des milliards de données occupent les historiens et les chercheurs depuis la fin de la guerre. En 2008 les archives administrées par le Service International de Bad Arolsen, Allemagne – 25 000 km de dossiers – furent ouvertes au public. La connaissance que fera le monde du quand, où et comment fonctionna la machine à exterminer nazie, apparaît sans limites. Si les sauveurs avaient pu en faire de même, le monde saurait comment, eux aussi, s'employèrent à sauver des gens et combien de victimes potentielles furent épargnées.

Je présente ici les noms non seulement des sauveurs mais aussi les noms de ceux qui furent sauvés, chaque nom en lien avec une date et un lieu spécifiques. Comment un tel degré de précision est-il possible ? Quand les enfants non accompagnés pénétraient en Suisse illégalement en 1943-44, les autorités suisses ne les renvoyaient pas mais les plaçaient en détention officielle et préparaient des rapports détaillés d'arrestation. Pendant presque cinquante ans on n'a pas touché à ces rapports et autres documents sur les réfugiés qui passèrent en Suisse illégalement.

En 1993, Yad Vashem demanda formellement au gouvernement suisse des renseignements sur les réfugiés juifs expulsés après être entrés illégalement dans le pays. Cela amena le canton de Genève à examiner son fonds d'archives qui avait été en grande partie oublié. Pour la première fois les archivistes prirent conscience de la valeur historique des documents en leur possession. (Peu de cantons firent une réponse positive à la demande de Yad Vashem, car les dossiers en question avaient été détruits.) Pour préparer ce livre je me suis énormément servie des procès-verbaux originaux.

Même si les noms de ceux qui furent sauvés sont disponibles, avec la date et le lieu de passage en Suisse, pourquoi inclure ces détails dans ce récit ? Les détails que l'on peut vérifier, témoignent du travail des sauveurs. Certains sauveurs dont je parle, n'eurent pas d'enterrement. Au lieu de placer une pierre tombale dans un cimetière, j'inscris les noms des 274 enfants et adultes qu'ils sauvèrent pour honorer leur courage et leur action. Que ces sauveurs, ces justes, restent en mémoire.

Remerciements

Ma profonde gratitude va à tous ceux qui m'ont aidée dans mes recherches et dans l'écriture de cette histoire vraie, le sauvetage des enfants juifs, à tous ceux qui m'ont conseillée, encouragée, et tout particulièrement à Bernard et Thérèse Kott de Roanne, à Gabriel et Anne-Marie Grandjacques de Saint-Gervais-les-Bains. Bernard est le fils de Joseph Kott, l'organisateur et le responsable de la communauté juive des réfugiés de Saint-Gervais en 1943. Gabriel est né et a vécu toute sa vie à Saint-Gervais, ce professeur d'histoire à la retraite a énormément écrit sur la région. J'ai rencontré Gabriel pour la première fois lors d'un voyage en France en 2003. J'avais demandé à l'Hôtel de Ville de Saint-Gervais s'il y avait des renseignements disponibles sur les réfugiés juifs qui vécurent là en résidence forcée en 1943. Le secrétariat de la Mairie n'en avait pas mais fit suivre ma demande à Gabriel qui en fut fort surpris. Il ignorait que la ville avait accueilli un tel afflux de réfugiés juifs pendant la guerre. Gabriel, Bernard, et moi-même commençâmes à correspondre. Nous nous rencontrâmes tous les trois par une chaude journée de septembre en 2004, nos documents respectifs recouvraient la surface d'une longue table, dans ce patio même du Val Joly, où de nombreux membres du MJS (Mouvement de jeunesse sioniste) avaient séjourné durant l'été 1943. Aucun de nous trois ne pourra jamais oublier cette rencontre. Deux ans plus tard j'eus le plaisir de retrouver ces chers amis à Saint-Gervais, cette fois pour l'inauguration d'une plaque commémorative à l'extérieur de l'ancien Hôtel Eden, siège, il y a longtemps, du Comité de Saint-Gervais, organisé par Joseph Kott. Je n'ai pas de mots pour remercier les familles Kott et Grandjacques pour leur amitié et leur soutien.

Ma gratitude va à Ruth Fivaz-Silbermann de l'Université de Genève. Sa thèse de doctorat *La Fuite en Suisse*, fait autorité sur le sujet, à savoir les tentatives de pénétrer en Suisse que firent les Juifs qui fuyaient la France sous l'occupation allemande. Est-ce Ruth qui me mit au courant de l'existence des archives comprenant les procès-verbaux d'arrestation originaux et autres documents préservés dans les archives de Genève ? Je ne sais plus, mais c'est elle qui m'a ouvert les yeux sur leur ampleur et leur richesse. Infatigable, attentive à chaque détail, Ruth a généreusement partagé avec moi ses résultats et hypothèses de travail.

Toute ma gratitude va à la famille Racine. J'ai eu l'honneur de m'entretenir avec le frère de Mila Racine, Emmanuel (Mola), *z"l*[1], en Israël en 2000 et avec sa sœur, Sacha Maidenberg, à Paris, la même année. Emmanuel Racine m'a permis de photocopier de nombreux documents d'archives en sa possession, y compris sa correspondance avec Mila. J'ai également eu le plaisir de rencontrer ses deux filles – Lili Peyser, la nièce que Mila adorait, et Daniella Wexler, que Mila n'a jamais connue. Lili m'a envoyé des photos de Mila que je n'avais pas encore vues, et j'ai reçu de Daniella, cette grande artiste, des images de quatre magnifiques tableaux qu'elle a faits de Mila. La famille Racine habitait Paris dans les années vingt et trente, c'était une grande famille, très soudée. Trois des cousines de Mila aux États-Unis – Helen (Hélène) Mirkine (née Racine), Nadine Gill (née Racine), et Nelly Harris (née Chender) – me confièrent leurs souvenirs de Mila, de ses parents, de ses frères et sœurs, de la famille qui s'enfuit de Paris en Juin 1940, et du séjour temporaire à Toulouse.

Ma reconnaissance va à la famille Gryn et à Miriam Brinbaum. Tito Gryn, le fils de Tony Gryn, m'a fourni des renseignements et des copies de documents d'archives en sa possession. La sœur de Tony, Alice Gliklich, m'a aidée également. Miriam Brinbaum (née Wajntrob), la fille de Léa et Jacques Wajntrob, m'a confié des renseignements biographiques et des copies de ses documents d'archives. Elle a aussi demandé à sa mère de répondre à certaines questions que je me posais et m'a transmis ce qu'elle avait appris.

J'ai eu le grand honneur de m'entretenir avec cinq autres personnes qui participèrent au sauvetage d'enfants juifs en Haute-Savoie en 1943–44, et qui me communiquèrent leurs souvenirs avec bonté et générosité. Un chaleureux merci à Georges Loinger de l'OSE ; Jeanne Brousse, employée pendant la guerre à la Préfecture d'Annecy ; ainsi qu'à Frida Wattenberg, Georges Schnek, *z"l*, et Renée Wiener (née Kurz) du MJS.

J'ai eu le privilège de dialoguer avec de nombreux enfants qui ont survécu à la Shoah. Ils ont partagé avec moi leurs histoires familiales, anecdotes, copies de documents d'archives, et avant tout, leurs précieux souvenirs. J'ai pu m'entretenir face-à-face avec la plupart d'entre eux. Merci à Gerda Bikales (née Bierzonski), Jacques Charmatz, Sonia Constant (née Veissid), Claude Emerich, Dr. Maurice Glazman, Sarah Gostynski, Victor Graimont (Grabsztok), Edgar Kleinberger, André Panczer, Myriam Pupier (née Charmatz), Eliane Suernick (née Neoussikhin), Wolf Wapniarz, Esther Weil (née Constant), et Lydie Weissberg. Merci également à Marcel Chetret, Isidore et Madeleine Jacubowiez, Carlo Lasar, Joseph Sosnowski, Michael Traumann, Simon Zaidenband et sa fille Sandra Zaidenband, Nicole Rot-

---

[1] Cette abréviation hébraïque signifie « *zichrono livracha* » (ou « *zichrona livracha* » dans le féminin), de mémoire bénie.

mensz (fille de Rebecca Zaidenband, z"l), et à plusieurs autres qui préfèrent garder l'anonymat.

Cinq survivantes de Ravensbrück, cinq femmes courageuses, m'ont écrit pour partager leurs souvenirs de Mila, leur amie, leur camarade. Mes sincères remerciements à Marie-Claude Bonaldi (née Mion), Marie-Jo Chombart de Lauwe, Violette Maurice, z"l, Anise Postel-Vinay, et une pensée particulière pour Denise Vernay (née Jacob, z"l, « Miarka » pour ses camarades), à qui j'ai pu parler en personne.

J'ai eu la chance de pouvoir faire des recherches d'archives en Suisse, France, Autriche, Israël, et aux États-Unis, ce fut l'un des grands plaisirs de ce travail. Partout j'ai reçu de l'aide et je veux remercier : Catherine Santschi, Pierre Flückiger, et tout le personnel des Archives d'État de Genève ; Karen Taieb, Lior LaLieu-Smadja, et ses collègues du Mémorial de la Shoah à Paris, Musée/Centre de documentation (CDJC) ; Dr. Christian Dürr et Ralf Lechner de l'Archiv der KZ-Gedenkstätte Mauthausen (Archives du mémorial de Mauthausen) à Vienne ; et Ron Coleman et Vincent Slatt, et ses collègues de l'United States Holocaust Memorial Museum (Musée mémorial de l'Holocauste des États-Unis) à Washington. Sara Halperyn, z"l, responsable de la bibliothèque du CDJC de 1980 jusqu'à son décès en 2002, m'a aidée au début de mon projet de recherche et m'a encouragée à raconter l'histoire de Mila. Je désire aussi remercier toutes les personnes en lien avec : l'Alliance israélite universelle, Paris ; la Fondation pour la mémoire de la Déportation, Paris ; Yad Vashem, Jérusalem ; l'Institut du judaïsme contemporain, Département d'histoire orale de l'Université hébraïque, Jérusalem ; les archives du JOINT (American Jewish Joint Distribution Committee), New York ; le YIVO, New York ; et l'Air Force Historical Research Agency (Agence de recherche historique de l'Armée de l'Air), Maxwell Air Force Base, Alabama. En outre, j'aimerais remercier Katy Hazan, historienne, de l'OSE-France, Paris.

D'autres personnes en France m'ont apporté leur aide sous des formes multiples et variées. Merci à Jean et Germaine Cochet (Aix-les-Bains) ; Mercédès Brawand (Saint-Julien) ; Sarah Grunberg et Gabrielle Jacoubovitch-Bouhana (Paris) ; Sabine Maciol (Annemasse) ; Hyacinthe Vulliez (Thonon-les-Bains) ; et Robert Moos, z"l, et le Père François Mercier (Annecy).

Merci à Silvia et Fritz Draxler, Elke Strauss et Herbert Katzengruber, à Amstetten (Autriche), Léa Grundman en Israël, Lilly Leuwenkroon en Belgique, et Eliane Strosberg aux États-Unis.

Je tiens à exprimer ma profonde gratitude à Lucienne Latour-Zederman pour son travail remarquable de traduction du livre en français. Ma sincère reconnaissance va à Laurence Bouret pour sa lecture attentive et minutieuse du manuscrit français et à Anne-Marie Lanz pour son aide, sa patience, et sa bonne humeur pendant beaucoup d'heures de travail sur les deux éditions. Je voudrais aussi remercier Patrick Henry, Professeur émérite de philosophie et de littérature, Cushing Eells, Whitman College, aux États-Unis, et toutes les autres personnes qui m'ont aidées pendant la préparation de l'édition anglaise ou de l'édition française.

Merci à l'Institut Hadassah-Brandeis pour la bourse de recherche que j'ai reçue en 2000. Merci pour son soutien financier à la fondation FJC (A Foundation of Philanthropic Funds) et ses fonds associés, le fond Esther-Ann Asch et Morton Asch, *z"l*, et autres mécènes qui ont contribué au Last Convoy Fund.

Je n'aurais jamais pu mener cette recherche et écrire ce livre sans l'amour et le soutien de ma famille. Merci à vous, Bob, Ben et Jake.

1. Prélude

De novembre 1942 à septembre 1943, l'armée italienne occupa le sud-est de la France. Pendant ces dix mois, les soldats italiens protégèrent les Juifs dans cette zone sous leur juridiction. En fait dès les premiers mois de 1943, l'Italie avait si bien démontré sa volonté de protéger les Juifs de France que des milliers de persécutés affluèrent à Nice, Cannes, Grenoble, Chambéry, et dans les villes et villages avoisinants. Voilà qui surprendra la plupart des lecteurs, et il n'est pas difficile d'en comprendre la raison. Après tout, l'Italie était l'une des puissances de l'Axe, alignée sur l'Allemagne nazie. L'Italie avait promulgué ses propres lois raciales en 1938 et interné ses citoyens juifs.

Le Sort des Autres retrace le sauvetage des Juifs en Haute-Savoie. Cette histoire n'aurait pas été possible, du moins telle qu'elle s'est déroulée, si les Italiens n'avaient pas assuré aux Juifs un havre de sécurité, précisément à cet endroit et à ce moment-là. Comment la zone d'occupation italienne est-elle née et pourquoi a-t-elle eu cette importance ? Pour répondre à ces questions, il nous faut rappeler l'état de la France au début de ces « années noires ».

Benito Mussolini, le chef de l'État fasciste italien, « le Duce », avait l'intention de jouer un rôle dans la défaite de la France en 1940, mais il fut dépassé par les évènements. Le 13 mai, les soldats allemands franchirent la frontière française et commencèrent leur marche sur Paris. Mussolini, peu pressé d'envoyer ses troupes en France, décida de retarder de quelques semaines leur déploiement. Mais, à sa grande surprise, le conflit fut terminé en moins d'un mois, bien trop rapidement pour donner l'illusion que l'Italie y avait quelque peu contribué. Les troupes allemandes occupèrent Paris le 14 juin. À cette date, les deux-tiers de toute la population de Paris, estimée à trois millions avant la guerre, avaient fui vers le sud, en voiture, en camion, par le train, à bicyclette ou à pied.

Le premier ministre Paul Reynaud et son cabinet avaient quitté Paris pour Bordeaux le 10 juin. Reynaud défendait l'idée de rejoindre immédiatement l'Afrique du Nord de façon à poursuivre le combat à côté des Britanniques. Le maréchal Philippe Pétain, héros de la Grande Guerre, alors âgé de quatre-vingt-quatre ans, n'était pas le seul dirigeant français en faveur d'une reddition, mais sa voix fut décisive. Le 17 juin Pétain s'adressa à la nation. Il annonça à la radio qu'il était nommé premier ministre et qu'il demandait l'armistice. Tous cependant ne capitulèrent pas. Le sous-secrétaire d'État à la guerre, Charles de Gaulle, partit pour Londres d'où il prit l'engagement de continuer le combat, en tant que chef de « la France Libre ». Certains rejoignirent Casablanca. Mais ceux qui restèrent se déclarèrent les « vrais patriotes » et signèrent l'armistice avec l'Allemagne le 22 juin. Ils organisèrent un gouvernement à Vichy, ville célèbre pour ses thermes et son casino. Mais auparavant, ils avaient signé un armistice séparé avec l'Italie et cédé une partie du territoire comprenant la ville de Menton, près de la frontière italienne. Le territoire cédé n'était pas considérable, mais devoir faire la moindre concession à ce Mussolini arrivé après la bataille irritait les ministres français.

Les Allemands, afin d'atteindre leurs propres objectifs et d'arriver à leurs fins, n'occupèrent qu'une partie de la France. « La France garda son empire, sa flotte et l'illusion de sa souveraineté nationale », écrit Ian Ousby, historien et écrivain[1]. La zone occupée comprenait la moitié nord du pays et toute la côte atlantique[2]. Elle était séparée de la zone libre par la ligne de démarcation. Il fallait une autorisation spéciale pour la franchir. Bien que située en zone libre, Vichy fut pendant toute la guerre le siège du gouvernement de la France entière. Le pouvoir décisionnel ne fut jamais délimité clairement entre les autorités allemandes et le gouvernement à Vichy, mais des relations de travail plus ou moins improvisées se développèrent. La Collaboration fut tout bénéfice pour l'Allemagne.

Estimée à environ 330 000 personnes, la population juive vivant en France à la veille de l'occupation allemande était importante, cinq fois la population juive de Belgique et sept fois celle d'Italie. Les Juifs autochtones représentaient environ 40 % du total, et les Juifs étrangers en gros 60 %. Un grand nombre de Juifs étrangers avait immigré au pays de la « Liberté, Égalité et Fraternité » dans les années vingt et trente pour échapper aux persécutions en Russie, en Pologne, en Allemagne, en Autriche et ailleurs. En 1940, ils furent rejoints par les réfugiés juifs fuyant leur foyer de Belgique, des Pays-Bas et du Luxembourg. Environ un Juif étranger sur trois avait obtenu la citoyenneté française par naturalisation. De par leur apparence et leur langage, beaucoup de Juifs nés en France ressemblaient plus à leurs voisins chrétiens qu'à leurs coreligionnaires nés à l'étranger. Les chrétiens considéraient les Juifs français assimilés soit comme n'étant pas réellement Juifs soit comme étant un autre type de Juif que les Juifs étrangers. Dans le langage populaire, le mot « Israélite », terme poli, était utilisé pour désigner les Juifs français « de souche », alors que le mot « Juif », à

---

[1] Ousby, *Occupation*, p. 67.
[2] Dans un premier temps, les Français désignèrent la zone non occupée comme la zone libre. En décembre 1940, les Allemands interdirent l'usage de ce terme, exigeant qu'on l'appelle zone non occupée.

connotation raciste, désignait les Juifs étrangers[3]. Pendant les années sombres pour ne pas attirer l'attention, la plupart des membres de la communauté israélite de France se tinrent à distance des Juifs étrangers.

Les immigrés formaient l'écrasante majorité des 200 000 Juifs qui habitaient Paris avant l'Occupation. La famille typique comprenait trois générations et habitait des logements exigus. Le père, la mère et les enfants adultes travaillaient de longues heures à la maison, dans les ateliers voisins, ou en usine. Ces immigrés trouvaient souvent aide et réconfort auprès d'un important réseau d'organisations juives de secours. Ces organisations géraient dispensaires, soupes populaires, distribution de vêtements et formation professionnelle. Fin mai et début juin 1940, des dizaines de milliers de Juifs s'enfuirent de la capitale, et les responsables de ces nombreuses organisations de secours transférèrent leur siège dans des villes du sud.

Les quatre années d'occupation allemande furent appelées « les années noires » mais en vérité, pour la plupart des Juifs qui vivaient en France, si les deux premières années furent sombres, les deux suivantes furent d'une sinistre noirceur. Dès le début de l'Occupation, le gouvernement français à Vichy et les autorités allemandes à Paris émirent de multiples ordonnances qui ciblaient les Juifs directement ou indirectement. Les bureaucrates français et allemands rivalisaient entre eux pour mettre en place des mesures compliquées, chacun manœuvrant de son côté pour exercer son autorité et s'assurer le contrôle des entreprises et des propriétés appartenant à des Juifs. Le but de toutes ces mesures était clair. Il s'agissait de présenter les Juifs comme appartenant à une race inférieure, les priver des droits qu'ils exerçaient légalement depuis 1846, les évincer de la société française et de l'économie nationale. Les Juifs furent interdits d'exercer une profession libérale, exclus de tout emploi, sauf les plus subalternes. Ils eurent l'obligation de se faire recenser et enregistrer. Leurs comptes en banque furent bloqués. Ils furent expropriés, spoliés. Leurs entreprises et leurs biens furent confiés à des administrateurs provisoires[4]. Ils furent soumis à des couvre-feux spéciaux et interdits d'entrer dans de nombreux lieux publics.

---

[3] Ousby, *Occupation*, p. 180 : « Le parler populaire de l'époque distinguait deux groupes, on appelait les Juifs nés en France les Israélites et les Juifs nés à l'étranger, naturalisés ou non, [tout simplement] les Juifs. Le premier terme était poli ; le second ne l'était point. Les Israélites étaient 'assimilés' [...] Avant qu'on attire l'attention sur eux, beaucoup d'Israélites passaient inaperçus auprès de leurs voisins ou, lorsqu'on apprenait qu'ils étaient Israélites, n'étaient pas considérés comme étant véritablement juifs. Les Juifs, de leur côté, étaient « non assimilés ». Dans l'imaginaire populaire, ils se distinguaient par leur religion et leur culture, parfois même par leur langage et leur apparence physique. » Il est important de souligner que beaucoup de Juifs se décrivaient eux-mêmes de cette façon.

[4] L'administrateur provisoire était chargé de déterminer si l'entreprise expropriée était importante pour l'économie nationale. Si l'entreprise était jugée importante, elle était vendue à un patron aryen qui continuerait à la faire fonctionner. Sinon elle était liquidée et ses biens vendus aux enchères. Marrus et Paxton, *Vichy et les Juifs*, pp. 145-153, offrent un excellent exposé sur le sujet.

Pour se déplacer d'une juridiction à une autre, il leur fallait obtenir une autorisation officielle. Ils furent expulsés des établissements d'enseignement supérieur, des universités et des écoles professionnelles. Ils n'étaient pas autorisés à posséder radio, téléphone et bicyclette.

La plupart des Juifs qui vivaient en France parvinrent à survivre aux privations et aux persécutions auxquelles ils furent soumis pendant les deux premières années de l'Occupation. Ceux dont le sort fut le plus terrible furent les Juifs étrangers et leurs enfants. De nombreux enfants étaient nés en France et étaient citoyens français, mais ils subirent le même traitement que leurs parents. Les Juifs nés à l'étranger furent tout particulièrement les cibles des lois antisémites de Vichy. Certains furent internés dans des camps plus que rudimentaires où le taux de mortalité était élevé. Leurs conditions de vie étaient abominables, ils manquaient de nourriture, de tout. D'autres reçurent l'ordre de quitter leur domicile, de résider dans des villes et des villages reculés, sous la surveillance de la police : c'était la « résidence forcée » ou « résidence assignée ». De nombreux Juifs furent déchus de leur nationalité française. Une commission créée en juillet 1940 eut pour mission de revenir sur les naturalisations que le gouvernement avait octroyées depuis 1927.

Dès les premiers jours de l'Occupation, le haut commandement allemand avait contraint les autorités de Vichy à créer un conseil qu'il pourrait désigner comme représentatif de tous les Juifs. À la fin de novembre 1941, les fonctionnaires français annoncèrent la création d'une nouvelle entité, l'Union générale des Israélites de France (UGIF), dépendant du Commissariat général aux questions juives (CGQJ) de Vichy. Désormais, toutes les organisations juives devaient renoncer à leur indépendance et fonctionner sous l'égide de l'UGIF. La plupart des organisations juives se soumirent à cette exigence.

En décembre 1941, une nouvelle expression entra dans le vocabulaire : « déportation pour travail forcé à l'Est ». Personne ne savait ce que cela signifiait. Bien que de nombreuses personnes aient déjà été arrêtées et internées pour une durée indéterminée, personne n'avait encore été déporté. Trois mois plus tard, le 27 mars 1942, le premier train de déportation quitta Drancy. Ce complexe d'habitations de la banlieue parisienne en construction avait été converti en un lugubre camp d'internement, l'antichambre d'Auschwitz. La machine à exterminer nazie commençait à tourner.

En juin 1942, Adolf Eichmann organisa ce que les historiens Michael Marrus et Robert Paxton appelèrent une « sorte de conférence de Wannsee en miniature », à laquelle participèrent les officiers nazis haut-gradés de France, de Belgique, et des Pays-Bas[5]. Eichmann transmit l'ordre donné par Himmler de commencer les déportations massives. Il établit les quotas de Juifs à livrer par pays : 10 000 de Belgique, 15 000 des Pays-Bas, et 100 000 de France. À son retour à Paris, Theodor Dannecker, le bras droit

---

[5] Marrus et Paxton, *Vichy et les Juifs*, p. 213.

d'Eichmann en France, annonça au premier ministre Pierre Laval, tout juste nommé, qu'il devait assurer la moitié du quota, et donc livrer 50 000 Juifs en provenance de la zone libre. Il stipula également que la majorité des Juifs déportés devaient être âgés de seize à quarante ans.

La directive de Dannecker était loin de satisfaire le premier ministre français. Il voulait déporter les enfants aussi bien que les adultes, et il en demanda l'autorisation à Dannecker. La demande fut transmise à Eichmann qui, peu après, répondit par l'affirmative que les enfants et les vieillards pouvaient être déportés, aussi bien que les adultes aptes au travail[6].

Le nombre de soldats allemands stationnés en France était faible. Les chefs nazis durent compter sur les policiers français pour rechercher, arrêter, interner et déporter les Juifs. Le jeudi 16 juillet, aux aurores, plusieurs milliers de policiers parisiens se déployèrent dans la capitale pour exécuter l'opération dite « Vent printanier ». Son but était de rafler et d'arrêter 27 000 Juifs étrangers. Les policiers étaient armés de listes de noms et d'adresses qui avaient été établies à partir d'un recensement spécial de la population juive. Tout le jeudi et le vendredi, les policiers ratissèrent la ville et arrêtèrent tous ceux dont le nom figurait sur leurs listes. Auparavant les rafles avaient été menées sur une bien plus petite échelle et avaient principalement ciblé les hommes valides. Les 16 et 17 juillet, tout le monde fut raflé – hommes, femmes, jeunes et vieux, bien-portants et infirmes – non pas avec la même brutalité que dans les ghettos de l'Europe de l'Est, mais avec efficacité. Les familles furent tirées de leurs appartements, traînées dans les halls, les escaliers, emportant quelques rares effets dans leurs bras. Des voisins furent témoins de ces scènes de départ. Quelques-uns tentèrent d'apporter leur aide – d'écrire une lettre ou de contacter un fonctionnaire municipal, de garder un trousseau de clés ou un objet de famille. Dans la rue, ces êtres rejetés et déracinés furent chargés dans les autobus parisiens.

En deux jours, plus de 13 000 personnes furent raflées, dont 4 000 enfants. Les adultes sans enfants furent envoyés à Drancy. Les familles avec enfants furent conduites au Vélodrome d'Hiver. Aucune préparation n'avait été faite pour que ce stade soit un centre d'accueil convenable. Donc pendant plusieurs jours, les souffrances et humiliations infligées aux familles en dé-

---

[6] *Cf.* Marrus et Paxton, *Vichy et les Juifs*, p. 245, pour un exposé plus approfondi. Les auteurs affirment que Laval fit la demande à Dannecker « juste après la visite d'Eichmann le 1er juillet ». Dannecker transmit la demande à Berlin le 6 juillet et insista à plusieurs reprises pour obtenir une réponse. « Finalement, le 20 juillet, Eichmann donna sa réponse par téléphone : les enfants et les vieillards pouvaient être déportés, aussi bien que les adultes aptes au travail ». La note 172 de la page 368 accompagne cette affirmation. Il n'est clair ni dans le texte lui-même ni dans la note si c'est Eichmann en personne ou quelqu'un d'autre qui a approuvé la demande. De plus, il faut noter qu'avant même la réception de la réponse (le 20 juillet), la police de Paris avait déjà arrêté des familles entières, y compris enfants et personnes âgées, le 16 et le 17 juillet (i.e., la rafle du Vél d'Hiv). Qu'avaient-ils l'intention de faire avec eux s'ils ne les déportaient pas « vers l'Est » ? La réponse à cette question n'est pas claire.

tresse, enfermées au Vél d'Hiv, dépassa en horreur tout ce qu'on avait déjà connu en France. Comment dire la tragédie terrible endurée par ces nombreuses familles ? Les autorités françaises séparèrent parents et enfants. Les parents furent déportés des jours et des semaines avant leurs enfants, et les enfants, perdus et paniqués, durent affronter seuls la déportation et la mort.

Le nombre de Juifs arrêtés fut moitié moins que l'objectif fixé. Est-ce que certains avaient été prévenus de ce qui se préparait ? Assurément oui, toutefois l'information aurait pu mieux circuler. En juin, alors que les camps d'internement de la zone occupée se vidaient pour remplir les trains de déportation, des responsables juifs se doutèrent de l'imminence de nouvelles rafles. Le 1er juillet, les responsables de l'UGIF reçurent l'ordre du Commissariat général aux questions juives de prévoir des couvertures et des vêtements pour 7 000 personnes[7]. Ils savaient alors qu'une rafle massive était imminente, mais ils ne firent pas d'efforts concertés pour diffuser l'information. Seuls les membres de deux organisations juives qui opéraient en dehors de l'UGIF se mobilisèrent. Le Comité de la rue Amelot, qui à cette époque opérait mi-légalement, mi-clandestinement, fit passer l'information de bouche à oreille. (Voir Chapitre 5 pour plus de détails sur le travail du Comité de la rue Amelot.) L'organisation juive communiste Solidarité, illégale et clandestine, prépara, imprima et distribua des tracts en yiddish qui donnèrent l'alarme et fournirent des instructions sur la marche à suivre. Le manque d'enthousiasme de la part de quelques policiers français permit également à de nombreux Juifs d'échapper à l'arrestation. Avant la rafle, certains policiers glissèrent un mot d'avertissement à un voisin, à un commerçant, ou à un concierge. Les 16 et 17 juillet, certains exécutèrent les ordres sans trop de zèle.

Au début d'août 1942, le gouvernement de Vichy se mit à tenir sa promesse de livrer des Juifs de la zone libre. Tout d'abord, on vida les camps d'internement de Gurs, Récébédou, Noé, Rivesaltes, du Vernet et des Milles. Les prisonniers furent envoyés à Drancy. Puis après avoir libéré de la place dans les camps, ils organisèrent une rafle à grande échelle dans toute la zone libre. Elle commença le 26 août. Comme à Paris, les policiers avaient reçu les noms et adresses de Juifs vivant dans leurs villes et villages. À certains endroits, les policiers bouclèrent le travail en un jour. Dans d'autres, la rafle dura plus longtemps. Ceux qui furent pris furent parqués dans des camps d'internement avant d'être mis dans des trains à destination du nord. À la fin octobre, le gouvernement à Vichy avait livré environ 10 600 personnes en provenance de la zone libre.

---

[7] Cohen, *The Burden of Conscience*, pp. 74-80, offre un long exposé détaillé sur les communications entre l'UGIF et les officiels du CGQJ pendant les deux premières semaines de juillet 1942. Il conclut que « durant les préparations des déportations, l'UGIF fit preuve de peu de clairvoyance et d'ingéniosité » et qu'ils « agirent avec passivité ».

Les transports de la zone libre ne comportaient que très peu d'enfants. Que leur était-il arrivé ? Les représentants des organisations de secours présents dans les camps réussirent à sauver de nombreux enfants en combinant moyens légaux et illégaux. Avant le 18 août, la politique officielle de Vichy pour ce qui était d'inclure les enfants dans les trains de déportation n'était pas très rigoureuse. Les parents étaient autorisés soit à emmener leurs enfants soit à les laisser. Les enfants non accompagnés n'étaient pas inclus. Les parents d'enfants en dessous de cinq ans étaient eux-mêmes exemptés. À cette date, craignant que les chiffres ne soient pas à la hauteur escomptée, le secrétaire général de la police, René Bousquet, durcit la politique de Vichy. Dès lors, les parents ne furent plus autorisés à partir sans leurs enfants, et les enfants non accompagnés durent être inclus également. Seuls les parents d'enfants de moins de deux ans furent exemptés. Afin de sauver les enfants, le personnel humanitaire à l'œuvre dans les camps devait non seulement convaincre les parents de partir sans leurs enfants, mais aussi contourner les directives officielles et faire sortir les enfants clandestinement. Les enfants, une fois sortis, étaient disséminés au loin. Certains furent placés dans des homes d'enfants dirigés par des organisations juives ; d'autres, dans des orphelinats et des pensionnats catholiques, ou encore dans des familles, dans des fermes ou des villages à la campagne.

Dans les grandes villes comme dans les petits bourgs, des milliers de chrétiens français furent témoins des déportations massives programmées. Ils entendirent des policiers cogner à la porte de leurs voisins. Ils entendirent leurs voisins pleurer et supplier. Cachés derrière leurs rideaux tirés ou bien debout à la vue de tous, ils regardèrent des scènes tragiques se dérouler, parents et enfants agrippés à leurs paquets et leurs valises, poussés dans les escaliers, à travers la rue, dans les bus prêts à partir. De temps en temps, des passants, ami, voisin, employeur, maîtresse de maison, concierge, étaient entraînés à l'improviste dans le drame, comme balayés par le courant. *Prenez mon enfant,* suppliait une mère juive. *Emmenez l'enfant chez votre mère à la campagne. Cachez l'enfant dans la cave. Emmenez l'enfant à l'orphelinat.* Ils furent témoins de scènes qui semblaient sortir de l'*Enfer* de Dante. Observant les wagons à bestiaux arrêtés sur une voie de garage, ou roulant à travers le centre-ville, ou arrêtés à un passage à niveau, ils voyaient des yeux, des doigts passant par les interstices. Ils entendaient des gémissements provenant des wagons et des voix réclamant de l'eau. Ils trouvaient des cartes postales jetées sur les voies, qu'ils ramassaient et portaient à la poste pour les envoyer. Des milliers d'autres personnes qui ne furent pas témoins de ces scènes apprirent ce qui se passait par leurs voisins, leurs amis, ou en lisant les journaux.

Émus par la nature et les proportions que prenaient ces déportations, des chrétiens français firent entendre leur désapprobation à des membres du clergé. Monseigneur Saliège, archevêque de Toulouse, âgé de 72 ans et en partie paralysé, fut le premier prélat catholique à dénoncer publiquement le traitement infligé aux Juifs étrangers de France. Il écrivit une lettre pastorale qu'il fit lire dans toutes les églises de son diocèse le 23 août 1942. De même, Monseigneur Théas, évêque de Montauban, rédigea une lettre de protestation qui fut lue dans tout son diocèse le 30 août. D'autres dignitaires religieux, catholiques et protestants, firent entendre en septembre leur désapprobation.

Quarante-deux mille Juifs, dont la grande majorité était des Juifs étrangers et des enfants nés de parents étrangers, furent déportés à Auschwitz entre mars et novembre 1942. Des milliers d'autres étaient ciblés pour être arrêtés et déportés, mais avaient échappé à la capture. Pour ces derniers, l'illusion de sécurité s'en était allée et le risque d'une arrestation était omniprésent. Ils n'avaient pas d'autre choix que de vivre dans l'ombre. Ceux dont le nom ne figurait pas encore sur les listes de la police étaient face à un autre dilemme : était-il plus sûr de se soumettre aux contraintes de la loi ou de s'en affranchir ?

En novembre, le sort de milliers de Juifs en France fut modifié par une situation que personne n'avait pu prévoir. Le 8, les Alliés débarquèrent en Afrique du Nord. Pour contrecarrer une invasion Alliée par le sud, les troupes allemandes occupèrent la majeure partie de la zone libre. L'Allemagne céda le sud-est de la France à l'Italie, son partenaire de l'Axe. La zone d'occupation italienne s'étendait de la Côte d'Azur au sud, à la Suisse au nord. Sa frontière à l'ouest fut d'abord la vallée du Rhône, mais elle fut repoussée vers l'est à plusieurs endroits lorsque le haut commandement allemand refusa de céder le contrôle de Lyon, Marseille, et d'autres villes clés sur le Rhône[8]. Le territoire placé sous contrôle italien comprenait sept départements : les Alpes-Maritimes, le Var, les Basses-Alpes (aujourd'hui les Alpes-de-Haute-Provence), les Hautes-Alpes, la Drôme, la Savoie et la Haute-Savoie, une grande partie du Vaucluse et de l'Isère, et une petite partie de l'Ain.

Les autorités françaises de Vichy furent ulcérées par ce dernier rebondissement. L'Italie avait depuis longtemps revendiqué cette partie du territoire français qu'elle occupait maintenant, et elle n'avait rien sacrifié pour obtenir cet avantage. Dès le début, les relations entre les autorités italiennes et françaises avaient été mauvaises. Bien loin d'établir des relations constructives, les deux protagonistes privilégiaient la confrontation pour revendiquer leur souveraineté dans les affaires courantes. Le sort des Juifs était l'une de ces affaires. Début décembre 1942, le gouvernement à Vichy émit plusieurs mesures anti-juives. L'une d'elle donnait l'ordre aux préfets d'éloigner de 30 km de la côte méditerranéenne tout Juif entré sur le territoire français après le 1er janvier 1938. Cela était jugé nécessaire pour des raisons de sécurité. Des années de propagande antisémite avaient implanté dans les esprits que les Juifs étaient des communistes, des gauchistes, des individus subversifs, des ennemis de l'étranger qui représentaient un grave danger.

---

[8] Carpi, *Between Mussolini and Hitler*, p. 80.

La présence de Juifs étrangers dans les villes et les cités de la Côte d'Azur irritait depuis longtemps les autorités françaises et allemandes. Nice, en particulier, avait attiré de nombreux émigrés de fraîche date ainsi qu'un noyau d'écrivains, de journalistes, et d'artistes juifs qui habitaient Paris avant l'occupation allemande[9]. Certains de ces étrangers étaient des Juifs orthodoxes d'Europe de l'Est que leur apparence désignait immédiatement comme venus d'ailleurs. L'écrivain yiddish Zanvel Diamant, qui vécut à Nice pendant la guerre, nota l'ironie de la situation :

> Alors que dans toute l'Europe, les Juifs étaient la proie de terribles persécutions et devaient se cacher sous de prétendues identités aryennes, la Côte d'Azur française offrait un spectacle étrange. En effet, c'était le cœur même du fascisme et de la collaboration, où tous les nouveaux organismes français antisémites et fascistes avaient leur état-major et leur machine de propagande. Néanmoins on pouvait voir, dans les rues, des rabbins déambuler dans leur costume traditionnel. On pouvait écouter des discussions talmudiques, et entendre les vieilles mélopées des prières en hébreu et des textes du Talmud[10].

Marcel Ribière, le préfet des Alpes-Maritimes fut, selon les termes de l'historien Daniel Capri, l'un des « fidèles partisans du régime de Vichy [11] ». En décembre 1942, dès qu'il reçut les instructions de Vichy, Ribière décréta que tous les Juifs étrangers devaient se préparer immédiatement à être évacués. Ils devaient être envoyés dans deux départements de l'intérieur du pays – l'Ardèche, sous occupation allemande, et la Drôme, sous occupation italienne, mais limitrophe de la zone occupée par les Allemands. Les autorités italiennes intercédèrent rapidement, interdisant à Ribière de mettre son plan d'évacuation à exécution.

Le gouvernement de Vichy émit le même mois deux autres décrets antijuifs. L'un stipulait l'enrôlement des Juifs étrangers de 18 à 55 ans dans des bataillons de travail forcé ; l'autre exigeait que tous les Juifs, y compris ceux de nationalité française, se rendent dans les commissariats de police pour que le tampon « Juif » soit apposé sur leur carte d'identité et leurs cartes de rationnement. Les Italiens intervinrent à nouveau pour contrarier ces ordres et affirmer leur droit exclusif à déterminer les mesures à appliquer aux Juifs. De façon assez étrange, le sort des Juifs dans la France de Vichy et celui de l'Italie fasciste s'alignaient.

Que se serait-il passé si cela n'avait pas été le cas, si les intérêts du gouvernement italien n'avaient pas rejoint ceux des Juifs ? Les Italiens auraient-ils autorisé la police française à se saisir des Juifs en zone occupée italienne pour les remettre aux Allemands ? Auraient-ils fait le travail eux-mêmes ? Il

---

[9] Cette situation s'explique en partie par l'effondrement de l'industrie du tourisme. Ayant des milliers de chambres d'hôtel, de maisons et de villas vides, les hôteliers étaient favorables, sinon empressés, à louer des logements à des Juifs.
[10] Diamant, « Jewish Refugees on the French Riviera », p. 265.
[11] Carpi, *Between Mussolini et Hitler*, pp. 276-277, note 19.

est impossible de le dire. Ce que l'on peut dire c'est que les autorités italiennes, civiles et militaires, furent soulagées d'avoir un prétexte pour éviter le sale boulot de traquer, arrêter, interner et déporter les Juifs. Des rapports de témoins oculaires et des communiqués diplomatiques concernant le sort des Juifs « réimplantés à l'Est » étaient parvenus aux autorités italiennes. Ils affirmaient que les nazis procédaient à des exterminations massives sans précédent. Bien qu'il fût trop tôt pour confirmer la véracité de ces rapports, il était également trop tard pour les balayer comme des rumeurs. Les récits des témoins des déportations pratiquées par la police française, pendant l'été et l'automne, avaient suffi à dégoûter les autorités italiennes. Certes, l'Italie avait interné ses propres citoyens juifs, mais les conditions d'internement n'étaient pas trop abominables et les prisonniers n'étaient pas encore sous la menace de la déportation. À la différence des Français, les Italiens n'avaient pas encore de sang juif sur les mains, et ils préféraient qu'il en demeure ainsi.

Au cours des premiers mois de 1943, les autorités françaises et allemandes à Vichy, Paris, Berlin, et Rome étaient préoccupées par le problème des Juifs en zone occupée italienne[12]. Le gouvernement à Vichy se plaignit aux autorités allemandes à Paris, qui se tournèrent vers leurs supérieurs à Berlin. Berlin envoya ses diplomates à Rome pour rencontrer des membres du ministère italien des Affaires étrangères. Les Italiens déclarèrent que leurs troupes d'occupation en France avaient déjà commencé à rafler des Juifs et à les regrouper en résidence surveillée. Le commandement militaire italien corrobora ces affirmations. Malgré les nombreuses réunions et l'échange de communiqués, la situation, loin d'être clarifiée, gagna en opacité. Les Allemands ne savaient pas s'il fallait croire les Italiens quand ils affirmaient « regrouper » les Juifs.

Alors que l'hiver cédait la place au printemps, les Allemands s'inquiétèrent à double titre. Il était évident que leur allié ne contribuait pas à remplir les trains de déportation et que les Juifs de la France entière affluaient en zone occupée italienne. L'historienne Renée Poznanski, qui retrace la vie quotidienne des Juifs sous l'Occupation, écrit que la nouvelle que les Juifs pouvaient trouver refuge sans danger en zone occupée italienne « se répandit comme une traînée de poudre[13] ». Comme les Juifs, de toute la France et de l'étranger, affluaient à Nice, Cannes, Grenoble et Chambéry, la population juive de la zone occupée italienne augmenta de 25 000 à 30 000 environ[14]. Un responsable juif appela cette région la « nouvelle Terre de

---

[12] Carpi, *Between Mussolini and Hitler*, donne un récit à la fois fascinant et détaillé des communications entre Allemands, Français, et Italiens.

[13] Poznanski, *Les Juifs en France*, p. 462.

[14] Carpi, *Between Mussolini and Hitler*, p. 294, note 13. C'est l'estimation de Carpi, qui est basée sur le fait que, quand l'inspecteur général Lospinoso prit son poste en mars 1943, « il fut informé, par des sources de la Commission de l'Armistice à Nice, que le nombre de Juifs dans la ville et sa banlieue avait, à cette période, été estimé à 22 000 âmes » (pages 142 et

Chanaan[15] ». Le Chef SS-Obersturmführer Heinz Röthke, responsable de la Judenreferat en France, utilisa la même métaphore : « La zone d'influence italienne, en particulier la Côte d'Azur, est devenue franchement la terre promise des Juifs en France[16]. »

En mars, des responsables du ministère italien des Affaires étrangères décidèrent d'une série de mesures destinées à apaiser leur allié, du moins provisoirement. Ils réussirent à convaincre le Duce de les accepter. Pour satisfaire les exigences allemandes, la juridiction responsable des affaires juives dans la zone sous occupation italienne fut transférée de l'armée à la Polizia Razziale, la police raciale. Sous la direction de l'inspecteur général Guido Lospinoso, la police raciale devait superviser le transfert des Juifs étrangers pour les éloigner de la Côte d'Azur et les regrouper à au moins 100 kilomètres de la côte.

L'inspecteur général arriva à Nice le 20 mars et rencontra immédiatement les responsables d'une organisation juive d'aide aux réfugiés appelée le Comité Dubouchage, du nom du boulevard où le comité avait son siège, au n° 24[17]. Le comité comptait des dirigeants juifs de France des plus éminents. Joseph Fischer, président du Keren-Kayemeth LeIsraël (KKL ; Fonds national juif), était responsable de la commission politique du Comité Dubouchage, qui coopérait avec les autorités d'occupation. Le Dr Vidal Modiano, éminent chirurgien et dirigeant sioniste, à la tête de la commission des affaires sociales, était responsable de l'aide aux réfugiés, à savoir trouver des logements, fournir les fonds nécessaires, et procurer des documents légaux. Dans ce comité se trouvaient aussi Nahum Hermann, le chef de Keren Hayessod (Fonds pour la construction de la Palestine, associé à l'Organisation sioniste mondiale), et Jules (dit Dika) Jefroykin, l'un des deux représentants en France du « Joint », American Jewish Joint Distribu-

---

294, note 12). Il n'existe pas de chiffres définitifs sur le nombre de Juifs vivant dans la zone occupée italienne, ce qui reflète des conditions dans lesquelles les Juifs vivaient en France durant la guerre. Il n'y a de plus aucun chiffre sur le nombre de Juifs qui, venant d'autres régions de France ou d'au-delà des frontières, se sont déplacés dans cette zone. Dans un document daté du 21 juillet 1943 et qui a pour titre « L'État actuel de la question juive en France », l'Obersturmführer SS Heinz Röthke, chef du Judenreferat en France, avait révisé la « situation numérique ». Il citait un nombre de cinquante mille Juifs dans la zone occupée italienne, bien qu'aucune indication sur sa source ne soit donnée. Poliakov, *La condition des Juifs en France*, p. 115.

[15] Poznanski, *Les Juifs en France*, p. 462. La citation est attribuée à Albert Manuel, alors secrétaire général du Consistoire central, l'instance représentative de la France juive pour les affaires religieuses.

[16] Poliakov, *La Condition des Juifs en France*, p. 117.

[17] Je n'ai trouvé aucune source qui traite en profondeur du Comité Dubouchage, encore moins de documentation sur la nature même de la relation entre ce comité et la Fédération. Quelques informations fragmentaires apparaissent dans différents textes, tels que : Carpi, *Between Mussolini and Hitler* ; Lazare, *La Résistance juive en France* ; Najman et Haymann, *Claude Kelman* ; Poznanski, *Les Juifs en France* ; Rayski, *Le Choix des Juifs sous Vichy* ; et Rutkowski, *La Lutte des Juifs en France*.

tion Committee. Plusieurs dirigeants du comité s'occupaient activement des affaires de la Fédération des sociétés juives de France (FSJF), principal collectif des sociétés d'immigrants juifs en France.

Lorsque l'inspecteur général Guido Lospinoso arriva en mars, le Comité Dubouchage et les responsables italiens basés à Nice avaient établi d'étroites et cordiales relations de travail. Lospinoso sollicita l'aide du comité pour éloigner les étrangers de la côte. Le comité se chargea de préparer les listes des Juifs à transférer et de louer des autobus pour les transporter. En effet, l'armée italienne, en proie à des pénuries d'essence et de pièces de rechange pour ses camions, ne pouvait assurer le transport. Lospinoso parcourut la région pour choisir les villes qui pourraient recevoir des Juifs. Il était tout disposé à choisir des lieux en Haute-Savoie. Ce département, limitrophe de la Suisse et de l'Italie, n'était pas facilement accessible aux troupes allemandes. Certaines de ces communes étaient des stations de ski dont hôtels, maisons, et logements en location n'étaient pratiquement pas utilisés en ces temps de guerre. Lospinoso désigna Saint-Gervais-les-Bains et Megève, au pied du Mont-Blanc, pour devenir les deux principaux centres de résidence forcée. Un petit nombre de personnes devaient être aussi transférées vers des bourgades plus proches de Nice : Saint-Martin-Vésubie, Venanson, Castellane, Barcelonnette, Vence, et Moustiers-Sainte-Marie.

Le 8 avril, des Juifs se rassemblèrent sur le boulevard Dubouchage, l'artère animée du centre de Nice, pour monter dans les premiers bus à destination de Megève[18]. Il y avait foule sur les trottoirs où se mêlaient ceux qui se préparaient à partir et ceux qui étaient venus leur dire au revoir. L'atmosphère était remplie d'appréhension et d'excitation. Nul ne savait ce qui les attendait. Mais c'était le temps de l'Exode – dans tout ce brouhaha, des vendeurs s'activaient à vendre du pain azyme – et ceux qui se préparaient à leur propre exode étaient pleins d'espoir[19].

---

[18] Dupraz, *Bientôt la Liberté*, p. 85, indique que les réfugiés juifs arrivèrent à cette date précise dans les centres de résidence assignée en Haute-Savoie. Grandjacques, *La Montagne refuge*, 103-105, explique que les groupes précédents avaient été envoyés à Megève où ils s'étaient installés.

[19] Rochlitz, *The Righteous Enemy: Document Collection*, p. 78. Un document daté du 14 avril 1943 et signé par Ignace Fink mentionne que des marchands vendaient le pain azyme aux Juifs rassemblés devant la synagogue Dubouchage. Ce document indique que c'est l'endroit même où « tous les juifs malheureux » venaient pour obtenir les subsides qui leur étaient attribués alors qu'ils attendaient le départ pour un lieu de résidence assignée.

2. « Le Lieu béni » : Saint-Gervais-les-Bains[1,2]

Dès les deux premières semaines de mai 1943, les habitants de Saint-Gervais, les Saint-Gervolains, s'étaient accoutumés au vacarme qui annonçait l'arrivée de nouveaux autocars chargés de réfugiés juifs[3]. Ces engins venaient de loin, du sud, et arrivaient par Megève. Tout le long de l'avenue du mont d'Arbois, qui descend vers le centre-ville, le grondement des moteurs diesel mêlé à l'horrible grincement des freins rompait le silence du soir. Dans leur chambre à l'étage, les enfants quittaient leur lit pour coller leur visage aux

---

[1] Ce terme est emprunté au roman d'Oser Warszawski intitulé *On ne peut pas se plaindre ou Résidences*, p. 120. Ainsi qu'il est mentionné au chapitre 3, Warszawski a résidé à Saint-Gervais pendant l'été 1943.

[2] Pour écrire ce récit de la vie quotidienne des réfugiés juifs vivant en résidence assignée à Saint-Gervais, je me suis fiée essentiellement à deux documents : d'une part, un récit non publié d'Hélène Gorgiel-Sercarz, *Memoirs of a Jewish Daughter*, et d'autre part, le « Rapport sur les évènements de 1943 en France occupée par les troupes italiennes : les centres de résidence assignée en Savoie (mars-septembre 1943) », Mémorial de la Shoah/coll. OSE-II-134. (La référence à « Savoie » plutôt que « Haute-Savoie » est une erreur ; la base de données du Mémorial a du reste fait la correction en indiquant « Haute-Savoie ».) Ce rapport de quinze pages, daté du mois d'août 1944, a été écrit par Armand Rein, directeur du Centre médico-social de l'OSE à Saint-Gervais durant l'été 1943. De plus, j'ai utilisé différents rapports écrits par des membres de la Fédération des sociétés juives de France (FSJF), qui supervisait les centres de résidence forcée créés dans la zone d'occupation italienne durant le printemps 1943. La FSJF avait été fondée en 1913, à l'origine pour assister les Juifs immigrants. Dans son ouvrage *La Résistance juive en France*, p. 25, Lazare explique qu'en 1938, ladite Fédération représentait près de quatre-vingt-dix organisations constituantes, pour la plupart des *landsmanshaften* ou organisations fraternelles faites d'immigrants provenant de la même région. Les responsables des organisations juives d'assistance sociale, opérant en France durant l'Occupation, étaient particulièrement conscients des dangers inhérents à toute communication ou documentation écrite. Les nombreux rapports, mémorandums et lettres non signés et non datés en sont les témoins. Les auteurs utilisaient souvent de mots pour que seul le destinataire puisse saisir le véritable message du document. De nombreux mots codés étaient tirés du lexique biblique, hébreu ou yiddish.

[3] Gorgiel-Sercarz, *Memoirs of a Jewish Daughter*, p. 93, et Mémorial de la Shoah, CCIV-21, rapport, non daté et non signé, concernant la communauté de réfugiés à Saint-Gervais, Fonds FSJF, p. 1. On ne sait si les premiers autocars de réfugiés sont arrivés à Saint-Gervais vers la fin d'avril ou au début du mois de mai. Gorgiel-Sercarz indique que sa famille arriva à la fin d'avril et qu'ils étaient dans le « deuxième ou le troisième bus à arriver ». Le rapport CCIV-21, quant à lui, indique que le premier car à destination de Saint-Gervais a quitté Nice le 6 mai.

fenêtres en espérant apercevoir quelque chose. Pendant que les autocars négociaient les virages en épingles à cheveux, le couinement de leurs freins s'intensifiait. Ils descendaient lentement, rampant comme des bêtes sauvages vers l'Hôtel de Ville. Ils s'arrêtaient sur l'avenue du mont Paccard, les moteurs continuaient à gronder encore un peu avant d'être coupés : un moment de silence avant l'ouverture des portes puis quelque agitation, un brouhaha encore distant que l'on pouvait distinguer ou ignorer. Des pleurs de bébé. Des voix qui parlaient en langues étrangères. Des cris Grazie, Grazie ! à l'adresse de ces jeunes carabiniers séduisants qui avaient escorté leur convoi, assuré leur sécurité, le doigt sur la gâchette, avant de repartir dans leurs jeeps.

Le voyage entre Nice et Saint-Gervais était une épreuve qui durait un jour entier. Il aurait certes été plus facile de prendre le train, mais cela aurait été bien trop dangereux, car la ligne passait par Lyon, une ville envahie de soldats allemands.[4] Les autocars empruntaient la route Napoléon, qui n'avait pas été construite pour des autocars mais pour des véhicules dont les moteurs puissants permettaient de grimper les pentes montagneuses[5]. En d'autres temps, rouler sur cette route aurait été « une expérience touristique extraordinaire[6] ».

Les passagers descendaient de l'autocar un par un, les jambes raides, chargés de sacs et de paquets, des enfants écroulés de sommeil suspendus à leur cou. L'air du soir de Saint-Gervais était bien plus froid que celui de la ville ensoleillée qu'ils avaient quitté le matin même. Les hommes retiraient la bâche qui recouvrait le chargement du toit, une montagne de valises pleines à craquer, maintenues par des ficelles ou des ceintures. Chaque valise avait été remplie de ce qui restait de leur vie d'autrefois, une vie si ordinaire qu'elle semblait maintenant incroyable. Des mains réclamaient les valises. Les voyageurs attendaient, plongés jusqu'aux genoux dans leurs bagages. Quiconque aurait observé la scène d'une proche fenêtre, aurait pu croire qu'ils pataugeaient dans l'eau sombre d'une rivière.

Les nouveaux venus étaient jeunes ou vieux, en groupes ou seuls. Certaines familles avaient réussi malgré l'adversité à ne pas être séparées. Cependant, d'autres familles, il ne restait, après avoir été brisées, que des fragments. Ces déplacés étaient des emigrés de Pologne, d'Autriche, d'Allemagne, de Hongrie, de Tchécoslovaquie, du Luxembourg, de Grèce, de Belgique, de partout. Certains vivaient en France depuis une dizaine d'années, voire même davantage. Ils s'étaient mariés, avaient eu des enfants, et élevaient leur famille ici. D'autres étaient arrivés plus récemment. Peu d'entre eux parlaient couramment le

---

[4] Lydie Weissberg signale qu'il "existait toutefois, à partir de Nice, des lignes secondaires pour aller au Fayet en contrebas de Saint-Gervais. Lydie, sa mère et sa soeur prirent le train de Nice à Saint-Gervais en utilisant de telles lignes.
[5] Inaugurée en 1932, elle suit l'itinéraire que Napoléon emprunta lorsqu'il rentra de son exil sur l'île d'Elbe. L'Empereur débarqua à Golfe-Juan le 1er mars 1815. Il prit la direction de Paris pour détrôner Louis XVIII. Afin d'éviter la vallée du Rhône, il traversa les Alpes jusqu'à Grenoble.
[6] Gorgiel-Sercarz, *Memoirs of a Jewish Daughter*, p. 93.

français et sans accent étranger. Rares étaient ceux qui avaient les moyens financiers de subsister. Ils avaient épuisé leurs économies depuis des mois, des années. Ils n'avaient connu en France que la vie citadine. Le centre obscure de Saint-Gervais leur semblait le bout du monde.

Un soir, une jeune femme descendit de l'autocar et se fraya un chemin dans la sombre rivière. À part sa jeune sœur, elle n'avait pas de famille dans cette foule. Elle était habillée avec élégance. Ses cheveux châtains étaient tressés en chignon. Elle parlait français sans le moindre accent. Sa famille avait émigré de Moscou à Paris quand elle avait six ans, et elle avait passé presque toute sa vie dans la Ville Lumière. Elle avait aussi séjourné plusieurs mois en résidence forcée à Luchon, une petite ville des Pyrénées. Dès qu'elle descendit de l'autocar et mit pied à terre, elle se sentit parfaitement à l'aise. L'air était frais et pur. Le calme l'enveloppait. Les étoiles scintillaient haut dans le ciel. Alors elle s'adressa aux autres pour apaiser leurs craintes. Ils l'écoutèrent. Elle avait une voix mélodieuse, un beau visage ovale. Les plus âgés la considérèrent comme leur fille devenue adulte, et les plus jeunes, comme leur sœur aînée. Elle se nommait Myriam, mais on l'appela Mila.

Mila Racine, Nice, 1943. Photo gracieusement fournie par la famille Racine.

Un homme se hissa au-dessus de la masse sombre, afin que tous puissent le voir et l'entendre. Une liste à la main, il se mit à crier le nom d'un hôtel, d'une pension ou d'un chalet : Hôtel Victoria, Hôtel des Capucines, Hôtel Robinson, Chalet Savoyard [7,8]. Puis d'une voix forte, il appela par leur nom les personnes dans la foule. Quand il eut fini, tous connaissaient le nom de l'endroit où ils devraient vivre.

Mila, sa sœur Sacha, et un groupe de jeunes gens, traînant ce qu'ils avaient apporté comme bagages, remontèrent péniblement l'avenue du mont d'Arbois jusqu'à l'épingle à cheveux. Au lieu de virer à droite et de repartir dans la direction de Megève, ils restèrent à gauche et suivirent la direction des Praz. S'éloignant de la bourgade endormie, ils montèrent le long d'une colline isolée, entièrement boisée. Peut-être chantèrent-ils. Mila aimait chanter en marchant ; marcher et chanter allaient de pair. Ils arrivèrent enfin à l'Hôtel du Val Joly. Avec son toit aux pentes raides et ses avant-toits solides, l'hôtel assurait une bonne protection contre la neige. Les deux sœurs gravirent l'escalier étroit jusqu'à leur chambre au dernier étage, juste sous les avant-toits.

Hôtel du Val Joly à Saint-Gervais-les-Bains, octobre 2003. Photo de N. Lefenfeld

*

---

[7] Gorgiel-Sercarz, *Memoirs of a Jewish Daughter*, p. 93.
[8] Grandjacques, *La Montagne-refuge*, pp. 143–160, expose en détail où les réfugiés juifs vivaient. De nombreux hôtels utilisés par les réfugiés, y compris le Val Joly, sont encore en service.

Avant l'arrivée des autocars, les monceaux de valises et la lecture des listes, il n'y avait que Joseph Kott et Chava, sa femme, à Saint-Gervais. Ils avaient quitté leur demeure de Roanne et s'étaient rendus à Saint-Gervais à la demande de leur ami Marc Jarblum, président de la Fédération des sociétés juives de France (FSJF). La Fédération supervisait Saint-Gervais et les autres centres de résidence forcée implantés dans la zone occupée par les Italiens. Dans leurs lettres et rapports codés, les responsables juifs, pour se référer à l'organisation, employaient souvent l'expression « Tante Feder » ou simplement « Feder ». De Suisse, où il avait trouvé refuge, Jarblum avait pris contact avec Joseph Kott et lui avait demandé s'il accepterait de prendre la responsabilité d'un nouveau centre de résidence forcée.

L'armée italienne avait réquisitionné la Villa du mont Joly, rue de la Comtesse, pour son quartier général local[9]. Un jour d'avril, Joseph s'y rendit pour recevoir ses instructions. Des hommes, jeunes et grands, un fusil sur l'épaule, occupaient l'intérieur sombre. Ils appartenaient à un corps de tireurs d'élite connu sous le nom de Bersaglieri. Ils arpentaient les lieux, dominant de leur taille de géants Joseph, petit mais musclé, aux larges épaules carrées. Ce qu'ils avaient vraiment de particulier, c'était leur chapeau gris-vert, orné d'un gros panache de plumes de coq de bruyère, noires et brillantes.

Joseph avait 40 ans et pas un seul cheveu blanc. Il se coiffait en arrière, ce qui dégageait son front. Il avait des yeux sombres, un regard intense. Les instructions qu'il reçut du responsable, le Capitaine Tuglio, étaient simples. Joseph et ses coreligionnaires étaient sous surveillance et devaient obéir à certaines règles. Ils devaient se faire certaines règles. Ils devaient se présenter et signer un registre tous les jours au quartier général local de l'armée italienne, rue de la Comtesse. Ils devaient aussi observer le couvre-feu, et ne pas quitter la commune de Saint-Gervais. Quiconque voulant s'aventurer hors de la commune devait d'abord obtenir une autorisation écrite. Le capitaine avait réquisitionné l'Hôtel Eden, rue du Berchat, que Joseph Kott utiliserait comme quartier général. Si nécessaire, il réquisitionnerait des logements pour tous ceux qui devaient arriver.

Les Kott s'installèrent dans une pièce de l'Eden. C'était la mi-avril. Le printemps opérait lentement sa magie et Joseph et Chava assistaient à ce spectacle de leur balcon. En contrebas s'étalaient les contreforts de la vallée de l'Arve qui passaient d'un brun gris à un vert éclatant. Le manteau de neige qui recouvrait le massif des Aravis se retirait peu à peu, révélant le calcaire gris-bleu.

---

[9] L'adresse est 292, rue de la Comtesse.

Rue de la Comtesse, Saint-Gervais-les-Bains, avec la Villa du mont Joly (le plus haut des deux bâtiments), septembre 2004. Photo de N. Lefenfeld.

Il restait peu de temps pour décider ; les premiers autocars arriveraient bientôt. Joseph eut des conversations avec les propriétaires dans la pénombre de leurs hôtels inoccupés aux volets fermés. L'angoissant silence semblait amplifier chaque son : le tic-tac d'une pendule, une clé tournant dans une serrure, l'énumération des pertes financières subies depuis le début de la guerre. Il pensa à sa propre entreprise à Roanne, une fabrique d'articles textiles en maille, que les responsables de Vichy lui avaient confisquée parce qu'il était juif, et confiée à un administrateur provisoire. Il décida qu'il valait mieux payer un loyer aux propriétaires, plutôt que de faire réquisitionner leurs logements. Au bourg, les chambres d'hôtel coûtaient entre 70 et 120 francs par jour[10]. Les prix étaient un peu plus bas aux alentours. Il gribouilla quelques notes, établit la liste des chambres disponibles et prépara son budget. Il devait recevoir de la Fédération pour chaque adulte sans ressources mille francs par mois.

---

[10] Dans ce texte, les quantités se réfèrent aux anciens francs, qui étaient la monnaie de l'usage pendant la guerre. En janvier 1960, le « nouveau franc » (NF) entre en vigueur, avec un taux de conversion de un nouveau franc pour 100 anciens francs.

Carte d'identité de Joseph Kott, datée du 9 juin 1943.
Gracieusement fournie par la famille Kott.

Les autocars commencèrent à arriver. La nuit, un sombre torrent se déversait dans le bourg. Le jour, un hôtel s'éveillait, puis un autre et encore un autre, comme après un long sommeil. Fenêtres et portes des balcons s'ouvraient tout grand pour faire entrer les brises de mai. Comment ne pas entendre une porte claquer, une maman appeler un enfant, un rire éclater. Des logements plus petits, éparpillés dans les collines avoisinantes, comme des gentianes des Alpes, accueillaient aussi les réfugiés. Leurs seuls noms évoquaient la promesse d'un refuge montagnard : la Villa des Glaciers, les Rhododendrons, les Fleurs des Alpes. Certains de ces logements étaient des pensions de famille qui hébergeaient dix à vingt personnes. D'autres étaient des chalets et des villas attribués à une ou deux familles. Certains habitants de Saint-Gervais trouvèrent de la place dans leur propre maison pour les nouveaux venus. La famille Berlioz, qui habitait le bourg, fit de la place à la famille Bratslawki[11]. La famille Orset ouvrit sa maison des Champs, sur la route des Contamines, à la famille Kalischmann.

---

[11] Grandjacques, *La Montagne-refuge, p. 152*. La référence à la famille Orset hébergeant la famille Kalischmann provient de la même source, p. 153.

À la fin mai, la communauté juive réfugiée à Saint-Gervais comptait approximativement 850 personnes[12]. La plupart étaient des parents avec enfants. Les noms de 350 enfants âgés de moins de dix-huit ans seraient enregistrés dans un fichier spécial[13]. Certains adultes avaient des parents âgés ou de la famille à charge. Ils avaient passé tant de temps à courir ; maintenant ils se posaient. Ils étaient assis dans les cantines, sur les bancs publics, ou sous l'imposant portique de l'Hôtel Eden. Ils essayaient de ne pas penser à ce qu'ils avaient laissé derrière eux, ou à ce qui les attendait. Ils pensaient à leurs chaussures, qui étaient usées et avaient besoin d'être réparées. Ils pensaient à la santé de leurs jeunes enfants. Est-ce que leurs os avaient souffert à jamais des jours et des semaines sans une goutte de lait ? Quel soulagement c'était de les voir boire leur bol d'Ovomaltine jusqu'à la dernière goutte[14] ! Ils parlaient de gestes de bonté, dont le souvenir leur serrait la gorge et embuait leurs yeux : un lit offert par une nuit glacée, une miche de pain qui se retrouvait dans leurs mains.

Le réfectoire de l'Hôtel Eden était l'une des cantines organisées pour les réfugiés qui logeaient dans les hôtels et les pensions de famille[15]. Deux fois par jour, les réfugiés venaient manger et discuter, lire un extrait de journal, ou écouter quelqu'un traduire ce que disait le journal. Ils se relayaient à la cantine pour transporter les cageots de fruits et légumes, les sacs de farine, et

---

[12] Archives JDC de New York, collection Saly Mayer, 1939-50, dossier 32, rapport non signé et non daté, intitulé « Travail de Feder à St. Gervais », p. 1. Le rapport est attaché à une lettre, datée du 30 août 1943, de Marc Jarblum à Saly Mayer.

[13] Mémorial de la Shoah/coll. OSE-II-134, « Rapport sur les évènements de 1943 », rédigé par Armand Rein, août 1944, p. 6.

[14] Mémorial de la Shoah/coll. OSE-II-134, « Rapport sur les évènements de 1943 », rédigé par Armand Rein, août 1944, p. 7. Rein écrit : « Notre direction centrale à Chambéry nous envoya de grandes quantités d'Ovomaltine que nos amis en Suisse nous avaient fait parvenir. » À qui l'expression « nos amis en Suisse » fait-elle référence ? Le rapport ne le dit pas. Il est possible qu'il se réfère aux Secours suisse aux enfants, branche de la Croix-Rouge suisse qui offrait diverses aides aux enfants juifs en France durant la guerre. Il est aussi possible que ce soit le siège mondial de l'OSE à Genève (i.e. l'Union mondiale-OSE), une autre organisation, ou tout simplement des personnes non affiliées à une organisation.

[15] Trois documents au moins parlent de l'organisation de la communauté des réfugiés à Saint-Gervais, soulignant plus particulièrement le système mis en place pour l'achat de la nourriture et la préparation des repas, tous deux sur une base collective. L'un d'entre eux est le « Rapport sur les évènements de 1943 », Mémorial de la Shoah/coll. OSE-II-134, rédigé par Armand Rein, août 1944. Le deuxième, aux archives JDC de New York, collection Saly Mayer, 1939-50, est le dossier 32, rapport non signé et non daté, intitulé « Travail de Feder à St. Gervais ». La première page de ce rapport explique : « Pour éviter que tous ces gens se répandent par la ville, à la recherche de provisions, on leur interdit l'achat direct sauf pour les denrées rationnées telles que pain, fromage, sucre etc... Tous les achats sont faits par un bureau spécial qui a les avantages des collectivités, achète en gros et répartit ensuite les denrées acquises entre les différentes cantines et popotes. » Le troisième document, intitulé « Mémorandum Saint-Gervais mai-août 1943 », est écrit par Gerson Epstein et est daté de janvier 1954. Ce mémorandum a été conservé dans les papiers personnels de Joseph Kott. Le fils de celui-ci, Bernard, en a très aimablement fourni une copie à l'auteure. On ne sait ni pourquoi ni pour qui Epstein a écrit ce mémorandum en 1954.

les lourds bidons d'huile, pour éplucher les pommes de terre et – les jours fastes – couper les carottes en rondelles, touiller les grosses marmites de soupe au chou, verser la soupe fumante avec précaution, nettoyer les tables et faire la vaisselle. Les repas étaient simples mais nourrissants. Ces bouches, qui parlaient tant de langages différents, connaissaient toutes le langage de la faim. Ils partageaient leurs repas. Ils partageaient aussi recettes, histoires, et souvenirs de plats savourés : les meilleurs *krepelekh* (raviolis) du monde, le *kugel* (sorte de pudding) de nouilles de maman, le *gefilte fish* de *Bube* (la carpe farcie de grand-mère), les *kishkes* (tripes) farcies, les *blintzes* (crêpes) au fromage, le gâteau aux pommes, les *knishes* (timbales, servies chaudes, farcies de viande, pommes de terre, grains de sarrasin, fromage, ou légumes), *kasha varnishkes* (sarrasin avec pâtes papillon).

Ancien Hôtel Eden (aujourd'hui le Home Savoyard),
Saint-Gervais-les-Bains, septembre 2004. Photo de N. Lefenfeld.

Parfois, lorsque les réfugiés venaient prendre leurs repas, ils voyaient Joseph en réunion avec les membres du Comité de Saint-Gervais[16]. Des

---

[16] Le « Rapport sur les évènements de 1943 », Mémorial de la Shoah/coll. OSE-II-134, rédigé par Armand Rein, août 1944, p. 5, utilise le terme « comité local », mais la plupart des gens l'appellent le Comité de Saint-Gervais, ou s'en souviennent comme tel. Durant l'été 1943, une chanson fut écrite sur le Comité de Saint-Gervais. Ce fut apparemment un grand succès : Sacha Maidenberg (née Racine), Esther Weil (née Veissid) et Lydie Weissberg se rappelaient les paroles – couplets en français et refrain en yiddish – plusieurs décennies plus tard. Esther Weil en présente les paroles du premier vers et du refrain dans le bulletin *Enfants cachés* de

représentants des réfugiés avaient été élus à ce comité dont la tâche était de gérer les problèmes quotidiens de la communauté juive et d'assurer la liaison avec les fonctionnaires italiens et français. Les membres du comité étaient pour la plupart des hommes d'âge mûr, un peu chauves, en costume sombre. L'un d'eux avait une petite moustache qui rappelait celle d'Hitler et il se promenait la pipe à la bouche. Des années plus tard, leurs visages et leurs bustes, certains les bras croisés, seraient figés sur des photos en noir et blanc, mais leurs noms auraient disparu.

De l'autre côté de la ville, dans l'hôtel qu'on appelait le « Centre de la Jeunesse », il y avait une foule bruyante à la cantine[17]. De jeunes garçons et filles mangeaient, parlaient, riaient, discutaient, flirtaient, fumaient, jouaient aux cartes, écrivaient des lettres, et s'attardaient autour d'un café. C'étaient des adolescents et des jeunes d'une vingtaine d'années. Beaucoup d'entre eux logeaient ici, au Val Joly. Les autres vivaient dans des pensions ou chez l'habitant, mais c'était ici, au Centre, qu'ils se sentaient le plus à l'aise, et qu'ils venaient prendre leurs repas.

On aurait dit que le vent les avait amenés de la France toute entière et des quatre coins de l'Europe. On reconnaissait tout de suite ceux qui étaient nouvellement arrivés de l'étranger : ils parlaient français, mais avec un fort accent polonais ou allemand, ou ils se débattaient avec les rudiments de cette nouvelle langue. Certains avaient vécu seuls depuis des mois ou des années, car leurs parents avaient été arrêtés ou déportés, ou ils les avaient envoyés vers ce qu'ils espéraient être un lieu sûr. Ils avaient grandi vite, appris à se débrouiller, pris un nouveau nom, essayé de s'intégrer et de ne rien faire qui puisse dévoiler qu'ils étaient juifs. À Saint-Gervais, ils se révélaient leur vrai nom et le nom des villes où ils étaient nés. Ils parlaient des aventures rencontrées en chemin et de leur anxiété pour leur famille qu'ils avaient laissée derrière eux.

Au Val Joly, ils se retrouvaient entre jeunes et c'est ce qu'ils préféraient. Très vite ils s'organisèrent en équipes de travail et se répartirent les tâches. Comme la cuisine de l'hôtel était petite, ils dressèrent une longue table dehors et, chaque matin, entre 15 et 20 jeunes se rassemblaient pour éplucher, nettoyer et couper les légumes.

*

---

juin 1996 (numéro 15). Il y avait un deuxième comité responsable de l'administration de la communauté de réfugiés. Rein, p. 5, s'y réfère en parlant du Comité UGIF et aussi du Comité de la Fédération. Il était constitué des représentants des organisations juives qui assuraient une présence dans la communauté. Les deux comités travaillaient ensemble.

[17] Le « Rapport sur les évènements de 1943 », Mémorial de la Shoah/coll. OSE-II-134, écrit par Armand Rein, août 1944, p. 4, s'y réfère comme étant « le Centre de la Jeunesse ». L'autre ouvrage, « Mémorandum Saint-Gervais mai-août 1943 », écrit par Gerson Epstein, janvier 1954, 2, le désigne sous le nom de « foyer de jeunesse ».

Dans certains centres de résidence forcée durant la guerre, les Juifs, ces étrangers, furent accueillis fraîchement, voire avec hostilité[18]. Il n'est pas difficile de trouver des lettres dans les archives départementales qui portent plainte contre eux : souvent on soutient que les Juifs font du marché noir, parfois on se plaint que les Juifs fortunés passent leur journée au café et font monter les prix des denrées rares. Dans certains cas, l'hostilité fut telle que les autorités départementales décidèrent de les transférer ailleurs.

Les Saint-Gervolains eurent certainement l'impression que leur ville était inondée de réfugiés. En 1943, leur nombre n'excédait probablement pas les trois mille[19]. Avec l'arrivée des réfugiés ce chiffre gonfla de 25 % ou 30 %. Numériquement et proportionnellement, l'afflux fut plus fort à Saint-Gervais que dans la plupart des autres centres de résidence forcée. Pourtant cela ne provoqua pas d'hostilité générale. Les Saint-Gervolains et les réfugiés cohabitèrent paisiblement. Le maire, Alfred Conseil, se montra cordial avec les nouveaux venus. Est-ce qu'il manifestait l'esprit de gentillesse qui régnait chez les habitants de sa ville ? Est-ce son exemple qui influença le comportement d'autres personnes ?

Le maire aida Joseph et son Comité de Saint-Gervais quand il le put. Des réfugiés avaient perdu leur carte d'identité ou leurs cartes de rationnement, ou ne les avaient pas emportées lorsqu'ils s'étaient échappés des camps d'internement. Monsieur Conseil aida le comité à remplacer ces documents indispensables. Dans un rapport concernant Saint-Gervais, rédigé à la Libération, un observateur reconnaît sans équivoque que « les rapports entre le Comité juif et les autorités françaises et italiennes ont été des meilleurs jusqu'à la fin[20] ».

*

Saint-Gervais, c'est l'été. On se lève le matin, on ouvre grand la fenêtre, on se penche pour respirer l'air frais, on a l'impression de vivre dans les nuages : tout en bas, le vert luxuriant de la vallée à perte de vue, le charme des petits chalets blancs aux toits et volets sombres éparpillés dans les montagnes, ici et là de légères volutes de fumée qui s'échappent d'une cheminée avant de se dissoudre. L'air est pur et limpide. Le matin, les rayons du soleil

---

[18] Je n'ai pas connaissance d'une étude approfondie décrivant comment les réfugiés juifs furent reçus dans les divers lieux d'assignation à résidence durant la guerre. Plusieurs livres et articles mentionnent des réactions hostiles de la part de la population locale et/ou citent ou reproduisent des lettres de plaintes conservées dans les archives départementales.

[19] On ne connait pas le nombre réel d'habitants de Saint-Gervais au printemps de 1943, avant l'afflux des Juifs. J'en arrive à cette estimation en m'appuyant sur les nombres fournis par la mairie, indiquant que la population de la commune était de 2 775 habitants en 1936 et qu'elle était de 3 574 en 1946.

[20] Mémorial de la Shoah, OSE (II)-134, « Rapport sur les évènements de 1943 », écrit par Armand Rein, août 1944, pp. 5-6.

sont si bons. L'après-midi, le soleil cogne impitoyablement, alors on recherche l'ombre ou la fraîcheur glacée d'un torrent. On s'arrête pour écouter les cloches d'un troupeau qui au loin tintent. Et lorsque le soleil disparaît à l'horizon, le parfum délicat des sapins emplit l'air.

De gauche à droite : Hélène Gorgiel-Sercarz, Marie Grunberg, Marianne Hartann, Alex Derczanski, Sarah Grunberg, et Maurice Grunberg, Saint-Gervais-les-Bains, été 1943. © Mémorial de la Shoah, MXII_5935.

Joseph Kott avait eu dès le début une vision pour cette nouvelle diaspora. Subvenir aux besoins de première nécessité – nourriture, vêtements, abri – n'était pas suffisant. Il fallait satisfaire d'autres besoins. Certains réfugiés avaient des problèmes de santé dont il fallait s'occuper. Il fallait scolariser les enfants. Les jeunes devaient se former, acquérir des compétences pour se préparer physiquement et mentalement à ce qui les attendait. Certains avaient le besoin d'organiser et d'assister à des services religieux. D'autres avaient besoin de saisir la chance de lire un livre, d'assister à un concert ou une pièce de théâtre, de se faire de nouveaux amis, ou par d'autres moyens, de retrouver un peu de joie et d'humanité. D'autres encore avaient besoin de trouver une occasion de partager leurs talents, leur savoir-faire ou leurs connaissances. Joseph comprenait cela et il comprenait ce que signifiait la construction d'une *kehilla*, une communauté, qui répondrait à ces différents besoins.

Joseph avait dix ans lorsqu'à Blaszki, le village de son enfance, situé en Pologne dans la région de Kalisz, se créa l'un des premiers mouvements de jeunesse sioniste[21]. C'était en 1913. Le nouveau mouvement HaShomer HaTza'ir s'inspira de certains aspects du scoutisme, mouvement créé par Robert Baden-Powell plusieurs années auparavant en Angleterre et qui commençait à être connu dans le monde entier. HaShomer HaTza'ir cherchait à cultiver chez les jeunes Juifs le sens de l'autonomie, l'amour de la nature et le désir de retourner à la terre. Le but du mouvement était de former des jeunes *chalutzim*, des pionniers qui établiraient des fermes communautaires en Palestine. Comme beaucoup de jeunes Juifs polonais, Joseph rejoignit le mouvement.

À dix-huit ans, Joseph quitta sa famille, fit son *aliyah*, émigra en Palestine et s'établit dans le Kibboutz Tel Yosef, en Basse Galilée. La vie dans les premiers kibboutzim était difficile et dangereuse. Le terrain était stérile, aride et rocailleux. De terribles efforts étaient nécessaires pour améliorer le sol et le rendre productif. Les colons étaient sous la menace de maladies, de la malaria en particulier, et de l'agressivité de certains de leurs voisins arabes. Parfois, le jeune Joseph, revêtu d'un vêtement arabe, patrouillait à cheval aux limites du kibboutz. En 1925, arriva au kibboutz une femme du nom de Chava Laja Wolkowicz, originaire elle aussi de la région de Kalisz et elle aussi membre du HaShomer HaTza'ir. Joseph et Chava bientôt se marièrent. L'année suivante, Chava donna naissance à une fille, qu'ils nommèrent Sara. Quand le bébé eut un an, Joseph contracta la malaria. Chava et lui décidèrent qu'il était impératif de quitter la Palestine pour soigner Joseph. Ils allèrent à Lyon, où habitait l'oncle de Chava.

La famille Kott allait s'enraciner sur le sol français, mais pas à Lyon. Elie, le frère de Chava, habitait à 80 km au nord-ouest de Lyon, à Roanne. Il faisait partie d'un groupe de jeunes Juifs célibataires, originaires de Pologne, qui avaient eu la chance de trouver un emploi à l'usine textile Gillet-Thaon, le plus gros employeur de la ville. Il était indispensable pour un émigrant de décrocher un contrat de travail car cela lui permettait d'obtenir un permis de

---

[21] Cette information biographique de la famille Kott a été obtenue par différentes sources : interviews, discussions, correspondances avec Bernard Kott entre 2004 et 2012, ainsi que le livre de Jacques Kott (le neveu de Joseph Kott) et de sa femme Aline intitulé *Roanne : Enquête sur les Origines d'une Communauté juive atypique...*

séjour et de s'installer. En 1926, les Juifs polonais de Roanne avaient un *minyan*. Certains avaient été rejoints par une sœur ou une parente qu'ils présentaient aux autres. Avant la fin de la décennie, la jeune communauté juive avait célébré plusieurs mariages et naissances.

Kalisz, en Pologne, était réputée pour être la capitale de la dentelle dans l'Empire russe et, la broderie étant reconnue comme un art, la ville était devenue un important centre textile. Elie était expert en broderie et spécialiste des nouvelles machines à tricoter en vogue, les métiers Rachel. Il était aussi entrepreneur et, en 1927, il créa son propre atelier. Son beau-frère Joseph avait lui aussi été employé dans l'industrie textile. En 1929, Elie proposa à Joseph de déménager avec sa famille à Roanne et de devenir son associé. Joseph accepta.

Paradoxalement, ce fut la Crise de 1929 qui aida la nouvelle entreprise à prospérer. Gillet-Thaon fit faillite en 1930. Cela donna aux Juifs polonais de Roanne l'élan et l'occasion de fonder leur propre affaire et d'embaucher leurs *landsmen*, leurs compatriotes, qui avaient perdu leur emploi. Une nouvelle industrie, la « bonneterie juive roannaise » était née, célèbre dans la France entière. La famille de Joseph s'installa confortablement et s'agrandit en 1933 avec la naissance de leur fils Bernard. En 1935, Elie et Joseph décidèrent de dissoudre leur société et Joseph créa sa propre usine. Travailleur capable et acharné, il réussit à bâtir une entreprise prospère.

Alors que son affaire prenait de l'ampleur, de même Joseph s'engageait plus profondément pour édifier une nouvelle communauté juive, « particulière et originale » dès ses débuts[22,23]. D'autres communautés juives s'étaient organisées autour des préférences religieuses de leur rabbin. Mais ce ne fut pas le cas à Roanne, selon Monique Lewi, biographe de la communauté : « Ici, dès sa création, la 'Kehila' (Communauté) est organisée sans rabbin, sans boucherie 'Kasher', sans bain rituel, puisant son pouvoir dans les traditions juives et dans son idéal sioniste[24]. » Les laïcs, éduqués dans les *chedarim* (écoles élémentaires juives traditionnelles) de leur ville d'origine, se chargeaient de célébrer l'office à la synagogue et de faire l'enseignement religieux à l'école.

Joseph se considérait comme un émissaire auprès de ceux qui cherchaient à émigrer en France et auprès des nouveaux arrivés. Il les aidait à surmonter les difficultés pratiques à s'intégrer : trouver un logement, décrocher un emploi, obtenir un permis de séjour. Il s'efforçait aussi d'intégrer les nouveaux

---

[22] Joseph eut la chance de trouver une personne capable de diriger la nouvelle manufacture, un immigrant russe nommé Samuel Resnick. Cela lui permit de consacrer davantage de son temps et de son énergie à la communauté et aux activités politiques qui le passionnaient. Il servit comme président de l'Association culturelle Israélite de Roanne (ACIR), l'unique organisation juive de la ville qui était autorisée. Il était actif dans des organisations sionistes et socialistes telles que le Poale Sion (les Travailleurs de Sion) et le S.F.I.O., la Section française de l'Internationale ouvrière. Il soutenait de plus la presse en langue yiddish.

[23] Lewi, *Histoire d'une communauté juive*, p. 32.

[24] Lewi, *Histoire d'une communauté juive*, p. 32.

venus dans la communauté juive de Roanne. Il tendit la main non seulement à ses compatriotes de Pologne mais aussi à des Juifs allemands qui avaient fui après l'accession d'Hitler au pouvoir. En 1936, il retourna en Pologne pour aider ses parents, sa sœur et ses six frères, et de nombreux proches de sa famille à émigrer.

Quand la guerre éclata, Joseph s'engagea dans l'armée française. Peu après son retour en France, le gouvernement de Vichy lança tout un programme visant à exclure les Juifs de l'économie nationale. L'usine de Joseph fut confiée à un administrateur provisoire. Selon la légende familiale, les gendarmes, sur les ordres de Vichy, arrêtèrent Joseph à deux reprises, mais ce fut avec réticence car ils le connaissaient et l'appréciaient. On raconte qu'envoyé une troisième fois pour l'arrêter, l'un des gendarmes était en larmes, bouleversé à tel point que pour le calmer et qu'il puisse exécuter sa mission, Chava lui offrit un verre de cognac. En août 1942, alors que les rafles massives de Juifs étrangers commençaient en zone non occupée, Joseph et Chava placèrent leurs enfants, Sara et Bernard, dans une famille chrétienne, les Mazeau, qui vivaient à la Bourboule, dans le Puy-de-Dôme.

Joseph était traditionaliste mais il n'avait ni ferveur religieuse ni envie d'entrer dans des débats théologiques. Sa raison d'être était de rassembler, de s'occuper des personnes dans le besoin, de résoudre les problèmes, d'encourager des discussions animées, de savourer la compagnie des autres, de rire et de vivre pleinement la vie. C'est ce qu'il s'employa à faire à Saint-Gervais.

Joseph voyait bien que les plus âgés des adultes étaient en proie à une lassitude qui prendrait du temps à se dissiper, mais que les jeunes gens étaient forts, pleins d'entrain. Il était décidé à mettre à profit leur énergie. Pour l'aider dans cette tâche, il se tourna vers Mila, cette jeune femme au beau visage ovale, et il fut soulagé de trouver en elle une alliée. Mila était responsable du Mouvement de jeunesse sioniste (MJS). On l'avait envoyée à Saint-Gervais pour recruter des adolescents et des jeunes adultes afin de former une nouvelle brigade MJS. Cette mission correspondait parfaitement au plan de Joseph.

*

Il est bien possible qu'avant d'arriver à Saint-Gervais Joseph n'ait jamais entendu parler du Mouvement de jeunesse sioniste. C'était une toute jeune organisation, née à peine un an plus tôt, au Congrès sioniste de Montpellier en mai 1942. Elle succédait, si l'on peut dire, à l'HaShomer HaTza'ir. Avant sa création, il existait en France environ une douzaine d'organisations sionistes pour la jeunesse, nées de mouvements qui avaient fleuri en Europe de l'Est, et qui se disputaient de nouvelles recrues. Simon Lévitte, ardent sioniste, responsable national des Éclaireurs israélites de France (EIF), organisa le Congrès de Montpellier afin d'en appeler à l'unité. Le fait que le mouvement sioniste pour la jeunesse soit divisé, et donc inefficace, le désespérait. Il sermonna les délégués : la vie avait changé, de puissantes forces voulaient à tout prix les annihiler tous, le temps de la division était révolu, ils devaient mettre de côté leurs divergences et ensemble faire face à l'ennemi. Son appel fut entendu. Presque tous les délégués votèrent la dissolution des organisations existantes afin de former une nouvelle entité qu'ils appelèrent le Mouvement de jeunesse sioniste. Ils choisirent Lévitte pour le diriger. Ce fut un moment extraordinaire. Un éminent spécialiste de cette période, Lucien Lazare, déclara le « cas sans précédent dans l'histoire du sionisme à travers l'Europe[25] ».

À l'époque où le MJS fut créé, les organisations juives de France traversaient une crise profonde. En décembre 1941, les responsables des diverses organisations avaient appris qu'afin d'opérer dans la légalité, il leur fallait renoncer à leur indépendance et devenir membres de l'UGIF, le conseil juif créé par Vichy en réponse aux exigences des Allemands. Quand le MJS fut créé, les délégués discutèrent pour décider si la nouvelle entité devait se placer dans le cadre de l'UGIF ou opérer illégalement. Ils choisirent la deuxième option.

Le nouveau MJS fut organisé en *gdoudim*, brigades en hébreu. Au début, le *gdoud* de Montpellier servit de quartier général à l'organisation. Après l'établissement de la zone d'occupation italienne, Simon Lévitte transféra le siège à Grenoble. Au printemps 1943, les *gdoudim* de Grenoble et de Nice avaient pris de l'ampleur et étaient bien organisés.

Gdoud MJS et quelques amis, Saint-Gervais-les-Bains, été 1943.
Mila Racine est debout au centre, troisième rangée, elle porte un corsage noir ouvert au cou. © Mémorial de la Shoah, MXXXIIIa_46.

---

[25] Lazare, *La Résistance juive en France*, p. 82.

Quelques jeunes de Saint-Gervais avaient eu leur premier contact avec le MJS à Nice. À leur arrivée, seuls ou avec des membres de leur famille, ils avaient été dirigés vers le centre de réfugiés au n° 24 du boulevard Dubouchage. Le Centre Dubouchage était, selon l'expression de Zanvel Diamant, une « ruche » en pleine activité, non seulement le quartier général du Comité Dubouchage mais aussi le principal point de ralliement des Juifs étrangers[26]. C'était là qu'ils venaient chercher quelques secours : une aide financière, des nouvelles d'un être cher, l'adresse d'une chambre à louer ou d'une cantine qui servait des repas chauds. C'était là aussi qu'on fraternisait, là qu'on organisait des rencontres et des évènements culturels, là qu'on priait. Alors que les « Juifs » avaient leurs services religieux dans la modeste synagogue Dubouchage, les « Israélites » se réunissaient plus loin, dans la Grande Synagogue de la rue Gustave Deloye.

Le Comité Dubouchage avait alloué au *gdoud* de Nice un espace au centre même[27]. C'était un arrangement fort judicieux. En effet les jeunes du MJS travaillaient la main dans la main avec les membres du comité, et aidaient les réfugiés à se procurer une aide financière, un logement, des repas et à « régulariser » leur situation. « Régulariser » sa situation était le terme familier pour dire qu'un immigré s'était procuré les documents nécessaires pour changer son statut d'étranger en illégalité pour celui, même temporaire, de résident légal. Autrement dit, pour un Juif étranger dans la zone d'occupation italienne, régulariser sa situation signifiait qu'il ne serait pas soumis à une arrestation ou à un internement arbitraire par la police française et qu'il pouvait demander des tickets de rationnement. Un grand jeune homme répondant au nom de Jacques Wajntrob accueillait les arrivants qui s'aventuraient par la porte où figuraient les mystérieuses lettres « MJS »[28,29]. Les nouveaux venus le trouvaient bien français ce responsable du *gdoud* de Nice. Mais c'est seulement quand il bavardait avec eux, souvent en yiddish ou en polonais, qu'ils découvraient que Jacques, c'était « Jankiel », né à Tarczyn, en Pologne, et que sa famille avait émigré en France au début des années trente.

Jacques n'avait que vingt-trois ans en 1943, mais il paraissait plus âgé, plus mûr. Sa femme, Léa, travaillait à ses côtés et leur petite fille, Miriam,

---

[26] Diamant, « *Jewish Refugees on the French Riviera* », p. 272.

[27] Information biographique de Jacques et Léa Wajntrob provenant des sources suivantes : interview, par N. Lefenfeld, de leur fille Miriam Brinbaum, donnée le 14 septembre 2006 à Paris ; correspondance avec Miriam ; et finalement résumé bibliographique, long de trois pages, reçu de Miriam et intitulé « Jacques Wajntrob ». À ma connaissance, ce résumé n'a pas été publié. Suite à ma demande, Miriam a bien voulu poser quelques questions à sa mère au sujet du fonctionnement du *gdoud* de Nice, y compris sa relation avec le Comité Dubouchage avant septembre 1943 et l'aide qu'elle a apporté aux Juifs pourchassés dès les débuts du règne de la terreur.

[28] Dans les publications, le nom de famille est généralement écrit « Weintrob ». « Wajntrob » est l'orthographe utilisée par Miriam Brinbaum, la fille de Jacques et Léa.

[29] Gorgiel-Sercarz, *Memoirs of a Jewish Daughter*, p. 89.

rampait sur le sol, grimpait sur les genoux de sa mère, ou dormait dans un berceau de fortune. Ces jeunes gens qui passaient la porte du bureau avaient été à la dérive pendant des mois, des années, et ils se sentaient désorientés, désespérés, seuls. Jacques les comprenait fort bien. Lui aussi avait eu sa part d'épreuves depuis le début de l'occupation allemande et avait éprouvé les mêmes sentiments. Il comprenait que celui-ci avait peut-être besoin d'un lieu pour dormir et celui-là d'un repas chaud, mais que tous sans exception avaient besoin d'avoir un but, de ressentir l'estime de soi. Jacques les accueillait comme des coreligionnaires, et leur faisait comprendre qu'ils n'étaient pas des fardeaux, mais des ressources. Avant tout il les recrutait. Une fois membres du *gdoud*, ils auraient la possibilité d'aller de l'avant et d'aider les autres.

Peut-être les nouveaux venus faisaient-ils aussi la connaissance de Mila Racine, assise dans un coin du bureau, absorbée à taper à la machine une lettre ou un rapport. Elle était l'assistante de Jacques et de Léa, toujours prête à s'atteler à la tâche et à faire tout ce qu'il fallait. Elle aussi s'identifiait à ceux qui avaient besoin d'aide. Certaines personnes âgées lui rappelaient ses parents, ses oncles et ses tantes, dont la plupart parlaient toujours en russe et s'exprimaient difficilement en français.

Sarah Grunberg avait vingt-et-un ans quand en 1943 elle rejoignit le MJS à Nice. Elle fit la connaissance de Mila dans la salle de réunion du *gdoud* au Centre Dubouchage. Mila était en train de dactylographier un document, totalement absorbée dans son travail. « Ce qui m'a frappé en premier lieu », se rappelle Sarah dans une lettre écrite six décennies plus tard, « [c'était] son charme, sa beauté, une grâce aristocratique qui émanait de sa personne[30]. »

Quand arriva l'exode, Mila s'était retrouvée dans un autocar à destination de Saint-Gervais. Elle s'employa tout de suite à recruter des membres pour fonder un nouveau *gdoud,* et ses efforts furent couronnés de succès. Dès début juin, presque tous les jeunes de Saint-Gervais s'identifiaient au MJS. Le Val Joly devint de facto le quartier général du *gdoud*.

*

Fin mai ou début juin, Joseph Kott et le Comité de Saint-Gervais « rassemblèrent tous les jeunes » et organisèrent une réunion « sur une petite colline à l'écart de la Grand rue[31] ». Il incita fortement les jeunes gens à

---

[30] Lettre de Sarah Grunberg à N. Lefenfeld, non datée. J'ai interviewé Sarah Grunberg par téléphone le 6 novembre 2004. Puis elle m'a envoyé une lettre (le cachet de la poste en date du 18 novembre 2004).
[31] Gorgiel-Sercarz, *Memoirs of a Jewish Daughter*, p. 94. Il existe une photographie d'un groupe d'une cinquantaine de personnes, assises ou debout, qui plissent les yeux sous le soleil éblouissant. Joseph est assis en bas, tout près du photographe, avec des membres du Comité de Saint-Gervais, des hommes d'un certain âge en costume-cravate. Des jeunes gens se

prendre une part active à l'édification de la communauté[32]. La priorité immédiate était d'organiser et d'ouvrir une école[33]. Pratiquement tous les enfants réfugiés avaient dû interrompre leur scolarité car leur famille se déplaçait sans arrêt. Mila avait accepté de superviser ce projet[34]. Sarah Bomberg, jardinière d'enfants diplômée, et Esther Veissid, auxiliaire maternelle, se chargèrent des plus petits âgés de deux ans et demi à sept ans. Plusieurs jeunes femmes, y compris Hélène Gorgiel-Sercarz, se proposèrent comme enseignantes bénévoles. On attribua au Comité de Saint-Gervais des baraques en bois, proches de la patinoire, et les vestiaires normalement utilisés par les joueurs de hockey et les « patineurs du dimanche » furent vite transformés en salles de classe[35].

L'Œuvre de secours aux enfants (l'OSE), cette importante organisation d'aide à l'enfance, envoya à Saint-Gervais Armand Rein, âgé de vingt-deux ans, pour créer ce qu'on appela un centre médico-social. Il joignit ses efforts à ceux du comité pour améliorer les maigres menus des enfants. Ils recrutèrent aussi quatre réfugiés qui étaient médecins, dont un cardiologue et un dermatologue[36]. Les médecins réfugiés ne pouvaient pas exercer légalement en France. Toutefois les médecins du pays leur permirent de contourner cette difficulté en autorisant ce qu'on appela des visites de dépistage et en signant leurs ordonnances. L'ORT, organisation internationale d'éducation et de formation professionnelle, ouvrit environ une demi-douzaine d'ateliers où des jeunes travaillèrent comme apprentis[37]. Les menuisiers fabriquaient des bureaux et des chaises que les

---

tiennent derrière en ordre dispersé, souriant, à l'aise semble-t-il, les manches relevées, le col de chemise ouvert. Il s'agit peut-être de la première réunion de jeunes gens organisée par Joseph. J'ai reçu une copie de cette photographie de Bernard Kott, qui lui-même l'avait reçue d'Esther Weil (née Veissid). Une reproduction figure dans le bulletin *Enfants Cachés* de juin 1996 (numéro 15).

[32] Le « Rapport sur les évènements de 1943 », Mémorial de la Shoah/coll. OSE-II-134, rédigé par Armand Rein, août 1944, p. 8, mentionne que toute personne âgée de quatorze ans et plus devait travailler, apprendre un métier, ou étudier.

[33] Gorgiel-Sercarz, *Memoirs of a Jewish Daughter*, p. 94.

[34] Plusieurs femmes qui vivaient à Saint-Gervais durant l'été 1943 m'ont écrit ou parlé à propos de l'école et du rôle de supervision de Mila : Sonia Constant (née Veissid), qui était l'une des enfants du premier convoi du MJS ; la sœur de Sonia, Esther Weil (née Veissid), qui était « jardinière adjointe » ; la sœur de Mila, Sacha Maidenberg ; et enfin Sarah Grunberg. Des photos d'enseignants et d'enfants de maternelle sont reproduites dans *La Montagne-refuge*, de Grandjacques. J'ai interviewé Sonia Constant le 5 août 2001 à Lyon, et j'ai correspondu avec elle avant et après cette date.

[35] Grandjacques, *La Montagne-refuge*, p. 174. Le terme « patineurs du dimanche » est de lui.

[36] Mémorial de la Shoah/coll. OSE-II-134, « Rapport sur les évènements de 1943 », écrit par Armand Rein, août 1944, p. 7.

[37] Cette organisation prit naissance en Russie en 1880 sous la forme d'un fond établi pour promouvoir le développement économique des Juifs russes, en soutenant des écoles d'agriculture, de formation professionnelle et des colonies agricoles existantes, en créant de nouvelles écoles et colonies, et en aidant les artisans. L'acronyme « ORT » dérive du nom russe : *Obschestvo Remeslenovo i zemledelcheskovo Trouda* (Société de promotion de l'artisanat, de l'industrie, et de l'agriculture parmi les Juifs). Après la fin de la Première

élèves utilisaient dans ce qui servait de salles de classe. Les cordonniers, les couturiers, et les tailleurs recyclaient et réparaient tout ce qu'on leur apportait. En ces temps de restrictions, il était quasiment impossible de se procurer une nouvelle paire de chaussures ou un vêtement neuf. Il ne fallait rien gaspiller. Il fallait utiliser chaque chose jusqu'au bout. Des jeunes gens travaillaient dans les champs qui appartenaient aux fermiers de la région et faisaient pousser des fruits et des légumes pour nourrir les réfugiés.

Pour tous ces jeunes, ce fut une période à la fois grisante et qui donnait à réfléchir. Comme les adultes, ils étaient conscients que ces paisibles moments étaient passagers, et qu'ils devaient les savourer. Ils savaient aussi que c'était leur dernière chance de grandir, de devenir fort avant les épreuves finales et qu'ils devaient donc en profiter. Au Val Joly, à tour de rôle ils faisaient des exposés sur divers sujets : l'histoire juive, le sionisme moderne, la géographie de la Palestine, les mathématiques, la chimie et la philosophie[38,39]. Certains soirs, après la vaisselle, ils se pressaient en foule dans la salle à manger pour assister à un sketch ou un programme musical. Ou dehors, assis dans l'herbe, ils écoutaient Mila leur enseigner des chants hébreux ou une nouvelle variation de la hora. Tard dans la nuit, sur le balcon, certains jouaient aux échecs, s'initiaient à de nouveaux jeux de cartes. Certains rencontrèrent ainsi leur futur conjoint. D'autres eurent le cœur brisé. Les conversations portaient toujours sur l'avenir. La route devant eux bifurquait et ils discutaient de la direction à prendre. Devaient-ils rejoindre la Résistance, prendre les armes contre les Allemands et leurs collaborateurs français, œuvrer pour la libération de la France ? Ou devaient-ils se consacrer à aider, à sauver leurs camarades juifs ?

En juillet, cette petite diaspora s'était solidement enracinée dans le sol rocailleux de la la montagne. La situation des réfugiés était loin d'être idéale, mais ils se contentaient de ce qu'ils avaient. Tous étaient sains et saufs, avaient un lit, suffisamment à manger pour tenir le coup et, en cas de besoin, des soins médicaux. Ils avaient un chef, Joseph, qu'ils avaient surnommé « le roi de Saint-Gervais[40] ». Ils avaient un comité chargé de résoudre leurs différends et d'établir des règles. Ils avaient une école pour les enfants et des ateliers de formation professionnelle pour les jeunes. Ils avaient même organisé une synagogue[41]. Le comité avait loué la villa des Genêts, en face de l'Hôtel Eden, et, le shabbat, les chants des prières hébraïques résonnaient

---

Guerre mondiale, l'ORT devint une organisation internationale. Son siège social est aujourd'hui à Genève. L'organisation possède des centres de formation professionnelle et des programmes d'éducation dans cinquante pays.

[38] Gorgiel-Sercarz, *Memoirs of a Jewish Daughter*, p. 95, ainsi que les souvenirs que Sarah Grunberg partagea dans une interview téléphonique et dans une lettre ultérieure.

[39] Grandjacques, dans *La Montagne-refuge*, p. 174, souligne que Jacques Wajntrob envoya deux membres du MJS, Gérard Halberthal et Alex Derczanski, à Saint-Gervais afin de mettre en route la création d'un collège-lycée. Halberthal enseigna les mathématiques et la chimie, et Derczanski, la philosophie.

[40] Lewi, *Histoire d'une communauté juive*, p. 53.

[41] Grandjacques, *La Montagne-refuge*, p. 184.

dans la ruelle du Berchat. Un rapport à l'attention de Marc Jarblum résuma ainsi la situation : « Mais ce qui est le plus réconfortant là-bas c'est l'atmosphère. C'est une véritable Kwutsa [c'est-à-dire une réunion harmonieuse ; *kwutsa* a la même racine que *kibbutz*]. Les gens ont l'air très contents[42]. » Les réfugiés partageaient avec Joseph sa vision de la *kehilla*. Ils appelaient leur communauté le petit Tel-Aviv[43].

La précarité de leur existence n'était un secret pour personne. Un rapport contemporain cite l'un des membres, non identifié, de la communauté des réfugiés qui résume ainsi ses impressions de la vie à Saint-Gervais :

> Des rescapés en haute mer, sur un bateau. La mer est toujours houleuse, un iceberg est signalé à proximité. Le choc peut se produire d'un instant à l'autre mais il peut aussi être évité. Incertitude et anxiété. Si le choc se produit, il peut être terrible. Ce sera un sauve-qui-peut ou un sauvetage organisé. Cela dépend de beaucoup de facteurs. Mais le capitaine de bord et l'équipage n'ont qu'un but : MAINTENIR ! assurer jusqu'aux derniers moments un peu d'ordres [*sic*] et de joie aux passagers[44].

Groupe dansant la hora, Saint-Gervais, été 1943. Mila Racine est sur la droite, elle porte une jupe à carreaux. Photo gracieusement fournie par la famille Strosberg.
(Le jeune homme face à Mila est Isy Leuwenkroon, le père d'Eliane Strosberg.)

---

[42] Archives JDC de New York, collection Saly Mayer, 1939-50, dossier 32, rapport non signé et non daté, intitulé « Travail de Feder à St. Gervais ».
[43] Gorgiel-Sercarz, *Memoirs of a Jewish Daughter*, p. 96.
[44] Mémorial de la Shoah, CCIV-21, rapport, non daté et non signé, concernant la communauté de réfugiés à Saint-Gervais, Fonds FSJF, p. 5.

3. Le Pas de l'Échelle

Tard dans la soirée du 25 juillet 1943, le roi d'Italie, Vittorio Emanuele III, avec le soutien de l'armée et du Grand Conseil du fascisme destitua et arrêta Mussolini. Le roi fit appel à Pietro Badoglio, célèbre maréchal de l'armée, pour former un nouveau gouvernement. À Nice, les réfugiés juifs, les citoyens français et même les soldats italiens accueillirent avec liesse la nouvelle. Pendant vingt-quatre heures, ils en vinrent même à prendre leur désir pour la réalité : la chute de Mussolini annonçait la fin de la guerre. Ils firent la fête tout le jour et jusque dans la nuit[1]. Mais dès le lendemain matin, ils furent nombreux à adopter un point de vue plus réaliste : ils étaient conscients du grave danger qui les guettait désormais.

La situation en Italie était devenue instable, imprévisible. Le 10 juillet, les Alliés avaient lancé l'une des plus vastes opérations de la guerre : l'invasion de la Sicile. Alors que juillet touchait à sa fin, ils étaient engagés dans une sanglante bataille pour cette île rocailleuse, à proximité de la botte de l'Italie. L'importance stratégique de la Sicile était évidente : une fois les forces de l'Axe chassées de l'île, les Alliés s'en serviraient pour lancer l'invasion de la péninsule italienne.

Personne ne savait comment les évènements se dérouleraient ni ce qu'il adviendrait dans la zone d'occupation italienne. Il semblait fort probable que l'armée italienne se retirerait de tout ou partie du territoire qu'elle occupait en France, mais personne ne savait ni quand ni comment cela se passerait. La situation était inquiétante pour tous ceux qui vivaient dans la zone sous occupation italienne, mais elle était particulièrement périlleuse pour les Juifs. Que leur arriverait-il ? Allaient-ils tomber entre les mains des autorités allemandes ou de Vichy bien décidées à les arrêter et à les déporter ? Seraient-ils autorisés à se retirer avec les soldats italiens et à rester sous leur protection ?

Dès les premiers jours d'août, l'angoisse était terrible chez les Juifs de Saint-Gervais, de Megève et des autres centres de résidence assignée établis par les autorités italiennes. Joseph Kott et les membres de son Comité de Saint-Gervais étaient en contact étroit avec les dirigeants du Comité Dubouchage. Ils attendaient les instructions : quand les réfugiés devraient-ils

---

[1] Carpi, *Between Mussolini and Hitler*, p. 166.

évacuer Saint-Gervais et où devraient-ils aller ? Persuadés que leurs chances de survie étaient meilleures s'ils restaient entre les mains des Italiens, ils recherchèrent auprès des responsables italiens l'assurance qu'ils ne seraient pas abandonnés après le retrait total ou partiel de leurs soldats du territoire français.

Dès la troisième semaine d'août, un plan avait été mis en place[2,3]. Lors des négociations avec son partenaire de l'Axe, l'Italie avait accepté de se retirer de la majeure partie de la zone qu'elle occupait. Elle se maintiendrait dans la moitié orientale des Alpes-Maritimes, à l'est des rivières du Var et de la Tinée. La zone n'était pas bien grande mais elle incluait Nice, et les responsables italiens estimaient que la ville avait une importance stratégique et politique. Le sort des Juifs sous protection de l'armée italienne ne faisait pas partie des négociations concernant le retrait des troupes. Néanmoins les autorités italiennes ne voulaient pas que les Juifs tombent entre les mains des Allemands, et l'accord qu'ils négocièrent semblait offrir un moyen de les protéger. La plupart des Juifs en zone occupée par les Italiens habitaient Nice. Des divers centres où les Juifs avaient été assignés à résidence, Saint-Gervais et Megève suscitaient le plus d'inquiétude. Tous deux étaient éloignés de la partie qui resterait sous contrôle italien et de nombreux Juifs y demeuraient. Les jours suivants, des membres du Comité Dubouchage commencèrent à travailler avec Guido Lospinoso et son équipe pour organiser le transfert en bon ordre des réfugiés vers des villes situées dans ce qu'on appela la nouvelle zone italienne. Les Juifs devaient être transférés dans les

---

[2] Le 15 août, des commandants des armées de l'Axe se rencontrèrent à Bologne et négocièrent l'accord mentionné ici.

[3] Ce n'était pas le seul plan conçu durant l'été 1943 pour sauver les Juifs qui avaient trouvé refuge dans la zone occupée italienne. Deux autres efforts méritent d'être mentionnés. Le plus audacieux était le plan de Angelo Donati visant à évacuer trente mille Juifs de France en Italie (voir Chapitre 6, *Nice*). L'autre effort remarquable fut conduit au début août, à l'initiative de deux membres du gouvernement italien. Augusto Spechel, qui avait succédé à Alberto Calisse en tant que Consul général italien à Nice en mai 1943, œuvrait avec son ami le comte Luigi Vidau, lui-même à la tête du département politique au ministère des Affaires étrangères d'Italie. Tous deux tentèrent d'obtenir l'approbation nécessaire afin de permettre aux réfugiés juifs en fuite d'entrer en Italie. *Cf.* Carpi, *Between Mussolini and Hitler*, p. 169. Il faut encore mentionner que précédemment, à au moins deux occasions, le comte Vidau avait pris l'initiative de protéger des Juifs. En réponse aux pressions que les Allemands faisaient sur le ministère des Affaires étrangères d'Italie au début février 1943, ce dernier communiqua explicitement à l'ambassade d'Allemagne à Rome que les Italiens avaient seule autorité sur les Juifs vivant dans leur zone occupée. Non seulement il affirma que les Juifs ne seraient pas remis aux mains des autorités françaises, mais aussi il expliqua qu'ils finiraient aux mains des Allemands et seraient par la suite déportés en Pologne. Plus tard le même mois, après avoir appris que le ministère des Affaires étrangères d'Allemagne, von Ribbentrop, allait venir rencontrer Mussolini, le Comte demanda à son personnel de réunir des informations concernant les atrocités commises contre les Juifs déportés. Il avait préparé un mémorandum détaillé sur le sujet, qu'il donna au Duce avant la rencontre. Carpi, *Between Mussolini and Hitler*, pp. 105, 112, et 116.

Alpes-Maritimes : ceux de Saint-Gervais, à Saint-Martin-Vésubie et à Venanson, et ceux de Megève, à Peïra Cava[4].

La Suisse était toujours au centre des discussions, cette petite nation qui avait une longue tradition d'accueil des personnes dépossédées, chassées, et dispersées. La Suisse était à deux pas de Saint-Gervais. Pourquoi les Juifs n'y chercheraient-ils pas refuge ? L'analyse qui suit résume brièvement la politique suisse en matière d'accueil ou de refoulement des Juifs entrés illégalement dans le pays pendant la guerre. (Voir l'Annexe 1 pour une analyse plus approfondie.)

Pendant toute la guerre, les Juifs tentèrent par tous les moyens de pénétrer en Suisse pour échapper aux persécutions nazies. Il n'était ni simple ni sans danger d'entreprendre de poser le pied sur le sol suisse. Là où le terrain était plat, de multiples rangs de barbelés entravaient le passage. On pouvait éviter les barrières de barbelés en passant à pied par la montagne mais, même pour des gens costauds, gravir la montagne était dangereux l'été, et pratiquement impossible le reste de l'année. Si on était intercepté en France lors d'une tentative de passer illégalement, on risquait l'arrestation et la déportation.

Ceux qui parvinrent à passer la frontière suisse trouvèrent-ils le refuge qu'ils recherchaient ? Certains oui, d'autres non. Certains furent refoulés immédiatement, ou dans les jours, semaines ou mois qui suivirent. Pendant les deux premières années de l'Occupation, il était pratiquement impossible de prédire qui serait renvoyé et qui serait autorisé à rester. Les autorités cantonales suisses interprétaient et exécutaient les directives fédérales comme bon leur semblait. Par conséquent, le traitement des réfugiés juifs varia d'un canton à l'autre et d'une période à l'autre.

À la mi-août 1942 se produisit un tournant. Des milliers de Juifs étrangers vivant en France furent raflés et déportés. Désespérés, sans autre alternative, beaucoup tentèrent de passer la frontière. Les autorités fédérales émirent une directive précise à tous les cantons : dorénavant la frontière serait fermée à tout réfugié civil, et l'asile ne serait accordé qu'aux déserteurs, aux prisonniers de guerre évadés, ainsi qu'aux réfugiés politiques. Il était fort bien précisé que « ceux qui n'ont pris la fuite qu'en raison de leur race, les Juifs par exemple, ne doivent pas être considérés comme des réfugiés politiques[5] ». De fait la directive avait été émise dans le but précis d'empêcher les Juifs de pénétrer en Suisse.

La fermeture de la frontière choqua de nombreux citoyens suisses et déclencha une tempête de protestations. Peu après, en réponse à l'indignation publique, la réglementation fut assouplie pour accorder une exception aux « cas critiques » : les « personnes pour lesquelles le refoulement constituait une mesure trop dure[6,7] ». Les critères étaient clairement définis : enfants non

---

[4] Rochlitz, *The Righteous Enemy: Document Collection*, F-25 – F-27, pp. 94–97.
[5] ICE, *Bergier Report*, section 3.2, pp. 90–91.
[6] ICE, *Bergier Report*, section 4.3.1, 137.

accompagnés de moins de seize ans, parents accompagnés de leurs enfants de moins de seize ans, malades, femmes enceintes, personnes âgées de plus de soixante-cinq ans, et personnes ayant des proches parents vivant en Suisse ou des liens étroits avec le pays. Quelques mois plus tard, lorsque les protestations se furent apaisées, la directive fut modifiée à nouveau, durcissant les critères concernant les familles avec enfants. Désormais, seuls les parents accompagnant des enfants de moins de six ans seraient autorisés à rester en Suisse. La fermeture de la frontière ne fut pas la bienvenue pour les Juifs qui fuyaient les persécutions, mais elle eut involontairement un avantage : on savait clairement qui serait autorisé à rester en Suisse et qui serait refoulé. L'incertitude qui avait subsisté jusque-là se dissipait.

Les critères concernant l'accueil et le refoulement des réfugiés étaient toujours en vigueur en août 1943 lorsque les responsables des réfugiés juifs de Saint-Gervais et de Megève réfléchirent aux choix possibles. (Une légère modification avait été apportée en juillet 1943 : l'âge des jeunes filles non accompagnées passa de seize à dix-huit ans.) Les responsables juifs connaissaient bien les critères suisses. Ils savaient que les enfants non accompagnés et les familles avec de très jeunes enfants ne seraient pas renvoyés en France. Ils savaient également combien il était dangereux de tenter de franchir la frontière. Les soldats italiens avaient déjà commencé à se retirer des postes éloignés de leur zone d'occupation, et des troupes allemandes avaient été vues en Haute-Savoie.

Faire passer clandestinement des enfants juifs de France en Suisse, l'OSE en avait une grande expérience. L'OSE avait commencé cette activité illégale à l'automne 1942. Les premiers efforts furent sporadiques et sur une petite échelle : une ou deux fois par mois, on faisait passer la frontière à un, deux ou trois enfants. C'était extrêmement risqué ; les troupes françaises qui patrouillaient le long de la frontière n'hésitaient pas à arrêter et à déporter les enfants qui leur tombaient entre les mains.

Fin décembre 1942 et début janvier 1943, les soldats italiens remplacèrent les troupes françaises le long de la frontière. Les risques inhérents aux passages clandestins étaient écartés, car les Italiens n'arrêtaient pas et ne déportaient pas les enfants. Les directeurs de l'OSE décidèrent d'opérer sur une plus grande échelle. Le 22 février 1943, le « 1er véritable convoi OSE », qui comprenait dix enfants, franchit la frontière[8]. Entre le 15 mars et le 7 mai, sept autres convois suivirent, comprenant 73 enfants[9]. Les mois de mai,

---

[7] ICE, *Bergier Report*, section 4.2.2, 125. *Cf.* aussi Fivaz-Silbermann, *Le Refoulement de Réfugiés civils juifs*, pp. 5–6.
[8] Fivaz-Silbermann, thèse de doctorat en cours de rédaction, *La Fuite en Suisse*. La chercheuse utilise ce terme dans une liste non publiée de convois, liste qu'elle a constituée et qu'elle m'a gracieusement montrée. Ainsi qu'il a été indiqué dans le texte, avant cette date, quelques enfants aux soins de l'OSE avaient été amenés en Suisse, individuellement, avec des frères ou des sœurs, ou en tout petits groupes.
[9] Fivaz-Silbermann, thèse de doctorat en cours de rédaction, *La Fuite en Suisse*.

juin et juillet 1943 auraient pu être une période propice pour transférer les enfants juifs de France en Suisse. Cependant, pour des raisons qui demeurent inconnues, l'OSE n'organisa plus de passages clandestins après la première semaine de mai.

Qu'était donc cette organisation juive qui s'appelait l'OSE, et comment en était-elle arrivée à faire une activité aussi dangereuse ? Lorsqu'elle fut fondée en Russie en 1912, « OSE » (Obshchestvo sdravochraneniva evreev) signifiait Société pour la santé de la population juive[10]. À la suite de la révolution russe, l'organisation se déplaça à Berlin. Lorsqu'Hitler accéda au pouvoir, l'OSE déménagea une fois encore, cette fois à Paris. Elle garda le même sigle, mais adopta un nouveau nom : l'Œuvre de secours aux enfants.

Dans les années trente, Paris était le lieu d'accueil de milliers de familles juives récemment immigrées. Pour beaucoup d'entre elles, la vie était extrêmement difficile, et la pauvreté la règle générale. Sans permis de séjour ni permis de travail, les immigrés ne pouvaient trouver d'emplois salariés en usine ou en entreprises et, pour s'en sortir, devaient travailler à domicile, et étaient payés à la pièce. Ils fréquentaient la soupe populaire et autres organismes de secours. L'OSE se donna pour tâche de pourvoir aux besoins des enfants d'immigrés en matière de santé. Elle dispensait des soins médicaux et donnait des cours d'hygiène, de nutrition et de prévention des maladies.

En 1938, l'OSE élargit considérablement sa mission et multiplia ses interventions. L'organisation commença à recevoir à Paris des enfants juifs envoyés par leurs parents d'Allemagne et d'Autriche. Les responsables prirent la décision d'héberger les enfants en collectivité. En août 1939, elle avait fondé quatre maisons d'enfants aux environs de Paris : Les Tourelles, La Villa Chesnaie, la Petite Colonie et la Villa Helvétie. La déclaration de guerre du 1er septembre 1939 fit craindre à la population que Paris soit la cible de bombardements aériens. Les dirigeants de l'OSE décidèrent qu'il serait plus prudent d'héberger les enfants en dehors de la capitale. Entre novembre 1939 et juin 1940, six maisons d'enfants furent ouvertes dans le centre de la France. Trois d'entre elles – Le Masgelier, Chabannes et Chaumont – étaient des châteaux dans la Creuse. Avant même que l'organisation ait la possibilité de transférer les enfants réfugiés du Grand Paris dans ces maisons qu'elle venait de fonder, des lits furent occupés par des enfants abandonnés, des orphelins, ou des enfants confiés par leurs parents habitant en France.

---

[10] Sur l'histoire de l'OSE, voir : Archives et histoire de l'OSE, *Une Mémoire pour le Futur : L'Œuvre de Secours aux Enfants, 90 ans d'histoire ; A Legacy for the Future: 90 Years of History* (Paris : Somogy éditions d'art et Association Œuvre de secours aux enfants, 2003); Lemalet, ed. et auteur, *Au Secours des Enfants du Siècle : Regards croisés sur l'OSE* (Éditions Nil, 1993); et Dr. L. Wulman, ed., *In kamf farn gezunt fun Idishn folk (50 yor Oze); In Fight for the Health of the Jewish People (50 Years of OSE)* (New York: World Union OSE et the American Committee of OSE, 1968).

Le besoin de tels lieux d'accueil augmenta considérablement lorsque commença l'occupation allemande et que les Juifs furent victimes de discriminations, persécutions, arrestations et internements arbitraires. L'OSE s'employa rapidement à ouvrir autant de nouveaux foyers d'enfants que possible. En août 1942, l'organisation avait sous son contrôle direct quatorze établissements qui hébergeaient environ neuf cents enfants[11]. Mais les besoins dépassaient l'offre, et certains enfants furent placés dans des familles d'accueil et des orphelinats.

Pendant les deux premières années de l'Occupation, l'OSE fonctionna ouvertement et dans le cadre de la loi. La situation changea brutalement au cours de l'été 1942. À Paris, lors de la rafle massive du Vél d'Hiv de juillet, quatre mille enfants furent ramassés et déportés. En zone libre, en août et en septembre, des enfants furent également raflés. Certains échappèrent à la déportation, d'autres pas. Les responsables de l'OSE s'employèrent alors à créer un réseau clandestin chargé de faire « disparaître » les enfants en les plaçant, sous identités aryennes, dans des familles et institutions chrétiennes. Sous la direction de Georges Garel, homme totalement inconnu des autorités gouvernementales et nouveau venu dans les activités de sauvetage, le réseau devint célèbre sous le nom de réseau Garel[12].

Fin 1942, certains dirigeants de l'OSE en appelèrent à la fermeture immédiate des maisons et à la dispersion des enfants. Ils estimaient qu'à un moment ou à un autre, les autorités allemandes et françaises viendraient arrêter les enfants. D'autres dirigeants mirent en garde l'OSE contre ces mesures radicales et de tels changements. Ils craignaient d'attirer l'attention des autorités qui pourraient se mettre à enquêter et donc découvrir l'existence du réseau Garel. Les partisans du statu quo l'emportèrent, et la plupart des maisons d'enfants continuèrent à fonctionner comme auparavant.

Vers le milieu de 1943, la menace pour tous les Juifs en France, quels que soient leur âge ou leur nationalité, s'était intensifiée. La distinction entre Israélite et Juif importait peu aux autorités allemandes soucieuses d'arrêter et de déporter tous les Juifs. Les Allemands avaient déjà opéré des descentes dans les maisons d'enfants dirigées par l'UGIF à Paris et dans sa banlieue. Le nombre d'enfants à faire « disparaître » était de plus en plus grand et, en même temps, il devenait toujours plus difficile de trouver des familles et des institutions d'accueil. Des membres d'autres organisations juives qui avaient travaillé avec l'OSE pour cacher des enfants juifs, en particulier le Comité de la rue Amelot, avaient été arrêtés en juin 1943, ce qui accrut le fardeau sur les épaules de ceux qui restaient. La perspective de perdre le havre de sécurité qui existait dans la zone d'occupation italienne menaçait de s'ajouter à ces difficultés.

---

[11] Zeitoun, *L'Œuvre de Secours aux Enfants (O.S.E.) sous l'Occupation*, p. 124.
[12] La transcription d'un récit donné de vive voix par Georges Garel en octobre 1963, ICJ-OH numéro (1) 64, offre une lecture intéressante sur l'origine et l'expansion du réseau.

Les dirigeants de l'OSE décidèrent de recommencer à faire passer des enfants en Suisse et à accélérer le rythme, en organisant des convois plus importants et des passages de frontière plus rapprochés. Le 29 juillet, quatre jours après la chute de Mussolini, l'OSE fit traverser la frontière à douze enfants à Hermance, sur le lac Léman[13]. L'organisation envoya trois convois de plus durant la deuxième semaine d'août[14].

C'est alors que le MJS entra en scène. Andrée Salomon, directrice de la branche du service social de l'OSE, était en relation avec Simon Lévitte, le dirigeant et l'âme du MJS[15,16]. Tous deux se mirent d'accord pour que le MJS organise un deuxième réseau, indépendant du premier, pour faire passer clandestinement les enfants. La priorité serait d'évacuer les enfants de Saint-Gervais, dont les parents accepteraient de se séparer. Des jeunes de l'OSE chercheraient simultanément à faire de même à Megève. Après l'évacuation des enfants de Saint-Gervais, le nouveau réseau (MJS) continuerait, parallèlement à l'ancien réseau (OSE), de faire passer clandestinement des enfants juifs en provenance d'autres régions de France.

On ignore si l'idée de créer un deuxième réseau vint des responsables de l'OSE ou du MJS. Vers le milieu de 1943, l'OSE portait une lourde responsabilité : presque quatre mille enfants lui avaient été confiés, et l'organisation utilisait tous les moyens, légaux et illégaux, pour subvenir à leurs besoins et les préserver. Peu importe que l'idée de créer un second réseau soit venue de Salomon ou de Lévitte, les responsables de l'OSE ne pouvaient que se réjouir de cette aide supplémentaire.

*

Les dirigeants et les militants du MJS avaient démontré clairement qu'ils étaient désireux de s'engager dans des actions clandestines de sauvetage et qu'ils en étaient fort capables. Il suffisait de voir le travail accompli par le *gdoud* grenoblois dans la fabrication de faux papiers d'identité pour mesurer

---

[13] Fivaz-Silbermann, thèse de doctorat en cours de rédaction, *La Fuite en Suisse*.
[14] Fivaz-Silbermann, thèse de doctorat en cours de rédaction, *La Fuite en Suisse*.
[15] Mémorial de la Shoah, DLXI-35, témoignage de Tony Gryn, août 1975. Parlant des origines de la collaboration entre l'OSE et le MJS, Gryn s'exprime en ces termes : « En été 43 a commencé mon travail. J'étais à Grenoble. J'ai été désigné par Simon Lévitte pour organiser à Annecy le passage des enfants en Suisse. » (La numérotation des pages de ce témoignage est un peu difficile à saisir ; la citation ci-dessus provient de la première section à la première page.) Il ajoute : (première section, p. 3) : « Mila était mon adjointe. » Puis, plus loin (première section, p. 4): « C'est au moment où on a commencé à craindre pour cette zone italienne que Simon Lévitte m'a envoyé à Saint-Gervais et à Megève pour organiser l'évacuation des enfants. De tous les côtés on nous a amené des enfants à Annecy ; j'étais en rapport notamment avec Andrée Salomon. »
[16] J'ai emprunté ce terme à Latour qui, dans *La Résistance juive en France*, p. 85, parle de Simon Lévitte comme de « l'âme du Mouvement. »

leur créativité, leur fiabilité et leur discrétion. L'un des dirigeants, Toto Giniewski, doctorant en chimie à l'Université de Grenoble, avait expérimenté divers procédés pour fabriquer de faux documents. Les faux papiers étaient pour l'essentiel de deux types : les « bifs » ou les « synthés ». Ce qui les distinguait : le document contrefait résisterait-il à un examen approfondi ? Le synthé était fabriqué en utilisant les données d'un individu dont l'identité était vérifiable et qui n'était pas recherché par les autorités. Le bif était fabriqué sans référence à une vraie personne. Si un gendarme français ou un agent de la Gestapo faisant du zèle téléphonait à la mairie censée avoir délivré le document, le porteur du bif en question serait démasqué. En 1943, Giniewski maitrisait à merveille la fabrication de synthés et il forma son camarade Georges Schnek, membre du MJS et étudiant en chimie, qui devint son assistant.

Lors de son intervention dans un colloque international à Grenoble en 1997, Schnek décrit sa vie de faussaire :

> Le jeune responsable local du MJS, Otto Giniewski, dit Toto, m'a très rapidement initié au métier de faussaire. Avec quelques-uns de ses collaborateurs, j'ai, je crois, avec mon groupe réalisé de 3.000 à 3.500 fausses identités plus ou moins parfaites, mais qui, dans 90% des cas, ont permis le sauvetage d'autant de nos coreligionnaires menacés et recherchés. Grâce à l'efficience de notre groupe, animé par Toto, on venait de toutes parts nous solliciter pour ces synthés...Moi-même, j'étais inscrit sous une fausse identité à l'Institut de Chimie de Grenoble. Notre groupe avait cette particularité : composé d'une vingtaine de jeunes filles et d'une dizaine de jeunes gens, il avait une diversité d'action remarquable.
>
> Les spécialistes faussaires parcouraient très souvent à bicyclette ou train bicycle, autocar bicyclette [i.e., avec la bicyclette dans le train ou dans l'autocar], la région de Grenoble. Nous habitions tous en ville ou dans les faubourgs voisins, à Seyssins, Eybens, la Tronche, Gières etc. Nous avions deux ou trois locaux de rencontre ; on déménageait souvent par prudence. L'immeuble, bd [boulevard] Ed. Rey [Édouard-Rey], abritait dans deux chambres de bonne au 9e étage, nos laboratoires de faussaires.
>
> Je vous évite, faute de temps, le détail sur les diverses synthèses [sic] que nous réalisions ou parachevions. Certaines mairies de la région nous laissaient travailler paisiblement dans leur secrétariat. On ne pourra jamais assez rendre hommage à ces modestes instituteurs ou secrétaires de mairie ou souvent aux deux. Grâce à eux, des centaines de vies juives ont été épargnées[17].

Seuls quelques dirigeants et militants du MJS étaient directement impliqués ou au courant du travail de sauvetage clandestin. D'autres membres du MJS étaient peut-être au courant de cette activité, mais en savaient peu de

---

[17] Le 16 mars 2001, à Great Neck, dans l'État de New York, j'ai interviewé Georges Schnek, qui m'a offert une copie d'un discours de quatre pages qu'il avait donné à un colloque à Grenoble en 1997. Cette citation est à page 2. Ce dernier apparaît, avec quelques changements mineurs, dans Dereymez, *Être jeune en France (1939–1945)*, pp. 60–61.

choses. De temps en temps, il est possible qu'ils aient entendu parler d'Éducation physique, le nom de code utilisé pour faire allusion à l'activité clandestine de leur mouvement.

Les week-ends d'été, les dirigeants et militants du MJS se réunissaient aux Michalons, un chalet d'altitude qu'ils louaient, perché dans les montagnes à l'ouest de Grenoble, sur la commune de Saint-Nizier-du-Moucherotte. Dans ses mémoires, le Rabbin René Kapel, le guide spirituel du *gdoud* grenoblois, se souvient du travail qu'ils faisaient aux Michalons : « Nous utilisions ces rencontres de week-end pour échanger des idées sur les évènements, prendre des décisions sur nos activités clandestines, donner des directives à nos militants ou, tout simplement, pour faire de la culture physique et des exercices paramilitaires[18]. » Mais les week-ends d'été n'étaient pas consacrés uniquement au travail. Des conférenciers étaient invités et des colloques organisés sur différents sujets : judaïsme, histoire juive, sionisme, histoire de la Palestine. On chantait le « Chant des marais », l'hymne sioniste « HaTikwah » et d'autres chants d'Eretz Israël[19]. On dansait la hora sous les étoiles. Ils sentaient qu'ils faisaient partie de quelque chose qui les dépassait. Pour Georges Schnek, les week-ends aux Michalons étaient particulièrement importants parce que, disait-il, les « longues veillées nous permettaient d'approfondir nos connaissances du judaïsme et surtout nous imprégnaient des thèses et des diverses visions conduisant à la réalisation en Israël d'un État pour les juifs[20] ».

Tout au long de l'été, d'étranges et terrifiantes nouvelles parvenaient en France sur le sort des déportés. On parlait de wagons, de chambres à gaz où les gens étaient asphyxiés par des gaz empoisonnés. Il était impossible pour ceux qui entendaient ces nouvelles de comprendre, de savoir si c'était vrai. Comment croire qu'un massacre aussi absurde puisse avoir lieu ? Et, si c'était faux, pourquoi les nazis s'emparaient-ils de ceux qui étaient inaptes au travail – les enfants, les vieillards, les malades, les infirmes[21] ? Cela n'avait aucun sens. L'incertitude planait au-dessus de tous « comme un

---

[18] Kapel, *Un Rabbin dans la Tourmente*, p. 102.
[19] Appelé aussi le « Chant des Déportés », il fut composé au milieu des années trente par Rudi Goguel et Herbert Kirmse, deux prisonniers du camp de concentration de Borgermoor en Allemagne. Le titre originel du chant était « Die Moorsoldaten » (« Les Soldats de la Tourbière »). Dans son livre *Un Rabbin dans la Tourmente*, p. 167, Kapel écrit que le chant « était devenu avec la Hatikvah, pendant les années d'occupation, le chant préféré du Mouvement de la Jeunesse Sioniste de France ».
[20] Schnek, page 4 d'un discours de quatre pages transmis à N. Lefenfeld.
[21] Gorgiel-Sercarz, *Memoirs of a Jewish Daughter*, p. 97. Gorgiel-Sercarz écrit : « Notre anxiété au sujet du destin des personnes déportées augmentait régulièrement. Nous ne pouvions pas comprendre la raison d'être de la déportation de jeunes et de vieux depuis les quatre coins de l'Europe, et nul esprit humain normal ne pouvait anticiper ou comprendre l'énormité du massacre et la façon dont on le commettait. Toute cette incertitude planait au-dessus de tous comme un sombre nuage sur notre vie apparemment sereine et sur nos activités dans le beau Saint-Gervais. »

sombre nuage[22] ». Au même moment, une tout autre nouvelle leur parvint, qui eut l'effet opposé, une nouvelle tout à fait exaltante. Le 19 avril, *erev Pesach* (la veille de la Pâque, la nuit du premier *seder*), les Juifs du ghetto de Varsovie s'étaient soulevés. Ils avaient tenu tête aux soldats allemands et polonais venus liquider le ghetto, non seulement pendant des heures et des jours, mais pendant presque un mois ! Pendant l'été 1943, Hélène Gorgiel-Sercarz avait vingt ans ; elle était membre du MJS et vivait à Saint-Gervais. Elle écrivit plus tard que le courage des combattants du ghetto eut « un impact puissant[23] ». « Il consolida notre lien d'appartenance à notre peuple et renforça notre engagement à continuer à nous battre pour survivre[24]. »

Saint-Gervais se trouve à 150 kilomètres des Michalons mais, malgré la distance, Mila se débrouilla pour y passer quelques week-ends estivaux[25]. Elle avait grand besoin d'être avec ses amis, avec ses camarades. Elle aimait écouter les conférences, prendre part aux discussions, aux débats. Elle aimait se joindre aux chants, aux danses. Elle était optimiste, positive. Elle était certaine qu'ils réussiraient à traverser les jours difficiles qui les attendaient et qu'après la guerre, ils se dirigeraient vers la Palestine et construiraient un État juif.

*

Dans les mois qui précédèrent son exécution en avril 1947, Rudolph Höss, le commandant d'Auschwitz de mai 1940 à novembre 1943, fut incité par Jan Sehn, le procureur général de la Commission polonaise des crimes de guerre de Varsovie, à écrire sur la création, le développement et le fonctionnement du complexe d'Auschwitz-Birkenau et sur les officiers supérieurs SS avec lesquels il avait travaillé. Après avoir écrit sur ces sujets, « il fit à Sehn un jour la remarque qu'il n'avait rien à faire dans sa cellule à Cracovie[26] ». Le procureur lui suggéra alors d'écrire le récit de sa vie. Jouissant du luxe de passer de nombreux jours en toute quiétude, d'avoir suffisamment de crayons et de feuilles de papier, d'être nourri, habillé, au chaud, et d'avoir des gens qui veillaient à sa sécurité, Höss écrivit son autobiographie. À un certain moment, il précise :

> Le jour de mes sept ans, je reçus Hans, un poney très noir, aux yeux brillants et à la longue crinière. J'étais fou de joie. J'avais enfin trouvé un ami [de peur que cette dernière phrase ne déclenche de la pitié à l'égard d'Höss, le lecteur doit savoir que, à un autre endroit de son autobiographie, il déclare qu'il avait deux parents « dévoués », deux sœurs « aimantes » et « affectueuses », et de

---

[22] Gorgiel-Sercarz, *Memoirs of a Jewish Daughter*, p. 97. (*Cf.* note précédente.)
[23] Gorgiel-Sercarz, *Memoirs of a Jewish Daughter*, p. 97.
[24] Gorgiel-Sercarz, *Memoirs of a Jewish Daughter*, p. 97.
[25] Pendant notre interview, Georges Schnek affirma avoir souvent vu Mila aux Michalons.
[26] Höss, *Death Dealer*, p. 20.

nombreux camarades de jeu de son âge]. Hans était un ami si fidèle qu'il me suivait partout, exactement comme un chien. Quand mes parents s'absentaient, je le prenais même dans ma chambre[27].

Les souvenirs décousus et nostalgiques du commandant d'Auschwitz, jusqu'au nom et la couleur du poney de son enfance, ont trouvé place dans l'histoire. Ils ont été conservés dans leur forme écrite originale, traduits en de multiples langues, et publiés de nombreuses fois. On peut les trouver sur l'internet, les acheter et les télécharger en moins de temps qu'il n'en faut pour terminer la lecture de cette page.

On n'a pas donné à Mila Racine l'opportunité d'écrire son autobiographie. On ne lui a pas donné la chance de remplir ne serait-ce qu'une fiche avec des mots qui seraient conservés et transmis à la postérité. Si elle en avait eu la possibilité, elle aurait sans doute décrit le moment qui a changé sa vie, le moment où on lui a demandé si elle acceptait de tout risquer pour sauver d'autres personnes du sort que les nazis leur avaient programmé. De fait les détails de ce qui transpirait à ce moment-là ont été perdus pour l'histoire. On peut même dire qu'ils ont été enterrés dans les décombres de cette terrible période.

Il est fort probable qu'à la mi-août 1943, Simon Lévitte rencontra personnellement Mila Racine, et lui demanda si elle tenterait de faire passer clandestinement la frontière à un groupe d'enfants dans le canton de Genève. Où la rencontre eut-elle lieu ? Était-ce aux Michalons, où elle se serait rendue, depuis Saint-Gervais, pour célébrer le shabbat avec d'autres membres et militants du MJS ? Était-ce à Saint-Gervais, où Lévitte serait venu la voir ? Que savait-il alors des risques encourus par les passeurs ? Pourquoi porta-t-il son choix sur elle pour cette mission ? Qu'est-ce qui lui faisait penser que Mila, âgée de 23 ans seulement, était à la hauteur de la tâche ? Quelles informations lui donna-t-il ? Lui laissa-t-il assez de temps pour évaluer le danger avant de prendre sa décision ? Hésita-t-elle, tant soit peu, avant de se charger de sauver les enfants ? Fut-elle flattée qu'on lui demande de faire quelque chose d'aussi dangereux et audacieux ? Pourquoi accepta-t-elle cette mission ? Cherchait-elle à prouver quelque chose, à elle-même ou à quelqu'un d'autre ? Cherchait-elle l'aventure ? Était-ce, de sa part, de la fougue, de la témérité ? Qui était-elle et quelle avait été sa vie jusque-là ?

*

Elle était née le 14 septembre 1919 à Moscou, et bien qu'on lui ait donné le nom de Myriam, on l'a toujours appelée Mila[28]. Encore aujourd'hui, ses

---

[27] Höss, *Death Dealer*, p. 49.
[28] Les informations biographiques sur la famille Racine ont été obtenues par des interviews conduites par l'auteure avec les membres suivants de la famille : le frère de Mila, Emmanuel

cousins utilisent le diminutif affectueux qu'ils utilisaient dans le passé, « Milushka ». En 1926, la famille ainsi que la gouvernante russe émigrèrent de Moscou à Paris. Ils habitèrent un appartement au 97 de la rue de Rome, dans le 17ème arrondissement, tout proche de la gare Saint-Lazare et de la place de l'Europe.

À Paris, deux traductions de son certificat de naissance russe ont été enregistré par les commissariats de police d'arrondissement, l'un datant de l'arrivée de la famille à Paris en 1926, et l'autre de 1931. Sur la première traduction, son père figure sous le prénom de Hirsch et sa mère sous celui de Bassia. Sur la deuxième, les prénoms russes sont entre parenthèses : le prénom du père est enregistré sous « Georges (Hirsch) » et celui de la mère sous « Berthe (Bassia) ». Lors des échanges que l'auteure a eus avec les membres de la famille, ils appelaient le père de Mila, Hirsch, prononcé « Guircha », et sa mère, Berthe, prononcé « Birta ».

Les souvenirs que l'on a de Berthe font surgir l'image, voire le stéréotype, de la mère juive traditionnelle, mais aussi d'une « bonne vivante ». Elle était petite mais pleine d'énergie et volontaire ; elle avait son franc-parler et des avis sur tout. Elle maintenait les traditions juives dans son foyer, célébrait le shabbat et les fêtes juives, mais elle n'était pas pieuse. Quand la famille arriva à Paris, elle fut enchantée par la profusion exotique des marchés. Elle n'hésitait pas à goûter de nouveaux aliments. (Soixante-dix ans plus tard, Sacha évoque encore avec dégoût sa mère mangeant des escargots et des huîtres.) Un cousin habitant New York se rappelle la grande famille rassemblée autour de la table de l'immense salle à manger de Berthe. « Quelles que soient les personnes qui étaient assises là, elle [Berthe] commençait à éplucher des pommes et des poires et elle les déposait dans votre assiette et, que vous les vouliez ou non, vous les mangiez[29] ! » La musique était la passion de Berthe. D'après Sacha, sa mère était chanteuse d'opéra en Russie. La vie dans l'appartement de la rue de Rome tournait autour du piano. Berthe en jouait et l'enseignait à Mila. Réuni autour du piano, le clan Racine chantait en russe, yiddish, hébreu, français, italien, et judéo-espagnol.

(Mola) Racine, durant la semaine du 13 au 17 mars 2000, à Tel-Aviv ; la sœur de Mila, Sacha Maidenberg (née Racine), le 18 et le 30 juillet 2000, à Paris ; une cousine de Mila, Hélène Mirkine (née Racine), le 22 août 2000, à Manhattan, New York ; et trois cousines de Mila – Hélène Mirkine, Nadine Gill (née Racine), et Nelly Harris (née Chender) – le 20 octobre 2000 à Manhattan. J'ai obtenu de précieuses informations à partir de documents que ces personnes ont bien voulu me fournir, en particulier des documents de la collection privée de Mola. Autant que je sache, Mola Racine n'a laissé ni témoignage détaillé ni mémoires sur son expérience durant la guerre. Cependant, quand je l'interviewai à Tel-Aviv, il me fournit une copie d'un récit de cinq pages, sans titre et non daté, récit qui recouvre les années 1939 à 1944 et qui traite des mouvements et activités des membres de la famille Racine et d'autres individus. À ma connaissance, ce récit n'a pas été publié. Je mentionne ce document, le considérant comme ses notes biographiques, non publiées et non datées.

[29] Interview de Nelly Harris (née Chender).

Hirsch était tout le contraire de Berthe. Il avait treize ans de plus qu'elle, quarante-deux ans à la naissance de Mila. Grand et mince, c'était un homme discret et modéré qui aimait le calme du shabbat. Au début des années 1920, il avait rêvé d'emmener sa famille en Palestine. Il s'y rendit en 1925 et acheta un terrain là où se trouve actuellement Tel-Aviv. Mais de nombreux membres de sa grande famille, qui était très unie, avaient déjà émigré à Paris, et il était difficile pour Hirsch et Berthe de ne pas prendre cette direction. Ses expériences en Palestine et son rêve sioniste survécurent dans les histoires qu'il raconta à ses enfants. Ils adoraient en particulier l'entendre raconter qu'il lisait un journal russe tout en flottant sur le dos dans la mer Morte.

Par sa carrure et son tempérament Mila ressemblait à son père. C'était une belle petite fille, aux cheveux châtains et aux yeux bleus. Intelligente et réfléchie, calme et équilibrée. En grandissant, elle était devenue plus proche de son frère, de huit ans son aîné, que de sa sœur, de quatre ans plus jeune. Mila et son frère Emmanuel, que tout le monde appelait Mola, se réfugiaient souvent dans une pièce calme de l'appartement pour lire des romans de Victor Hugo ou d'un autre de leurs auteurs favoris, fermant la porte à Sacha, furieuse. Mais Mila avait en commun avec sa mère la passion pour la musique et une voix splendide. Certes elle aimait jouer du piano, mais rien ne lui plaisait davantage que de chanter avec d'autres dans une chorale.

À douze ou treize ans, Mila eut une mastoïdite, inflammation d'un os situé derrière l'oreille. Avant l'arrivée des antibiotiques cette infection était très grave. Il fallait opérer et cela nécessitait une longue et pénible période d'hospitalisation et de convalescence. Un nerf contrôlant les muscles faciaux peut être abimé par l'infection ou touché au cours de l'opération. Mila en garda des séquelles. Après l'opération elle eut un tic facial assez prononcé, d'après ceux qui l'ont connue. Il se peut qu'elle ait été gênée par ce tic, cependant elle n'en fit jamais état. Elle ne laissa pas les sentiments qu'elle éprouvait interférer avec son plaisir naturel de chanter ou d'intervenir en public.

De gauche à droite : Mila, Emmanuel (Mola), et Sacha Racine, Paris, vers 1927.
Photo gracieusement fournie par la famille Racine.

Si tout ce qui concerne Paris est « ordinaire », alors Mila eut une adolescence ordinaire. Comme Proust et Zola, elle passait ses après-midis au Parc Monceau tout près de chez elle, rue de Rome. Ce parc avait été l'endroit favori du Baron Haussmann, qui l'appelait la promenade la plus élégante de Paris. (Haussmann supervisa l'urbanisation de Paris au 19e siècle.) Élève du lycée Racine, Mila excellait en anglais. Il était facile de s'entendre avec elle. On l'appréciait. Elle allait avec ses amis au cinéma ou pique-niquer au bois de Boulogne. Parfois Sacha et Mila passaient leurs vacances d'été hors de Paris dans une ferme rustique qui n'avait ni eau courante ni électricité.

Après son certificat d'études secondaires obtenu au lycée Racine le 7 juillet 1936, Mila décida de relever deux défis peu conventionnels. D'abord, prêtant l'oreille au rêve de son père, elle créa une nouvelle branche de la WIZO (Women's International Zionist Organization) à Paris. La WIZO avait été créée en Grande Bretagne en 1920 dans le but de venir en aide aux femmes et aux enfants de Palestine[30]. La plupart des membres parisiens de WIZO étaient des femmes de la génération de Berthe qui, selon Sacha, « portaient de grands chapeaux, mangeaient des gâteaux, et se réunissaient entre femmes, pas avec les hommes ». Voulant que l'organisation sioniste soit davantage « dans la course » et qu'elle accueille hommes et femmes, Mila créa le groupe « Jeune WIZO[31] ». Ensuite, elle quitta Paris et se rendit à Londres pour y vivre seule et maîtriser l'anglais. Un document de la collection privée de Mola Racine indique qu'en mars 1938, Mila était étudiante au City of London College (à la Ropemaker Street, près de Moorgate Station), et qu'elle y suivait un cours d'anglais pour étrangers.

Nous ne savons pas si l'un ou l'autre de ces projets peu conventionnels, ou peut-être les deux, faisaient partie d'aspirations plus grandes que Mila formait pour son avenir. Nous ne savons pas non plus à quel moment elle rentra à Paris, ni si elle put terminer les études qu'elle projetait ou si les évènements cataclysmiques de 1938-39 l'obligèrent à changer ses plans. Ce que l'on sait c'est qu'en juin 1940, elle vivait à nouveau avec sa famille dans leur appartement de la rue de Rome, alors que l'armée allemande, arrivant du nord, s'apprêtait à occuper Paris. En plus de Hirsch, Berthe, Sacha et Mila, le foyer comprenait Sara (née Wexler), la femme de Mola, et leur petite fille d'un an, Lili. Mola était soldat dans l'armée française. Affecté auprès du Vice-amiral Charles Dumesnil, il se retrouva à Bordeaux pour organiser le départ des députés de l'Assemblée nationale pour Casablanca sur le Massilia, un paquebot à vapeur.

Près des trois quarts de la population parisienne, qui s'élevait alors à trois millions, avaient fui la capitale dans les semaines qui précédèrent l'occupation allemande. Au cours du récit qu'elle me fit, Sacha m'expliqua que la famille avait fui en juin, un jour où, « dès notre réveil, il y avait des feux tout autour ». La famille n'est peut-être pas partie avant le 14 juin, le jour de l'entrée des troupes allemandes dans Paris. Ce jour-là, avant l'aube, les réservoirs d'essence autour de Paris furent incendiés sur ordre des auto-

---

[30] Les fondateurs en étaient Rebecca Sieff, la doctoresse Vera Weizmann, Edith Eder, Romana Goodman, et Henrietta Irwell.

[31] Une longue rétrospective publiée à l'occasion du cinquantième anniversaire de la WIZO mentionne Mila et le groupe de la Jeune WIZO qu'elle avait formé. Grove-Pollak (ed.), *The Saga of a Movement*, pp. 61–62.

rités françaises, pour qu'ils ne tombent pas aux mains de l'ennemi. Alexandre Racine, un cousin qui possédait une usine de produits métallurgiques, envoya trois camions et deux voitures pour emmener vingt-cinq membres du clan, dont Hirsch, Berthe, Mila, Sacha, Sara et Lili. Le convoi se rendit à Pau au sud-ouest de la France, non loin des Pyrénées. Fin juin ou début juillet, ils s'étaient installés à Toulouse.

Au cours de l'été 1940, Toulouse fut envahie de Parisiens et de réfugiés en provenance de Belgique, de Hollande, du Luxembourg, d'Allemagne, de Pologne, d'Autriche, et d'ailleurs. David Knout, écrivain émigré juif, fit ce récit : « La ville rose est monstrueusement encombrée par des véhicules de toutes sortes et par une humanité hétérogène et grouillante, qui, telle une nuée de sauterelles, coule sans arrêt dans les rues congestionnées de la ville, se répand dans les squares et les cafés bondés, déborde sur toute la largeur des trottoirs, envahit la chaussée[32] ». Bien qu'il fût difficile de trouver à se loger, la famille Racine parvint à louer deux villas proches l'une de l'autre. Hirsch, Berthe, Mila, Sacha, Sara et Lili logèrent dans une maison rue Déodora. D'autres membres de la famille habitèrent dans une maison située dans l'allée des Demoiselles.

Pendant l'été et l'automne 1940, Mila passa beaucoup de temps à s'occuper de ses deux cousines – Hélène Racine, neuf ans, et sa sœur Nadine, sept ans. Leur père, Michel, était mort de tuberculose l'année précédente. Luttant pour surmonter la perte de leur père, totalement déracinées, les deux fillettes avaient soif de chaleur et d'affection, mais leur mère, Fanny, était froide et distante. Leur grande cousine, pleine de vie, assumait le rôle maternel : Mila apparaissait chaque jour à la villa, prenait Hélène et Nadine par la main, et s'en allait à pied explorer la ville qui était désormais la leur – ses quartiers de briques rose-orange, ses parcs et ses jardins majestueux, la Garonne aux eaux vertes, et ses canaux étroits bordés d'arbres. Le long du chemin, elles s'arrêtaient pour pique-niquer, pour jouer ou partager des confidences. Mila était une conteuse qui aimait les arbres : durant leurs excursions quotidiennes, son imagination les transportait dans des forêts enchantées peuplées de lutins aimables et bavards dont Hélène et Nadine se rappelleraient plusieurs décennies après la guerre.

---

[32] Knout, *Contribution à l'Histoire de la Résistance juive en France*, p. 141.

Mila Racine avec sa nièce Lili, lieu indéterminé, vraisemblablement à Toulouse, vers 1941. Photo gracieusement fournie par la famille Racine.

En l'an 2000, j'ai interviewé Nadine Gill et Hélène Mirkine. Elles se souvenaient de ces promenades toulousaines avec affection, reconnaissance, émerveillement. Nadine est une artiste professionnelle. Ses peintures et dessins sont souvent exposés à New York et dans le monde. Elle est convaincue que Mila lui a ouvert les yeux sur le pouvoir des histoires et de l'imaginaire.

« Je raconte des histoires lorsque je peins, et je crois que Mila m'a transmis cela parce qu'elle était une merveilleuse conteuse. » La petite Nadine apprit de Mila que « les histoires peuvent vous aider quand on a peur, elles permettent d'entrer dans le monde de l'imaginaire ». De nombreuses œuvres de l'artiste représentent des arbres. Elle attribue ce fait aux journées passées avec Mila à Toulouse. Cependant le cadeau le plus important qu'elle a reçu de Mila fut, selon elle, de « sentir les gens de l'intérieur ». Elle tenta de l'expliquer en disant : « C'était sa façon d'être si calme et raffinée, charmante et fragile, et pourtant elle a dû être minée par l'insécurité et les frayeurs à cause de ce terrible tic qu'elle avait. » Enfants, Nadine et Hélène avaient été déconcertées et fascinées par son tic. Elles se souvenaient que cela commençait, au niveau de la main, mais elles ne pouvaient plus dire si c'était la gauche ou la droite. Lorsqu'elles tenaient la main de Mila, elles ressentaient un spasme. Le spasme se propageait et montait le long du corps jusqu'aux yeux. Malgré le tic, Hélène Mirkine trouvait Mila « superbe », ajoutant : « Je voulais ardemment lui ressembler. » La petite Hélène laissa pousser ses cheveux pour se faire une tresse comme Mila. « L'un de ses petits doigts était toujours rose parce qu'elle ne mettait jamais son rouge à lèvres directement sur ses lèvres », se rappelle Hélène. « Elle le mettait sur son doigt pour l'appliquer sur les lèvres. »

En novembre 1940, Alexandre Racine emmena Fanny, Hélène, Nadine et d'autres membres de la famille à Lyon. Au cours de l'hiver il se rendit plusieurs fois au consulat américain de Marseille et, miracle, obtint les documents qui permettraient à quatorze personnes d'émigrer aux États-Unis. Fanny, Hélène, Nadine, et lui-même furent parmi le premier groupe de sept personnes à quitter la France. (Le second groupe partit plusieurs mois plus tard.) Ils traversèrent l'Espagne, atteignirent le Portugal et, le 1er avril 1941, montèrent à bord du Guinée. Selon Hélène, le nombre des passagers à bord de ce petit bateau excédait de beaucoup sa capacité. Les ponts grouillaient de gens qui, sans cabines ou couchettes assignées, dormaient sur des chaises longues. Tous les passagers étaient des Juifs qui fuyaient l'Europe.

La traversée transatlantique dura quinze jours. Hélène passa la plupart du temps enfermée dans sa cabine, en proie au mal de mer. Mais le 11 avril, on la persuada gentiment de sortir pour se mêler à la foule. Elle fut hissée sur une table. C'était la première nuit de la Pâque. Tous les passagers à bord s'étaient rassemblés pour prendre en commun le repas du seder. Hélène savait psalmodier les quatre questions rituelles que pose le plus jeune enfant lors de la célébration de la Pâque. Elle remplit son devoir et puis retourna dans sa cabine vomir de plus belle.

Dès qu'elles arrivèrent à New York, Hélène et Nadine firent une heureuse découverte : elles pouvaient assez facilement converser en anglais. Durant leurs promenades à travers Toulouse, et dans le jardin de leur villa de l'allée des Demoiselles, Mila avait tenu à leur apprendre à parler, lire et écrire cette langue qu'elle s'était mise à aimer. Après leur déménagement à Lyon, Mila avait correspondu en anglais avec les filles pour qu'il leur en reste le plus possible.

Les membres de la famille Racine qui vivaient dans la villa de la rue Déodora ne tentèrent pas de quitter la France. Mola, Sara et Lili habitèrent Toulouse jusqu'en janvier 1941. Hirsch, Berthe, Mila et Sacha restèrent jusqu'en avril. Pour Mila, la période toulousaine fut celle d'un profond changement. Le 19 septembre 1940, elle eut vingt-et-un ans et franchit symboliquement le seuil de la vie adulte. En quelques mois, elle avait franchi un seuil différent, plus lourd de signification : étant, selon l'expression de Sacha, une enfant et une adolescente « rêveuse et romantique », Mila devint une militante profondément engagée pour aider ceux qui étaient dans le besoin.

Les jeunes Juifs atteignant l'âge adulte en France en 1940 n'avaient pas d'autre alternative que de remettre à plus tard leurs aspirations et leurs projets d'avenir, et d'affronter les dures réalités. Cependant choisir la voie que choisit Mila n'était pas inévitable. En fait, la plupart ne firent pas ce choix. Mila s'engagea dans cette voie parce que sa personnalité la poussait à le faire. Ce qu'elle vit et entendit pendant quand elle vivait à Toulouse influença énormément sa pensée.

C'est dans la maison des Racine, rue Déodora, que débutèrent les débats concernant la possibilité d'une résistance juive en France. L'un des premiers visiteurs de la famille fut David Knout, l'auteur qui décrit de façon pittoresque « l'humanité hétérogène et grouillante » qui avait envahi Toulouse. Il était accompagné de sa femme, Ariane Knout-Fixman, fille du compositeur Alexandre Scriabine et nièce de Viatcheslav Molotov. On l'avait reçue comme une célébrité de peu d'importance. David, comme Mola, avait servi dans l'armée française et avait été démobilisé quelques semaines auparavant.

Personne ne savait que penser de David Knout. Cet homme était convaincu que les Allemands allaient s'en prendre à tous les Juifs de France, quels qu'ils soient, quel que soit leur lieu de naissance, qu'ils aient ou non la citoyenneté française, ou toute autre considération. Contre l'avis général, il ne croyait pas que les Juifs qui avaient combattu dans la Grande Guerre ou dans le récent conflit, garderaient un statut privilégié et seraient protégés. Dans ses notes biographiques, non publiées et non datées, Mola évoque cette rencontre :

> Ma famille et moi étions installés à Toulouse dans une maison située près du Pont des Demoiselles, rue Déodora, et l'une des premières visites que nous avons eue était celle de l'écrivain Knut [sic] venu nous voir avec sa femme (une nièce de Molotov). Knut a développé l'idée que les Allemands allaient s'en prendre aux juifs qui étaient au nombre de 300.000 à 320.000 en France, dont beaucoup de juifs étrangers. Il fallait absolument, disait-il, organiser la défense de cette population qui n'était aucunement préparée pour se protéger des nazis et de l'administration française[33].

---

[33] Collection privée d'Emmanuel (Mola) Racine, Emmanuel Racine, non publiée, notes biographiques non datées, p. 2.

Comment Mola et les autres membres de la famille Racine réagirent-ils aux prédictions sinistres de Knout ? Les considérèrent-ils comme extrêmes ? Mola ne le dit pas. Pas plus qu'il ne dit comment ils réagirent à l'idée que les Juifs de France devaient se préparer à se défendre eux-mêmes. Il mentionne cette idée parce qu'elle était radicale. Knout aurait pu concentrer son énergie pour faire ce que beaucoup d'autres faisaient – tenter de quitter la France. Il aurait pu rejoindre la foule de ceux qui s'employaient à « s'affairer, assiéger les consulats, se débattre dans les complications bureaucratiques, courir à Marseille dans la fiévreuse chasse aux visas—pour l'Amérique, pour l'Argentine, le Brésil, le Salvador, le Cuba, pour la Chine même, pour n'importe où, car ils sentent déjà le pays se refermer sur eux comme une souricière[34] ». Il aurait pu rencontrer l'un des « spécialistes » pour passer clandestinement en Espagne, à pied par les Pyrénées[35]. Mais Knout désapprouvait ceux qui fuyaient. Il reprenait les mots de Léon Pinsker qui, avant Theodore Herzl et le sionisme moderne, appelait la fuite « notre éternelle tactique[36] ». Il chantait les louanges de ceux qui se battaient contre les Britanniques en Palestine, pour forcer à ouvrir les portes à une immigration juive légale[37]. Cependant, il savait qu'ils ne seraient pas victorieux du jour au lendemain et, que quand viendrait le temps où de nombreux Juifs pourraient s'y établir, il serait trop tard pour les millions qui étaient désormais pris au piège dans l'Europe sous occupation nazie.

Quelques jours après cette première rencontre avec la famille Racine, David rédigea, imprima et distribua des exemplaires d'un court pamphlet intitulé « Que faire ?[38] » Il exprimait son désaccord avec ces Juifs qui agissaient seulement dans leur intérêt personnel sans se préoccuper du sort de leurs coreligionnaires. Il soutenait que, pour survivre, les Juifs devaient s'unir et résister. « Nous sommes dix-sept millions. Unis, nous sommes une force. Désunis, de la chair à massacre[39]. » Sa « doctrine de Résistance juive » exhortait les Juifs à se préparer à une action défensive et offensive[40]. Par

---

[34] Knout, *Contribution à l'Histoire de la Résistance juive en France*, pp. 141–142.

[35] Knout, *Contribution à l'Histoire de la Résistance juive en France*, p. 142. Toulouse n'est qu'à cent kilomètres au nord de la frontière espagnole. Durant la guerre, certaines personnes vinrent à Toulouse afin de passer clandestinement en Espagne mais, même pour des personnes en bonne santé, la traversée des Pyrénées était une entreprise difficile et dangereuse.

[36] Knout, *Contribution à l'Histoire de la Résistance juive en France*, p. 142. Il fait ici référence à l'ouvrage de Pinsker intitulé *Auto-émancipation*.

[37] En publiant le Papier Blanc (« MacDonald White Paper ») en mai 1939, les Anglais avaient drastiquement réduit l'immigration légale des Juifs en Palestine. On avait seulement admis 75 000 Juifs durant les cinq prochaines années (10 000 immigrants par année, ainsi que 25 000 réfugiés).

[38] Knout, *Contribution à l'Histoire de la Résistance juive en France*, pp. 142–143.

[39] Knout, *Contribution à l'Histoire de la Résistance juive en France*, p. 143.

[40] Knout, *Contribution à l'Histoire de la Résistance juive en France*, p. 143.

« résistance défensive », il voulait dire des actions d'assistance et de sauvetage. « Résistance offensive » signifiait prendre les armes contre l'ennemi.

Knout chercha à débattre de ses idées avec des responsables juifs qui s'étaient établis à Toulouse, mais ils repoussèrent ses tentatives. Aucun d'eux ne souhaitait s'associer à sa personne ou à ses idées. Certains rejetèrent ses prédictions jugées excessives et son appel à l'action jugé irréalisable. D'autres pensèrent que c'était simplement trop dangereux de s'engager dans une telle discussion, parce que les autorités les étiquèteraient comme antipatriotiques ou subversifs.

La famille Racine, elle, ne prit pas ses distances avec Knout. Au contraire, ils lui ouvrirent leur maison ainsi qu'à d'autres personnes intéressées par ses idées. Dans ses notes biographiques Mola écrit :

> Ces réunions que nous tenions avec Knut à la maison ont conduit à l'organisation d'un petit comité formé de Knut, Weis (Strasbourg) qui est actuellement professeur à l'Université Hébraïque de Jérusalem et porte un autre nom, Mr Mandel, Paul Roitman et quelques autres encore dont les noms m'échappent. Nous avions donné le nom de « Main Forte » à ce comité et, le mois suivant, Lublin, Kowalsky, Polansky, etc…l'ont à leur tour rejoint[41].

Mola Racine était homme d'action plus que de paroles. Le laconisme et le ton informel de ce passage ne rendent pas la portée historique de ces réunions. Main forte, à qui le premier membre jura allégeance le 29 août 1940, fut le premier groupe de résistance juive organisée en France et précéda l'Armée juive et l'Organisation juive de combat[42]. Parfois nommée « Forteresse juive », sa mission était double : créer un État juif en Palestine et défendre les Juifs, où qu'ils soient. Ses devises étaient « Partout présent » et « Faire face[43] ».

Par sa rhétorique et ses écrits, David Knout avait déclenché quelque chose, mais il n'était cependant qu'un des quatre fondateurs de Main forte. Sa femme, Ariane, aussi militante que lui, joua également un rôle essentiel. Convertie au judaïsme, elle était « plus juive que les Juifs, plus sioniste que les sionistes » comme la décrit la résistante Anny Latour[44]. Abraham et Génia Polonski jouèrent aussi un rôle décisif. Comme les Racine, les Polonski avaient émigré de Russie dans les années vingt. L'homme et la femme différaient du tout au tout : le taciturne Abraham préférait rester en retrait ; Génia, haute en couleurs, ne mâchait pas ses mots. Empruntant les initiales du

---

[41] Collection privée d'Emmanuel (Mola) Racine, Emmanuel Racine, non publiée, notes biographiques non datées, pp. 2-3.
[42] Latour, *La Résistance juive en France*, p. 93. Latour note, en page 95, que le nom « Main forte » est l'équivalent français de l'hébreu « Yad Hazaka », qui est le titre d'un ouvrage écrit par le philosophe juif Maimonides au douzième siècle.
[43] Knout, *Contribution à l'Histoire de la Résistance juive en France*, p. 143.
[44] Latour, *La Résistance juive en France*, p. 91. Anny Latour, membre de la Sixième et de l'Armée juive, connaissait Ariane Knout-Fixman qui utilisait le pseudonyme de Régine. Latour peint un portrait frappant de cette héroïne de la résistance juive.

groupe, Abraham adopta le nom de guerre de Maurice Ferrer. Génia préférait être appelée « *Bat Mattitiahu* – la fille de Mattathias – se rattachant ainsi à la tradition des Macchabées[45] ».

Les Knout et les Polonski se considéraient comme Révisionnistes. Cette faction sioniste de droite fut fondée en 1925 par Ze'ev Jabotinsky, bien connu pour ses efforts pour promouvoir l'hébreu plutôt que le yiddish comme langue officielle des Juifs en Palestine. Les Révisionnistes étaient plus extrémistes et plus militants que les Sionistes socialistes, qui étaient la majorité et avaient à leur tête David Ben-Gurion et Chaim Weizmann, le premier représentait l'Agence juive, le second, l'Organisation sioniste mondiale. Au cours des années, de nombreux points de désaccord avaient surgi entre les Révisionnistes et le courant sioniste dominant. À la fin des années trente, un des grands problèmes était la réponse juive à la montée du terrorisme arabe à l'encontre des Juifs de Palestine. Les Révisionnistes prônaient le recours à la force, les Sionistes socialistes, une politique de modération. Comparés aux socialistes, les Révisionnistes étaient peu nombreux. À la fin des années trente, le mouvement révisionniste s'était divisé en trois sous-groupes. Les membres les plus extrémistes constituèrent Etzel (que les Britanniques appelèrent l'Irgun) et Lehi (qu'ils appelèrent le Groupe Stern)[46].

Rien n'indique que Mila ait été directement impliquée dans la création ou le développement de Main forte. Néanmoins, elle faisait partie du milieu qui donna naissance à ce groupe. Elle a probablement rencontré chez elle ces femmes et ces hommes dynamiques qui en étaient la force vive, entendu leurs discussions sur la résistance juive et en a débattu avec les membres de sa famille.

À Toulouse peu de Juifs parlaient de la résistance juive, ils furent cependant nombreux à contribuer concrètement ou financièrement à l'aide humanitaire destinée aux personnes emprisonnées dans les camps d'internement. Question de géographie : la plupart des grands camps se trouvaient dans le sud-ouest de la France, Toulouse était la ville la plus proche. Dans tous ces camps, les conditions de vie étaient terribles. À Gurs, à 240 kilomètres au sud-ouest de Toulouse, les conditions étaient abominables. Agglomération tentaculaire de baraques en bois, Gurs était devenu le principal centre de détention pour les Juifs étrangers arrêtés en France ou expulsés vers la France. Plus de quinze mille hommes, femmes et enfants étaient parqués dans des enclos entourés de barbelés. En plus de la surpopulation, les prisonniers souffraient cruellement du froid, du manque de nourriture, de vêtements et de soins médicaux. Le taux de mortalité était élevé. Plusieurs organisations humanitaires juives, chrétiennes ou sans ap-

---

[45] Poznanski, *Les Juifs en France*, p. 198.
[46] Etzel est l'acronyme des initiales du nom complet de l'organisation - HaIrgun HaTzva'i HaLe'umi BeEretz Yisra'el (Organisation militaire nationale d'Eretz Israël) Sacher, dans *A History of Israel*, p. 265, parle de l'origine d'Etzel en 1931 et de ses développements ultérieurs.

partenance religieuse, travaillaient courageusement pour soulager toutes ces souffrances et sauver des vies[47]. Certains, comme les Quakers (American Friends Service Committee), établirent leur base d'intervention à Toulouse. Mila a-t-elle participé à des œuvres de secours pendant qu'elle vivait à Toulouse ? On peut se poser la question, étant donné qu'elle organisa son propre et ambitieux programme de secours en 1941 depuis Luchon.

Pendant cette période, les deux semaines que Mila passa dans la campagne près de Moissac, à 80 kilomètres au nord de Toulouse, eurent sur elle une énorme influence. Après la chute de Paris, la direction nationale des Éclaireurs israélites de France avait transféré son siège dans cette petite ville au bord du Tarn, entre Montauban et Agen. En septembre 1940, les dirigeants des Éclaireurs organisèrent un camp de formation intensive de deux semaines dans un lieu appelé Viarose[48]. C'était un cadre rustique, tout juste une clairière dans les bois, avec quelques cabanes abandonnées, quelques tentes, des branches attachées ensemble pour servir de tables, d'un mât pour le drapeau. Matin et soir, quarante jeunes Juifs, hommes et femmes, se réunissaient autour du drapeau sioniste bleu et blanc pour chanter l'« HaTikvah » et d'autres chants qu'ils aimaient[49]. Mila et Sacha étaient parmi eux.

Le chef de camp méritait bien son surnom : d'« homme-horaire[50] ». Vêtu de son uniforme d'éclaireur, montre et sifflet en main, il était le premier levé et le dernier couché. Il dirigeait le programme quotidien : exercices physiques, récréations, techniques de survie et séances d'études. Il était conscient que certains participants n'avaient qu'une très vague idée de ce

---

[47] La littérature sur le sujet souligne le travail effectué par l'OSE, l'ORT, la CIMADE, le Secours suisse aux enfants, YMCA, et par les Quakers. L'une des fondatrices de la CIMADE (Comité inter mouvements auprès des évacués), Madeleine Barot, décrit les origines de cette organisation en ces termes : « Elle avait été créée par les mouvements de jeunesse protestants, les Éclaireurs et éclaireuses unionistes, les Unions chrétiennes de jeunes gens et de jeunes filles, et la Fédération des associations chrétiennes d'étudiants, pour venir en aide aux repliés d'Alsace et de Lorraine, évacués de la zone frontalière en septembre 1939, vers les départements de la Haute-Vienne et de la Dordogne. » Cette citation est de Fabre (éd.), *Les Clandestins de Dieu*, p. 29. Ce livre offre un survol des différentes activités de la CIMADE durant la guerre pour aider et sauver les Juifs en France. Le Secours suisse aux enfants était une organisation liée à la Croix-Rouge suisse.

[48] Interview avec Sacha Maidenberg (née Racine); Gamzon, *Les Eaux Claires*, 17-18 ; et la page internet www.le-scoutisme-francais-en-franche-comte.org/rgchp7.html. Cette page, trouvée sur le site du Collège de Franche-Comté du Scoutisme Français en 2012, est l'un des chapitres d'un récit en quinze parties présentant Robert Gamzon, le fondateur de l'EIF et membre de la commission nationale durant la guerre. L'auteur de ce récit est Isaac Pougatch, un associé proche de Gamzon pendant la guerre. Ce site internet n'est plus disponible. Quelques extraits du récit de Pougatch se trouvent cependant sur le site http://le-scout.fr/blog/?page_id=818.

[49] Le drapeau du mouvement sioniste devint le drapeau de l'État d'Israël.

[50] Cette information se trouvait elle aussi sur la page internet www.le-scoutisme-francais-en-franche-comte.org/rgchp7.html, disparue à l'heure de la traduction en français. Voir la note 48.

qu'« être juif » voulait dire et il était bien décidé à leur faire découvrir le judaïsme sous le plus grand nombre d'aspects possibles. L'emploi du temps de la journée était chargé : enseignement et discussions sur l'histoire et la philosophie juives, les coutumes religieuses, la Torah et le Talmud, la langue hébraïque, la littérature yiddish, le hassidisme, le sionisme et bien d'autres sujets encore. À vingt-huit ans, il n'était guère plus âgé que les hommes et les femmes assis par terre autour de lui, mais ils lui vouaient une confiance absolue parce qu'il était un modèle d'autodiscipline et d'autonomie. Il s'appelait Simon Lévitte.

Lévitte était un homme compétent et plein d'expérience. En 1936, il avait publié un livre sur le sionisme moderne, sujet qui, selon lui, était « très mal connu en France [51] ». Par la suite, sa femme Denise et lui firent leur *aliyah* et s'installèrent dans un kibboutz en Haute Galilée. Lorsqu'il parlait des efforts physiques épuisants qui étaient nécessaires pour enlever les pierres du sol afin de pouvoir planter, son auditoire savait qu'il n'exagérait pas. Son corps était mince et musclé, ses traits durs et burinés. À la veille de la guerre, les Lévitte rentrèrent en France, décidés à participer à la lutte contre le fascisme en Europe. Simon avait dirigé les Éclaireurs israélites à Metz, où sa famille s'était établie après avoir émigré de Yekaterinoslav, Russie (devenu Dnipropetrovsk en Ukraine). Il était impatient de reprendre son travail de dirigeant de la jeunesse juive.

Lévitte parlait aussi de l'avenir aux jeunes chefs éclaireurs. Comment allaient-ils relever les défis qui les attendaient ? Bien qu'ils n'en soient peut-être pas encore conscients, ils avaient des choix à faire. Allaient-ils tenter de quitter la France ou allaient-ils rester ? S'ils restaient en France, que feraient-ils ? Prendraient-ils les armes contre l'ennemi ? Viendraient-ils en aide à ceux qui étaient dans le besoin ? Peu importait leur choix, peu importait ce qui les attendait, le moment était venu de commencer à se préparer physiquement, mentalement et spirituellement.

---

[51] Lévitte, *Le Sionisme*, p. 5.

Simon Lévitte, lieu indéterminé, vers 1940. © Mémorial de la Shoah, ARJF_MIX_35.

Pendant les deux semaines qu'ils passèrent à Viarose, Mila et Simon apprirent à se connaître. Ils découvrirent des ressemblances dans leur histoire. Mila avait six ans lorsque sa famille arriva à Paris ; Simon en avait cinq quand sa famille arriva à Metz. Comme d'autres enfants d'immigrés, l'un et l'autre avaient eu à endosser des responsabilités d'adultes. Tous deux étaient sérieux, prévenants et réfléchis. Mila voyait en lui un modèle, une source d'inspiration. Simon était impressionné par son aplomb et son charme hors du commun.

En avril 1941, les autorités départementales donnèrent l'ordre à Hirsch, Berthe, Mila et Sacha de quitter Toulouse pour Bagnères-de-Luchon, au pied des Pyrénées. (Mola, Sara et Lili étaient déjà partis en janvier, d'abord pour Narbonne, puis pour Marseille.) Luchon était une station touristique, célèbre pour ses thermes et sa proximité des pistes de ski. Sa rue principale, les Allées d'Étigny, était une avenue pittoresque, bordée d'arbres, dont les larges trottoirs regorgeaient de terrasses de café. La famille Racine s'installa à l'Hôtel des Pyrénées, au coin des allées d'Étigny et de la rue Victor Hugo. La frontière espagnole n'était qu'à cinq kilomètres de Luchon mais, pour atteindre Bossòst, le village espagnol le plus proche, le trajet par les sentiers escarpés de montagne était trois fois plus long.

La famille Racine faisait partie d'une seconde vague de Juifs arrivée à Luchon depuis le début de la guerre. Les premiers réfugiés juifs provenaient de Belgique[52]. Pour certains d'entre eux, Luchon avait été le terminus[53]. Ils étaient montés dans le train tout au nord, étaient restés dans le train pour aller au sud aussi loin que possible, et se retrouvaient débarqués à Luchon, au bout de la ligne de chemin de fer. Dès juillet 1940, un centre belge pour réfugiés fonctionnait à plein régime. Son directeur avait écrit aux Quakers à Toulouse pour dire que leurs besoins étaient « nombreux et urgents, particulièrement en ce qui concerne l'alimentation des malades, des enfants – y compris les nouveaux nés et les nourrissons – des femmes enceintes et des nourrices[54] ». De nombreux réfugiés n'étaient pas seulement pauvres ; ils avaient l'air slave et maîtrisaient mal le français. Dans les premiers mois de 1941, ils furent quelques centaines à être transférés de Luchon à Aulus-les-Bains, situé à 110 kilomètres de là[55]. Vers la même époque, d'autres familles

---

[52] Les réfugiés juifs de Belgique comprenaient de nombreux Allemands et Autrichiens qui avaient déménagé à Anvers et à Bruxelles durant les années trente.

[53] Zuccotti, *Holocaust Odysseys*, p. 33. « Les trains de Belgique se rendaient dans le sud de la France sans destination apparente. Presque tous les passagers restaient à bord pendant plusieurs jours, espérant pouvoir s'éloigner de la guerre autant que possible. » Zuccotti note aussi à la page 33 : « Bien que les réfugiés de Belgique eussent l'impression d'être débarqués au hasard, les trains les laissaient habituellement dans des villes françaises désignées par des autorités débordées. » Cela suggère que les préfets des différents départements traversés par les trains décidaient qui, combien débarquerait à chaque arrêt. La seule citation à ce sujet se trouve dans le livre de Kapel, *Un Rabbin dans la Tourmente*, p. 89. Kapel fait simplement référence à des Belges qui avaient fui en France en juin 1940 et s'étaient d'abord établis à Toulouse et qui, par la suite, avaient été déplacés par « décision préfectorale » en résidence assignée à Luchon. Dans quelle mesure les préfets des départements de la zone non occupée pouvaient-ils décider qui débarquer des trains en mai et/ou juin 1940 ? Voilà une question intéressante à laquelle on ne peut répondre.

[54] USHMM, archives de l'AFSC concernant le travail humanitaire en France, 1933–1950 (Série I de l'office de Perpignan, Sous série : Carton de correspondance 11, Dossier 27 de 134), Lettre du Centre pour réfugiés de Luchon (P. Lambot, directeur) à Helga Holbek de la délégation AFSC à Toulouse, 7 juillet 1940.

[55] René Kapel était le rabbin qui, en 1941, dirigeait de la communauté juive de réfugiés assignés à résidence à Aulus-les-Bains. Dans ses mémoires, *Un Rabbin dans la Tourmente*, p. 89, il note que la plupart des 375 Juifs qui faisaient partie de la communauté avaient été envoyés de Luchon à Aulus-les-Bains. (Comme indiqué dans une note précédente, ils étaient des Juifs belges qui avaient fui en France en juin 1940, qui s'étaient installés à Toulouse et dans ses environs, et qui, par la suite, s'étaient vus déplacés par « décision préfectorale » pour vivre en résidence assignée à Luchon, pour être une fois encore transférés à Aulus-les-Bains.) Il indique de plus à la page 89 : « Ils espéraient pouvoir rester là [à Luchon] jusqu'à la fin des hostilités, mais pour une raison inconnue (on parlait parfois de marché noir), ils avaient été par la suite transférés à Aulus-les-Bains. » Un peu plus loin, à page 90, il poursuit : « À peine arrivés dans leur nouveau lieu de résidence, les réfugiés louèrent une baraque de bois qu'ils transformèrent en synagogue. En effet, bon nombre d'entre eux étaient des Juifs très pratiquants, originaires d'Anvers. » L'accusation de faire du marché noir était très courante envers les Juifs et servait de prétexte aux arrestations, aux internements, et aux changements de lieu d'assignation à résidence. Durant la guerre, la France était saignée à blanc par les Allemands, et la vaste majorité de la population française luttait du mieux qu'elle pouvait contre la faim et la rareté des nécessités de base. Dans son ouvrage intitulé *Occupation*, p. 128, Ousby explique cet état de fait en ces termes : « L'insuffisance des rations officielles et la nécessité d'user de *débrouillardise* (en français dans le texte original) conduisait à ce que

juives, autonomes financièrement et bien intégrées, furent envoyées en résidence surveillée à Luchon. Plus tard ces résidents qui vivaient dans l'aisance allaient être en butte aux critiques eux aussi : décrits comme des « oisifs qui 'passent leur vie au café' et qui seraient responsables de la hausse des prix[56] ». On disait que dans la ville régnait « un climat antisémite[57] ».

Parmi les documents sauvegardés de la collection privée de Mola Racine se trouve le programme d'un spectacle organisé le 28 septembre 1941 au Théâtre des Chimères, centre de divertissement populaire à quelques mètres de l'Hôtel des Pyrénées. Le programme indique que la soirée était présentée par les Scouts du Camp de la Flamme et « organisée par Mlle Mila Racine[58] ». Le programme était très varié : chants choraux, duos, morceaux de virtuosité au violon, saynètes extraites du Marquis de Priola et « la délicieuse étoile » Danielle Nicolle. La chorale des scouts chanta un mélange de chants scouts (« Soleil lève-toi ») et d'airs populaires (« Dans la nuit ») ainsi que « l'Hymne à la joie ». Non seulement Mila organisa le programme et dirigea le chœur, mais elle tint aussi le rôle de Betty dans la farce en un acte de Tristan Bernard « L'Anglais tel qu'on le parle[59] ». D'après Sacha, peu après cette soirée, Mila démissionna de la troupe scoute, à la suite d'une remarque antisémite de la part d'un de ses membres.

À Luchon, la grande préoccupation de Mila fut de concevoir, de mettre en place et de faire durer un programme d'aide alimentaire d'urgence pour les internés du camp de Gurs, tout proche. Les rations alimentaires ne leur permettaient pas de survivre. Affaiblis, ils souffraient constamment de la faim. Le taux de mortalité était élevé. Mila fit appel aux familles juives de Luchon et, selon Sacha, put récolter des dons sans difficulté. Le plus grand défi consistait à trouver et à acheter de la nourriture. Il n'y avait pas le choix, c'était le rationnement, beaucoup de denrées étaient introuvables. Il fallait tenir compte des denrées périssables et de leur stockage. Mila décida que le mieux serait les haricots secs, qu'elle pourrait acheter au marché noir. En temps normal, l'envoi d'haricots secs n'aurait pas posé problème mais, au cours de l'hiver précédent, des haricots entreposés à Gurs s'étaient « rapidement détériorés » parce que mal stockés[60]. Mila décida de mettre les

---

tout un chacun, tôt ou tard, contrevienne à la loi, même de façon mineure ou innocente. Le système D se mélangeait inévitablement avec le marché gris. Mais, on est en droit de se demander, comment pouvait-on distinguer l'un de l'autre ? Et d'autre part, cette distinction était-elle véritablement importante ? »

[56] Estèbe, *Les Juifs à Toulouse*, p. 53.
[57] Estèbe, *Les Juifs à Toulouse*, p. 53.
[58] Collection privée d'Emmanuel (Mola) Racine, programme, Théâtre des Chimères, Luchon, soirée du 28 septembre 1941.
[59] La jeune femme anglaise Betty et son fiancé français, qui s'étaient enfuis à Paris pour se marier, sont poursuivis par le père de Betty, outragé, et sont « secourus » par un interprète qui ne parle pas l'anglais. Cette œuvre fut jouée pour la première fois en 1899.
[60] Marrus et Paxton, *Vichy et les Juifs*, p. 164.

haricots en conserve[61]. Elle trouva un métallo qui accepta de fabriquer des boites de conserves, et le propriétaire d'une blanchisserie la laissa utiliser ses baquets pour la stérilisation. Sacha travailla avec Mila ; probablement, d'autres personnes aussi. Ils envoyèrent de nombreux colis à Gurs et, selon Sacha, ils reçurent des lettres de remerciement de la part des prisonniers.

À la fin de 1941, les militants qui avaient créé Main forte rejoignirent les dirigeants du courant sioniste modéré pour former l'Armée juive (AJ)[62]. Les objectifs pour lesquels l'AJ luttait étaient semblables à ceux de Main forte : préparer les Juifs à l'auto-défense et œuvrer pour l'établissement d'un État juif en Palestine. Selon le manifeste du groupe, rédigé dix jours avant la Conférence de Wannsee, « l'extermination du peuple juif est déjà en cours de réalisation[63] ».

Mila fut l'une des premières à prêter serment au nouveau groupe, dont le nom de code était Armand Jules[64]. Comme d'autres jeunes recrues, elle fut emmenée les yeux bandés vers une destination inconnue[65]. Le bandeau retiré, elle se retrouva, dans une salle obscure. Soudain, un projecteur fut allumé, illuminant le Tanakh (la Bible hébraïque) et le drapeau bleu et blanc. Elle prononça un serment, jurant fidélité à l'Armée juive et loyauté à ses chefs. « Que revive mon peuple ! Que renaisse Eretz Israël ! La liberté ou la mort ! »

La famille Racine demeura à Luchon jusque vers la fin 1942. Alors que les autorités de Vichy raflaient par milliers les Juifs étrangers dans la zone

---

[61] Interview avec Sacha Maidenberg (née Racine).
[62] Abraham Polonski et Aron-Lucien Lublin furent les personnages clés qui forgèrent cette union. Polonski, un Révisionniste, et Lublin, un Sioniste socialiste, étaient deux amis. Comme beaucoup d'autres activistes à Toulouse, Lublin venait de Russie. Polonski présenta Lublin à Knout et à d'autres membres de la Main forte.
[63] Lazare, *La Résistance juive en France*, p. 116. Vigée, *La Lune d'Hiver*, Appendice 4, pp. 403–412, reproduit une partie du manifeste. L'affirmation citée apparaît à la page 404.
[64] Lazarus, *Juifs au Combat*, p. 60. Jacques Lazarus était l'un des chefs de l'AJ entre 1943 et 1944. Pendant l'occupation italienne, il était basé à Grenoble, et il s'occupait de la formation des jeunes vivant dans cette zone, particulièrement ceux du MJS. (Cf. les Anciens de la Résistance juive en France, *Organisation juive de Combat*, p. 81.) Lazarus, connu sous le nom de Capitaine Jacquel, dit dans ses mémoires *Juifs au Combat*, à la page 60, que Mila avait été « une des premières » à joindre les rangs de l'AJ à Luchon en 1941. Corroborant cette affirmation, Sacha Maidenberg, lors de mon interview avec elle en 2000, me dit que c'est autour de cette période que Mila avait été introduite dans l'Armée juive par une cérémonie secrète.
[65] Diverses sources décrivent cette cérémonie secrète d'initiation à laquelle étaient soumises les nouvelles recrues de la Main forte et de l'Armée juive : *Les Juifs en France*, p. 199 ; Latour, *La Résistance juive en France*, p. 90 ; et Vigée, *La Lune d'Hiver*, p. 88. Le serment cité ici apparaît chez Poznanski et Latour. Apparemment, ce n'était pas le premier serment utilisé par la Main forte. Dans *La Résistance juive en France*, p. 92, Latour écrit au sujet d'Arnold Mandel, l'un des fondateurs de la Main forte : « Suivant Mandel, le premier serment que les membres de la *Main forte* devaient prêter correspondait, mot pour mot, à celui de l'Irgoun, traduit en français : 'Lutter contre l'Angleterre, considérer la Palestine comme notre Patrie, travailler en vue du retour en Palestine et de la défaite des occupants ennemis.' »

non occupée, ils ne furent apparemment pas inquiétés ni en été ni en automne, même si aucun des quatre membres de la famille ne possédait la nationalité française. Selon Sacha, des cinq membres de la famille, Mola était le seul à être citoyen français ; il avait été naturalisé en 1932. Le propriétaire de l'Hôtel des Pyrénées proposa de faire passer la famille Racine en Espagne par la montagne, mais ils déclinèrent son offre, ils choisirent de rester en France. Lorsque les Italiens occupèrent le sud-est de la France, la famille quitta Luchon pour Nice. Là, Mila et Sacha se consacrèrent aux activités du MJS. Toute leur vie tournait autour du centre d'accueil des réfugiés du boulevard Dubouchage.

*

Le quinze août 1943 tomba un dimanche. On avait dû entendre, le matin, carillonner les cloches de Notre-Dame-des-Alpes, dans le centre de Saint-Gervais. Mila chercha à joindre d'urgence Lydie Weissberg et sa mère[66]. Lydie avait eu quinze ans à la fin juin, c'était une adolescente intelligente et pleine d'entrain. Meurtrie par des traumatismes accumulés depuis le début de la guerre, les séparations d'avec ses parents et les longues années d'internat de province, révoltée par les souffrances et la déportation de son père, dont on était sans nouvelles, c'est paradoxalement à Saint-Gervais, dans cette résidence assignée, que pour pour la première fois depuis longtemps elle respirait comme un air de liberté[67]. Elle partageait avec sa mère une chambre au Val Joly. Simon Lévitte avait demandé à Mila d'emmener dès le lendemain un groupe d'enfants de Saint-Gervais jusqu'à la frontière suisse. Mila voulait savoir si Lydie accepterait de faire partie du groupe et si elle était prête à la seconder.

Lydie est née à Paris où elle a passé sa petite enfance, elle est française de naissance et d'éducation. Elle est la fille du peintre Léon Weissberg, connu dans les cercles artistiques comme membre actif de l'École de Paris, ainsi

---

[66] Mon compte rendu des évènements des 15, 16, et 17 août est basé sur les contacts et les interviews que j'ai eus avec Lydie Weissberg en 2006 et avec Sonia Constant (née Veissid) en 2001, de même que ma correspondance avec elles. J'ai aussi tenu compte d'une lettre que j'ai reçue d'Esther Weil (née Veissid), la sœur de Sonia Constant.

[67] Toute l'information biographique sur Lydie Weissberg et sa famille vient de mon entrevue avec Lydie à Paris en 2006 et et d'échanges par courrier électronique. Le 11 septembre 2006, j'ai pu interviewer Lydie Weissberg à Paris et l'enregistrer. Par la suite, j'ai transcrit l'interview et j'ai soumis le texte à Lydie pour qu'elle puisse le lire et y apporter les corrections et modifications nécessaires. Afin de mettre en évidence la nature même de ma démarche, dans l'édition originale, en anglais, j'ai placé les extraits de ma transcription entre guillemets. Avant la publication de la traduction française, Lydie m'a fait part de nombreuses corrections, d'additions, et de modifications concernant ce récit. Je me suis efforcée d'incorporer ces changements dans cette édition. Plutôt que de placer ses mots et phrases entre guillemets, je tiens à faire savoir au lecteur qu'une grande part de ce récit provient de Lydie.

que du Groupe des Quatre constitué en 1925 à Montparnasse avec Sigmund (Zygmunt) Menkès, Alfred Aberdam et Joachim Weingart. À la déclaration de guerre en septembre 1939, Lydie avait 11 ans, elle était inscrite pour la rentrée des classes en 6ᵉ au lycée Fénelon mais elle a été évacuée, avec sa sœur aînée, par les Éclaireuses israélites de France à St-Affrique, dans le sud de la France, loin de ses parents. Elles entrèrent comme pensionnaires au collège de Rodez. L'année suivante leur mère vint s'installer à Rodez et, le 10 juin 1940, les Allemands étant aux portes de Paris, Léon Weissberg (qui était séparé de sa femme depuis 1933) suivit « l'exode » pour rejoindre sa fille à Rodez. À son arrivée, il est envoyé par la préfecture en résidence forcée dans un village médiéval de l'Aveyron, La Capelle Saint-Martin, où il tombe gravement malade, puis obtient un changement de résidence forcée pour Entraygues, où il peut poursuivre son œuvre et où Lydie vient passer ses vacances scolaires avec lui.

Le 18 février 1943, Léon est arrêté par deux gendarmes français et interné au camp de Gurs jusqu'au 2 mars, quand il était transféré à Drancy. Alors que le convoi est en transit en gare de Rodez, Lydie, alertée dans son pensionnat par les appels téléphoniques de l'aubergiste d'Entraygues, M. Andrieu, et du galeriste Wladimir Raykis, obtient de s'y rendre accompagnée d'une surveillante du collège. Sa mère elle aussi est sur le quai. Lydie est montée dans le train gardé par des soldats allemands, un train rempli de Juifs, pour embrasser son père et lui dire au revoir. Le 6 mars, Léon était déporté de Drancy à Lublin-Maïdanek (convoi 51), où il est assassiné. Dans ce court laps de temps, il avait envoyé cinq courriers et le 6 mars il avait écrit à sa fille : « Je pars destination inconnue. »[68]

En avril 1943, pendant les vacances de Pâques, Lydie, sa mère, et sa sœur quittent Rodez, où elles sont en résidence forcée, et partent pour Nice dans l'espoir d'obtenir un droit de résidence dans la nouvelle zone d'occupation italienne. Elles firent un arrêt à Marseille pour voir le directeur de la Galerie Zak, Wladimir Raykis, qui leur versa un peu d'argent sur la vente de plusieurs tableaux non payés à Léon. Elles arrivèrent à Nice fin avril, où Marie contacta les organisations juives. Quelques jours plus tard, elles furent dirigées sur Saint-Gervais, où une chambre à deux lits leur fut attribuée au Val Joly. De son côté, le beau-père de Lydie, écrivain yiddish Oser Warszawski, en résidence forcée à Gordes en Provence, prenait des mesures pour gagner la Haute-Savoie[69]. Il est arrivéà à Saint-Gervais au mi-mai et était logé l'hôtel du Mont-Blanc, où il écrivit son roman *On ne peut pas se plaindre ou Résidences*.

---

[68] Dans le code utilisé par les Juifs, cela signifiait déportation. Les courriers sont reproduits sur le site www.leonweissberg.fr.
[69] En septembre 1942, Oser Warszawski avait pu obtenir un *Ausweis* de quinze jours pour venir épouser à Rodez la mère de Lydie.

Mila recruta Lydie dans sa chambre, en l'absence de sa mère, et Lydie accepta immédiatement de faire partie du convoi. Sa sœur aînée avait quitté Saint-Gervais pour rejoindre l'Union de la jeunesse juive (UJJ), une organisation de la résistance juive, à Grenoble. Lydie était très consciente, comme beaucoup, du danger imminent de l'entrée des Allemands dans la zone italienne ; elle faisait partie des jeunes volontaires qui faisaient le guet, tard le soir sur le balcon du flan gauche du Val Joly. L'attente et la vie quotidienne auprès du couple que formaient sa mère et son beau-père lui pesaient. Elle sentait que le moment était venu de partir, de faire quelque chose d'important et d'utile, même si c'était dangereux. Il était clair que ce premier « convoi » était un test qui pouvait avoir d'importantes conséquences pour l'avenir : en cas de succès, d'autres groupes suivraient. Lydie pense aujourd'hui que Mila lui avait proposé d'y jouer un rôle – elle devrait se précipiter la première pour franchir la frontière – parce qu'elle la considérait fiable, déterminée, et rapide. Elle se sentait très honorée de cette marque de confiance. Mila l'impressionnait : elle la revoit encore devant ses yeux, belle avec son visage grave et son sourire éclatant, en dépit d'un tic nerveux qui de temps à autre lui mordait la joue, pleine de vie, forte et charismatique, une personnalité lumineuse.

Mila lui demanda aussi quel enfant serait, à son avis, le plus capable d'attendre que tout le groupe soit passé à travers les barbelés pour passer à son tour, en dernier, et Lydie indiqua sa camarade Renée Perelmuter, courageuse, calme et solide.

Tard dans l'après-midi, Marie revint dans la chambre, accompagnée d'Oser. Elle fut très fâchée que Mila ne lui ait pas demandé son accord avant de recruter Lydie, et que celle-ci s'était engagée. Elle déclara catégoriquement : « Tu n'iras pas. » Oser ne dit rien tout d'abord, écoutant la mère et la fille s'expliquer. Finalement, il prit la parole et dit à Marie : « Si elle veut partir, laisse-la partir. » Cela mit fin à la discussion. Warszawski remit à Lydie un minuscule bout de papier portant le numéro de téléphone de son ami Marc Jarblum, alors à Genève, en lui recommandant de l'appeler dans tous les cas, car il pourrait l'aider.

Très tôt le lendemain, huit familles se retrouvèrent dans la salle à manger du Val Joly. Onze enfants se préparaient à quitter Saint-Gervais[70]. On leur

---

[70] Lydie indique explicitement que le convoi comprenait une douzième enfant, « la petite Rosette ». Il est très possible que ce soit le cas. Cependant, je n'ai pas pu confirmer la présence d'une douzième personne lors de mes recherches aux Archives de l'État de Genève. Lydie affirme : « [L]a fillette [Rosette] était présente et qu'elle-même, Lydie, a veillé sur elle, que pour passer la frontière elle tenait fermement Rosette de sa main gauche et ne l'a pas lâchée, courant si vite que la petite planait dans les airs, et que l'enfant était avec elle jusqu'au camp des Charmilles à Genève, d'où les autorités l'ont, se souvient-elle, rapidement sortie. Pour la transférer où ? Elle ne sait pas. Lydie émet l'hypothèse, toute théorique, que peut-être Rosette aurait été adoptée plus tard, ce qui pourrait expliquer l'absence du nom et de toute mention la concernant. »

avait conseillé d'être légèrement vêtus, comme pour une promenade d'été, et de mettre les sous-vêtements en double, l'un sur l'autre (deux slips, deux paires de chaussettes, deux chemisettes). Il y avait six « grands » : Cécile Gostynski (16 ans), Marcus Hendler (15 ans), Renée Perelmuter (14 ans), Boris Szterenbarg (14 ans), Jacques Veissid (16 ans) et Lydie Weissberg (15 ans)[71]. Cécile était responsable de sa jeune sœur Sarah (11 ans), Marcus, de son jeune frère Henri (13 ans) et Jacques, de sa jeune sœur Sonia (13 ans). Deux jeunes enfants, Jacques Jakubowitz (9 ans) et Sarah Revah (11 ans), étaient seuls. (Voir l'annexe 2 : tableaux des données statistiques concernant les convois OSE et MJS passés clandestinement en Suisse entre le 17 août et le 21 octobre 1943 ; et composition de chaque convoi MJS, comportant le numéro du dossier conservé dans les Archives d'État de Genève concernant chaque enfant, les frères et sœurs, ainsi que des extraits des « Déclarations ».)

Mila récapitula toutes les instructions, y compris celles qu'elle avait données la veille à chaque famille. Les enfants n'étaient pas autorisés à emporter d'objets personnels : aucun bagage, ni valise évidemment, ni sac à dos, ni paquet, aucun souvenir de leur famille ou de leur vie passée, ni lettres, ni photos, ni adresses. Ils ne devaient pas emporter de nourriture sauf quelques morceaux de sucre dans leurs poches. En route, ils se présenteraient comme un groupe d'enfants de patronage en randonnée. Ils éviteraient d'appeler Mila par son nom. Ils l'appelleraient Lili. Ils essaieraient de passer la frontière près d'Annemasse, à proximité de Genève. S'ils y parvenaient, ils seraient arrêtés par les autorités suisses et soumis à un interrogatoire. Ils ne devaient en aucun cas révéler qu'ils venaient de Saint-Gervais ni que leurs parents y vivaient encore[72]. Ils devaient s'en tenir tous au même récit : ils étaient un groupe d'enfants polonais, sans famille et perdus ; ils étaient parvenus à Annemasse, où ils avaient trouvé quelqu'un qui avait accepté de les emmener à la frontière.

Parents et enfants se dirent au revoir au Val Joly. Mila et les enfants partirent à pied dans la direction du Fayet, bourgade en dessous de Saint-Gervais, où se trouvait la gare. On ne sait pas s'ils quittèrent la route et empruntèrent un sentier pour descendre de la montagne.

---

[71] Normalement, un garçon de seize ans devait être renvoyé à la frontière. Selon la sœur de Jacques, Sonia Constant, celui-ci était petit pour son âge, ce qui poussa les organisateurs du convoi à décider qu'il pourrait passer pour plus jeune. Je dois ajouter que la déclaration, qu'il a signée, mentionne qu'il a seize ans. Apparemment, bien que les officiers suisses aient appris son âge réel quelque temps après qu'il soit entré dans le pays, ils ne l'ont pas renvoyé en France. Archives d'État de Genève, Justice et Police, dossier n° 4250.

[72] On les avait instruits de ne pas mentionner Saint-Gervais pour deux raisons. On craignait que l'information donnée aux autorités suisses puisse tomber aux mains d'espions nazis et ainsi mettre en danger les membres de la famille encore en France. De plus, on pensait qu'en apprenant que les parents des enfants vivaient si près, à Saint-Gervais, les autorités suisses seraient peut-être tentées de renvoyer les enfants de l'autre côté de la frontière.

Comment le convoi d'enfants passerait-il la frontière ? Mila expliqua seulement à Lydie Weissberg et à Renée Perelmuter le plan qui avait été établi, car chacune aurait un rôle à jouer. Renée n'avait pas la vivacité de Lydie, mais elle ne se laissait pas démonter. Mila expliqua que deux hautes clôtures de barbelés à croisillons, l'une du côté français, l'autre du côté suisse, marquaient la frontière que longeait la route. Entre les barbelés se trouvait une large bande de terre, 20 à 50 mètres, un *no man's land*. À un certain endroit, on avait coupé les barbelés pour permettre au groupe de passer. Quand ils atteindraient cet endroit, Mila se baisserait pour renouer son lacet. Ce serait le signal : Lydie devrait courir aussi vite que possible pour atteindre et franchir la clôture. Renée devait vaillamment tenir les barbelés écartés jusqu'à ce que tout le groupe ait réussi à passer.

Le lieu du passage fixé à l'avance se trouvait entre Annemasse à l'est et Saint-Julien-en-Genevois à l'ouest. Il y a différents récits sur la façon dont ils atteignirent cet endroit près de la frontière. Ils prirent peut-être le train de Saint-Gervais jusqu'à Reignier et terminèrent le trajet en voiture.

Après quelque temps, ils arrivèrent à la route qui relie Annemasse à Saint-Julien-en-Genevois en longeant la frontière[73]. Le groupe marcha sur la route en rang, deux par deux, les barrières de barbelés d'un côté et la campagne et de petites maisons de l'autre, avec au loin les falaises escarpées du Mont Salève. Ils chantèrent en marchant toute la journée. Lorsqu'un chant était terminé, Mila entonnait les premières mesures d'un autre, et les enfants se joignaient à elle. Leur répertoire comportait essentiellement des chants de patronage, scouts ou pétainistes rebattus mais, en traversant un secteur hors de portée de voix, ils entonnèrent le « Chant des marais » qu'ils venaient d'apprendre.

En fin d'après-midi, le groupe, toujours en rang, dépassa plusieurs soldats allemands arrêtés devant les barbelés. Le groupe d'enfants ne ralentit pas et continua de chanter. Quand ils furent un peu plus loin, Mila dit à voix basse : « C'était là, ils ont découvert le sabotage des fils malgré le camouflage. » Mila assura Lydie que tout se passerait bien quand même. Lydie était sûre que Mila saurait quoi faire.

Ils continuèrent leur marche. Ils arrivèrent à une église dans un village proche de là, Collonges-sous-Salève[74]. Le curé fut, selon l'expression de Lydie, aussi froid que l'intérieur de l'église, mais il les fit entrer et leur permit d'y passer la nuit, apporta quelques couvertures et conduisit les plus petits chez des habitants. Les enfants étaient fatigués, ils avaient faim, ils n'avaient pas mangé depuis le matin. Ils croquèrent les morceaux de sucre qu'ils avaient dans les poches et burent de l'eau. Mila parvint à les distraire

---

[73] Cette route est aujourd'hui désignée sous le nom de route N206.
[74] Il est très probable que c'était l'église de l'Abbé Marius Jolivet. Ainsi qu'on le verra plus loin au Chapitre 4, *Ville-la-Grand*, le Père Jolivet faisait partie d'un réseau ecclésiastique qui, à de nombreuses reprises, avait aidé les réfugiés juifs à traverser la frontière franco-suisse.

de leur faim. Les enfants connaissaient assez Mila pour repérer que, sous son calme apparent, la situation la préoccupait. Quand la nuit tomba, les enfants s'étendirent sur les bancs de l'église et s'endormirent.

Le lendemain matin, le prêtre apporta quelque chose à boire aux enfants. Mila était partie en reconnaissance vers la frontière. À son retour, elle expliqua à Lydie qu'elle utiliserait le même signal qu'elle avait prévu la veille. Le groupe se remit en marche le long de la même route.

Vers midi, ils arrivèrent au hameau du Pas de l'Échelle. Dans un petit bâtiment, sur la route frontalière, de l'autre côté des barbelés, se trouvait la douane. Juste en face du bâtiment il y avait, à côté d'une petite fontaine, une large ouverture dans la clôture de barbelés, apparemment pour le passage éventuel de véhicules. Des soldats allemands allaient et venaient, riant et s'interpellant bruyamment. Certains soldats, torse nu ou la chemise ouverte, se lavaient autour de la fontaine.

Au moment où elle approchait des soldats allemands, Mila se baissa pour renouer son lacet. Pendant une fraction de seconde, Lydie ne put croire ce qu'elle voyait, mais leurs regards se croisèrent et Mila cligna des paupières. Sans hésiter, Lydie s'élança dans le passage vers le côté suisse de la frontière et courut très vite. (Comme indiqué dans la note 114, Lydie déclare qu'elle tenait la main de la petite Rosette et qu'à cet instant, la petite fille planait dans les airs.) Tous les enfants couraient derrière. Les Allemands crièrent « Halt ! », on entendit des coups de feu mais personne ne s'arrêta et personne ne fut blessé. Les gardes frontaliers suisses, sortis de leur douane, se dressaient devant eux, leurs fusils braqués. Jacques Veissid courut tellement vite qu'il dépassa Lydie d'une bonne longueur et se retrouva en tête du groupe, arrêté dans sa course par les fusils menaçants. Levant les mains en l'air, il s'écria à pleine voix : « Ne tirez pas, nous sommes des enfants français ! » La tension avait été si forte que la situation parut soudain burlesque et Lydie éclata de rire. Elle jeta un regard en arrière pour voir si elle apercevait Mila – elle avait disparu.

Les falaises du Salève, avec l'ancienne gare au premier plan. Pas de l'Échelle, juillet 2001. Photo de N. Lefenfeld.

4. Ville-la-Grand

Au fond d'une gorge profonde qui traverse Saint-Gervais se précipite le Bonnant. Le pont qui enjambe le torrent s'appelle le Pont du Diable. D'après la légende, la massive travée est l'œuvre du Malin, dupé par le curé de la paroisse. Furieux, il a juré de revenir un jour pour prendre sa revanche.

Durant l'été 1943, Maurice Glazman avait quatorze ans[1]. Il vivait avec ses parents, Chaim et Sura, et sa sœur aînée Gusta, dans une maison près du Pont du Diable. Lorsque la famille emménagea dans cette maison en juin 1943, Maurice se demandait bien comment il pourrait dormir. Son souci n'avait rien à voir avec la promesse du Diable. Juste sous sa fenêtre, une cascade s'engouffrait dans la gorge en rugissant. Le bruit était terrible. Ses peurs se dissipèrent bientôt, le vacarme incessant faisait partie de ces douces nuits d'été.

La famille Glazman était comme tant de familles juives en France. Chaim et Sura étaient nés en Pologne. Dans les années vingt, ils avaient émigré à Bruxelles, et c'est là qu'étaient nés Gusta et Maurice. En 1933, la famille déménagea à nouveau, pour Paris cette fois. Le père de Maurice était tailleur, il travaillait dur. Ils ne roulaient pas sur l'or mais Chaim et Sura ne regrettaient pas d'être venus en France. Les immigrants juifs à Paris s'entraidaient, leur vie communautaire était riche, ils en tiraient grand plaisir. De plus, ils croyaient en l'avenir et que Gusta et Maurice auraient la possibilité de réaliser ce qu'eux-mêmes n'avaient pu faire. Même pendant les deux premières années de l'Occupation, la famille parvint à s'en sortir.

Tout changea après la rafle du Vel d'Hiv. La famille Glazman échappa à l'arrestation, mais il leur faudrait désormais vivre comme des fugitifs. Sans attendre, Chaim prit des dispositions pour quitter Paris et tenter de passer clandestinement en zone libre. Ils suivirent les instructions : ils prirent le train pour Dax, où ils rencontreraient leur contact. L'homme les emmena en bus, avec une vingtaine d'autres personnes, jusqu'à la ville toute proche de Montfort-en-Chalosse. Il les remit entre les mains d'un fermier du pays qui

---

[1] Cette information biographique sur la famille Glazman provient d'une interview faite le 11 septembre 2008 à Paris avec le Dr Maurice Glazman ainsi que d'une correspondance avec ce dernier.

avait accepté de leur faire passer la ligne de démarcation. Alors que le fermier conduisait le groupe à travers la ville, il fut interpelé par un ivrogne qui avait été son sergent pendant la Grande Guerre. Le sergent se sentait insulté parce que le fermier ne l'avait pas salué, il menaçait de le dénoncer. Le fermier refusait de le saluer, le sergent refusait de laisser le groupe continuer son chemin, le ton montait. Dans ce brouhaha, deux enfants se mirent à pleurer, et leur mère offrit au sergent de l'argent pour qu'il les laisse passer. Au bout d'une demi-heure, le fermier salua l'ivrogne, le groupe put repartir. Ils traversèrent une petite rivière et arrivèrent en zone libre. Le lendemain, la famille Glazman apprit qu'un groupe, qui avait tenté de traverser au même endroit, avait été arrêté. Vue l'heure de l'arrestation, ils conclurent que, sans cet ivrogne de sergent qui les avait retardés, ils auraient probablement subi le même sort.

La famille fut envoyée en résidence surveillée dans la ville voisine de Grenade-sur-Adour. Pendant quelques temps, Chaim gagna un peu d'argent en réparant les pantalons des policiers de la localité. Quand il n'eut plus rien à réparer, il obtint la permission d'aller chercher du travail à Lourdes. Il eut la chance de trouver logement et emploi chez un couple juif originaire de Roumanie. Le reste de la famille le rejoignit dans les premiers jours d'octobre.

En mars 1943, Chaim et Sura décidèrent qu'il valait mieux quitter Lourdes et chercher refuge dans la zone d'occupation italienne. Comme il l'avait fait précédemment, Chaim se rendit seul à Nice, puis il fit venir sa femme et ses enfants. Il passait de temps en temps au Centre Dubouchage demander de l'aide, mais seulement quand il jugeait que c'était absolument nécessaire. Il se doutait bien que les autorités françaises surveillaient ce bâtiment où des Juifs allaient et venaient sans arrêt.

La famille Glazman arriva à Saint-Gervais le 3 juin 1943. À leur grande surprise, la neige n'avait pas complètement disparu. Saint-Gervais, c'était le paradis pour Maurice. Il aurait été heureux d'y rester jusqu'à la fin de la guerre. À Nice, son estomac avait souvent crié famine, mais à Saint-Gervais il mangeait à sa faim. Son père se débrouilla pour se procurer une machine à coudre. Il réparait les vêtements des ouvriers du pays et des soldats italiens. Maurice aimait aller au Val Joly : il s'y passait toujours quelque chose d'intéressant et il était amoureux d'une jeune fille qui y habitait. Elle s'appelait Lydie Weissberg.

Le 26 août au matin, Maurice et trente-et-un autres enfants quittèrent Saint-Gervais pour tenter de passer la frontière[2]. Quelques enfants venaient de Megève, d'autres de Saint-Gervais. Maurice était heureux parce que son amie, Hélène Waysbrot, faisait partie du groupe. Ils portaient tous autour du cou des foulards de scouts et faisaient semblant d'être en excursion. Ils se

---

[2] Mon récit des évènements des 26, 27, et 28 août se base sur l'interview que j'ai eue avec le Dr Maurice Glazman et sur notre correspondance.

déplacèrent en autocar. Comme le moteur fonctionnait au bois, tous les cent ou cent dix kilomètres, ils devaient s'arrêter pour réalimenter le moteur.

Les organisateurs du convoi étaient Mila Racine et Tony Gryn, tous deux dirigeants du MJS. Les enfants sous leur responsabilité devaient arriver sains et saufs à destination. Maurice connaissait Mila. Il l'avait entendue faire un exposé sur la vie des Juifs en Palestine et les kibboutzim modernes. Il la trouvait belle mais voir son corps en proie à ces spasmes intenses le troublait. Il ne connaissait pas le jeune homme appelé Tony Gryn.

Le point de passage prévu se trouvait près de Collonges-sous-Salève, village situé à quelques kilomètres du Pas de l'Échelle. Arrivés à proximité, ils entendirent quelqu'un leur crier quelque chose. Ils se retournèrent et virent un soldat italien debout au sommet d'une butte. Il leur donna l'ordre de monter jusqu'à lui, ils obéirent. Maurice remarqua que Mila semblait inquiète. Le soldat offrit de leur vendre des cigarettes et leur intima l'ordre de le suivre. Ils gravirent la colline jusqu'au poste militaire de Collonges-sous-Salève. Le soldat entra dans le poste et les fit attendre à la porte. Il revint avec quelques paquets de cigarettes, les vendit à Tony, et lui conseilla de se tenir à l'écart de la frontière. « Demandez au prêtre de vous loger », leur dit-il. Et Tony répondit : « Oui, je sais, je sais[3]. »

Mila et Tony emmenèrent le groupe jusqu'à l'église catholique de Collonges, petit bâtiment tout simple juché à flanc de montagne. C'était vraisemblablement la même église où le premier convoi avait trouvé refuge et passé la nuit. L'Abbé Marius Jolivet, qui accueillit Mila, Tony et les enfants, était vraisemblablement le curé dont Lydie Weissberg se souvenait comme étant « aussi glacé que l'intérieur de l'église ».

L'Abbé Jolivet faisait partie d'un réseau informel d'ecclésiastiques haut-savoyards qui sauvait les Juifs. Ce réseau avait démarré à l'automne 1942. De nombreux hommes et femmes – jeunes et vieux, religieux et laïques, catholiques et protestants – participèrent au réseau de sauvetage pendant des périodes plus ou moins longues. Ils vivaient à Annecy, Annemasse, Veigy-Foncenex, Douvaine, Thonon-les-Bains, Évian, et dans de nombreux villages. Au cours des derniers mois de 1942 en particulier, avant que les Italiens ne prennent position en France, il n'était pas rare que des Juifs ou qu'une famille juive arrive en Haute-Savoie venant d'une autre région de

---

[3] Interview de Maurice Glazman. Tony Gryn s'exprime en ces termes dans son témoignage daté d'août 1975, Mémorial de la Shoah, DLXI-35, première section, p. 4 : « C'est elle [Rolande Birgy] qui m'a mis en rapport avec le vieux curé de Collonges, abbé Jolivet, qui nous a aidés lors du premier passage que j'ai organisé. » Comme on l'a remarqué précédemment, il est très vraisemblable que ce soit le Père Jolivet qui ait aidé Mila et les enfants (i.e., le premier convoi) le 16 août. En me basant sur mes entretiens avec Lydie Weissberg et Sonia Constant, le Père Jolivet a dû être surpris au soir du 16 août par l'apparition soudaine du groupe cherchant refuge dans son église. Il est possible que Rolande Birgy soit intervenue alors, et qu'elle ait officiellement introduit les jeunes responsables MJS auprès du Père Jolivet et qu'elle lui ait demandé son aide.

France, avec la ferme intention de passer la frontière. Ces fugitifs se retrouvaient souvent à la porte d'une église. Le prêtre s'adressait à un paroissien en qui il avait confiance pour héberger temporairement les personnes en fuite. Il faisait aussi le nécessaire pour qu'on les conduise à une autre église plus proche de la frontière. Le curé de cette paroisse remettait les Juifs entre les mains d'un passeur qui se chargeait de leur faire traverser la frontière. Le passeur, un habitant du pays, avait à cœur de tout savoir sur ce qui se passait long de la frontière : la fréquence et l'heure des patrouilles des deux côtés, comment éviter de se faire repérer et comment passer à travers les barbelés. Tout était organisé dans le plus grand secret évidemment.

Église de Collonges-sous-Salève, septembre 2008. Photo de N. Lefenfeld.

Les dirigeants MJS savaient que l'Abbé Marius Jolivet était une personne vers laquelle on pouvait se tourner, mais ils ne connaissaient certainement pas l'étendue de ses activités clandestines. L'historien Limore Yagil décrit le curé comme ayant « une santé précaire et un tempérament émotif[4] ». Jolivet n'avait que trente-six ans mais il joua un rôle crucial en facilitant les échanges entre la Résistance française et les Alliés. Dès 1942, sa petite église de Collonges servit de « boîte aux lettres » pour Allan Dulles[5]. (Cet officier américain était le principal responsable des services de renseigne-

---

[4] Yagil, *Chrétiens et Juifs sous Vichy*, p. 189.
[5] Yagil, *Chrétiens et Juifs sous Vichy*, p. 189.

ment en Europe.) Des informations de première importance étaient transmises par et vers le Bureau des services stratégiques (l'OSS, Office of Strategic Services) à Berne où était basé Dulles. De temps en temps, Jolivet était aussi sollicité pour aider à faire passer la frontière à des résistants.

Mila, Tony et les enfants passèrent la nuit dans l'église de Collonges. Le lendemain, ils redescendirent de la montagne pour prendre la route qui longeait la frontière. On leur avait indiqué un endroit où les barbelés avaient été coupés. Mais ils ne parvinrent pas à trouver la brèche. On ne sait pas à quel moment ils furent transportés à une trentaine de kilomètres, plus au nord-ouest. Ils passèrent la nuit dans une ferme proche de la frontière suisse, à Veigy-Foncenex.

Le 28 août, deux jours après avoir quitté Saint-Gervais et Megève, ils reçurent l'ordre d'attendre dans cette ferme jusqu'au soir, deux passeurs viendraient les emmener à la frontière. Le soir, deux hommes un fusil à l'épaule apparurent. À la nuit tombée, le groupe se mit en marche. À un certain moment, le groupe fut divisé en deux. Maurice n'était pas le plus âgé de son petit groupe, mais on lui demanda d'en prendre la tête. On ne sait pas exactement comment le passage des deux groupes fut coordonné, c'est-à-dire s'ils traversèrent au même endroit mais à des moments différents, ou s'ils traversèrent à des endroits différents.

Maurice et son petit groupe devaient traverser un grand champ au milieu duquel se trouvaient deux baraques distantes d'environ cent cinquante mètres. Entre les deux, on avait répandu sur le sol une trainée de poudre blanche semblable à de la farine ou à du plâtre. Quiconque s'aventurerait sur cette ligne y laisserait des empreintes de pas. Il n'y avait pas de barbelés. Quand les enfants traversèrent le champ, ils virent des soldats italiens qui jouaient aux cartes dans les baraques.

Les passeurs avaient donné à Maurice les instructions suivantes : « Tu vas tout droit. Tu trouveras d'abord la rivière. La première fois qu'on traverse l'Hermance on est en Suisse, la seconde fois on est de nouveau en France, et la troisième fois en Suisse. » Maurice suivit les instructions à la lettre. Ils traversèrent la rivière une fois, deux fois, trois fois, sur une distance d'environ deux cents mètres. Après avoir traversé la rivière une troisième fois, ils décidèrent de ne pas aller plus loin, de rester là où ils se trouvaient. Tout était calme alentour, sauf à un moment où ils entendirent un ivrogne chanter « l'Internationale », puis des coups de fusil. Ces coups semblaient venir de soldats italiens qui avaient tiré en l'air. Peu après le lever du soleil, Maurice et les enfants de son groupe aperçurent des hommes en uniforme gris-vert. Ils les prirent pour des soldats allemands, ils eurent très peur. Mais c'étaient des douaniers suisses. Les enfants étaient arrivés à destination. Ils étaient sains et saufs.

Les documents sauvegardés dans les archives de Genève signalent que dix-neuf enfants traversèrent la frontière cette nuit-là[6]. Ils furent arrêtés par les autorités suisses à proximité de Chevran. Les Archives départementales de Haute-Savoie indiquent que cinq autres enfants tentèrent de passer[7]. Ils furent arrêtés du côté français par des soldats italiens qui les remirent aux autorités françaises, qui les renvoyèrent dans les centres d'assignation à résidence. Les rapports suisses et français arrivent ensemble à un total de vingt-quatre enfants[8].

Les dix-neuf enfants qui réussirent à traverser la frontière furent arrêtés à trois moments différents et à trois endroits différents. On ne connaît pas les circonstances de ces arrestations, ni comment les trois sous-groupes dont parlent les archives suisses correspondent aux deux sous-groupes cités par Maurice. Une demi-heure avant minuit, le 28 août, dix enfants furent arrêtés par des soldats suisses tout près de la frontière, à la Passerelle de la Cuillère. Ces enfants étaient Tibere Braunstein (10 ans), Oscar Fleischer (14 ans) et ses sœurs Jeanette (11 ans) et Renée (9 ans), Armand Halberthal (12 ans), Fred Kempfner (14 ans) et son frère Paul (11 ans), Arny Lasar (12 ans) et son frère Carlo (11 ans), et David Milgram (15 ans). Maurice Glazman et quatre autres enfants furent arrêtés dans le village de Chevran à six heures et quart du matin. Les quatre autres étaient Hélène Waysbrot (13 ans), Rachele Linderman (15 ans), et Simon Cymerman (15 ans) et sa jeune sœur Anna (12 ans). Enfin, à neuf heures ce même matin, quatre autres enfants furent arrêtés non loin de là, au sud de Chevran, sur la route de Vésenaz en Anières. Ces quatre enfants étaient deux sœurs, Sarah Goldstein (15 ans) et sa sœur cadette Berthe (13 ans), et Ludwig Rosenbaum (15 ans) et sa sœur Rosi (12 ans).

On ne sait pas comment le groupe arriva à Veigy-Foncenex, ni qui organisa le transfert, ni comment Mila et Tony savaient quelle ferme autour de Veigy les accueillerait pour la nuit. Mais je pense que tous ceux qui connaissent le réseau des paroisses en Haute-Savoie arriveront à la même conclusion que moi : Mila et Tony étaient en contact avec la branche du réseau connue sous le nom de filière Douvaine, et c'est cette même filière qui les aida.

Douvaine est une petite ville située à l'extrémité nord de la frontière franco-suisse, à cinq kilomètres de Veigy-Foncenex. Son curé, le Père Jean

---

[6] J'ai identifié les dossiers de dix-neuf enfants dont les noms sont cités ici. On peut lire dans le Chapitre 5, *Annecy*, ces dossiers ont été préservés aux Archives de l'État de Genève, dans la section se rapportant à la « Justice et Police ».

[7] Fivaz-Silbermann, thèse de doctorat en cours de rédaction, *La Fuite en Suisse*.

[8] Maurice Glazman se rappelle bien distinctement que trente-deux enfants faisaient partie du convoi. Je ne sais comment expliquer la différence entre le souvenir de Glazman et la taille du groupe inscrit dans les documents des archives. Au départ de Saint-Gervais le groupe comprenait peut-être trente-deux enfants mais que quelques-uns soient retournés à Saint-Gervais ou à Megève, avant ou après la tentative de passage de la frontière, et qu'ainsi ils n'apparaissent pas dans les rapports d'arrestation.

Rosay, à l'automne 1942, jura de faire tout ce qu'il pourrait pour aider les Juifs qui fuyaient la persécution. Il n'était le curé de Douvaine que depuis dix-huit mois mais il avait su établir des rapports de confiance avec ce milieu d'agriculteurs. Il avait été élevé dans une ferme et avait étudié au petit séminaire de la Roche-sur-Foron. Après avoir été ordonné prêtre à Annecy en 1926, il fut assigné de paroisse rurale en paroisse rurale. Limore Yagil note que, dès qu'il arriva à Douvaine en 1941, le Père Rosay « refusa de s'accommoder avec les occupants allemands[9] ». Quand il prit la décision d'aider à sauver les Juifs, il savait qu'il lui faudrait trouver des collaborateurs fiables et sûrs, prêts à risquer leur propre vie. Il avait besoin de gens capables de tout : de cacher des Juifs jusqu'à ce qu'on leur fasse traverser la frontière, de les emmener d'un endroit à un autre, de concevoir des plans pour passer la frontière, de se charger du passage.

Visage poupin, lunettes cerclées de métal, le curé de quarante-et-un ans était un homme cordial, chaleureux. Adolescents et jeunes adultes se sentaient attirés par lui. Il coordonna tout un ensemble de volontaires prêts à apporter leur aide : la « filière Douvaine ». Certains étaient ses propres paroissiens. D'autres étaient des militants de la CIMADE et de l'Amitié chrétienne (AC), deux organisations d'aide aux réfugiés, qui fonctionnaient légalement mais participaient aussi aux activités illégales de sauvetage. La CIMADE était un groupement protestant. L'AC regroupait catholiques et protestants.

Le Père Jean Rosay, date indéterminée. Photo gracieusement fournie par la Paroisse Saint-Jean Baptiste en Chablais et l'Église Saint-Loup de Douvaine.

---

[9] Yagil, *Chrétiens et Juifs sous Vichy*, p. 187.

Le curé de Veigy-Foncenex, le Père Michel Chevrier, fut sans doute parmi ceux qui répondirent à l'appel du Père Rosay celui qu'on attendait le moins. Au début de l'Occupation, le Père Chevrier, ardent pétainiste, était membre actif de l'Ordre légionnaire, milice de collabos d'extrême droite[10]. À la demande pressante du Père Rosay, le Père Chevrier recruta Joseph Lançon, un fermier de la région, pour participer à la filière. La ferme Lançon, sur la route des Plantets, se trouve à huit cents mètres de la frontière. Lançon était veuf et père de sept enfants. Pour assurer le travail de la ferme, il pouvait compter sur son jeune voisin, François Périllat. Joseph Lançon et François Périllat connaissaient chaque pouce de terrain, chaque champ, chaque bosquet d'arbres, chaque méandre de l'Hermance, la rivière peu profonde qui coule le long de la frontière. Lançon et Périllat commencèrent en octobre ou novembre 1942 à accueillir les réfugiés juifs que leur envoyaient le Père Chevrier et d'autres personnes. Ils abritaient les réfugiés à la ferme pendant de courtes périodes, jusqu'à ce que se présente l'occasion de leur faire passer la frontière.

Pendant l'Occupation, la filière Douvaine aida des centaines de Juifs à parvenir en lieu sûr. Beaucoup étaient arrivés en Haute-Savoie par leurs propres moyens. Débarquant du train à Annemasse, Machilly, Thonon-les-Bains ou ailleurs, ils s'enquéraient discrètement auprès des habitants, finissaient par se retrouver sur les marches de l'église du Père Rosay, ou par être pris en charge par un membre de la filière.

En mai 1943, l'OSE commença à s'appuyer sur la filière Douvaine pour faire passer la frontière à des convois d'enfants juifs[11]. Jusque-là, tous les convois de l'OSE avaient traversé la frontière dans les environs immédiats d'Annemasse, et les enfants avaient été arrêtés dans la commune genevoise de Thônex. Après la mi-mai, tous les convois de l'OSE, sauf un, traversèrent la frontière près de Douvaine et Veigy-Foncenex, et les enfants furent arrêtés dans les communes genevoises d'Anières et d'Hermance[12].

*

À la fin août et au début septembre, Mila Racine, Tony Gryn et Simon Lévitte avaient dû se poser des questions. Aucun des deux premiers convois MJS ne s'était passé comme prévu. Il leur fallait trouver comment faire traverser la frontière aux enfants en toute sécurité. Ils ne voulaient pas devoir faire appel

---

[10] Croquet, *Chemins de Passage*, p. 33. Au début de l'année 1943, le Service d'ordre légionnaire (SOL) devint la Milice. On ne sait pas pendant combien de temps le Père Chevrier soutint le maréchal Pétain ou le SOL.
[11] On trouvera une présentation d'ordre général sur la collaboration entre l'OSE et la filière Douvaine dans l'ouvrage de Croquet, *Chemins de Passage*, p. 33, et dans celui du curé de Douvaine, *Résistance non violente*, pp. 31-33.
[12] Cette exception était un convoi de neuf enfants qui est passé en Suisse le 8 août 1943 dans les environs d'Ambilly.

régulièrement à la filière Douvaine. La mission de l'équipe MJS était d'établir un autre réseau qui opérerait en parallèle avec celui de l'OSE. Si le réseau de l'OSE était mis à mal, de façon temporaire ou définitive, le second devait continuer à fonctionner. En outre, les diverses associations de la filière Douvaine avaient déjà fort à faire. Faire passer beaucoup d'enfants par le même itinéraire finirait par attirer l'attention et mettrait en danger tous les convois clandestins.

Restructurer la collaboration entre la filière Douvaine et l'OSE pour intégrer l'équipe MJS n'était pas possible, mais cette collaboration pouvait servir de modèle. C'était un modèle extrêmement subtil : de nombreuses personnes étaient impliquées mais les responsabilités étaient diluées. Il était donc plus difficile pour les Allemands et pour Vichy de savoir exactement ce qui se passait, qui était impliqué. Il y avait en gros quatre catégories de participants : les dignitaires du clergé et les responsables laïcs, les dirigeants et les militants de l'OSE, les habitants de Douvaine et de Veigy qui, à la demande, apportaient leur aide, et les passeurs qui faisaient franchir la frontière.

Quand les enfants étaient amenés en Haute-Savoie pour passer en Suisse, ils n'étaient pas hébergés dans l'église de Jean Rosay à Douvaine. Ils étaient logés dans diverses institutions, maisons, fermes et autres structures appartenant ou sous le contrôle de sympathisants à la cause. C'était important que nul ne sache qui était responsable des enfants, où ils avaient séjourné avant le passage de la frontière, et les enfants eux-mêmes ignoraient tout. C'était voulu. Arrivés en Suisse, ils étaient arrêtés. On demandait aux enfants comment ils étaient parvenus à la frontière, qui les avait aidés. S'ils étaient arrêtés du côté français et donc dans l'impossibilité de passer, on leur faisait subir le même interrogatoire. Pour la survie du réseau, il était essentiel qu'ils ne puissent pas identifier l'endroit où ils avaient séjourné avant le passage de la frontière. Le mieux était donc un lieu quelconque, une maison abandonnée ou une grange. De même, il était essentiel qu'ils ne puissent identifier aucune des personnes impliquées dans l'opération : qui les avaient abrités, nourris, qui les avait emmenés d'un endroit à l'autre, qui leur avaient montré où et comment traverser.

Jean Rosay portait le lourd fardeau de diriger et de coordonner les opérations. Son statut d'ecclésiastique le protégeait un peu, il risquait moins d'être arrêté par Vichy.

Y avait-il un endroit où l'équipe MJS pourrait reproduire le modèle de coopération entre l'OSE et la filière Douvaine ?

Annemasse, la plus grande ville côté français à proximité du canton de Genève, n'est pas située à la frontière même. Trois petits villages – Gaillard, Ambilly et Ville-la-Grand – sont nichés entre la frontière et Annemasse. L'un des maillons du réseau ecclésiastique de Haute-Savoie se trouvait à Ville-la-Grand, au Collège Saint-François de Sales, séminaire jésuite : c'était le Juvénat.

Ce fut le hasard de la géographie qui plaça les religieux du Juvénat dans la position privilégiée d'aider les autres pendant la guerre. Le terrain de l'école a une forme triangulaire, et deux côtés du triangle coïncident avec la frontière suisse. Une demande d'aide de la part de l'équipe MJS ne pouvait surprendre les religieux du Juvénat. Depuis 1941 ils aidaient secrètement les gens à passer la frontière[13]. Avant août 1943, ils avaient aidé des centaines de personnes à arriver en Suisse, la plupart, mais pas toutes, d'origine juive. Trois enseignants – les Pères Louis Favre, Gilbert Pernoud, et François Favrat – ainsi que le jardinier de l'école, Frère Raymond Boccard, s'efforçaient de faciliter les passages. Ces résistants n'auraient pas pu le faire sans la complicité du directeur de l'école, le Père Pierre Frontin, et celle d'autres membres de la communauté scolaire, dont beaucoup furent témoins d'allées et venues inhabituelles, et choisirent de ne rien dire.

Le Père Favre fut sans conteste le moteur de tous ces efforts de résistance humanitaire déployés au séminaire. Né à Bellevaux-en-Chablais en 1910, il fut ordonné prêtre en 1936. Il enseigna quelques années à l'Institut Florimont de Genève, fondé par les Missionnaires de Saint-François de Sales. Il fut mobilisé en 1939 et par la suite envoyé comme enseignant au Juvénat. L'historien Limone Yagil le décrit en ces termes : « D'un tempérament délicat, avec un goût inné des arts, il exerçait une irrésistible attirance sur son entourage[14]. » Il devint le pilier des opérations de résistance, « par charité et par patriotisme[15] ».

Le Père Louis Favre, 1943. Photo gracieusement fournie par Louis Favre, neveu du Père Louis Favre et Maire de Pers-Jussy, Haute-Savoie.

---

[13] Yagil, *Chrétiens et Juifs sous Vichy*, p. 183 : « Dès la fin de 1941, ce furent des jeunes, surtout des Hollandais qui, après avoir passé clandestinement une ou deux frontières déjà, plus la ligne de démarcation, vinrent par petits groupes demander au Juvénat le moyen de franchir le dernier obstacle avant de joindre leur consulat à Genève et, de là, des forces libres pour continuer la lutte contre les envahisseurs de leurs pays. »
[14] Yagil, *Chrétiens et Juifs sous Vichy*, p. 183.
[15] Yagil, *Chrétiens et Juifs sous Vichy*, p. 183.

La configuration de la propriété ainsi que la situation des bâtiments et des autres structures permettaient deux sortes de passages clandestins. À l'arrière du bâtiment principal de l'école, il y avait un jardin entouré d'un mur de pierre, de deux à trois mètres de hauteur, qui suivait exactement le tracé de la frontière. Le bâtiment lui-même comprenait deux étages surmontés d'un grenier doté de lucarnes. Des lucarnes, on pouvait observer les allées et venues des patrouilles le long de la frontière.

Pour faire traverser la frontière, on avait recours à deux méthodes. On utilisait une échelle pour escalader le mur de pierre qui entourait le jardin : on se faufilait entre les rangées de barbelés en haut du mur et on sautait en bas. Cette première méthode était utilisée de temps en temps, lorsque la traversée devait se dérouler de jour. Frère Raymond Boccard se postait à l'une des lucarnes et observait la patrouille de soldats[16]. L'un des trois pères – Favre, Pernoud ou Favrat – était dans le jardin avec ceux qui s'apprêtaient à escalader le mur. Ils ne quittaient pas des yeux Frère Raymond et attendaient son signal. Lorsque le frère soulevait sa casquette, le père donnait l'ordre à ceux qui attendaient de grimper à l'échelle et de passer par-dessus le mur.

L'autre méthode n'obligeait pas à entrer dans le jardin ou à passer par-dessus le mur. On pouvait contourner le bâtiment principal, marcher deux cents ou trois cents mètres et arriver directement à la frontière hérissée de barbelés. Mais, au moins à un endroit, les fils étaient suffisamment distendus pour qu'on puisse passer[17]. On privilégiait cette stratégie : elle compromettait moins la sécurité des étudiants, des enseignants et du personnel de l'école. Si les autorités avaient vu les fuyards franchir le mur de pierre qui entourait le jardin, elles en auraient conclu qu'à l'école on les avait aidés. Mais il en allait autrement pour ceux qui seraient pris à se faufiler par les bois le long de la frontière. En outre il était plus sûr de passer de nuit. La seconde méthode, contrairement à la première, se prêtait aux passages de nuit.

Les récits font surtout état des opérations de sauvetage par l'escalade du mur, mais il est peu probable qu'on ait continué à procéder ainsi une fois la Haute-Savoie passée sous occupation allemande à la fin d'août 1943. Le risque était devenu beaucoup trop grand. Cette hypothèse conforte un aspect majeur bien connu de l'implication du Juvénat. À plusieurs reprises, les clandestins qui attendaient pour passer la frontière furent hébergés dans les locaux de l'école jusqu'à ce que leur passage soit possible, mais cette pratique fut abandonnée car elle faisait courir trop de dangers à la communauté[18,19].

---

[16] Lazare, *Le Livre des Justes*, pp. 94–95.
[17] Croquet, *Chemins de Passage*, p. 83. Croquet cite A. Muller à ce propos : « Nous étions à une très courte distance des barbelés de la frontière, qui à cet endroit étaient un peu distendus. Mon mari passa le premier, le Père Pernoud lui passa nos filles et je passai la dernière. »
[18] Lazare, *Le Livre des Justes*, p. 94.
[19] Munos-du Peloux, *Passer en Suisse*, p. 59. Munos-du Peloux interviewa le père Frontin en 1982. Elle écrit : « Le père Frontin, maintenant retiré à la maison des missionnaires de Saint-François-de-Sales à Annecy, m'a dit que lui-même et quelques-uns des sept professeurs qui

D'après certains historiens, la communauté du Juvénat et ceux qui les ont secondés dans la région – que j'appelle la filière Ville-la-Grand – a permis de faire passer la frontière à mille ou deux mille personnes dont une majorité de Juifs[20]. Très peu d'entre eux ont pu être identifiés. En septembre et octobre 1943, de nombreux convois d'enfants MJS furent arrêtés sur le sol suisse à proximité immédiate du Juvénat. Je pense que la filière Ville-la-Grand a aidé l'équipe MJS à faire passer des enfants en Suisse. Plus précisément, mon hypothèse est qu'au début septembre, le MJS et la filière Ville-la-Grand s'inspirèrent de la filière OSE/Douvaine et commencèrent à travailler ensemble, ce deuxième réseau fonctionnait indépendamment du premier.

Le modèle de Douvaine fut repris à Ville-la-Grand. On amenait les enfants à Annemasse. Ils étaient logés chez l'habitant, en lieu sûr, à Ville-la-Grand, Annemasse, Ambilly et Gaillard, plutôt que dans les bâtiments du Juvénat. Profitant de l'obscurité on les conduisait à l'ouest ou au nord-ouest du terrain de l'école, tard dans la soirée, on évitait tout contact avec la communauté. Là, à la limite de la propriété, un passeur leur montrait où et comment traverser.

Après avoir réglé cet aspect du problème, Mila et Tony purent aller de l'avant. D'abord leur priorité fut de finir d'organiser le petit groupe de jeunes gens qui comprendrait l'équipe MJS et serait responsables des convois d'enfants. Puis leur seconde priorité fut d'établir la base de leurs opérations dans un nouvel endroit, pour accéder plus facilement à la frontière.

*

Nethanel (Tony) Gryn, Paris, 1946. Photo gracieusement fournie par la famille Gryn.

---

enseignaient alors avaient aidé des clandestins. Ces derniers n'étaient pas hébergés au collège mais passés le plus rapidement possible. »
[20] Croquet, *Chemins de Passage*, p. 83 ; Lazare, *Le Livre des Justes*, p. 94 ; et Yagil, *Chrétiens et Juifs sous Vichy*, p. 182.

Tony Gryn était un beau jeune homme de vingt-deux ans, grand, élancé, au sourire aimable. Il avait un grand front, des yeux bruns, un regard doux, des cheveux châtains et ondulés. Comme Mila, il n'était pas un Israélite mais un Juif. Il avait, comme elle, vécu longtemps à Paris. Il parlait couramment français et savait se débrouiller. Tony était né à Lublin, en Pologne[21]. Son père, Icek (Isaac), avait dirigé l'entreprise d'exportation de textiles de son beau-père. À la suite de la crise de 1929 et de ses effets sur les marchés de matières premières en Europe, l'entreprise fit faillite. Isaac alla à Paris en 1931 afin de bâtir une nouvelle vie pour sa famille. Deux ans plus tard, il fit venir sa femme, Rwyka, et leurs enfants Nethanel (Tony) et Esther (Alice). Tony apprit à maîtriser le français et s'inscrivit au lycée Maïmonide, le seul lycée juif en France. Il eut une formation classique, étudia latin et grec, et une éducation juive, il étudia l'hébreu moderne et classique, la Mishnah et le Talmud. Le programme comprenait aussi de la physique, des mathématiques et de la chimie. Comme Mila, il était naturellement doué pour les langues. Il apprit plus tard à parler l'allemand couramment[22].

S'il n'y avait pas eu la guerre, Tony serait devenu médecin. Au printemps 1940, il avait terminé à Paris sa première année de médecine. Jusque-là, sa vie s'était déroulée normalement mais, pendant ce premier été de l'occupation allemande, les choses prirent une tournure inattendue. Début août, il était assis avec un ami dans un café à Etréchy, au sud de Paris. Ils entamèrent une discussion amicale avec deux pilotes allemands. Ils se demandaient si les États-Unis entreraient en guerre. Un agent de la Gestapo surprit leur conversation et fit arrêter les deux jeunes gens, les accusant de propagande antiallemande. Les pilotes prirent leur défense, sans succès. Tony fut incarcéré dans la tristement

---

[21] L'information biographique présentée ici au sujet de la famille Gryn provient des sources suivantes : une interview avec le fils de Tony, Tito Gryn, le 27 juin 2006 à Roslyn, New York ; des conversations téléphoniques et une correspondance avec Tito, ainsi que les copies de nombreux documents, provenant de sa collection privée, que m'a fournies celui-ci. Parmi ces documents se trouve un récit autobiographique de neuf pages rédigée par Tony peu après la fin de la guerre, qui s'est révélé être particulièrement utile car il contient de nombreuses informations sur sa famille, son éducation, et ses expériences en temps de guerre. Tony fait référence à ce texte comme à son curriculum vitae. J'ai obtenu quelques informations supplémentaires par des correspondances avec Tito Gryn et Alice Gliklich (née Gryn) et sur un site internet réalisé par Tito Gryn, *The Story of Tony Gryn*, se trouvant sur titogryn.com/titogryn/Tony%20Gryn-EN.pdf (téléchargement juin 2014).

[22] Le site internet réalisé par Tito Gryn, *The Story of Tony Gryn*, contient l'affirmation suivante, faite par Tony concernant son procès en 1940 : « Parlant couramment l'allemand, je surveillais les poursuites judiciaires de différentes cours martiales, poursuites qui tenaient place avant la nôtre et je remarquai que chaque fois que le juge demandait à un condamné s'il avait quelque chose à dire, et que le condamné affirmait son innocence, le juge doublait la sentence. Quand vint notre tour et que l'on nous demanda si nous avions quelque chose à dire, je leur répliquai que nous considérions que la punition était juste, que nous respections la cour militaire allemande et ses lois, et continuant ainsi, je demandai au juge de prendre en considération les quatre semaines d'incarcération que nous avions subies avant la date de notre apparition comme faisant part de la sentence de douze mois. Le juge, surpris par mes commentaires, accepta immédiatement et nous condamna tous deux à onze mois d'emprisonnement. »

célèbre prison du Cherche-Midi, à Paris, pendant trois mois puis envoyé à Fresnes, non moins tristement célèbre, au sud de Paris[23]. Il fut finalement libéré le 17 août 1941.

Après sa libération, Tony de retour à Paris, découvrit que la situation avait considérablement empiré. Les rafles visant les Juifs étrangers avaient commencé en mai 1941. Le centre d'internement de Drancy devint opérationnel le 21 août 1941, quatre jours après sa sortie de prison. Tony avait été naturalisé français en janvier 1940 mais, malgré cela, il risquait d'être arrêté et envoyé à Drancy[24]. Il eut la chance d'obtenir un laissez-passer allemand, qui lui permettait de circuler librement sans être arrêté[25]. Une loi française promulguée en juin 1941 avait établi un numerus clausus limitant à trois pour cent le nombre d'étudiants juifs à l'université[26]. En raison de ce quota, Tony ne put poursuivre ses études de médecine. Il fut engagé par le Consistoire central des Israélites de France pour enseigner l'hébreu aux étudiants.

Tony fut averti au cours de l'année 1942 que la Gestapo le recherchait. Il quitta Paris et traversa la ligne de démarcation pour passer en zone libre. Il voyageait de ville en ville, il s'efforçait de venir en aide aux réfugiés juifs. Il fournit à certains des faux papiers ou un permis de séjour, il en fit libérer d'autres qui étaient détenus en camp d'internement. À court de ressources, Tony chercha du travail et se rendit en juillet à Marseille, où il rencontra par hasard l'un de ses professeurs du lycée Maïmonide. Cet enseignant lui conseilla d'aller dans une ferme dans l'Ain où un groupe de jeunes Juifs alsaciens avaient formé une communauté agricole. (Il s'agit peut-être de la ferme de Saint-Germain, près de Villemotier, fondée par l'Œuvre d'entraide française israélite, organisée, selon Zosa Szajkowski, pour aider les Juifs français évacués de la zone occupée vers la zone libre[27].) Le hasard voulut que cette rencontre ait lieu au moment où Tony apprit que sa mère avait été arrêtée par la police française lors de la rafle du Vél d'Hiv. Il suivit l'avis de l'enseignant, se rendit à cette ferme, où son père et sa sœur le rejoignirent

---

[23] Alfred Dreyfus fut l'un des incarcérés du Cherche-Midi. Fresnes était systématiquement utilisé par les Allemands pour y incarcérer les membres de la Résistance française et les agents étrangers qui avaient été capturés.
[24] Le premier acte législatif du gouvernement français à Vichy, qui date du 22 juillet 1940, établissait une commission chargée de réviser toutes les naturalisations accordées depuis le 10 août 1927 et de supprimer la citoyenneté des personnes jugées indésirables. De même que des lois similaires entrées en vigueur en 1940, lois qui révoquaient certains droits de citoyens naturalisés, la législation n'était pas explicitement antisémite mais il était généralement évident qu'elle allait avoir un profond impact sur les Juifs. L'importance du 10 août 1927 tient au fait que c'est à cette date même que, pour obtenir la nationalité française, la durée de résidence a été réduite de dix à trois ans.
[25] Collection privée de Tito Gryn, curriculum vitae non daté rédigé par Nésanel (Tony) Gryn, p. 2. Parlant des laissez-passer, il ajoute : « C'est là mon premier pas dans les 'Faux Papiers' où j'allais quelque temps plus tard, me spécialiser. »
[26] La loi elle-même ne spécifiait pas exactement comment était appliqué le quota. Le livre de Marrus et Paxton, *Vichy et les Juifs*, pp. 120-121, discute le sujet.
[27] Szajkowski, *Analytical Franco-Jewish Gazetteer*, p. 44, p. 151.

bientôt. Ils avaient réussi, on ne sait comment, à quitter Paris et à gagner la zone libre. La plupart des gens qui vivaient dans à la ferme se disaient Israélites, et ils accueillirent Isaac et Alice froidement[28]. Les Gryn partirent pour Lyon où ils trouvèrent à se loger dans la banlieue, à Villeurbanne.

Arrêté en octobre 1942 parce qu'il avait une fausse carte d'identité, Isaac fut interné à Rivesaltes, non loin de Perpignan. Tony écrivit plus tard : « Il m'a fallu deux mois pour réussir à le faire évader de ce camp qui signifiait la déportation et la mort[29]. » C'était pratiquement impossible de faire sortir quelqu'un de Rivesaltes, et Tony ne dit pas comment il y parvint. Une fois « miraculeusement libre », son père alla vivre à Grenoble, en zone nouvellement occupée par les Italiens[30].

Grâce aux liens que son père avait avec les membres du Parti travailliste socialiste juif, Poale Zion Hitachdut, Tony fit la connaissance de Lucien Lublin, l'un des fondateurs de l'Armée juive. Lublin invita Tony à rejoindre l'AJ et, par la suite, il l'envoya travailler avec Simon Lévitte et le gdoud de Grenoble. Lévitte fut impressionné par l'intelligence de Tony, sa maturité, son sérieux, son discernement. Fin août 1943, il envoya Tony à Saint-Gervais pour se joindre à Mila et organiser avec elle le sauvetage des enfants.

Est-ce que Tony et Mila se connaissaient avant de faire équipe ? Je ne peux le dire. Il est fort probable qu'ils aient passé du temps ensemble aux Michalons. Quoi qu'il en soit, ils forgèrent rapidement de bonnes relations de travail.

Fin août, début septembre, les familles qui remplissaient les critères suisses de ne pas être refoulées, furent regroupées à Saint-Gervais et à Megève. Presque tous les jours, des convois partaient en direction de la frontière. Entre le 26 août et le 8 septembre, au moins huit convois de familles, soit 121 personnes, passèrent en Suisse[31]. En consultant les dossiers

---

[28] Collection privée de Tito Gryn, curriculum vitae non daté rédigé par Nésanel (Tony) Gryn, p. 4. Tony Gryn indique : « Dans la ferme, dominée par des éléments 'israélites français,' un accueil très froid est fait à mes proches, qui sont 'étrangers' (en effet, seul moi j'ai été naturalisé). » Cela suggère que les Français israélites de la ferme pouvaient considérer Tony comme faisant partie de la communauté mais qu'ils ne pouvaient faire de même pour son frère et sa sœur. On est en droit de se demander si le fait que Tony était naturalisé, alors que les autres membres de sa famille ne l'étaient pas, était la seule raison. Peut-être que l'apparence ou le langage d'Isaac le signalait comme étranger, alors que Tony et peut-être aussi sa sœur Alice paraissaient mieux assimilés.

[29] Collection privée de Tito Gryn, curriculum vitae non daté rédigé par Nésanel (Tony) Gryn, p. 4.

[30] Collection privée de Tito Gryn, curriculum vitae non daté rédigé par Nésanel (Tony) Gryn, p. 4.

[31] La consultation de dossiers conservés aux Archives de l'État de Genève (AEG) m'a permis d'identifier huit convois de familles, pour un total de 121 personnes, convois qui sont partis de Saint-Gervais et de Megève. À cause de la procédure d'accès des données des Archives de Genève, je ne suis pas certaine d'avoir pu identifier tous les convois de familles qui sont partis de ces centres d'assignation à résidence, ni même d'avoir identifié toutes les familles faisant partie de ces huit convois. Convois et familles sont identifiés dans la liste ci-dessous. Les nombres entre parenthèses se réfèrent au numéro de dossier des AEG. Je me suis permise d'identifier les convois en utilisant des lettres.

préservés dans les Archives de l'État de Genève (AEG), j'ai pu identifier les noms de famille des personnes qui firent partie des huit convois, à savoir : Feldhandler, Levy, Garbownik, Zlotowicz, Probst, Hayum, Seckler, Frajer-

---

Convoi de familles A – Le 27 août, à 1 h 10 du matin, un groupe de trois familles (quinze personnes au total) provenant de Saint-Gervais était arrêté aux Chenaillettes et emmené à Hermance, au poste de garde de la frontière suisse. Les familles s'appelaient Feldhandler (4335), Levy (4339), et Garbownik (4340).

Convoi de familles B – Le 27 août, à 6 h 45 du matin, cinq familles (dix-neuf personnes) provenant de Megève et de Saint-Gervais étaient arrêtées au « vieux pont » d'Hermance et emmenées à Hermance, au poste de garde de la frontière suisse. Les familles de Megève s'appelaient Zlotowicz (4338), Probst/Hayum/Seckler (4346), Frajermauer (4348), et Cige (4350). La famille de Saint-Gervais se nommait Zylbersztein (4336). Bien que les Zylbersztein aient été arrêtés une heure plus tôt que les autres, les itinéraires cités dans les rapports d'arrestation suggèrent que les cinq familles avaient voyagé ensemble en train jusqu'à La Roche-sur-Foron où ils se séparèrent. Il est bon de relever deux points. D'une part, il n'y avait rien de surprenant que des familles de Saint-Gervais et de Megève puissent voyager ensemble, car il y avait des relations étroites entre familles vivant dans ces deux villes. Il est possible d'autre part que le convoi ait inclus une sixième famille. En effet, l'une des questions des rapports d'arrestation demandait si le réfugié voyageait seul ou s'il faisait partie d'un groupe. Dans le cas d'une réponse affirmative à cette dernière question, il devait indiquer la taille du groupe. Il m'a semblé que les données sur la taille du groupe étaient non pas toujours, mais habituellement, vérifiables. Le rapport d'arrestation de la famille Zylbersztein, laquelle consistait en une mère et ses deux filles, indique que le groupe était composé de cinq personnes – ce qui permet de penser qu'elles avaient traversé la frontière avec une autre famille. Je n'ai cependant pas encore été en mesure d'identifier cette famille. Dans des cas tels que celui-ci, je n'ai pas inclus les deux personnes « manquantes » dans les données du nombre total de personnes par convoi.

Convoi de familles C – Le 28 août à 22 h, trois familles (neuf personnes) de Saint-Gervais étaient arrêtées à la borne 185 (abrégé b. 185) et emmenées au poste de garde de la frontière suisse, à Gy. Les trois familles s'appelaient Fenster (4353), Szkolny (4354), et Ringort (4393).

Convoi de familles D – Le 2 septembre à 7 h du matin, trois familles de Megève (onze personnes) étaient arrêtées sur le chemin des Étoles et emmenées au poste de garde de la frontière suisse à Jussy. Les familles s'appelaient Hops (4415), Procel (4420), et Eilander (4421).

Convoi de familles E – Le 4 septembre à 11 h 20 du matin, deux familles (sept personnes) étaient arrêtées près de Chevran et emmenées au poste de garde de la frontière suisse, à Chevran. Une des deux familles était de Saint-Gervais ; elle était faite du sculpteur Arieh Merzer, de sa femme et de leurs deux enfants (4455). L'autre, la famille Papo (4451), n'était pas de Saint-Gervais. Les rapports d'arrestation indiquent un total de dix personnes, ce qui laisse à penser qu'il devait y avoir une troisième famille. Je n'ai cependant pas pu l'identifier, si elle existait.

Convoi de familles F – Le 4 septembre, à 18 h, cinq familles (vingt personnes) de Megève étaient arrêtées à b. 185 et emmenées au poste de garde de la frontière suisse, à Gy. Les familles s'appelaient Levi (4447), Koch (4448), Majufes (4468), Goldschmidt (4469), et Sagalowitsch (4476).

Convoi de familles G – Le 5 septembre à 15 h 30, sept familles (dix-neuf personnes) étaient arrêtées à b. 171 et emmenées au poste de garde de la frontière suisse, à Gy. Six familles étaient de Megève : Schoenbach (4481), Rosenberg (4482), Siemiatycki (4485), Uboghi (4490), Langszner (4492), et Szmulewicz (4493). La septième famille, Schaechter (4491), avait vécu à Marseille.

Convoi de familles H – Le 6 septembre, à 18 h 50, six familles (vingt-et-une personnes) étaient arrêtées à b. 169 et emmenées au poste de garde de la frontière suisse, à Gy. Quatre des six familles avaient vécu à Megève : Roubanowicz (4507), Kielmanowicz (4531), Teitelbaum (4535), et Herz (or Hertz) (4537). Les deux autres familles, qui n'avaient pas vécu à Megève, s'appelaient Atzstein (4536) et Kandel (4514).

mauer, Cige, Zylbersztein, Fenster, Szkolny, Ringort, Hops, Procel, Eilander, Merzer, Papo, Levi, Koch, Majufes, Goldschmidt, Sagalowitsch, Schoenbach, Rosenberg, Siemiatycki, Uboghi, Langszner, Szmulewicz, Schaechter, Roubanowicz, Kielmanowicz, Teitelbaum, Herz, Atzstein, et Kandel. (Voir les notes pour les données détaillées de ces convois : la date et l'heure du passage de la frontière, et le lieu où les familles furent arrêtées en Suisse.)

Les militants MJS et les membres de l'OSE qui vivaient dans les centres d'assignation à résidence prirent en charge les convois jusqu'à la frontière. Ces accompagnateurs étaient parfois secondés par des jeunes gens compétents qui ne s'identifiaient à aucun groupe particulier. Citons Isy Leuwenkroon[32]. D'origine polonaise, Isy et son épouse, Lilly, étaient des réfugiés belges. Pendant l'été 1943, le couple et leur jeune fils, Robert, logèrent au premier étage d'une maison aux abords de Saint-Gervais. Ils se retrouvaient régulièrement au Val Joly et fréquentaient les jeunes gens, dont beaucoup étaient membres du MJS. Ils firent la connaissance de Mila, qui « avait la pêche », leur apprenait à danser la hora et leur parlait souvent de ses racines russes et de son frère[33]. Isy, qui avait vingt-trois ans, aida Mila à organiser les convois de familles jusqu'à la frontière. (Petite anecdote : lors de leur séjour à Saint-Gervais, le frère de Lilly, Arthur, dit « Thur », rencontra la sœur de Maurice Glazman, Gusta, dit « Gus ». Thur et Gus se marièrent en 1946.) Citons aussi Jacques et Nicole Salon (née Weil), tous deux membres de l'OSE, basés à Megève. Nicole joua un rôle décisif : debout à 4 heures et demie du matin, elle convoyait les familles jusqu'à la frontière et était de retour peu avant minuit[34].

Je n'ai pas inclus les convois de familles dans l'Annexe 2 mais je présente les données concernant les convois du MJS et de l'OSE entre le 17 août et le 21 octobre 1943, ainsi que le profil détaillé des convois du MJS. Les données trouvées dans les archives ne fournissent pas une base suffisante pour déterminer le rôle précis que les militants du MJS et les membres de l'OSE jouèrent dans le sauvetage de ces familles.

---

[32] Cette information biographique sur la famille Leuwenkroon provient d'un entretien téléphonique avec Lilly Leuwenkroon faite le 10 mai 2010, et de conversations et d'une correspondance avec Eliane Strosberg, la fille de Lilly et d'Isy Leuwenkroon. Eliane m'a très aimablement procuré des copies de beaucoup de photographies de groupe prises à Saint-Gervais durant l'été de 1943, ainsi que d'autres photos et documents datant de cette période. Elle a gracieusement partagé un long résumé biographique qu'elle avait préparé, lequel est intitulé « Isy et Lilly, 1943 ».

[33] Dans le résumé biographique intitulé « Isy et Lilly, 1943 » (voir la note précédente), rappelant les souvenirs de sa mère au sujet de Mila, Eliane Strosberg utilise l'expression anglaise « full of zip ».

[34] Salon, *Trois Mois dura notre Bonheur*, p. 101.

Dans certains cas les organisateurs de ces convois de familles créèrent un certain nombre de « pseudo-familles » afin d'augmenter le nombre d'adultes autorisés à entrer en Suisse[35]. Jacques Salon décrit le processus :

> Lorsqu'une mère d'un enfant de cinq ans n'a pas de mari parce qu'il a disparu ou est prisonnier, nous la « marions ». Deux de ces mariages tiendront après la guerre et, à leur retour à Paris en 1944, un de ces couples m'apportera de Suisse un jambon entier auquel fera honneur mon avide appétit ; en 1944, nos yeux étaient plus gros que les étals des commerçants. Aux

---

[35] Le terme « pseudo-famille » apparaît dans Lazare, *La Résistance juive en France*, p. 222. En ce qui concerne ma propre recherche, je n'ai pas trouvé d'autre preuve que la pratique de créer des pseudo-familles ait été en usage dans la région de Haute-Savoie en automne 1943, hormis celle de l'évacuation de Megève durant la première semaine de septembre. Par recoupement entre les noms des enfants sur la liste de l'OSE (« Liste des enfants partis en Suisse en 1943–1944 », présentée au Chapitre 5, *Annecy*), et ceux des enfants apparaissant dans les dossiers des familles qui entrèrent en Suisse, j'ai remarqué un fait curieux. En ce qui concerne le convoi de Megève qui entra en Suisse le 4 septembre (le convoi de familles F), les noms de neuf des dix enfants apparaissent sur la liste de l'OSE avec la mention « par OSE ». Les noms des huit enfants qui faisaient partie du convoi de familles de Megève, qui avait passé la frontière le 5 septembre (référence G), apparaissent de même avec la mention « par OSE ». C'est le cas aussi pour quatre des neuf enfants qui étaient dans le convoi de familles de Megève qui passa le 6 septembre (référence H). Quel sens y donner ? Les enfants dont les noms apparaissent sur la liste de l'OSE, étaient-ils sous la tutelle de l'organisation ? L'OSE plaçait-il ces enfants chez des adultes qui habitaient Megève, créant ainsi les pseudo-familles auxquelles ces textes font allusion ? Et plus généralement, en créant des pseudo-familles, quels noms étaient précisément utilisés ? Si les « parents » entraient en Suisse en utilisant leur propre nom (ou le véritable nom de l'un d'entre eux), alors le nom de l'enfant apparaissant sur la liste de l'OSE devait être faux. Alternativement, si les « parents » entraient en Suisse en utilisant le nom de famille de l'enfant (en ayant le plus vraisemblablement des faux-papiers avec cette nouvelle identité), alors le nom de l'enfant apparaissant sur la liste de l'OSE devait être correct. Un examen des informations contenues dans les dossiers personnels de l'OSE devrait probablement apporter quelque éclairage sur la question. De tels dossiers ne sont pas disponibles aux chercheurs ou à une tierce personne. Ajoutons aussi que le premier groupe de familles identifié comme incluant des enfants avec la mention « par OSE », sur la liste de l'OSE, fut arrêté au matin du 4 septembre. Il se constituait de trois familles avec un total de onze personnes. Aucune des familles n'était de Saint-Gervais ou de Megève. Les noms de trois des sept enfants du groupe apparaissent sur la liste de l'OSE. La pratique de créer des pseudo-familles peut expliquer seulement en partie pourquoi les noms des enfants qui traversaient la frontière avec une pseudo-famille apparaissent sur la liste de l'OSE. Il est possible que certains de ces enfants aient fait le passage en compagnie de leurs propres parents. Impossible d'expliquer pourquoi les noms des enfants qui traversaient avec leurs parents apparaissent sur la liste. Quant à la question de savoir si cette pratique était aussi en vigueur à Saint-Gervais, je dois mentionner l'affirmation d'Eliane Strosberg, à la page 5 de son résumé biographique « Isy et Lilly, 1943 » où elle dit qu'Isy Leuwenkroon, qui aida Mila à organiser et transporter les convois des familles, « fabriquaient des familles » afin de maximiser le nombre d'adultes que l'on accepterait en Suisse. Cette affirmation ne contredit pas ce que j'ai indiqué ci-dessus. Je ne prétends en aucun cas avoir identifié chaque membre des convois de familles qui ont quitté Saint-Gervais et Megève pour la Suisse en août et septembre 1943. Il se peut même qu'il y en ait eu d'autres. Il est aussi très possible que des individus vivant à Saint-Gervais aient pu aider à organiser, à transporter ou à accompagner des convois de familles domiciliées à Megève, ou vice versa.

couples ayant plusieurs enfants de moins de six ans nous en laissons un seul, et nous faisons « adopter » ses frères ou sœurs par des parents sans enfants[36].

Le passage clandestin des familles en Suisse s'avérait fort coûteux. Les passeurs recrutés pour faire traverser la frontière réclamaient 4 500 francs par personne, ce qui, apparemment, était le prix du marché. On ne sait pas exactement où les organisateurs des convois à Saint-Gervais et à Megève trouvèrent de telles sommes. Il se peut qu'une partie des allocations mensuelles d'aide aux réfugiés que la Fédération fournissait aux Comités de Saint-Gervais et de Megève n'ait pas été dépensée et que cet argent ait servi à cet usage. La Fédération a peut-être eu recours à un fonds spécial pour rémunérer les passeurs. Un petit nombre de Juifs qui avaient de l'argent, apportèrent aussi leur contribution. Jacques Salon écrit que les organisateurs des convois demandaient que « les riches paient pour deux[37] ». Malgré tout, le manque de fonds à Megève menaça d'interrompre les opérations. Les organisateurs s'adressèrent à Joseph Kott pour les aider. Kott se débrouilla pour leur trouver 180 000 francs[38]. D'où venait l'argent ? Du Comité de Saint-Gervais ? De la poche de Joseph ? Des contributions d'autres personnes convaincues par Joseph ? Nul ne le sait vraiment.

Qu'en était-il des convois d'enfants non accompagnés ? Est-ce que les équipes du MJS ou de l'OSE durent payer pour faire passer la frontière aux enfants et, si c'était le cas, combien ? Les religieux qui apportèrent leur aide agirent par altruisme : ils ne demandèrent ni n'acceptèrent aucun argent. Les deux passeurs de Veigy-Foncenex, Joseph Lançon et François Périllat, qui secondèrent le Père Rosay, refusèrent également tout argent. L'équipe du MJS engageait des passeurs professionnels, mais il est avéré que le montant payé par le MJS était de loin inférieur aux taux du marché[39]. Il faut donc en conclure qu'ils agirent en partie par altruisme.

---

[36] Salon, *Trois Mois dura notre Bonheur*, p. 99.
[37] Salon, *Trois Mois dura notre Bonheur*, p. 100. Salon affirme aux pages 99–100 : « …il nous faut de l'argent : par personne, 4 500 francs de l'époque. Où le trouver ? La plupart des réfugiés sont démunis, nous leur versons des allocations. Nous essayons de doser nos convois : que les riches paient pour deux. Nous déterminerons aussi les priorités : femmes enceintes (nous en avons cinq de sept mois et plus), ménages avec enfants très jeunes, puis les vieillards. Notre premier convoi, quatorze personnes, est prévu pour le 21 août mais les payants se dérobent et le font avorter. Ce ne sera d'ailleurs pas la seule fois : les pauvres n'ont rien à perdre, les riches risquent fortune et confort. Ces contretemps nous plongent dans le désarroi, personne ne peut rien pour nous. Heureusement, nous ne le répéterons jamais assez, M. Kott, à qui nous exposons nos difficultés, se déclare prêt à nous aider. Il a déjà fait partir de Saint-Gervais vingt personnes ; une équipe à ses côtés cherche des passeurs moins onéreux, ils nous prendront des jeunes en état de passer à pied par la montagne. »
[38] Salon, *Trois Mois dura notre Bonheur*, p. 101.
[39] Fondation Paul Grüninger, « Procès-verbal de l'audience du 2 décembre 1943, à Lausanne, palais de justice de Montbenon. » Ce document est un jugement contre quatre passeurs condamnés pour passages illégaux d'enfants juifs à travers la frontière, passages accomplis les 23 et 24 septembre 1943 à Cornières. Pour chaque convoi qui avait franchi la frontière, le groupe de passeurs recevait 5 000 francs. Comme indiqué dans le texte, il semble que le

Pendant cette période, la majorité des réfugiés juifs qui avaient passé l'été à Saint-Gervais et Megève attendaient des instructions concernant leur évacuation. Selon Armand Rein, un jeune de l'OSE en poste à Saint-Gervais, le 4 septembre « tout sembla s'arranger[40] ». Les réfugiés comprirent qu'ils allaient être emmenés à Nice, sensée rester sous occupation italienne. Un convoi de camions qui emprunterait la Route Napoléon vers le sud devait évacuer la plupart d'entre eux. Mais les organisateurs étaient conscients que ce mode de transport serait très pénible pour les personnes âgées, les infirmes, les femmes enceintes, les mères de jeunes enfants et celles qui allaitaient. Ils réussirent à réquisitionner cinq trains pour transporter les personnes les plus vulnérables.

Le six septembre, les réfugiés qui attendaient d'être évacués reçurent l'ordre de faire leurs bagages et de se préparer à partir le huit[41]. Les valises cabossées placées sous les lits et dans les placards furent ouvertes à nouveau, aérées. On lava les vêtements, on les sécha au soleil. On tria encore une fois ce qui restait d'une vie jadis si banale, pour voir ce que l'on pouvait abandonner sans regret. Les valises furent bouclées, attachées avec des ceintures et des cordes. En toute hâte toutes les installations communautaires du Petit Tel Aviv – cuisines, ateliers, salles de classe et synagogue – furent démantelées. Environ 240 personnes eurent la permission de partir par le train. C'est alors que les réfugiés apprirent que des soldats allemands s'étaient infiltrés dans les environs[42]. Ils eurent grand peur. Certains membres de l'équipe du MJS n'étaient pas présents à Saint-Gervais pendant ces préparatifs. On leur avait demandé d'accompagner jusqu'à la frontière un troisième convoi d'enfants, des enfants qu'ils ne connaissaient pas.

*

Jacques Charmatz avait huit ans en septembre 1943, lorsque son père le remit entre les mains de personnes qu'il ne connaissait pas, de personnes qui allaient l'emmener en Suisse[43]. Il y avait, à part lui, sa sœur Myriam, âgée de

---

« tarif du marché » était de l'ordre de 4 500 francs par personne. Un examen de la déclaration laisse à penser qu'il n'était pas inhabituel qu'une famille paie entre 15 000 et 20 000 francs à un passeur.

[40] Mémorial de la Shoah/coll. OSE-II-134, « Rapport sur les évènements de 1943 », écrit par Armand Rein, août 1944, p. 11.

[41] Mémorial de la Shoah/coll. OSE-II-134, « Rapport sur les évènements de 1943 », écrit par Armand Rein, août 1944, p. 12.

[42] Mémorial de la Shoah/coll. OSE-II-134, « Rapport sur les évènements de 1943 », écrit par Armand Rein, août 1944, p. 12.

[43] L'information biographique sur les familles Charmatz et Emerich proviennent des sources suivantes : une interview de Jacques Charmatz faite le 20 septembre 2008 sur la berge ouest du lac du Bourget près de Chambéry ; une interview avec Myriam Pupier (née Charmatz) faite le 6 octobre 2009 à Saignon, en France ; et les correspondances avec Jacques Charmatz,

sept ans, et son cousin de trois ans, Claude Emerich. En tant qu'aîné, il sentait qu'il devait se montrer brave. Il y parvint malgré son effroi.

Jacques, Myriam et Claude étaient des enfants français, nés à Nancy. David Charmatz, le père de Jacques et Myriam, était originaire de Smorgon, Pologne, (aujourd'hui la Biélorussie), entre Minsk et Vilnius. C'était un étudiant brillant, appliqué, mais, parce qu'il était juif, il lui fut impossible d'aller à l'université. Pour poursuivre ses études, il lui fallut partir. Il vécut quelque temps à Berlin, et c'est là qu'il rencontra une jeune femme de Francfort-sur-l'Oder qui se nommait Rachel Gordon.

En 1927, David immigra en France, à Nancy (Meurthe-et-Moselle). Il étudia l'agronomie et la chimie à l'université et reçut son diplôme en 1929. Cette même année, on lui accorda la nationalité française. Il fit son service militaire les deux années suivantes. Après avoir été démobilisé, il retourna à Nancy et trouva un emploi en tant que traducteur et interprète officiel de polonais et d'allemand auprès des tribunaux. Il assura également la fonction de cantor dans l'une des synagogues de Nancy. On rapporte que sa voix était si belle qu'on le pressa de se consacrer entièrement à cette profession. En 1932, Rachel rejoignit David à Nancy et ils se marièrent. Elle obtint également la nationalité française. Cependant, à la différence de David, elle ne se sentait vraiment à l'aise que parmi ses amis qui parlaient l'allemand.

Nancy se situe en Alsace-Lorraine, le long de la frontière franco-allemande, territoire pour lequel les deux pays se sont âprement battus au cours de l'histoire. Après avoir défait les Français en 1940, les Allemands, ne se contentèrent pas d'occuper l'Alsace-Lorraine, ils l'annexèrent en grande partie. La Meurthe-et-Moselle ne fut pas annexée mais sous forte occupation allemande. Rachel emmena immédiatement les enfants à Limoges et trouva provisoirement refuge chez des amis qui avaient aussi quitté Nancy. David, qui avait été mobilisé quand la France entra en guerre, fut démobilisé fin juillet et il rejoignit sa famille à Limoges. Là, il reprit son travail de traducteur et d'interprète.

Début 1942, David fut nommé directeur de La Roche, une ferme-école de l'ORT proche du village de Penne-d'Agenais, dans le Lot-et-Garonne. Il s'y rendit immédiatement, et sa famille le rejoignit à la fin mars.

La Roche était l'une des fermes-écoles que l'ORT avait établie dans le sud de la France pour accueillir des réfugiés juifs et les former dans le domaine agricole en vue de leur émigration en Palestine. La plupart des garçons avaient entre 14 et 18 ans et n'étaient pas nés en France. Beaucoup venaient d'Allemagne et d'Autriche. Ils avaient été internés à Gurs ou à Rivesaltes, et avaient été libérés par des travailleurs sociaux qui avaient utilisé tous les moyens possibles : procédures légales, manœuvres illégales et ruses semi-

---

Myriam Pupier et Claude Emerich. Myriam m'a fourni aussi des copies de nombreux documents d'archives, parmi lesquels des lettres et des cartes postales écrites par son père ou reçues par lui durant la guerre.

légales. La Roche leur fournissait un refuge paisible, rustique. Ils cultivaient les champs, s'occupaient des vergers, gardaient les vaches, élevaient des lapins, et installaient des ruches[44]. Ils recevaient une instruction intensive en français, et en histoire et culture juives. Les petits, Jacques et Myriam, étaient à la fête dans ce monde nouveau, bucolique. Lorsqu'ils n'allaient pas à l'école de Penne-d'Agenais, ils jouaient dehors à poursuivre chats et chiens, à s'occuper des vaches et des poulets, à grimper aux arbres et à vagabonder dans les champs et les pâturages.

Fin août 1942, les sentiments de paix et la sécurité prirent fin : les déportations depuis la zone libre avaient commencé. Le 25 août, David fut averti par un gendarme que les arrestations étaient imminentes et que les plus âgés des adolescents étaient en danger[45]. Apparemment on pensait que la menace visait les jeunes de dix-huit ans et plus. Par conséquent les garçons de cet âge furent envoyés se cacher, alors que les plus jeunes restèrent à la ferme. Cependant, le 26 ou 27 août, les gendarmes arrêtèrent cinq jeunes de seize et dix-sept ans, les placèrent en détention dans un camp à Casseneuil, tout proche, et les envoyèrent à Drancy[46]. Tous furent déportés. Un garçon de dix-huit ans qui avait échappé à l'arrestation en se cachant, retourna à La Roche mais, en décembre, lui aussi fut arrêté.

Selon une lettre que David écrivit immédiatement après la Libération, adresséeà un fonctionnaire de la Préfecture du Lot-et-Garonne, un certain Monsieur Labonne « s'est particulièrement distingué dans la chasse aux juifs cachés et camouflés, sans distinction d'âge, en mettant à son honneur que sur les 500 juifs imposés pour la déportation du département de Lot-et-Garonne il a réussi de fournir la totalité imposée, en procédant à des rafles monstres dans les rues de Ville d'Agen afin de trouver le contingent[47] ». Cependant grâce aux efforts de David, Labonne ne réussit à se saisir que de six jeunes à La Roche. David pensait que ce fut en représailles que Labonne réussit à convaincre le préfet de lancer contre lui un mandat d'arrêt et d'internement, arrêt qui devait intervenir le 6 juin 1943. Prévenu la veille, David s'enfuit immédiatement vers la zone sous occupation italienne. Rachel, Jacques, Myriam et Claude Emerich, le cousin de trois ans qui les avait rejoints, restèrent à la Roche.

---

[44] Vielcazat-Petitcol, *Lot-et-Garonne : Terre d'exil*, 335. Le Chapitre III (pp. 329–350) donne un excellent survol de La Roche et des autres ferme-écoles de l'ORT dans le Lot-et-Garonne.
[45] Doulut et Labeau, *Les 473 Déportés juifs de Lot-et-Garonne*, p. 400.
[46] Doulut et Labeau, *Les 473 Déportés juifs de Lot-et-Garonne*, pp. 67, 233, 275, 369, 400–401, 429. Cet ouvrage décrit les six jeunes gens qui furent arrêtés à La Roche en 1942. L'un de ceux-ci, Moszech (Maurice) Szmidt, venait de Pologne ; les cinq autres (Jacques Bursztyn, Norbert Winter, Erich Mayer, Emmanuel Sigall, et Hans Last) venaient d'Allemagne. Ils furent tous déportés. Bursztyn, Szmidt, et Last survécurent ; Winter, Mayer, et Sigall périrent.
[47] Collection privée de Myriam Pupier, lettre écrite par David Charmartz, datée du 6 septembre 1944 au commissaire de la République à Toulouse.

David se rendit d'abord au bureau régional de l'ORT à Voiron. Les directeurs régionaux l'envoyèrent à Megève pour superviser les activités agricoles que les réfugiés juifs avaient commencées là et à Saint-Gervais. À la mi-août, David sollicita un ordre de mission qui lui permettrait de faire un aller-retour de Megève à la Roche sans être arrêté. Le but du voyage était de ramener les trois enfants à Megève. David avait appris que l'OSE et le MJS faisaient passer clandestinement des groupes d'enfants non accompagnés de France en Suisse, et il voulait que son fils, sa fille et son neveu en fassent partie[48].

Avec dix autres enfants, Jacques et Myriam Charmatz et Claude Emerich passèrent la frontière dans la soirée du 6 septembre.[49] L'une des fillettes du convoi, Suzette Kaatz, sept ans, avait aussi vécu dans une ferme du Lot-et-Garonne. La famille Charmatz connaissait la famille Kaatz. David fit probablement le nécessaire pour que Suzette fasse partie du convoi. Les neuf autres enfants de ce convoi étaient arrivés de Paris en Haute-Savoie. Avant de quitter Paris, ils avaient été pris en charge par le Comité Amelot, organisation de secours juif. (Leurs noms figurent sur les listes des archives du Comité de la rue Amelot, conservées au YIVO). À la différence des convois précédents, celui-là incluait trois très jeunes enfants. Deux de ces très jeunes enfants voyageaient seuls, sans frère ni sœur. Lorsqu'ils furent interrogés par les autorités suisses, aucun des deux ne connaissait sa date de naissance. Les fonctionnaires estimèrent que Cécile Berasse devait avoir quatre ans et Monique Fischel, six ans. Les autres enfants de ce groupe étaient David Bergman (13 ans), Suzanne Harra (10 ans), Bernard Jacob (12 ans), ses sœurs Ginette (9 ans) et Marie-Claire (3 ans), Emile Najdberger (9 ans) et Michel Piekarski (11 ans). La traversée de la frontière est toujours présente dans la mémoire de Jacques.

> C'était la terreur et c'était un exploit. Étant l'aîné de ma famille, je devais jouer le grand, celui qui ne craint rien et qui est sûr qu'un jour il vaincra ces « Boches ». Mais effroi tout de même. Ce voyage à travers l'obscurité avec des enfants dont nous essayions d'étouffer les sanglots, avec les détonations de fusil-mitraillette, avec les bruits de la forêt qui grouillait d'animaux nocturnes. Nous étions des fugitifs, potentiellement des orphelins, une patrouille d'enfants qui avaient quitté parents, pays, langue, et culture, mais qui étaient gonflés de l'orgueil de résister à l'ennemi[50].

---

[48] Parmi les différentes photographies de cette période, deux d'entre elles montrent David, Jacques, Myriam et Claude aux Pratz, près de l'Hôtel Val Joly. On ne peut s'empêcher de se demander si les photos ont été prises le jour de la rencontre entre David et Mila, Tony et les autres membres de l'équipe du MJS qui seraient responsables du convoi.
[49] Les rapports d'arrestation pour ce convoi donnent neuf heures du soir comme heure de l'arrestation proprement dite, alors que les Déclarations signées par les enfants déclarent qu'ils furent arrêtés plus tard dans la soirée (onze heures).
[50] Correspondance avec Jacques Charmatz.

Myriam, la sœur de Jacques, se souvient d'avoir séjourné dans « une maison comme une ferme » :

> [...] c'était la nuit. Nous avons marché avec d'autres gens et ils nous ont aidés, nous les petits, à grimper par-dessus les barbelés, et ils nous ont promis que, de l'autre côté, on mangerait du chocolat et, quand on est arrivé, on a bu du chocolat chaud[51].

Ni Jacques ni Myriam ni Claude n'ont su, ni au moment du passage, ni par la suite, que le MJS avait été l'organisation responsable de la traversée. Ils ne purent en parler avec leur père. David Charmatz mourut tragiquement dans un accident à Lyon, peu après la Libération, le 29 septembre 1944. Rachel Charmatz et les parents de Claude savaient simplement que David était en contact avec des résistants juifs et qu'il avait fait le nécessaire pour que les enfants soient mis en sécurité.

Les treize enfants du troisième convoi du MJS furent arrêtés et emmenés au poste-frontière suisse de Mon Idée, de l'autre côté de la frontière d'Ambilly, à courte distance à l'ouest de Ville-la-Grand. Le passage se fit sans problème. Les semaines suivantes, l'équipe du MJS devait retourner encore et encore à Ville-la-Grand, leur point de passage préféré.

---

[51] Correspondance avec Myriam Pupier.

5. Annecy

Le mercredi 8 septembre 1943, les réfugiés de Saint-Gervais et de Megève furent évacués. Les plus vulnérables furent dirigés vers la gare du Fayet pour prendre le train. Les autres s'empilèrent dans de gros camions militaires qui étaient arrivés dans la nuit[1]. À dix heures du matin, le convoi de camions, escorté par des soldats italiens, prit la route Napoléon pour retourner à Nice, où il arriva sans encombre. On avait indiqué à chaque chauffeur le nom de l'hôtel où déposer ses passagers, et tout se passa comme prévu[2]. Mais pour les trains, ce fut une toute autre histoire[3]. À la tombée de la nuit, les wagons étaient toujours à l'endroit où ils se trouvaient au lever du soleil.

À 6 h 30 ce soir-là, le général Dwight Eisenhower annonça sur les ondes des Nations Unies que l'Italie s'était rendue sans condition aux Alliés. Des historiens ont jugé le moment de l'annonce prématuré[4]. Mais il est possible que leur interprétation ne soit pas juste, compte-tenu de l'enchaînement des

---

[1] Gorgiel-Secarz, *Memoirs of a Jewish Daughter*, p. 100.
[2] Gorgiel-Sercarz, *Memoirs of a Jewish Daughter*, pp. 100–101. Hélène Gorgiel-Secarz avait réussi à placer ses parents dans la « grande voiture touristique » qui était à la tête du convoi. Quand le convoi est arrivé à Nice et que les véhicules se sont rendus aux hôtels qu'on leur avait assignés, elle ne savait ni où ni comment retrouver ses parents. Elle écrit : « Un autre type était dans la même situation que moi et nous avons couru ensemble jusqu'à la rue du centre 'Dubouchage', et là, on nous a donné le nom d'hôtels où nous pourrions peut-être trouver les voyageurs du bus. Après avoir demandé dans plusieurs hôtels, nous avons finalement retrouvé nos parents respectifs dans un grand hôtel luxueux... »
[3] Nous ne savons pas pour quelle raison le train eut du retard. Le « Rapport sur les évènements de 1943 », Mémorial de la Shoah/coll. OSE-II-134, écrit par Armand Rein en août 1944, conserve un style journalistique et un ton dépourvu de passion. Une fois seulement il porte un jugement sévère (p. 13) : « Avant de terminer ce rapport, je mentionnerai encore le sort réservé aux 240 personnes, femmes enceintes, vieillards, malades et enfants qui sont partis avec le convoi ferroviaire qu'on avait mis à leur disposition. J'insiste tout d'abord sur la malveillance du chef de gare du Fayet qui trouva toutes les excuses possibles pour retarder le départ du train. Il ne donna l'ordre de départ que le lendemain alors que l'armistice était déjà dévoilé. Comme il l'avait fait rattacher à un train de marchandises, le convoi mit huit heures pour arriver à Chambéry. »
[4] Marrus et Paxton en sont un exemple. *Cf. Vichy et les Juifs*, p. 295.

évènements[5]. Le 3 septembre, le gouvernement italien avait conclu un armistice. Les Italiens avaient non seulement accepté de capituler mais aussi d'aider les Alliés à combattre les Allemands. (Le même jour, les forces britanniques avaient débarqué en Calabre, à l'extrême sud de l'Italie.) On garda le secret le plus absolu sur la signature de l'accord afin que les forces américaines puissent se préparer à l'opération Giant II. Cette opération impliquait que la 504ème Division de parachutistes (qui faisait partie de la 82ème Division aéroportée), soit parachutée le 8 septembre, sur des aérodromes à une quarantaine de kilomètres au nord de Rome. Ces forces américaines devaient aider les forces italiennes à protéger la capitale et à l'empêcher de tomber entre les mains des Allemands. Le 7 septembre, le général Maxwell Taylor, commandant en chef de la Division aéroportée, effectua une mission secrète à Rome pour rencontrer les chefs militaires italiens, vérifier leurs préparatifs, et convenir des derniers détails. À son grand étonnement, à sa grande consternation, il découvrit que rien n'avait été préparé. Il insista pour rencontrer le chef du gouvernement, le maréchal Badoglio. C'était déjà le soir, et les premiers parachutistes américains devaient commencer à atterrir incessamment. En arrivant au domicile du maréchal, Taylor découvrit que Badoglio dormait et qu'il fallait le réveiller. Badoglio confirma que les forces italiennes n'étaient pas prêtes et qu'il fallait repousser l'opération. L'opération fut annulée quelques heures à peine avant la date prévue. Le 9 septembre, les troupes américaines et britanniques débarquèrent à Salerne et rencontrèrent aussitôt une résistance acharnée de la part des troupes allemandes. À ceux qui estiment qu'il fut prématuré d'annoncer l'armistice le 8 septembre, on peut poser la question : quelle aurait été la meilleure date ?

Beaucoup furent pris de court par l'annonce d'Eisenhower, mais d'autres étaient prêts et attendaient. Le haut commandement allemand en France s'était activement préparé à arrêter les Juifs qui vivaient sous la protection des soldats italiens dès que ceux-ci partiraient. Des troupes allemandes avaient tranquillement pris position dans toute la zone d'occupation italienne, et attendaient l'ordre de foncer sur leurs proies. Le samedi 4 septembre, le SS-Obersturmführer Heinz Röthke, qui dirigeait le Judenreferat, avait envoyé au sous-lieutenant SS-Strumbannführer Hagen la directive d'arrêter et de déporter tous les Juifs quel que soit leur statut de citoyen[6].

La portée de ce qui se passa le 4 septembre ne doit pas être sous-estimée. Heinz Röthke avait passé beaucoup de temps à faire pression sur Vichy pour que la citoyenneté des Juifs naturalisés après le 10 août 1927 soit révoquée,

---

[5] L'ouvrage d'Agarossi, *A Nation Collapses: The Italian Surrender of September 1943*, offre un rapporte de ces évènements.
[6] Une traduction en français de cette directive est reproduite dans Poliakov, *La Condition des Juifs en France*, pp. 131-135.

prétexte légal pour les arrêter et les déporter[7]. En juin 1943, lorsque le premier ministre Pierre Laval et le garde des sceaux Gabolde signèrent l'avant-projet de la loi, Röthke en avait conclu que l'affaire était réglée. Début août, il apprit que Laval avait retiré son soutien. Malgré les pressions exercées par Röthke et d'autres dignitaires allemands, le premier ministre refusa de donner son aval. Avant que Röthke ne publie sa directive début septembre, les responsables allemands chargés de la « Solution finale » en France – le massacre de masse programmé par les nazis – avaient décidé que désormais la question de la légalité ne se posait plus : tous les Juifs de France seraient arrêtés, envoyés à Drancy et passibles d'être déportés[8]. Ce changement majeur de politique devait être initié sur le territoire que l'armée italienne n'occupait plus.

Dans sa directive, Röthke indique aussi à Hagen la procédure à suivre : « pour prévenir la fuite des Juifs, il faudrait d'abord commencer par les localités frontalières et ensuite passer le peigne dans toute la région intéressée, en allant d'Est en Ouest » ; « [les Juifs] peuvent emporter des vêtements les plus indispensables ainsi que tous objets d'utilité et de nécessité quotidienne » ; « les bureaux de Lyon et de Marseille ont préparé des camps de rassemblement provisoires dans ces deux villes » ; « lorsque la capture des Juifs sera achevée, ceux-ci seront transférés des camps provisoires par convois de 1.000 à 2.000 têtes au camp juif de Drancy, où, après examen approfondi de leur nationalité, ils seront évacués aussitôt vers l'Est [...][9] » Puis Röthke poursuit que deux officiers supérieurs – le SS-Hauptsturmführer Brunner et le SS-Hauptscharführer Brückler – doivent arriver à Lyon et à

---

[7] Une loi qui entra en vigueur le 10 août 1927 diminuait l'obligation de résidence de dix ans à trois ans.
[8] L'ouvrage de Marrus et Paxton, *Vichy et les Juifs*, pp. 295-302, offre une excellente présentation du problème de la dénaturalisation en France. Pour ce qui concerne le refus de Laval de signer et de promulguer cette loi (page 299), les auteurs indiquent que « pour la première fois dans l'histoire de la solution finale en France, Laval avait dit non. » Ils expliquent la volte-face comme étant « moins de la sollicitude de Vichy à l'égard des Juifs que d'une transformation dans ses relations avec les Allemands », il n'était plus assuré que l'Allemagne allait gagner la guerre (page 300). Jusqu'à l'automne 1943, les Nazis adhéraient plus ou moins à la distinction que les officiels français faisaient entre les Juifs naturalisés et ceux qui ne l'étaient pas. Ils se retenaient de prendre pour cible les premiers, en les arrêtant ou en les déportant. Cette distinction offrait une certaine protection à ceux qui étaient de nationalité française, mais elle n'offrait rien d'absolu. Si l'on relevait des critères raciaux imposés par les autorités, on pouvait être arrêté et envoyé à Drancy ; il était très difficile d'obtenir la libération de quelqu'un qui avait été piégé par la machine de la déportation. Cette distinction ne semble pas avoir existé dans d'autres pays où la Solution finale était mise à exécution. Elle existait en France parce que, jusqu'à l'automne de 1943, les Allemands comptaient sur la police française pour arrêter et déporter les Juifs. Les officiels allemands craignaient de provoquer une réaction hostile de la part de la police et des Français s'ils donnaient l'ordre d'arrêter les « Israélites » plutôt que les « Juifs ». C'était la raison pour laquelle les Allemands commencèrent à utiliser leurs propres forces pour arrêter et déporter tous les Juifs, quel que soit leur statut de citoyenneté.
[9] Poliakov, *La Condition des Juifs en France*, pp. 132-133.

Marseille le 5 ou le 6 septembre. Röthke déplore que les autorités italiennes n'aient pas pris les mesures qui auraient facilité l'identification des Juifs : apposer le tampon « Juif » sur les papiers d'identité et les cartes de rationnement ou préparer des listes de noms. Il ordonne à Hagen d'adopter une méthode qu'on n'avait pas encore pratiquée en France à un tel degré mais qui avait fait ses preuves ailleurs : « Par conséquent, il est nécessaire de nous adjoindre des Français anti-juifs pour dépister et dénoncer les Juifs camouflés ou ceux qui se cachent. L'argent ne devrait jouer aucun rôle. (Proposition : 100 francs par Juif.) »

Le recul permet de constater que la référence à Brunner, et la proposition de l'impliquer personnellement dans l'opération, sont particulièrement alarmantes. Aloïs Brunner était le principal adjoint d'Eichmann. À trente-et-un ans, adepte zélé de la Solution finale, il avait parfaitement démontré sa capacité à surmonter les obstacles logistiques, à trouver des ressources, ainsi que son penchant pour la manipulation psychologique, les ruses inventives, la brutalité gratuite[10]. Du 15 mars au 9 mai 1943, avec Dieter Wisliceny, Brunner avait supervisé la déportation de 48 000 Juifs de Salonique, en Grèce : en huit semaines, il avait annihilé la plus grande communauté juive sépharade du monde[11]. Auparavant, Brunner avait organisé les déportations massives de Juifs de Vienne et Berlin.

En juin 1943, Eichmann envoya Brunner à Paris. Sa première mission fut de transférer la juridiction du camp de transit de Drancy aux autorités allemandes, ce qui fut fait début juillet[12]. Dès lors, le sort des Juifs détenus à Drancy fut entre les mains des Allemands : qui serait sélectionné pour être envoyé à Auschwitz, qui serait provisoirement épargné. Brunner fut chargé également de superviser l'organisation de groupes sur qui s'appuyer pour arrêter les Juifs, qu'ils soient français ou étrangers : « la Gestapo, la 'Feldgendarmerie' et diverses forces françaises sous autorité allemande – S.E.C. [Sections d'Enquête et Contrôle], doriotistes, francistes, et autres

---

[10] Dans *Nice: Hotel Excelsior*, p. 55, Klarsfeld écrit : « [...] Brunner se rend à Berlin où il prend une part active à la déportation massive vers l'Est des Juifs berlinois. Habitué à travailler avec l'Organisation centrale des Juifs autrichiens, il introduit à Berlin la méthode des convocations individuelles ordonnant aux Juifs de se rendre à tel ou tel point de rassemblement afin d'être déportés à l'Est, prétendument pour y travailler [...] Brunner cherche à faire partir les déportés avec le moins de problèmes possible pour la Gestapo. Rusé, il les rassure en leur remettant des notices détaillées concernant leurs bagages et le change de leur argent allemand en zlotys polonais. »

[11] Plusieurs sources dressent la chronique de la destruction extrêmement rapide et tragique de la communauté juive de Salonique. Voir, par exemple, Mazower, *Salonica*, pp. 399-411.

[12] Marrus et Paxton, *Vichy et les Juifs,* pp. 303-304, indiquent au sujet de ce transfert : « ...Vichy perdit ainsi le contrôle du point-clef dans la procédure administrative de la déportation. A partir de ce moment-là, la police française et l'administration française furent exclues de toute influence dans la composition des convois destinés à l'Est. » Poznanski, *Les Juifs en France*, pp. 379-386, fournit aussi une explication détaillée des changements mis en œuvre à Drancy sous la direction de Brunner.

auxiliaires – mais en aucun cas la police[13]. » Enfin on lui assigna la tache de « purger la région [de l'ancienne zone d'occupation italienne] des Juifs[14] ».

*

Alors que les familles parties de Saint-Gervais arrivaient à Nice et s'installaient dans leur hôtel, des membres de l'équipe MJS faisaient passer la frontière à leur quatrième convoi. Les archives suisses, encore disponibles, indiquent que treize enfants furent arrêtés le 8 septembre à onze heures moins vingt et emmenés au poste-frontière suisse de Mon Idée. Voici le nom des enfants et leur âge : Elie Chetret (11 ans), ses frères Maurice (10 ans) et Marcel (6 ans) et sa sœur Yvette (4 ans) ; Maurice Loberstein (16 ans), ses sœurs Lisa (13 ans) et Ginette (11 ans) et ses frères Jules (8 ans) et Nathan (5 ans) ; François Lustman (7 ans) ; Suzanne Plewa (14 ans) ; Henri Wolkowski (14 ans) ; et Mendel Zanger (15 ans).

Les noms de onze des treize enfants figurent sur les listes des archives du Comité de la rue Amelot. Je n'y ai pas trouvé le nom de Henri Wolkowski ni celui de Mendel Zanger. Il est vrai que les listes qui restent sont loin d'être complètes, et il est possible que ces deux adolescents aient été pris en charge par l'organisation. Qu'était ce Comité de la rue Amelot ? Comment se fait-il que des enfants qu'on leur avait confiés, se retrouvèrent sous la responsabilité de l'équipe MJS ?

Le Comité de la rue Amelot, organisation de secours aux immigrés juifs à Paris sous l'Occupation, joua un rôle de premier ordre : soupes populaires, dispensaires, aide à des milliers de familles dans le besoin[15]. Elle fut l'une des premières organisations à s'engager dans la résistance humanitaire, illégale et clandestine, tout en continuant le travail de secours légal en surface. Après la rafle du Vél d'Hiv, le Comité de la rue Amelot se mobilisa pour sauver les enfants juifs qui étaient devenus orphelins ou dont les parents ne pouvaient plus s'occuper. Son réseau clandestin plaçait et subvenait à l'entretien des enfants, cachés dans des familles non-juives à l'extérieur de Paris et à la campagne.

Le 1er juin 1943, la Gestapo fit une descente dans les locaux du Comité de la rue Amelot, mit fin à ses activités et arrêta son directeur, David Rapoport. Des membres du comité transférèrent secrètement à l'OSE la

---

[13] Marrus et Paxton, *Vichy et les Juifs*, 304. Les auteurs se réfèrent aux S.E.C. comme à « la police antijuive » (page 250) et à « l'organisation de police parallèle du C.G.Q.J. [Commissariat général aux questions juives] » (page 273).
[14] Carpi, *Between Mussolini and Hitler*, p. 188.
[15] Parmi les livres en français qui traitent spécifiquement de ce sujet, citons : Jacoubovitch, *Rue Amelot: Aide et Résistance* ; et Baldran et Bochurberg, *David Rapoport: « La Mère et l'enfant », 36 rue Amelot. Cf.* aussi Adler, *Face à la Persécution: les Organisations juives à Paris de 1940 à 1944.*

responsabilité des enfants cachés. Ce furent les responsables de l'OSE qui décidèrent d'envoyer des enfants en Suisse. Ils firent en sorte de les confier à l'équipe MJS de Haute-Savoie.

Jules Jacoubovitch était le Secrétaire du Comité de la rue Amelot et numéro deux pour les prises de décision. Il écrit que 58 enfants confiés au comité furent « évacués » en Suisse et il attribue à « Simon Lévit [sic] et Madame Marcel » le mérite d'avoir réussi ce tour de force en septembre 1943[16]. (Il ne dit pas qui était Madame Marcel.) Les archives du groupe Rue Amelot, conservées au YIVO, au Centre de l'Histoire juive à New York, comportent des listes d'enfants confiés à l'organisation. En consultant les listes qui subsistent de la Rue Amelot que j'ai trouvées dans ces archives, j'ai identifié le nom de 37 enfants qui, à ma connaissance, passèrent en Suisse grâce au MJS à l'automne 1943.

Comme les enfants du troisième convoi MJS, ceux du quatrième n'avaient jamais entendu parler du MJS et n'avaient aucune idée de ceux qui avaient été responsables de leur passage en Suisse. Comment est-il possible que j'aie pu identifier, par son nom, chaque enfant de chaque convoi ? Comment est-ce que je sais quels convois furent amenés à la frontière par des membres du MJS et quels autres par ceux de l'OSE ou d'un autre groupe ? Les réponses à ces questions se trouvent dans deux fonds d'archives différents, dans deux villes, dans deux pays.

*

La Vieille Ville de Genève est située en haut d'une colline. Peu importe l'étroite rue pavée que l'on emprunte pour grimper jusqu'en haut, on se retrouve devant l'Hôtel de Ville, paré des drapeaux aux couleurs de la cité – jaune, rouge et noir. La salle de lecture des archives est au deuxième étage. C'est un lieu paisible. Quand le temps le permet, les hautes fenêtres sont grand ouvertes et la salle est inondée de lumière. Aux premières heures de l'après-midi, le carillon de l'église se mêle au cliquetis de la vaisselle que l'on débarrasse des tables des cafés.

Quand, en 1943, un enfant non accompagné entrait illégalement dans le canton de Genève, il était placé en détention par un agent du Corps des garde-frontières (Cgfr), qui préparait un rapport officiel d'arrestation[17]. Si des frères et sœurs, ou d'autres personnes apparentées, l'accompagnaient, tous leurs noms figuraient sur un seul rapport, intitulé « Arrestation de réfugiés ». Ce document d'une seule page recto-verso permettait de recueillir les renseignements sur chaque enfant (date de naissance, nationalité, « race et

---

[16] Jacoubovitch, *Rue Amelot: Aide et Résistance*, p. 95.
[17] Les gardes de la frontière suisse faisaient partie de l'Administration fédérale des douanes (AFD), qui faisait elle-même partie du Département fédéral des finances (DFF).

religion »), les circonstances de son arrestation, le motif de son entrée clandestine en Suisse, etc[18].

L'enfant était alors placé sous le contrôle d'un corps de l'armée appelé l'Arrondissement territorial Genève. L'« Arr. ter. GE » était l'un des seize arrondissements territoriaux établis en 1939 dans le but de surveiller et de protéger les frontières suisses. Un militaire poursuivait l'interrogatoire de l'enfant et complétait ou modifiait les renseignements du rapport d'arrestation. Il notait l'essentiel des données sur une carte, classées par ordre alphabétique. Il préparait également un document d'une page, appelé une « Déclaration ». Comme pour le rapport d'arrestation, il y avait une seule Déclaration pour tous les membres de la famille qui avaient passé ensemble la frontière. En plus de résumer l'essentiel des données, la Déclaration comportait un petit récit de deux ou trois paragraphes, où étaient généralement mentionnés le lieu de naissance de l'enfant, les détails de sa scolarité, la date de son arrivée en France, les divers lieux où sa famille avait habité, enfin où et avec qui l'enfant avait séjourné avant de passer la frontière. La Déclaration comportait souvent quelques lignes qui expliquaient pourquoi l'enfant était entré illégalement en Suisse. Elles étaient pour la plupart rédigées ainsi : « J'ai traversé la frontière suisse pour échapper aux mesures prises par les Allemands à l'encontre des Israélites. » La Déclaration était rédigée à la première personne et signée par l'enfant. On a l'impression que l'enfant a rédigé lui-même la Déclaration, mais cela n'était pas le cas.

Les deux documents, l'Arrestation de réfugiés et la Déclaration, étaient placés dans un dossier qui était numéroté et qui renvoyait au fichier alphabétique[19]. D'autres documents concernant l'enfant, des lettres par exemple, pouvaient ultérieurement être mis dans son dossier.

Les chercheurs, que ce soit des universitaires ou des personnes qui veulent en savoir plus sur leur propre histoire, peuvent consulter les originaux des dossiers en salle de lecture des Archives de Genève. Chaque dossier est rangé dans une feuille de papier canson, couleur moutarde, pliée en deux.

---

[18] Les rubriques sont les suivantes : (1) état-civil: nom, prénom, date de naissance, nationalité, race et religion, profession, domicile ; (2) papiers ; (3) situation militaire ; (4) domicile avant la guerre ; (5) itinéraire suivi ; (6) arrestation: date, heure, lieu, et par qui l'arrestation a été effectuée ; comment, où, et quand la frontière a-t-elle été franchie ; passeur éventuel ; dans quelle condition s'est déroulé le passage de la frontière ; si l'individu était seul ou faisait partie d'un groupe, et, dans l'affirmative, le nombre de personnes dans le groupe ; (7) motif de la fuite ; (8) moyen d'existence en Suisse ; (9) état de santé (déclaration du réfugié); (10) proches parents en Suisse (père, mère, conjoint, enfants), y compris nom et adresse ; (11) relations étroites avec la Suisse, incluant des séjours antérieurs ; (12) observations diverses ; (13) état civil d'autres membres de la famille arrêtés en même temps que l'individu prénommé ; nom, prénom, date de naissance, profession, relation de famille ; et (14) décision prise quant au traitement immédiat du cas.

[19] Le système de classification numérique fut en usage entre juillet 1942 et décembre 1945. Entre la fin de 1939 et 1942, on utilisa un système de classification alphabétique.

L'encre bleue du tampon « SECRET » s'est en partie effacée. Le dossier comporte un numéro. Le papier canson protège les fragiles papiers pelure de l'Arrestation de réfugiés et de la Déclaration. Que ces documents aient survécu au passage du temps peut sembler un miracle. Et il s'agit bien d'un miracle.

En 1984, les archives de l'Arrondissement territorial Genève, comprenant des milliers de fiches et de dossiers, furent transmises aux Archives d'État de Genève (AEG). L'archiviste d'État de Genève contacta Oscar Gauye, le Directeur des Archives fédérales, pour envoyer le fonds d'archives à Berne. Étant donné que les documents provenaient d'un service de l'armée, il aurait été normal de procéder ainsi. Gauye conseilla à Genève de ne pas envoyer les documents à Berne mais de les conserver. Les fonctionnaires genevois furent surpris, néanmoins ils suivirent ce conseil.

Depuis la fin de la guerre, pendant presque cinquante ans, les archives de l'Arrondissement territorial Genève n'avaient pas servi à grand-chose à part fournir des certificats aux résidents de la zone frontalière, internés en Suisse pendant la Seconde Guerre mondiale[20]. En 1993, Yad Vashem adressa une demande officielle de renseignements au gouvernement suisse à propos des réfugiés juifs qui avaient été refoulés pendant la guerre. Un examen des Archives fédérales, sous la direction de l'historien suisse Guido Koller, révéla qu'une grande partie des documents relatifs à ces réfugiés avait été détruite. Quand et pourquoi les archives furent-elles détruites ? On l'ignore. Les autorités fédérales firent suivre la demande de Yad Vashem aux archivistes des différents cantons frontaliers. Selon Catherine Santschi, archiviste du canton de Genève en 2000 :

> Tandis que la plupart des cantons répondaient négativement ou gardaient le silence, la réponse des Archives d'État de Genève fut d'emblée positive : le fonds de l'arrondissement territorial Genève était connu, mais peu exploité, car il contenait des données personnelles, parfois sensibles, donc soumises aux restrictions légales et réglementaires, fédérales et cantonales, sur la protection des données personnelles[21].

---

[20] Flückiger et Bagnoud, *Les Réfugiés civils et la Frontière genevoise*, p. 9.
[21] Flückiger et Bagnoud, *Les Réfugiés civils et la Frontière genevoise*, p. 9.

Document 1 : Recto-verso de l'Arrestation de réfugiés de Wolf Wapniarz, la date de naissance a été noircie par N. Lefenfeld. © Archives d'État de Genève, avec la permission de Wolf Wapniarz.

Document 1, suite.

13. État-civil des membres de la famille du prénommé arrêtés avec lui, pour lesquels il n'est pas fait de rapport spécial:

   Nom   Prénom   Naissance   Profession   Lien de parenté

14. Liquidation du cas par:
   Refoulement immédiat _____ (heure, lieu) _____
         "   p.o. de l'Of.Pol. "   "
   Remis à la gendarmerie de *Bg popl. Gauthier*
                                         Signature de l'agent:
   Transmis au Cdt. du Corps, Genève.   *Querceux*
                                         L'Of. de sct.:

   Transmis à:
   Direction générale des
   douanes, Berne, par vds.
   Of. de police Ar. ter. GE
                                         Le Commandant du Corps:

   Décision de l'Ar. ter.

                                         Au poste de:

Document 2 : Déclaration préparée pour Wolf Wapniarz, la date de naissance a été noircie par N. Lefenfeld. © Archives d'État de Genève, avec la permission de Wolf Wapniarz.

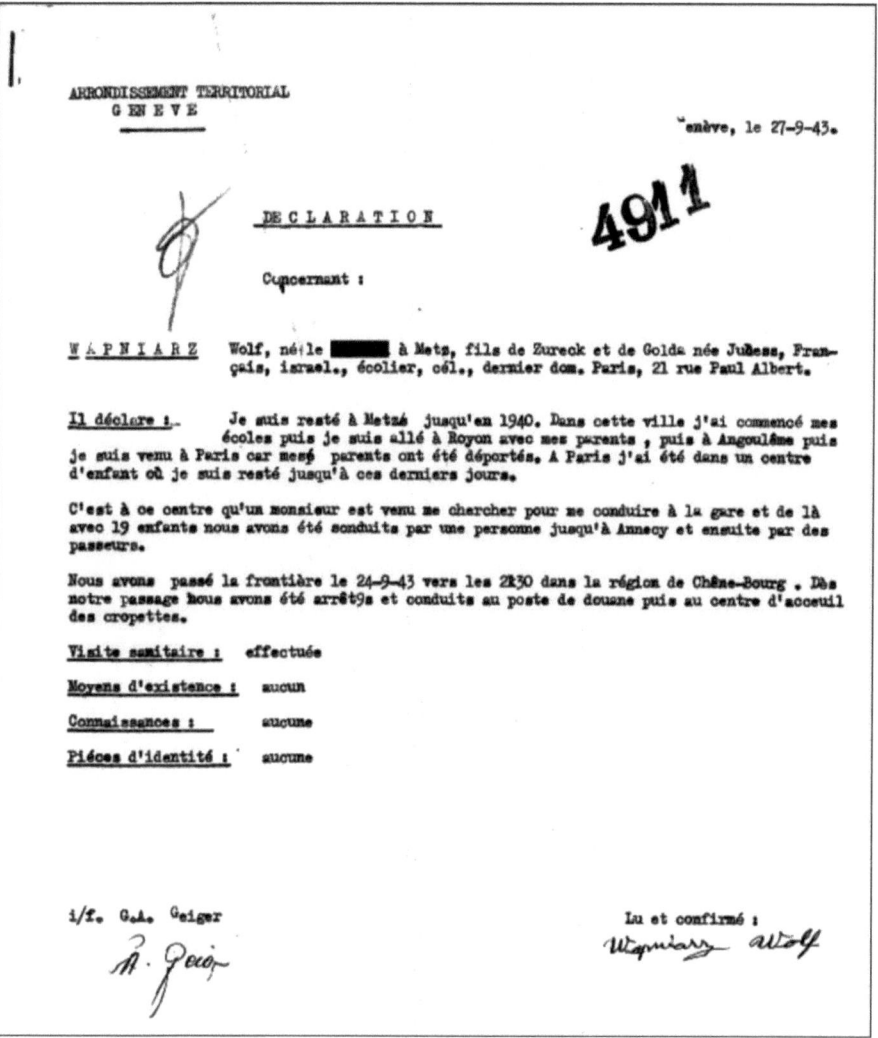

La demande de Yad Vashem arriva au moment où le monde entier portait son attention sur l'attitude des banques suisses pendant et après la guerre. La Suisse était sur la défensive, engagée dans un processus de remise en question, douloureux mais nécessaire. On n'avait jamais fait aucune analyse précise du nombre de réfugiés refoulés à la frontière, qu'ils soient juifs ou pas, les estimations des historiens étaient souvent erronées[22]. Les fonctionnaires

---

[22] Pour un bref survol de cette question, voir la préface, par Serge Klarsfeld, de l'ouvrage de Fivaz-Silbermann, *La Refoulement de Réfugiés civils juifs*.

fédéraux et cantonaux reconnurent que les archives de l'Arrondissement territorial Genève pouvaient éclairer la question. Pour la première fois, on en révélait la spécificité et la valeur. Les archivistes de Genève entreprirent un long travail de recherche sur la nature de ce fonds et l'analyse de son contenu[23].

Ce vaste fonds est riche, détaillé. Mais trouver ce qui se rapporte à son propre domaine de recherche n'est pas évident et demande du temps. Une base de données a été créée à partir des renseignements contenus dans les dossiers, mais son accès est limité. Les archivistes ont bien voulu, à ma demande, interroger la base de données et en extraire des renseignements. Au début des années 2000, on ne m'a pas permis de le faire moi-même.

Le chercheur doit tenir compte des circonstances dans lesquelles les renseignements ont été recueillis et rassemblés, et des limites quant à leur exactitude. Les renseignements notés par les garde-frontières suisses concernant la date, l'heure et le lieu de l'arrestation constituent une source de données fiables. Autant que l'on puisse en juger, les données personnelles concernant l'enfant (nom, lieu et date de naissance, nom de ses parents) sont correctes en général. Mais il faut se méfier des informations contenues dans la Déclaration à propos du vécu des enfants jusqu'au passage de la frontière : elles sont peut-être vraies ou peut-être erronées. Ainsi avant de franchir la frontière, on indiquait aux enfants ce qu'ils devaient ou ne devaient pas dire lorsque les Suisses leur poseraient des questions. Lorsqu'on regarde de près les Déclarations, on s'aperçoit que les instructions données aux enfants variaient d'un groupe à l'autre. Mais il est clair qu'en général, on recommandait aux enfants d'éviter de préciser comment ils avaient atteint puis traversé la frontière. En particulier, ils devaient éviter de fournir des informations sur la ou les personnes chargées de les amener et de leur faire passer la frontière. De plus, les enfants interrogés par les gardes suisses savaient peut-être, ou ne savaient pas, l'identité de leurs sauveurs ou le nom de l'organisation à laquelle ils appartenaient. Que savaient ou ignoraient les enfants convoyés par les membres du MJS ? La déduction est simple : ceux qui réussirent à passer les 17 et 28 août savaient comment et par qui leur sauvetage fut effectué (parce que leurs groupes furent organisés à Saint-Gervais et Megève) ; ceux des autres convois ne savaient rien. Autrement dit, la grande majorité des enfants des convois MJS n'avaient pas connaissance de l'identité de leurs sauveurs ni entendu parler d'une organisation appelée MJS.

En lui-même, le fonds conservé aux Archives de Genève fournit une base suffisante pour reconstituer les convois d'enfants non accompagnés que l'on fit passer clandestinement en Suisse. Mais comment peut-on affirmer avec certitude quel organisme fut responsable de tel ou tel convoi ? Il faut se

---

[23] En plus du rapport cité ci-dessus (Flückiger et Bagnoud, *Les Réfugiés civils et la Frontière genevoise*), le travail des Archives d'État de Genève, *Le Passage de la Frontière durant la Seconde Guerre mondiale : Sources et Méthodes* offre une grande richesse d'informations sur le sujet.

rendre aux archives de l'OSE à Paris pour trouver les informations qui permettent de répondre précisément à la question.

Les archives de l'OSE sont maintenant conservées au Mémorial de la Shoah Musée/Centre de documentation, dans le 4ème arrondissement de Paris, en bordure du Marais, le vieux quartier juif. Mais il y a peu de temps encore, elles se trouvaient à l'Alliance israélite universelle (AIU), 45, rue La Bruyère, dans le 9ème arrondissement[24]. Contrairement à la salle des archives de l'AEG, qui se trouve au sommet d'une colline de Genève, la salle de lecture de l'AIU est située en sous-sol. Elle est aussi froide et accueillante qu'une cave, et aucun son du monde extérieur n'y pénètre. À l'époque, les archives de l'OSE n'étaient pas véritablement classées et elles étaient entassées dans des dizaines de cartons. Le catalogue correspondant aux archives fournissait une description générale plutôt qu'une liste spécifique du contenu de chaque carton. Par conséquent, à moins d'explorer tout le contenu, on n'avait aucune idée précise des documents qu'on trouverait.

Enfouie dans les archives du temps de la guerre se trouvait une liste de vingt-sept pages intitulée « Liste des enfants partis en Suisse en 1943-1944[25] ». Ce document dactylographié, daté du 1er juin 1945, comprend 978 noms. En plus du nom et du prénom de l'enfant, la liste donne sa date et son lieu de naissance ainsi que la « date du départ » (autrement dit, la date de son passage en Suisse).

---

[24] L'Alliance fut fondée il y a 150 ans dans la tradition progressiste de l'époque pour promouvoir l'éducation et la culture juive en France, en Espagne, en Belgique, en Israël, et au Maroc. Sa bibliothèque, créée en 1860, est aujourd'hui l'une des plus grandes bibliothèques juives d'Europe. Elle a pour but de conserver les documents attestant de la présence juive en France. Le site internet http://www.akadem.org/medias/documents/Doc-2_alliance.pdf (téléchargement juin 2014) présente cette note historique intéressante : « En 1937, la bibliothèque se fixe rue La Bruyère, avec une salle de lecture et des magasins de livres modernes. Mais au printemps 1940, les nazis investissent l'immeuble de l'Alliance, déménageant sept cents caisses de livres, d'archives, de manuscrits et de périodiques pour les expédier jusqu'à leur Institut de recherche sur la question juive de Francfort-sur-le-Main. À la Libération, les troupes américaines regroupent à Offenbach tous les livres, objets précieux et documents volés par les nazis, et les bibliothèques européennes récupèrent une partie de leurs biens. »

[25] Mémorial de la Shoah/coll. OSE-II-307, datée du 1er juin 1945.

Document 3 : Exemple de pages (4 et 5) de la « Liste des enfants partis en Suisse en 1943-1944 ». La colonne des dates de naissance a été noircie par N. Lefenfeld.
© Mémorial de la Shoah/coll. OSE-II-307.

```
                              III
               Liste des enfants partis en Suisse 1943-1944.

     Nom         Prénom     Date et lieu de naissance    Date du départ   Observation

  OSTROWSKI     Albert                    Sosnow           par Simon
  CULING        Bernard                   Paris             "    "
√ DIAMAND       Felix                                       "    "
√ DIEWALD       Heinz                                       "    "
  DOBETZKY      Daniel                                      "    "
√ DRAZNIN       Léa                                         "    "
√ DREYFUS       Gérard                                      "    "
√ DZIERLATKA    Renate                                      "    "
                                                           par
√ DAISHEIM      Hans                      Kaisersberg      " "Ose Avr. 43
√ DANAILOFF     Boris                     Vienne           par Ose
  DAVID         Nicolas                   Anvers            "    "
√ DAVID         Solange                     "               "    "
√ DEUTSCH-
       STERN    Toni                                        "    "
√ DOERNBERG     Pierre-
                Jacques                                    " "   " "
√ DREYFUS       Edouard                   Strasbourg        "    "
  DREYFUS       Jacques                                     "    "  Mai 44
  DREYFUS       Michel-
                Simon                                       "    "  Mai 44
√ DREYFUS       Berthe                    Karlsruhe         "    "
√ DREYFUS       Léon                          "             "    "   44
√ DRIMMER       Oscar                     Toulouse          "    "   44
  DYM           Béatrice                  Anvers            "    "  Avr.44
√ DYM           Richard                   Anvers            "    "   "
√ DZIERLATKA   (garçon)
  DZIERLATKA   (garçon)
  EHRENREICH    Rachel                                      "    "  Avr. 44
  EHRENREICH    Paulette                                    "    "   "
  EHRLICH       Daniel                    Strasbourg        "    "  Mars 44
  EHRLICH       Jacques                       "             "    "   "
```

Document 3 (suite).

En plus de ces cinq colonnes, une sixième colonne intitulée « observation » apparaît sur 21 des 27 pages, mais ces divers commentaires concernent un très petit nombre d'enfants.

Les données contenues dans la liste sont fragmentaires. Dans la plupart des cas, on a le nom et le prénom de l'enfant, sa date et son lieu de naissance. Cependant, dans certains cas, seul le nom de famille apparaît et aucune autre information. Dans l'ensemble, la rubrique concernant la date du passage est très incomplète. La date précise (jour, mois, année) n'apparaît que dans 39% des cas, le mois et l'année dans 25%, alors que pour les 36% qui restent, aucune date n'est mentionnée, ou seulement l'année. Il est évident que la liste était un document de travail : les noms sont cochés, barrés, annotés, des mots et des chiffres sont ajoutés à la main. Certains mots sont difficiles voire impossibles à lire. Néanmoins c'est la seule liste établie par l'OSE qui nous reste, liste des enfants qu'on lui avait confiés et que l'OSE a fait passer en Suisse pendant la guerre. En dépit de ses limites, c'est un document fort utile.

Si l'on avait eu recours à l'informatique pour entrer la liste sur tableur, elle aurait comporté une septième colonne, et la colonne aurait contenu des données pour chaque enfant. Que la date du passage soit ou ne soit pas indiquée, la colonne intitulée « date du départ » comporte la mention « par OSE » ou « par Simon ». En fait, ces mentions régissent l'ordre quasi-alphabétique de la liste. Vingt-trois enfants dont le nom de famille commence par la lettre « A », classés sous la mention « par OSE », figurent au début de la liste, suivis de dix noms commençant aussi par « A » mais avec la mention « par Simon ». Puis viennent 25 noms commençant par « B » avec également la mention « par Simon ». Puis on retrouve 46 noms commençant par « B » avec la mention « par OSE ». Ces allées et venues se poursuivent selon l'ordre alphabétique.

Le « Simon » en question dans l'expression « par Simon » n'est autre que Simon Lévitte. La première date de départ qui porte la mention « par Simon » est le 17 août 1943, date du premier convoi MJS. L'existence de la liste de l'OSE permet de faire la distinction entre les convois de l'OSE et les convois du MJS.

La liste de l'OSE est en étroite corrélation avec les renseignements contenus dans les dossiers des archives de Genève. Les noms de famille ne sont pas toujours bien orthographiés, mais ce n'est pas surprenant puisque les familles étaient originaires d'Europe de l'Est et leurs noms retranscrits par des personnes de langue française. L'analyse des données de Genève montre que la liste de l'OSE comporte des erreurs et des omissions[26]. Cependant la liste de l'OSE est dans l'ensemble plutôt précise et complète.

---

[26] Le convoi du 17 août en offre un bon exemple. Lors de mon interview avec Sonia Constant (née Veissid), celle-ci était tout à fait sûre que le groupe avec lequel elle avait passé la frontière le 17 août était fait de onze enfants, alors que seuls dix d'entre eux pouvaient être identifiés sur la liste de l'OSE. Les données contenues dans les archives de Genève confirment que le convoi comprenait effectivement onze enfants. Bien que le nom de Cécile Gostynski apparaisse sur la liste de l'OSE, celui de sa sœur Sarah n'y est pas.

*

Lorsque le soleil se leva le matin du 9 septembre, les wagons chargés des réfugiés les plus vulnérables étaient toujours immobilisés en gare du Fayet[27]. Ils furent finalement rattachés à un train de marchandises qui roulait à petite vitesse et qui mit huit heures pour arriver à Chambéry, où il resta toute la nuit. Le quartier général de l'OSE se trouvait à Chambéry, et son personnel fournit aux réfugiés des provisions supplémentaires pour le voyage. Le train devait quitter Chambéry le lendemain matin mais, arrivé à Saint-Michel-de-Maurienne, au lieu de prendre la direction de Nice, il bifurqua vers l'Italie. Ce n'est qu'en mars 1944 que les responsables de l'OSE apprirent ce qui était arrivé aux 240 passagers. Le Dr Léon Silber, le médecin qui avait accompagné le convoi, les informa alors que les réfugiés étaient arrivés à Rome après sept jours de voyage.

Nice, cependant, subissait une transformation radicale. Dans les heures qui suivirent l'annonce de l'armistice, les troupes de la Wehrmacht commencèrent à encercler la ville, s'emparant des points stratégiques : les routes principales et les ponts. Les Italiens pendant dix mois avaient fait de leur mieux pour que les Juifs ne tombent pas entre les mains des Allemands. Durant tout le mois d'août, alors même qu'ils perdaient pied sur le sol français, ils avaient promis aux réfugiés de les protéger. Cependant, dès l'annonce de l'armistice, les soldats italiens furent immédiatement confrontés à la menace d'être fusillés ou faits prisonniers. Considérés comme francs-tireurs, ils ne bénéficiaient donc pas du statut de prisonniers de guerre. Pour sauver leur vie, ils prirent la fuite.

Hélène Gorgiel-Sercarz se souvient du matin du 9 septembre :

> Nous n'avons pas beaucoup dormi cette nuit-là et, lorsque je me suis réveillée, il faisait encore nuit. J'aperçus mon père debout près de la fenêtre et, au même moment, je perçus le bruit faible de gros véhicules en marche et, lorsque je rejoignis mon père, je vis une file ininterrompue de camions militaires qui se déplaçaient, lourdement chargés. Notre hôtel était situé sur une grande route menant à la montagne et apparemment à la frontière italienne. Mon père déclara solennellement : « Les Italiens partent et ils nous abandonnent. » Je n'en savais pas assez pour le contredire ou le rassurer. Il ne nous restait pas beaucoup de temps pour décider ce qu'il fallait faire, puis nous avons entendu des voix fortes venant du rez-de-chaussée. Nous avons compris immédiatement qu'on parlait en allemand ! J'ai ouvert la porte de notre chambre et,

---

[27] Le récit des évènements cités ici provient de Mémorial de la Shoah/coll. OSE-II-134, « Rapport sur les évènements de 1943 » écrit par Armand Rein, août 1944, pp. 13–14. Grandjacques, *La Montagne refuge*, pp. 246–248, offre de plus amples informations sur ce qui arrivait aux réfugiés une fois qu'ils avaient quitté Saint-Gervais. L'auteur déclare qu'une fois à Rome, ils avaient été secourus par l'organisation d'aide juive DELASEM (Delegazione per l'Assistenza degli Emigranti Ebrei, ce qui signifie Délégation pour l'assistance des émigrés juifs).

depuis le couloir, j'ai entendu distinctement quelqu'un crier en allemand à l'employé de la réception qu'à midi, ce même jour, l'hôtel devait être débarrassé de ses occupants et qu'il était réquisitionné pour loger des officiers allemands. Il commençait à faire jour et nous avons décidé de quitter l'hôtel immédiatement. Nous avons compris que les hôtels étaient réquisitionnés partout, et qu'il était dangereux d'y séjourner. C'est ainsi qu'au matin du 9 septembre 1943, exactement une année après notre arrivée en France, nous avons dû être les premiers à remarquer que l'occupation italienne de ce petit coin de France s'achevait, et que l'armée allemande finissait par occuper la France entière[28].

Aloïs Brunner arriva à Nice le 10 septembre, avec son « inséparable adjoint », l'officier SS Ernst Brückler, et son commando trié sur le volet[29]. Ils se mirent aussitôt au travail. Dès le milieu de l'après-midi, la police SS passait au peigne fin hôtels et appartements, rues, cafés, jardins publics, arrêtant sans distinction tous ceux soupçonnés d'être juifs[30].

À la différence de ce qui se passa à Paris lors de la rafle du Vél d'Hiv, la Gestapo n'avait pas de listes avec les noms et adresses des Juifs vivant à Nice. Ce n'était pas faute d'avoir essayé. Dans les mois qui avaient précédé la capitulation italienne, les efforts des Allemands pour se saisir des listes de Juifs en zone italienne avaient été contrecarrés. Dès son arrivée à Nice, Brunner fit rechercher par les hommes de son commando toute liste qui pourrait exister, avant qu'elle ne soit détruite ou qu'elle disparaisse du pays. Ils fouillèrent le quartier général de la Polizia Razziale (la police raciale italienne) et la résidence de son commandant, l'inspecteur général Lospinoso. Ils firent de même au consulat d'Italie. Dans sa déposition, peu de temps après la fin de la guerre, un employé du consulat, Antonio Aniante, précise :

> Aussitôt arrivés à Nice, les Allemands réclamèrent au Consul les dossiers des Israélites des Alpes-Maritimes. Monsieur Spejchel répondit que ces dossiers étaient déjà partis pour Rome et tout cela afin d'éviter l'identification et la persécution des Israélites. En réalité ces dossiers ont été en partie brûlés, en partie cachés et ce qui restait se trouve encore dans les archives du Consulat. Accusé de philosémitisme le Consul Spejchel et le Vice-Consul Borromeo furent déportés deux jours après par la Gestapo. Les S. S. se précipitèrent, le revolver au poing, dans le Consulat visitant bureau par bureau pour voir si on cachait des Juifs[31].

---

[28] Gorgiel-Sercarz, *Memoirs of a Jewish Daughter*, p. 101.
[29] Rayski, *Le Choix des Juifs sous Vichy*, p. 228.
[30] Mémorial de la Shoah, CCCLXVI-64, rapport non signé intitulé « Nice », daté du 20 décembre 1943, 1. L'auteur précise l'heure exacte des évènements : « 15 h 30 ». Poznanski, *Les Juifs en France*, 660, la note 206 indique que le rapport avait été « manifestement rédigé par un jeune de l'AJ, sans doute Henri Pohorylès ».
[31] Mémorial de la Shoah, CCXVIII-88G, déposition donnée par Antono Aniante le 11 juillet 1945, 1. Aniante décrit la scène au consulat italien, où les réfugiés tentaient frénétiquement d'obtenir les documents qui leur permettraient d'entrer en Italie : « Le soir même de l'arrivée des Allemands l'Hôtel Continental, siège du Consulat, été pris littéralement d'assaut par une

Le commando de Brunner ne put trouver aucune liste. Quelles listes existait-il en réalité, que leur arriva-t-il ? Tout ceci est loin d'être clair[32].

*

Le jour même où, à Nice, Aloïs Brunner, Ernst Brückler et les hommes de son commando se mettaient au travail, à Annecy, le chef de l'état-major allemand de liaison, qui venait de s'installer, adressa une lettre à Henri Trémeaud, préfet de Haute-Savoie. Il lui demandait des renseignements sur l'internement des Juifs, entre autres, dans le département. Voici la réponse du préfet, lettre écrite le 13 septembre 1943. Sujet : « Camps de concentration ».

---

foule israélite qui, prise de panique, demandait un document quelconque pour pouvoir se rendre en Italie par des passages de frontières non obligatoires. A cette foule d'Israélites s'étaient joint beaucoup d'autres coreligionnaires qui n'ayant pas de documents avaient besoin de régulariser leur situation vis-à-vis des autorités françaises des postes de frontières. Les employés du Consulat ont travaillés jusqu'à tard dans la nuit pour mettre des visas sur des centaines de passeports et pour distribuer des certificats avec des nominatifs italiens, pour ceux qui n'ayant pas de papiers, auraient pu tenter la chance [de trouver une planche] de salut dans l'Italie de Badoglio. »

[32] Marrus et Paxton, *Vichy et les Juifs*, p. 295, indiquent que Jean Chaigneau, nommé préfet des Alpes-Maritimes en mai 1943 pour remplacer l'ardent pétainiste Marcel Ribière, était un individu compatissant à l'égard des Juifs et qu'il « détruisit les listes de Juifs qui se trouvaient à la préfecture ». Carpi, *Between Hitler and Mussolini*, p. 188, écrit que « Chaigneau s'était assuré que les listes avaient été brûlées en temps utile, et Spechel affirme qu'il avait depuis longtemps transféré tous les documents au consulat de Rome (ce qui était effectivement le cas). » En ce qui concerne la première partie de cette affirmation, il cite Marrus et Paxton et, pour la deuxième (*i.e.*, le transfert des documents à Rome), il cite Klarsfeld, *Vichy-Auschwitz : Le Rôle de Vichy*, pp. 116–119. (Ces pages correspondent à *Vichy-Auschwitz : La « Solution finale »*, pp. 302-305.) À la page 116, Klarsfeld cite des extraits de la déclaration faite par Antonio Aniante reproduite ici. Il omet cependant la phrase suivante : « En réalité ces dossiers ont été en partie brûlés, en partie cachés et ce qui restait se trouve encore dans les archives du Consulat. » Carpi affirme aussi que l'on peut supposer que le consulat italien n'avait gardé que les listes des Juifs avec la citoyenneté italienne, et que les listes des autres Juifs devaient se trouver au quartier général de la police raciale (p. 188). Il écrit de plus qu'Angelo Donati a affirmé dans une déclaration écrite, faite en 1946, que Lospinoso avait pris soin de brûler toutes les listes et documents en sa possession avant de quitter la France. Comme Carpi l'explique à la page 304, note 58, Donati fit cette déclaration pour défendre Lospinoso, qui faisait appel de sa condamnation de collaboration avec le gouvernement fasciste républicain et du serment d'allégeance à ce même gouvernement. Il fait aussi remarquer que Donati n'aurait pas pu voir Lospinoso détruire quelque liste que ce soit, puisqu'il (Donati) avait quitté Nice avant la date même où, ainsi qu'on le suppose, les listes avaient été brûlées. Poznanski, *Les Juifs en France*, p. 467, écrit : « ...le préfet Chaigneau prétendit les avoir remises aux Italiens, Lospinoso avait brûlé celles qu'il avait constituées avant d'évacuer les lieux ». Aucune source n'est citée. Aucune des sources que j'ai consultées ne fait référence à la réapparition de telles listes après la guerre, un fait qui pourrait suggérer que ce qui existait avait probablement été détruit.

> En réponse à votre lettre en date du 10 courant, j'ai l'honneur de vous faire connaître qu'aucun camp de concentration n'a été installé par les autorités italiennes dans le département. Toutefois ces autorités ont installé elles-mêmes sans en référer à l'administration française 700 israélites et étrangers en résidence forcée à MEGÈVE et ST-GERVAIS.
>
> Ces civils étaient placés sous la surveillance de carabiniers italiens. Ils ont été évacués par ceux-ci le 6 Septembre et dirigés paraît-il sur ST-MARTIN-VESUBIE (Alpes Maritimes).
>
> Par ailleurs aucun camp de concentration de français ou d'étrangers n'existe ou n'est envisagé dans le département[33].

La brièveté de la réponse a dû décevoir le commandant allemand qui, visiblement, espérait trouver un ou plusieurs camps de concentration pleins de Juifs en Haute-Savoie. On peut imaginer l'homme dans son bureau de l'Hôtel Splendide, au bord du lac d'Annecy, réfléchissant au contenu de cette lettre. Peut-être avait-il passé une partie de la guerre sur le Front de l'Est ou supervisé un camp de travail. Il ouvre la fenêtre et contemple le paisible panorama, bleu et vert. Il fait chaud. On se sent bien. L'air est calme et agréable. La lumière du soleil scintille à la surface de ce lac immense. Sur la rive opposée, les montagnes se dressent à la rencontre du ciel. Le vert du feuillage de la forêt se colore de petites touches de rouge et d'orange qui annoncent la fin de l'été. L'homme se dit qu'il y a de pires affectations, bien pires. Quelle importance s'il ne sait pas où sont les Juifs qui ont eu la finesse de lui échapper ?

Certains étaient en fait sous le nez de cet officier. Alors que les Allemands installaient leur nouveau bureau de liaison, Tony Gryn et Mila Racine établissaient leur base d'opérations à Annecy. Désormais, la ville allait servir de point de transit pour les convois MJS à destination de la Suisse. L'équipe MJS d'Annecy était peu nombreuse : en plus de Tony, Mila et Sacha, la sœur de Mila, il y avait aussi Bella Wendling et Maurice Maidenberg[34]. Originaire de Cologne, Bella avait été membre du *gdoud* de Grenoble comme Tony. Elle avait vingt-deux ans. Mila et Bella avaient probablement fait connaissance aux Michalons lors des week-ends d'été. Le jeune Maurice n'avait que

---

[33] USHMM, groupe d'archive 43.084M, archives sélectionnées des Archives départementales de Haute-Savoie, 1940–1961, bande 4, 1490. Lettre de S. Trémeaud, préfet de Haute-Savoie à Monsieur le chef de l'état-major allemand de liaison à Annecy, datée du 13 septembre 1943. La lettre de l'officier allemand ne se réfère pas aux camps de concentration mais aux camps d'internement. La lettre du préfet, quant à elle, ne se réfère pas aux camps d'internement, mais elle met en évidence ces termes même de camps de concentration en les indiquant comme sujet de la lettre et en les répétant par la suite.

[34] Une brève information biographique au sujet de Bella Wendling se trouve dans ARJF, *Organisation juive de Combat*, pp. 153–154. En 1943, Bella n'était pas mariée, et Wendling était son nom de jeune fille. Elle se maria plus tard avec Ado Michaeli, lui aussi membre du MJS. Les ouvrages s'y réfèrent sous les noms de Bella Michaeli ou Bella Wendling. À ma connaissance, elle n'a laissé ni trace écrite, ni mémoires, ni témoignage oral.

dix-huit ans. Il faisait partie des réfugiés de Saint-Gervais et avait des affinités avec la Sixième, la branche clandestine des scouts juifs.

Le 12 septembre, le cinquième convoi MJS réussit à prendre la direction de la Suisse, près du Pas de l'Échelle, là où le premier convoi MJS avait traversé. Les rapports d'arrestation indiquent qu'ils ont été repérés par les garde-frontières suisses vers midi et emmenés au poste de Veyrier I. Pourquoi et comment le groupe a-t-il traversé la frontière à la mi-journée ? C'est un mystère. Un douanier bienveillant a peut-être facilité le passage. Ou peut-être Madame Baudet et sa fille, Violette Crotti, ont-elles apporté leur aide[35]. La mère et la fille étaient propriétaires du café Chez la Marthe, tout près de la frontière, au Pas de l'Échelle. On sait qu'elles aidèrent beaucoup de gens, des réfugiés et des résistants, à se mettre à l'abri.

Le convoi comprenait quinze enfants. Selon les renseignements fournis dans leurs Déclarations, « jusqu'à ces derniers jours », ils habitaient tous à Paris. Les noms de huit enfants figurent sur les listes du Comité de la rue Amelot qui ont été préservées : Bernard Berkowicz (4 ans); Isaac Cukierman (11 ans); Henri Galinsky (15 ans) et ses frères Wolf (13 ans), Jean (11 ans), Joseph (9 ans), et Charles (5 ans) ; et Isaac Kramache (13 ans). Il est possible que le comité ait eu la charge des sept autres enfants – de tous ou de certains d'entre eux – bien que je n'aie pas trouvé leurs noms sur les listes. Ces sept enfants sont Maurice Zysman (15 ans), Edmond Rajchman (14 ans), et Ida Zlotnitzky (13 ans) et ses sœurs Odette (12 ans), Ginette (10 ans), Hélène (8 ans), et Marguerite (7 ans).

*

Annecy est une ancienne cité. Les archéologues font remonter à 4 000 ans avant notre ère la présence humaine sur les rives du lac. Dans cet endroit de rêve des Alpes françaises, chaque siècle a laissé sa marque, mais aucun ne l'a marqué autant que le 17ème siècle. C'est alors que l'homme, qui sera canonisé sous le nom de Saint-François de Sales, devint Évêque du diocèse catholique d'Annecy.

Le jeune François, bien qu'issu d'une famille aristocratique savoyarde, était empreint d'une humilité naturelle, et s'exprimait simplement. Il avait été éduqué à Paris et à Padoue en Italie. En 1593, l'Évêque de Genève l'ordonna prêtre dans l'église paroissiale de la famille, à Thorens. À cette époque, Annecy faisait partie du diocèse genevois, mais le calvinisme s'était si fortement établi à Genève que, dès 1536, l'évêque s'était déplacé pour s'établir à Annecy. Les habitants du Chablais, sur la rive sud du lac, avaient été catholiques dans le passé. Cependant, au début du 16ème siècle, des défenseurs du protestantisme du canton de Berne avaient investi le Chablais et

---

[35] Croquet, *Chemins de Passage*, p. 42.

mis le catholicisme hors la loi. Ceux qui s'accrochaient à leur foi furent persécutés : les prêtres chassés, les ordres religieux supprimés, les fidèles condamnés à des amendes et les églises détruites.

L'année qui suivit son ordination, le Père François fut volontaire pour servir de missionnaire au Chablais. C'était une mission difficile, dangereuse. À cette époque, la plupart des habitants s'étaient convertis au protestantisme. Rares étaient ceux qui se considéraient comme catholiques, et ceux-là n'osaient pas le proclamer. Le Père François dormait au Château des Allinges, forteresse perchée sur une colline près de Thonon-les-Bains, seule présence catholique dans la région. Il parcourait le pays, s'efforçant de ramener les habitants du Chablais à la foi de leurs ancêtres ; il leur enseignait ou leur rappelait les enseignements et les pratiques de l'Église et la fraternité. On rapporte qu'après avoir servi quelques années comme missionnaire, presque tous les habitants du Chablais s'étaient reconvertis au catholicisme.

François n'avait que trente-cinq ans lorsqu'il fut nommé évêque et s'installa à Annecy. L'histoire de l'église catholique le présente comme un personnage aimé de tous. Il traitait avec amour et compassion les exclus, qu'ils soient hérétiques ou condamnés à la prison. On raconte que les petits enfants le suivaient pour qu'il les bénisse. Toutes sortes de gens lui écrivaient pour avoir son avis. Qu'il s'agisse de sujets spirituels ou pas, il leur répondait. Il publia pendant sa vie de nombreux livres. Son *Introduction à la Vie dévote,* ouvrage très populaire de son vivant, est encore lu aujourd'hui. Il conseille à une jeune mariée comment mener une vie dévote et honorable, dans ce monde de distractions, de tentations et de difficultés.

Pour lui, la foi et l'espérance peuvent mener au salut, mais c'est la charité qui permet d'y parvenir. La vie donne à chacun de nous la possibilité de pratiquer la charité. « Chaque instant vient vers nous porteur d'un ordre de Dieu simplement à transmettre et faire entrer dans l'éternité, où il restera pour toujours ce que nous en avons fait. »

La vie et les enseignements de Saint François de Sales ont marqué de nombreux habitants de Haute-Savoie. Certains d'entre eux sont véritablement ses successeurs spirituels.

Camille Folliet avait trente-deux ans au début de l'occupation allemande. Natif d'Annecy, il avait été ordonné prêtre en 1932 dans la cathédrale d'Annecy puis envoyé comme vicaire à Ugine, ville industrielle toute proche. L'usine qui produisait les équipements nécessaires à l'énergie hydro-électrique était le principal employeur. De nombreux habitants y travaillaient comme métallos. Les salaires étaient bas, et les conditions de travail dangereuses. Mais, comme c'était la crise, les patrons n'étaient guère incités à améliorer les conditions des ouvriers. « L'Abbé Cam », comme on l'appelait, travaillait avec les syndicats pour obtenir des augmentations de salaire et de meilleures conditions de travail. Il organisa également une section locale de la Jeunesse ouvrière chrétienne (JOC). Ses supérieurs ne voyaient pas d'un très bon œil son engagement avec « les jocistes ». Ils considéraient que cela sortait de la sphère traditionnelle de ses obligations de prêtre. En 1939, le Père Folliet fut mobilisé.

Après l'armistice, le Père Folliet fut nommé aumônier de la JOC pour le diocèse, et il revint vivre et travailler à Annecy. On lui accorda l'usage d'un bâtiment, « La Maison du Peuple », situé au cœur du vieil Annecy, dans le passage de la Cathédrale. Là, les jocistes se retrouvaient, tenaient des cercles d'études, rencontraient les nouveaux adhérents. Pour aider les chômeurs, le Père Folliet organisa un centre de formation professionnelle à proximité[36].

Pendant les deux premières années de l'Occupation, le clergé dans l'ensemble apporta un soutien sans réserve au maréchal Pétain. Le clergé était persuadé que le maréchal et son régime restaureraient le rôle central de l'Église dans la société, et qu'ils rétabliraient les valeurs traditionnelles, gravement érodées sous la Troisième République, trop libérale à ses yeux. Avant la fin août 1942, aucun évêque catholique de France n'avait protesté publiquement contre les discriminations ou les persécutions à l'encontre des Juifs.

Cependant, bien avant août 1942, une minorité de prêtres, en bas de la hiérarchie, avaient appelé les chrétiens à résister à la Collaboration et à dire non à l'antisémitisme. Entre novembre 1941 et août 1942, à Lyon, furent publiés quatre numéros des *Cahiers du Témoignage chrétien*. Revue clandestine, qui paraissait forcément en très peu d'exemplaires, les *Cahiers* passaient de main en main, et beaucoup les lisaient. Le Père Pierre Chaillet, enseignant chez les Jésuites à Fourvière, en était le principal instigateur. Peu après la publication du premier numéro, l'organisation œcuménique Amitié chrétienne se constitua à Lyon dans le but d'aider les Juifs.

Le diocèse d'Annecy était, selon l'expression d'Hyacinthe Vulliez, biographe de Camille Folliet, « l'image du catholicisme français[37] ». Mais Folliet se sentait proche de ces catholiques dissidents qui étaient passés dans la clandestinité. Il était en contact étroit avec des résistants à Lyon. Il faisait discrètement circuler, à ceux en qui il avait confiance, les *Cahiers du Témoignage chrétien*. La persécution des Juifs s'intensifia pendant l'été 1942, alors de dissident, le Père Folliet, devint résistant.

Comment fuir en Suisse pendant l'été ou l'automne 1942 ? Quand on était juif, il y avait trois obstacles à surmonter. D'abord, il fallait franchir la ligne de démarcation pour passer en zone libre. Il fallait ensuite parvenir en Haute-Savoie. Il fallait, enfin, trouver où, quand et comment traverser les barrages à la frontière. Pour beaucoup de Juifs qui débarquaient du train à Annecy, c'était la première fois qu'ils mettaient les pieds en Haute-Savoie, et c'était un pas décisif en direction de la frontière.

Camille Folliet était conscient de l'importance stratégique d'Annecy pour les Juifs en fuite. Il se résolut à prendre toute sa part afin de leur venir en

---

[36] Vulliez, *Camille Folliet*, p. 52. Vulliez indique qu'il était au numéro 12 de la rue Filaterie.
[37] Vulliez, *Camille Folliet*, p. 69.

aide. Il mit en place un réseau de soutien prêt à accueillir provisoirement ceux qui étaient pourchassés[38]. Il faut citer le Père Alphonse Baud, Frère supérieur du Monastère des Capucins, avenue de Cran, et le Père Pluot, directeur du Collège Saint-Michel, Faubourg des Balmettes. Le monastère des Capucins et le Collège Saint-Michel n'étaient pas loin à pied de la gare, leur proximité était précieuse pour les opérations de sauvetage. De temps à autre, les fugitifs étaient hébergés dans des institutions situées en dehors de la ville, comme le monastère des Trappistes à Tamié et le couvent des Sœurs de la Croix à Chavanod.

À cette même période, l'Abbé Cam avait établi et consolidé les liens entre le réseau de soutien d'Annecy et les villes situées près de la frontière. Il collabora étroitement avec de nombreux prêtres : Simon Gallay à Evian, Jean Rosay à Douvaine, Philippe Bublens à Thonon-les-Bains, Marius Jolivet à Collonges-sous-Salève, et Louis Favre à Ville-la-Grand.

Les catholiques n'assuraient pas seuls les opérations de sauvetage. Laïcs et protestants ont également joué un rôle crucial. Paul Chapel, Pasteur de la paroisse d'Annecy, et sa femme, Odette, hébergèrent des Juifs en route pour la frontière, au presbytère et dans des locaux de la paroisse. Des membres de la CIMADE, association d'entraide protestante – en particulier Geneviève Priacel-Pittet, (« Tatchou », son surnom de résistante), Suzanne Loiseau-Chevalley et Mireille Philip – accueillaient régulièrement des enfants et des familles juives en gare d'Annecy, et les accompagnaient en lieux sûrs, proches de la frontière[39]. Cet effort œcuménique fut intense entre septembre 1942 et février 1943.

Il fallait absolument que le travail de sauvetage soit effectué dans le plus grand secret, ainsi il ne reste pratiquement pas de preuve écrite ni d'explication pour éclairer comment il commença et se développa. Ce que l'on sait aujourd'hui a été glané en grande partie à partir des souvenirs et des entretiens recueillis après la guerre. Toutefois, de nombreuses personnes qui jouèrent un rôle crucial ne survécurent pas à la guerre. De plus, ce n'est qu'après les années 1980 que l'on a vraiment manifesté de l'intérêt et que l'on s'est penché sur ces actions de sauvetage. Mais alors certains des protagonistes qui avaient survécu à la guerre n'étaient plus de ce monde.

La promulgation en février 1943 du STO, Service du travail obligatoire en Allemagne, provoqua de profonds changements d'attitude chez les Français et modifia l'ordre de leurs priorités. Le Reich n'arrêtait pas de faire pression sur Vichy pour fournir aux Allemands la main d'œuvre nécessaire à leurs

---

[38] En plus des institutions citées dans le texte, Yagil, dans *Chrétiens et Juifs sous Vichy*, 174, note 3, indique que des filles étaient parfois logées à l'orphelinat du Sacré-Cœur, rue Berthollet, tenu par les Sœurs de la charité. Le nom de la personne en charge de l'orphelinat est demeuré inconnu.

[39] Fabre (éd.), *Les Clandestins de Dieu*, est une source excellente traitant du travail de CIMADE durant la guerre et contient des récits rédigés par Geneviève Priacel-Pittet et Suzanne Loiseau-Chevalley.

efforts de guerre, usines d'armement et autres installations industrielles. La France, pendant l'été 1942, avait commencé à recruter des volontaires pour « la relève ». L'arrangement était boiteux : l'Allemagne renverrait un prisonnier de guerre en échange de trois ouvriers qualifiés. La relève, vite discréditée dans l'opinion publique, ne parvint pas à satisfaire les exigences de main d'œuvre du Reich. Mesure draconienne, le STO forçait tous les jeunes Français nés entre janvier 1920 et décembre 1922 à effectuer deux ans de travail forcé en Allemagne. Le STO, plus qu'aucune autre institution, contribua à soulever la population contre les Allemands, et à faire naître la Résistance.

Au début, Vichy appela ceux qui se dérobaient au STO les « défaillants » et les « insoumis », mais le terme « réfractaires » devait bientôt entrer dans le langage courant. Dès le printemps 1943, Vichy savait que des bandes armées de réfractaires s'étaient retranchées dans les bois et les montagnes et se préparaient à « prendre le maquis[40] ». Citons H.R. Kedward :

> Mais pendant avril [1943], après une période de refus à la fois timide et ferme [du STO], on vit grandir un mouvement de combat, au discours agressif, avec toute une mystique romantique à la gloire de la révolte rurale. « Prendre le maquis », « le maquis », et « maquisard » entrèrent dans l'histoire et dans le langage de la Résistance, mais il est délicat d'en exagérer l'effet[41].

Au même moment où l'on instituait le STO, la menace immédiate se faisait moins forte sur les Juifs en Haute-Savoie car les militaires italiens avaient montré leur volonté de les protéger. C'est alors que Camille Folliet reporta son attention sur les besoins des réfractaires, dont beaucoup étaient ses jeunes jocistes. La plupart des dirigeants des mouvements de jeunesse catholiques recommandèrent à leurs membres d'obéir aux exigences du STO, mais le Père Folliet exhorta les jeunes gens à résister : ceux qui partaient de leur plein gré travailler en Allemagne, insistait-il, trahissaient leur pays. Le message de Folliet était clair, impérieux. Il attira des réfractaires de toute la France. Début avril, Folliet mit les réfractaires en relation avec l'Armée secrète de Thônes, un groupe de maquisards basé dans les montagnes à l'est d'Annecy.

Le 10 juin, la police secrète italienne, O.V.R.A. (Organizzazione per la Vigilanza e la Repressione dell'Antifascismo), arrêta Camille Folliet à sa descente du train, en gare d'Annecy. Accusé d'avoir aidé des insurgés armés, il fut emprisonné en Italie, à Cuneo puis à Fossano. L'arrestation et la déportation de Folliet porta un coup au moral des militants et des résistants dans toute la Haute-Savoie. Toutefois le réseau de sauvetage qu'il avait contribué à établir, resta solidement en place. C'est l'existence de ce réseau qui permit à l'équipe MJS, qui n'avait guère d'expérience, d'établir une base opérationnelle à Annecy et de réussir ses passages clandestins.

---

[40] Kedward, *In Search of the Maquis*, p. 26.
[41] Kedward, *In Search of the Maquis*, p. 29.

Deux femmes, Rolande Birgy et Colette Dufournet, disciples de l'Abbé Cam, apportèrent une aide précieuse aux opérations. Toutes les deux avaient trente ans en 1943. Elles étaient depuis longtemps membres de la JOC. On appelait Birgy « Béret Bleu », elle portait toujours le béret. Le faux nom de Dufournet était « Brigitte Lambert ». Elles avaient joué un rôle actif pour aider les Juifs à passer la frontière entre septembre 1942 et février 1943, lors de la première période des opérations de passages. Elles savaient qui, à Annecy, soutiendrait leur combat, qui offrirait de l'aide, qui ne parlerait pas. Autant que je sache, Rolande et Colette travaillèrent à la fois avec les équipes MJS et OSE à l'automne 1943.

Les Allemands avaient certes installé leur quartier général à Annecy, mais la ville allait être un bon tremplin pour les convois d'enfants à destination de la frontière. Les enfants juifs arrivaient à la gare à différentes heures du jour et de la nuit. Un membre du réseau les accueillait, les emmenait discrètement en lieu sûr – dans une école, un couvent, une famille – où ils restaient jusqu'au moment jugé opportun pour se diriger vers la frontière. Le temps passé à Annecy variait de quelques heures à quelques jours. Nombreux furent les habitants d'Annecy qui contribuèrent, plus ou moins, aux opérations de sauvetage. D'autres eurent vent que quelque chose se passait, mais ils choisirent de ne trahir ni leurs amis, ni leurs voisins, ni les étrangers qui se trouvaient parmi eux.

*

Je suis incapable de dire si les cinq membres de l'équipe MJS passaient tous inaperçus au milieu des Anneciens. Ils avaient tous des faux papiers (les synthés) en bonne et due forme. Voici ce qu'indiquait la synthé de Mila, dûment délivrée, en apparence, par la Préfecture de l'Isère : Anne-Marie Richemond, vingt-deux ans, étudiante, née à Grenoble, résidant à Saint-Pierre-d'Entremont (Isère). Sacha, elle, se prénommait Suzanne Racine, dix-huit ans, étudiante, née également en Isère. Les papiers de Tony étaient au nom de Victor Antoine Michault. François Fauron était le nom de guerre de Maurice Maidenberg. « Jeanne » était le faux nom de Bella, mais on ne sait pas quel nom figurait en réalité sur ses faux papiers.

Comme les autres résistants juifs, les membres de l'équipe MJS d'Annecy ne devaient absolument pas parler de leur activité. Même lorsqu'ils communiquaient avec leurs proches ou leurs amis, ils ne pouvaient pas dire qu'ils participaient à des opérations de sauvetage, ni dévoiler le moindre détail. De même on leur envoyait des instructions jugées essentielles pour la poursuite de leurs missions, mais on ne leur disait pas comment leurs activités se conjuguaient avec celles d'autres résistants engagés ailleurs en France. Il ne fallait pas en savoir trop sur l'ampleur des opérations par mesure de sécurité. C'était ainsi que fonctionnaient les groupes de résistants : limiter la somme d'informations compromettantes qu'une personne révélerait sous la torture ou la contrainte.

Les membres de l'équipe MJS avaient entre dix-huit et vingt-quatre ans mais, malgré leur jeune âge, ils avaient déjà une lourde responsabilité. Ils vivaient sous la menace quotidienne d'être démasqués, arrêtés, déportés. Quand ils se déplaçaient seuls ou avec des enfants, dans la région, ou simplement à pied dans Annecy, il leur fallait être vigilants, en alerte en permanence, attentifs à ce qui se passait autour d'eux, écouter leur instinct. Il leur fallait s'entraider, se faire confiance, se concerter pour résoudre les problèmes. Rien de surprenant que des liens solides se soient créés entre eux et que certains soient tombés amoureux.

C'est en août, à Saint-Gervais, que commença l'histoire d'amour entre Sacha Racine et Maurice Maidenberg[42]. Tous deux se proposèrent pour faire passer un groupe d'enfants en Suisse, par la montagne, à l'est de Morzine. (Cela aussi avait été une sorte de test et, bien que le passage ait réussi, les organisateurs des convois décidèrent de ne pas utiliser régulièrement cet itinéraire, particulièrement difficile.) Ils prirent le train pour Morzine. À la nuit tombée, ils commencèrent à escalader la montagne. Ils parvinrent au sommet dans la nuit puis abordèrent la descente. C'était encore l'été, mais l'air était glacé. Peu après le lever du soleil, ils arrivèrent à une ferme. Les fermiers étaient occupés à fabriquer du fromage, mais ils accueillirent les étrangers avec bonté et leur offrirent l'hospitalité. Ils assurèrent au groupe qu'ils étaient bien arrivés en Suisse. Ils firent du feu pour les réchauffer, leur offrirent du pain et du fromage. Puis ils les invitèrent à se coucher pour se reposer dans la grange. C'est là, dans la grange, que Maurice donna à Sacha son premier baiser. Plus tard dans la matinée, les enfants poursuivirent leur périple, et Maurice et Sacha retournèrent à Saint-Gervais. Après que l'équipe MJS eut établi sa base opérationnelle à Annecy, Sacha et Maurice décidèrent de rester ensemble. Ils continuèrent d'accompagner des groupes d'enfants jusqu'à la frontière. Les sentiments qu'ils éprouvaient l'un pour l'autre se fortifièrent et leur histoire d'amour, commencée en août 1943, allait durer toute leur vie.

---

[42] Interview avec Sacha Maidenberg (née Racine).

Maurice Maidenberg et Sacha Racine, lieu et date non précisés.
Photo gracieusement fournie par la famille Racine.

Bella, elle aussi, avait rencontré son futur mari et était terriblement amoureuse. Asher Michaeli, que tout le monde appelait Ado, était membre du gdoud grenoblois chargé de fabriquer de faux papiers. Son travail consistait à rechercher, dans les villes et les villages de l'Isère, des fonctionnaires compréhensifs pour obtenir les renseignements utiles à la préparation des synthés.

Bella Wendling et Ado Michaeli, Grenoble 1943 ou 1944.
© Mémorial de la Shoah, ARJF_MLXXXIII_C_88.

Et Mila ? A-t-elle éprouvé des sentiments amoureux pour quelqu'un ? En juillet 2000, j'ai eu un entretien avec Sacha Maidenberg à Paris. Les balcons de l'appartement regorgeaient de plantes, de fleurs rouges, violettes et roses. Sur la cheminée, il y avait une toute petite photo en noir et blanc, le faire-part de naissance d'un petit enfant. L'une des questions que je posai à Sacha fut de savoir si Mila avait été amoureuse. Elle me répondit à moitié en anglais et à moitié en français : « I don't know because at that time, when we were young [je ne sais pas parce qu'en ce temps-là, quand nous étions jeunes], on ne couchait pas avec des garçons. » Je formulai à nouveau ma question pour clarifier ce qu'il y avait derrière mon interrogation : a-t-elle eu un copain particulièrement proche ? Elle me répondit : « Elle n'avait pas rencontré son grand amour. Mais elle n'était jamais seule. Elle avait toujours un amoureux. » L'année suivante, je rencontrai Denise Vernay, « Miarka » pendant la guerre. Dans les deux camps de concentration, Ravensbrück et Mauthausen, Denise avait été l'amie proche de Mila, sa confidente. Elle me demanda ce que j'avais appris au sujet du « boyfriend ». Mila lui avait parlé de ses sentiments pour quelqu'un dont elle ignorait le nom. Je ne pus répondre à sa question. Je supposais que c'était Tony Gryn, car tous deux avaient travaillé en équipe pendant toute la période des passages clandestins. Mais ce n'est qu'en 2006, date de mon premier contact avec Tito Gryn, que j'en ai eu la confirmation. Au début de notre premier échange téléphonique, je lui ai présenté mon sujet de recherche et parlé de mon intérêt pour le rôle clé que jouèrent son père et Mila Racine. Il m'interrompit immédiatement : « C'était sa copine ! » Est-ce que Sacha avait raison de dire que Mila n'avait pas rencontré « son grand amour »? On ne le saura jamais.

6. Nice

La frontière entre le canton de Genève et la Haute-Savoie peut, me semble-t-il, être répartie en trois segments. Le premier, le plus à l'ouest, commence au Rhône et va jusqu'à l'Arve, en direction de l'est. Le terrain est plat dans l'ensemble, l'habitat dispersé, à l'exception de la petite ville de Saint-Julien-en-Genevois. De petites enclaves résidentielles sont disséminées au milieu des champs et des cultures. Le deuxième segment commence à l'Arve et va en direction du nord-est jusqu'à La Renfile. Annemasse et les villes adjacentes de Gaillard, Ambilly et Ville-la-Grand jouxtent les quartiers situés à l'est du canton de Genève pour former une zone urbaine ininterrompue. Le troisième segment s'étend au nord, de La Renfile jusqu'au Lac Léman (ou Lac de Genève), sur la commune suisse d'Hermance. Cette partie est plus vallonnée que les deux autres. On ne peut pas parler de zone urbaine : bois, champs et cultures prédominent.

En 1943, autant que je puisse l'établir, certains endroits de la frontière entre le canton de Genève et la Haute-Savoie étaient tantôt séparés par quatre barrières de barbelés (deux de chaque côté), et tantôt par deux barrières (une de chaque côté). Enfin là où la frontière suivait le cours d'une rivière dont les rives étaient bordées d'arbres et autre végétation, il n'y avait pas de barbelés.

Il n'y a plus les barrières de barbelés qui défendaient la frontière pendant la guerre, mais à part cela, il semblerait que les segments un et trois n'ont pas beaucoup changé d'aspect en soixante-dix ans.

A la fin du 18e siècle, des bornes numérotées furent placées le long des 58 km de frontière qui séparent le canton de Genève de la Haute-Savoie : la borne numéro 1 à l'extrémité sud-ouest de la frontière, près du Rhône, et la borne 219 à l'extrémité nord-est, sur la rive du lac. Les bornes en pierre n'étaient pas à égale distance les unes des autres, leur taille et leur aspect n'étaient pas non plus uniformes. Certaines étaient grandes, bien visibles, mais d'autres petites et massives. Quelques bornes d'origine ont été remplacées au cours du temps. Mais quels que soient leur taille et leur âge, un « S » avait été gravé sur une face et un « G » sur l'autre. Le « S », orienté vers la France, signifiait « Savoie » et le « G », orienté vers la Suisse, « Genève ». Certaines bornes existent encore et avec l'aide d'un guide on peut les localiser[1]. On peut aussi trouver des cartes de la région frontalière où figurent les numéros des bornes[2].

De nombreux rapports d'arrestation préparés par les gardes-frontières suisses mentionnent un numéro précis de borne indiquant le lieu d'arrestation. C'est d'autant plus précieux qu'ils donnent l'endroit exact de l'arrestation. Certains aspects du paysage ont certes changé, mais pas le numéro des bornes. Dans ces rapports, la lettre « b » représente l'abréviation de « borne », ainsi « b. 185 » désigne la borne 185.

Grâce à ces numéros de borne donnés dans certains rapports, nous savons qu'un groupe d'enfants juifs a traversé la frontière au Juvénat, à Ville-la-Grand, le 14 septembre. L'endroit mentionné sur le rapport, « b.108 », correspond à la borne située à l'angle sud-ouest de la propriété de l'école. Ce convoi MJS numéro 6 allait être le plus important de tout l'automne 1943. Les enfants étaient si nombreux, ils étaient vingt-neuf, que les organisateurs divisèrent le groupe en deux. Le rapport indique que le premier sous-groupe fut arrêté à dix heures moins quart du soir, et le second à onze heures dix du soir. On emmena les enfants au poste-frontière de Cornières.

Roland Epstein, nouveau venu dans l'équipe du MJS, aida le groupe à passer la frontière. Les faux papiers de ce garçon de vingt-et-un ans étaient au nom de Roland Estienne. Il était originaire de Szczuczyn, Pologne. Il avait fait partie du *gdoud* de Grenoble.

Tous les enfants de ce convoi avaient habité la région parisienne avant leur départ pour la Suisse. Il semble que le groupe ait été constitué à Paris et amené directement à Annemasse[3]. Beaucoup d'enfants étaient très petits et voyageaient sans frères et sœurs aînés. Les noms de dix enfants figurent sur les listes de la Rue Amelot : Victor Grabsztok (13 ans) ; Madeleine Gwiazda (9 ans) et sa sœur Jeannette (7 ans) ; Henri Kamer (5 ans) ; Raymond Kuperas (12 ans) ; et Fradja Rosenfeld (16 ans) et ses sœurs Berthe (12 ans), Rachel (9 ans), Marie (7 ans), et Sarah (5 ans). Il est possible que d'autres enfants aient également été pris en charge par le groupe Rue Amelot, bien que leurs noms n'ap paraissent pas sur ces listes. Voici les noms des autres enfants : Esther Alamand (12 ans) ; David Ejzenbaum (13 ans) ; Jérémie Kantorowicz (12 ans) et ses frères Bernard (10 ans) et Maurice (6 ans) ;

---

[1] Par exemple Bodénès, *Promenades sur la Frontière franco-genevoise*.

[2] Les cartes indiquant les bornes numérotées proviennent de la série des cartes nationales de la Suisse, à l'échelle 1 : 25 000, publiée par l'Office fédéral de topographie (sections 1281, 1300, et 1301), ainsi que la carte de Genève, Annemasse, le Léman, 1 : 25 000, publiée par l'Institut géographique national (3429 OT).

[3] Il y a une certaine uniformité dans les informations apparaissant sur les déclarations signées par les enfants de ce convoi concernant les circonstances du convoi lui-même – en particulier le fait que les enfants vivaient à Paris et qu'ils avaient été regroupés à Paris, puis amenés à la frontière. Comme on l'a noté précédemment, il ne faut pas supposer que les informations fournies sur les Déclarations sont absolument exactes. Les souvenirs d'Elianc Suerinck (née Neoussikhin) et de Victor Graimont (précédemment Grabsztok) sont conformes aux informations essentielles citées ici au sujet du convoi.

Isaac Kotkowski (16 ans) et son frère Max (8 ans) ; Paulette Kuperhant (14 ans) et son frère Max (14 ans) ; Albert Madjora (13 ans), sa sœur Rose (9 ans) et ses frères Michel (8 ans) et Maurice (6 ans) ; Eliane Neoussikhin (9 ans) ; Edwige Plaut (7 ou 8 ans) ; Esther Sidi (13 ans) et son frère Elie (10 ans) ; Dora Tovy (13 ans) ; et Emile Waksman (9 ans).

Roland Epstein (à droite), Chambéry, été 1943.
(Victor Sullaper, membre également du MJS, est au centre, le garçon à gauche n'a pas été identifié). © Mémorial de la Shoah, ARJF_MLXXXIII_A_49.

Eliane Neoussikhin était l'enfant unique de deux ingénieurs en électricité qui s'étaient rencontrés quand ils étaient étudiants à l'IEG de Grenoble, la prestigieuse école de la Houille Blanche[4]. Anatole, le père d'Eliane, était originaire de Moscou, et sa mère, Valentine, venait d'Ukraine. Après avoir terminé ses études, Valentine trouva un emploi chez Thomson-Houston. Anatole, lui, ne put trouver du travail et créa donc un atelier de production et d'assemblage de transformateurs. À la veille de la guerre, il s'engagea dans

---

[4] L'information biographique sur la famille Neoussikhin provient d'un entretien avec Eliane Suerinck (née Neoussikhin) le 20 septembre 2008 à Lyon et d'un échange de lettres.

l'armée française, pour obtenir la nationalité française. Fait prisonnier avec sa compagnie, il fut envoyé dans un stalag à Neubrandenburg. Il resta prisonnier des Allemands jusqu'à la fin de la guerre[5].

Eliane et sa mère traversèrent les dangers et les privations de l'Occupation tant bien que mal. Thomson-Houston licencia Valentine parce qu'elle était juive mais, grâce au COJASOR (Comité juif d'action sociale et de reconstruction), elle retrouva un emploi. En 1942, Valentine plaça Eliane dans un pensionnat à Viroflay, en région parisienne. Il lui était devenu de plus en plus difficile de s'occuper de sa fille et de subvenir à ses besoins. Lorsque sa sœur aînée, dont le fils était élève dans cette école, lui proposa de payer les frais de scolarité et de pensionnat, Valentine accepta. Tous les jours, les élèves étaient rassemblés pour entonner l'hymne de Vichy : « Maréchal, Nous voilà ».

En juin 1942, Eliane quitta le pensionnat et retourna chez elle, rue Meilhac, dans le 16ème arrondissement, pour passer quelques jours de vacances avec sa mère. Un après-midi qu'elle se trouvait seule à la maison, elle décida de rendre visite à sa grand-mère, qui habitait à vingt minutes de là. Elle portait au-dessus de sa blouse, une petite veste sur laquelle avait été cousue solidement, à gauche, l'étoile jaune à six branches. Conformément à l'arrêté allemand qui prit effet en zone occupée le 7 juin 1942, l'étoile jaune, bordée de noir, avec l'inscription « juif » ou « juive », avait la dimension de la paume de la main. Toute personne dès l'âge de six ans et considérée comme juive par les Allemands devait obligatoirement et constamment la porter.

Eliane passa un moment très agréable avec sa grand-mère. Sa *bube* voulait qu'elle goûte sa compote qui était en train de cuire et qu'elle en apporte à sa mère. Mais comme la compote n'était pas prête, Eliane dut attendre. Il était déjà tard lorsqu'elle prit le chemin du retour. Il faisait chaud et, au lieu d'enfiler sa veste, elle la porta repliée sur son bras. Elle arriva à la maison peu après huit heures du soir. Sa mère était en larmes, bouleversée. Eliane ne savait pas que les Juifs n'avaient pas le droit d'être dans la rue entre huit heures du soir et six heures du matin. Le couvre-feu était entré en vigueur en février, et la police parisienne s'appliquait à le faire respecter. Comme Eliane n'était pas rentrée avant le début du couvre-feu, sa mère craignait qu'elle ait été arrêtée. Cet incident la bouleversa : si sa veste n'avait pas été repliée sur son bras, elle aurait très bien pu être arrêtée. Elle commençait à mesurer l'énormité du danger auquel elle était exposée simplement parce qu'elle était juive.

Peu de temps après cet épisode, un policier français se présenta au domicile de Valentine pour la prévenir que son nom figurait sur une liste de personnes qui devaient être arrêtées. Eliane était alors retournée au pensionnat à Viroflay. Valentine quitta immédiatement Paris et se rendit à Bagneux, où vivaient d'autres membres de la famille. Elle avait été avertie juste avant

---

[5] Le père d'Eliane fut libéré par l'armée russe et retourna en France à la fin de 1945.

la rafle du Vel' d'Hiv. Coïncidence : la sœur jumelle de Valentine fut aussi sauvée de la déportation grâce à la bienveillance d'un policier français. Elle avait été arrêtée avec son bébé de cinq mois et retenue au Vél d'Hiv, mais un policier français eut pitié d'elle et lui permit de s'échapper en ouvrant une issue de secours.

On ne sait pas exactement comment Valentine fit le nécessaire pour qu'Eliane fasse partie du groupe d'enfants qui quitta Paris pour la Suisse en septembre 1943. Eliane était apparentée à Simon Lévitte – Valentine et Simon étaient cousins germains – et c'est probablement grâce aux relations familiales que Valentine organisa le départ de sa fille.

Comme on peut s'y attendre, les souvenirs qu'Eliane a gardés de son départ de Paris et du voyage jusqu'à la frontière sont fragmentaires. Elle se souvient que sa mère, après lui avoir dit au revoir, la laissa seule dans un endroit inconnu, à un coin de rue, attendant qu'un homme vienne pour l'emmener à la gare. Une fois le groupe arrivé en Haute-Savoie, elle se souvient aussi d'avoir marché le long d'une route. Elle suivait les instructions du responsable : se jeter à terre et rester immobile chaque fois qu'on entendrait une voiture approcher. Pour aider les plus petits à rester calmes, on les avait confiés à un « grand ». Eliane avait été confiée à Victor, un garçon de treize ans. Son souvenir le plus marquant est qu'elle ne lâcha pas une seconde la main de Victor pendant toute cette épreuve effroyable du passage de la frontière.

Victor Grabsztok était l'enfant unique de Yankiel et de Syrla, tous deux émigrés polonais arrivés à Paris en 1928[6]. Victor avait six demi-frères et sœurs. Trois des enfants étaient arrivés à Paris avec Yankiel et Syrla ; les trois autres restèrent en Pologne jusqu'en 1936. Yankiel Grabsztok était tailleur tout comme le père de Maurice Glazman. La famille logeait dans un petit appartement de deux pièces Deux machines à coudre et une grande table à repasser occupaient l'une des pièces, qui servait d'atelier au père pendant la journée. Le soir, Victor et l'un de ses demi-frères dépliaient un lit et dormaient là. L'appartement n'avait pas de sanitaires. Le matin, on se lavait au robinet de la cuisine et on descendait ou on montait un étage pour aller aux toilettes. Le samedi, on allait aux douches municipales. Quand les demi-sœurs de Victor arrivèrent à Paris en 1935, sept personnes vivaient dans le petit appartement. (À cette époque, un frère et une sœur s'étaient mariés et avaient déménagé.) Ils étaient serrés comme des sardines, ils ne possédaient pas grand-chose, mais ils ne s'en souciaient guère. À Paris, de nombreuses familles d'immigrés vivaient comme eux. La famille de Victor était heureuse d'être ensemble et de participer à cette communauté juive pleine de vie, d'une grande diversité, venue de toute l'Europe.

---

[6] L'information présentée ici provient d'une correspondance entre Victor Graimont et l'auteur, en particulier une lettre de deux pages reçue le 11 novembre 2008, et trois pages de mémoires reçues le 26 janvier 2009.

La situation de la famille Grabsztok changea radicalement en 1941. Léon, l'un des frères de Victor, fut arrêté et emprisonné dans un camp d'internement en France. Deux sœurs et un frère quittèrent Paris et traversèrent la ligne de démarcation pour passer en zone libre. En juillet 1942, lors de la rafle du Vél d'Hiv, une sœur et son fils de sept ans ainsi qu'une belle-sœur et son fils de trois ans furent arrêtés et déportés. Victor, ses parents et sa sœur Marie eurent plus de chance. Un gendarme se rendit chez eux, leur ordonna de commencer à faire leurs bagages, et les informa qu'il reviendrait plus tard les chercher. Ils s'enfuirent et se cachèrent dans des hôtels et chez des amis. Ils revinrent dans l'appartement en octobre.

Le 26 décembre 1942, Syrla, qui n'avait que quarante-sept ans, mourut d'une attaque cardiaque. À la mi-janvier, Yankiel confia Victor à « La Mère et l'enfant », l'une des œuvres du Comité de la rue Amelot. L'organisation plaça Victor et un autre garçon, Raymond Kuperas, dans une famille à 80 km de Paris. Ils ne purent aller à l'école. Ils n'avaient pas grand-chose à faire si ce n'est se rendre utiles dans la maison. En septembre, une assistante sociale vint chercher les deux garçons et les ramena à Paris pour qu'ils puissent faire partie du groupe en partance pour la Suisse.

De nombreuses années plus tard, Victor se souviendrait encore qu'il tenait la main d'une petite fille pendant qu'ils se dirigeaient vers la frontière dans la nuit. On leur avait dit « de ne pas parler, ne pas tousser, ne pas pleurer, bref le silence absolu[7] ». À un moment donné, le chef du groupe donna l'ordre aux enfants de jeter tous leurs sacs par-dessus les rangées de barbelés. Eliane avait un sac à dos et un sac à main rouge que sa mère lui avait donnés. Dans le sac à main rouge, il y avait un bout de papier sur lequel était écrit le nom de Mendel Slatkine, l'oncle de sa grand-mère. Monsieur Slatkine habitait à Genève et était prêt à accueillir Eliane quand elle aurait franchi la frontière. Eliane jeta son sac à dos et son sac à main par-dessus les barbelés. Les enfants se couchèrent alors sur le sol et rampèrent sous les barbelés. Les objets qu'on avait lancés avaient atterri dans de hautes herbes. Eliane récupéra son sac à dos, mais étant donné que tous se dépêchaient dans l'obscurité, elle ne put retrouver son sac à main rouge.

Après avoir franchi le No man's land puis la ou les rangées de barbelés, Victor, Eliane et les autres enfants furent soudain saisis de panique quand un soldat qui semblait avoir un casque allemand, bondit de derrière un arbre et leur hurla « Halte ! » avec un fort accent allemand. Les enfants étaient paralysés de frayeur. Quand le soldat vit leur effroi, il leur assura qu'ils étaient bien en Suisse, et qu'ils n'étaient pas en danger.

*

---

[7] Lettre de Victor Graimont (Grabsztok) à N. Lefenfeld, reçue le 11 novembre 2008.

Comme il ne pouvait trouver aucune liste de Juifs, Aloïs Brunner mit au point sa propre stratégie pour traquer ses victimes. Dans un rapport datant de cette époque sur la situation à Nice, un membre du MJS, dont on ne connaît pas le nom, décrit les « procédés » couramment employés :

> a) les Allemands posèrent en principe absolu que la circoncision équivalait au fait d'être Juif. Ainsi tous les papiers perdaient grandement de leur valeur.
>
> b) des voiturettes, montées par des « physionomistes » circulèrent, embarquant tous les gens à face juive, quitte à les relâcher s'il y avait erreur.
>
> c) rafles fréquentes dans les hôtels et meublés.
>
> d) une armée de dénonciateurs se met à l'œuvre. Constitués en vraies bandes organisées, ces dénonciateurs dits « fausse Gestapo » firent systématiquement la chasse aux Juifs riches pour les dépouiller, sur quoi la « vrai [sic] Gestapo » venait les arrêter....
>
> e) des contrôles de trains féroces empêchèrent le départ des Juifs [...][8,9]

Peut-on dire que ces procédés étaient nouveaux ? Non. La présomption que la circoncision montrait ou prouvait qu'on était juif, l'utilisation des soi-disant « physionomistes » pour identifier les Juifs par les traits du visage, les rafles généralisées dans les hôtels et les meublés, l'argent distribué aux informateurs et la surveillance des transports publics – tout cela avait déjà été utilisé en Europe occupée par les nazis, tout cela avait déjà été utilisé en France. Cependant, la situation à Nice, à l'automne 1943, est généralement décrite par ceux qui l'ont vécue, et ceux qui l'ont étudiée, comme différente des autres périodes de l'Occupation. La liste des procédés énumérés ci-dessus est en fait précédée par cette affirmation : « Et la persécution commença

---

[8] Mémorial de la Shoah, CCCLXVI-64, rapport non signé intitulé « Nice », daté du 20 décembre 1943, 1. Mes lectures de sources primaires et secondaires suggèrent que, malgré sa brièveté, cette liste est exacte et complète pour l'essentiel. De nombreux récits de témoins oculaires (des lettres et des rapports contemporains ainsi que des témoignages préparés après les évènements) racontent comment les Allemands, aidés par les collaborateurs locaux, ont mis à exécution les raids à Nice, arrêtant, brutalisant, et torturant les Juifs, les opposants, et d'autres personnes jugées indésirables. Des extraits de ces témoignages ont été reproduits dans plusieurs des textes cités ici.

[9] L'auteur de ce rapport succinct n'explique pas précisément comment opérait cette prétendue « fausse Gestapo ». Le rapport explique cependant que certains individus étaient exécutés pour n'avoir pas respecté la « clause financière ». Des dénonciateurs étaient payés par la Gestapo pour traquer et identifier les Juifs. L'implication était que la « clause financière » faisait partie de l'accord établi entre les « vrais [membres de la] Gestapo » et des dénonciateurs, interdisant à ces derniers de dépouiller leur proie. Le rapport semble mettre dans le même panier tous les dénonciateurs sous le titre de « fausse Gestapo ». Il semble probable que l'auteur n'a simplement pas pris le temps de clarifier l'usage qu'il fait de cette expression, qui suggère que certains dénonciateurs se posaient comme membres de la Gestapo qui promettaient de relâcher les Juifs capturés en échange de leur argent, de leurs bijoux, etc.

sous des formes et une fréquence inconnues jusque-là[10]. » En quoi cette chasse à l'homme fut-elle différente des autres ?

L'étendue de la répression aveugle en est le premier aspect. Ne disposant pas de listes de noms ni d'adresses, Brunner se basa sur ce que nous appelons aujourd'hui le profil racial, ainsi que sur les renseignements fournis par des collaborateurs et des indicateurs[11]. Toute personne soupçonnée d'être juive était passible d'arrestation et soumise à des interrogatoires. En voici la description par Poznanski :

> Mais des dénonciateurs rémunérés furent recrutés, des « physionomistes » – sans doute spécialistes du fameux « faciès spécifiquement judaïque » – secondèrent les unités de la Gestapo qui sillonnèrent les rues, passèrent d'hôtel en hôtel, de bâtiment en bâtiment, ratissant large et arrêtant un maximum de gens : tous furent examinés, le pantalon sur les chevilles, et ceux qui étaient circoncis étaient irrémédiablement considérés comme Juifs. Voilà qui remplaçait avec efficacité le tampon sur la carte d'identité[12].

Aucune distinction n'était faite entre Israélite et Juif. Tous étaient visés, destinés à être déportés. Étaient visés aussi ceux qui cachaient des Juifs, et les personnes qui participaient à des activités, que les nazis qualifiaient de « sabotage » ou d'aide à l'ennemi. Jusque-là les autorités allemandes et le gouvernement français avaient jugé important de maintenir quelque simulacre de légalité, mais là où régnait la terreur la plus arbitraire ce n'était plus possible.

La brutalité en est le second aspect. Lorsque la police de Paris procéda à la rafle d'environ 13 000 Juifs les 16 et 17 juillet 1942, elle le fit, en gros, sans brutalité ou violence excessives. Même les agents de la Gestapo et les soldats nazis en France avaient pris soin de choisir l'endroit où ils brutalisaient leurs prisonniers juifs. Ils n'infligeaient pas de tortures ni d'humiliations publiques aux Juifs de France comme ils le faisaient régulièrement en Europe de l'Est et parfois dans d'autres pays d'Europe de l'Ouest. Pendant les premières années de l'Occupation en particulier, ils redoutaient trop la réaction de l'opinion publique pour s'engager dans cette voie. Cepen-

---

[10] Mémorial de la Shoah, CCCLXVI-64, rapport non signé intitulé « Nice », daté du 20 décembre 1943, p. 1.

[11] Il est important de relever que, bien que le commando de Brunner se soit appuyé essentiellement sur les informations fournies par des collaborateurs et des informateurs, la majorité de la population de Nice n'a pas aidé les Allemands à mener leur chasse à l'homme. Beaucoup sont en fait venus au secours des Juifs, les aidants à trouver des caches ou à quitter la ville. Les livres sur le sujet indiquent que de nombreux collaborateurs et informateurs faisaient partie de la Milice ou du Parti populaire français (PPF). Certains informateurs s'étaient fait attirer par la promesse d'une prime, qui se montait à l'origine à 100 francs par Juif et qui augmenta par la suite. Zuccotti, dans son ouvrage *The Holocaust, the French, and the Jews*, p. 183, indique que « la récompense augmenta à 1 000 francs, voire occasionnellement 5 000 francs ». Je n'ai trouvé aucune référence quant à savoir si les Allemands ont tenu leurs promesses de récompense.

[12] Poznanaski, *Les Juifs en France*, p. 467.

dant à Nice, à l'automne 1943, les hommes du commando de Brunner maltraitaient et humiliaient publiquement les Juifs et ceux qu'ils croyaient être Juifs à tel point que les Français en furent choqués. Brunner ne comptait pas sur la police française pour mener la chasse à l'homme, car il craignait que les gendarmes ne suivent pas ses ordres. Selon certaines sources, il utilisa la police française pour interdire l'accès à des immeubles ou à des quartiers, dans le but de préparer une descente des SS. On raconte que, lors des raids, les SS étaient aidés par la Milice, cette force française paramilitaire, créée en janvier 1943 pour combattre la Résistance.

Les Niçois ne pouvaient pas ne pas voir, ne pas entendre les hommes, les femmes et les enfants qu'on traînait dans les entrées de leurs immeubles, dans les rues, sous leurs fenêtres. Klarsfeld cite une lettre « indignée » envoyée le 23 septembre par un Niçois à Monseigneur Saliège, l'archevêque de Toulouse, lettre interceptée et envoyée à la Gestapo[13]. La citation contient une description des persécutions infligées aux Juifs et conclut : « La population est outrée et atterrée[14]. »

Enfin le troisième aspect marquant de cette différence est le fait que la chasse à l'homme dura longtemps et fut impitoyable. Elle se prolongea jusqu'au départ de Brunner, quelques mois plus tard, le 14 décembre.

*

Certains bâtiments réquisitionnés par la Gestapo pendant l'Occupation portent encore le sceau lugubre de ces années-là. Mais ce n'est pas le cas de l'Hôtel Excelsior à Nice : intérieur blanchi à la chaux, chandeliers étincelants, rien de plus léger, de plus désinvolte. Pour qui déjeune sous un palmier dans la cour inondée de soleil, comment imaginer que Brunner désigna officiellement l'Excelsior comme l'annexe de Drancy, Drancy qui était l'antichambre d'Auschwitz[15]. Les Juifs, et ceux « accusés » ou « soupçonnés » d'être des Juifs, étaient amenés à l'Hôtel pour y être interrogés, torturés, puis déportés. Situé au numéro 19 de l'avenue Durante, l'Excelsior est littéralement à deux pas de la gare centrale, ce qui peut expliquer pourquoi il fut choisi pour être le lieu de tant d'atrocités.

Médecin juif, le Docteur Abraham Drucker fut interné en mai 1943 à Drancy, où il travailla à l'infirmerie. Le 13 septembre, le docteur et deux de ses camarades furent envoyés à Nice, où ils arrivèrent deux jours plus tard. « Nous fûmes dirigés et enfermés à l'hôtel Excelsior à Nice, et le Capitaine

---

[13] Klarsfeld, *Vichy-Auschwitz, La « Solution finale »*, p. 304.
[14] Klarsfeld, *Vichy-Auschwitz, La « Solution finale »*, p. 305.
[15] Brunner désignait officiellement l'Excelsior comme le « camp de recensement des Juifs arrêtés, dépendant du camp du Drancy ». Cette désignation est citée dans plusieurs textes dont, par exemple, Klarsfeld, *Le Calendrier*, p. 885. Je n'ai toutefois pas été en mesure d'identifier ses origines.

BRUNNER me donna l'ordre d'organiser une infirmerie sur le modèle de Drancy, et de m'occuper de mes camarades internés, malades ou blessés[16]. » Voici son poignant témoignage :

> Pendant les 3 mois que j'ai été détenu à l'Excelsior, j'ai été témoin et victime d'une terreur et d'atrocités effroyables ; cette équipe comprenait 12 à 14 tortionnaires, sous le commandement de BRUNNER, procédait à des arrestations d'hommes, de femmes et d'enfants juifs, pour la plupart du temps effectuées la nuit, subissant tous des interrogatoires interminables, sous la menace du révolver et souvent brutalement frappés, afin d'avouer la qualité des Juifs, et d'indiquer l'adresse des parents, maris, enfants, frères, etc...
>
> Parmi les arrêtés, il y avait des malades, des infirmes, des vieillards, des nourrissons, des femmes enceintes, et tous subissaient les violences et les tortures de ces brutes ; la plupart furent cueillis dans leur lit et amenés en vêtements de nuit, grelottant de peur et de froid.
>
> Jour et nuit, le plus grand nombre des arrêtés nécessitaient des soins médicaux, pansements de blessures, par balles cuisses, jambes, fesses, coupures du cuir chevelu, décollement d'une oreille par la crosse du révolver, hématomes et ecchymoses multiples sur tout le corps, dents cassées, lèvres fendues, écorchures de la face, côtes brisées, entorses, etc...[17]

Le Dr Drucker se trouva piégé, dans une situation qui est sans doute le pire cauchemar pour un médecin. On faisait régulièrement appel à lui pour soigner des patients afin de les soumettre à nouveau à la torture et aux interrogatoires. Parmi les cas typiques qu'il décrit dans son témoignage, il y a celui d'un patient du nom de Rosenbaum, « Roz », amené à l'infirmerie, couvert de bleus, respirant difficilement, le pouls à peine perceptible, en état de choc :

> La Doctoresse SPIEGEL et moi, faisions des efforts désespérés pour le ranimer (injections de caféine, huile camphrée, boissons et bouillottes chaudes). Presque toute la nuit, ce camarade blessé a été entre la vie et la mort. Quand il a repris un peu connaissance, il nous a demandé désespérément de lui faire des piqûres afin de l'achever, car il avait peur d'être soumis à nouveau à ces interrogatoires terribles, et que la souffrance lui laissât échapper un aveu[18].

Le médecin explique que le jour suivant son patient fut emmené pour être à nouveau interrogé. Ramené à l'Excelsior dans la soirée, il fut enfermé dans une chambre au 5ème étage, avec interdiction de recevoir le moindre soin. Malgré l'interdiction, les docteurs Drucker et Spiegel réussirent à entrer dans sa chambre. À nouveau, Roz les supplia de lui faire une injection qui mettrait fin à ses jours. Les médecins dirent ce qu'ils pouvaient pour l'encourager à

---

[16] Mémorial de la Shoah, CCXVI-66, témoignage de Dr A. Drucker, 2 février 1946, p. 8.
[17] Mémorial de la Shoah, CCXVI-66, témoignage de Dr A. Drucker, 2 février 1946, p. 8.
[18] Mémorial de la Shoah, CCXVI-66, témoignage de Dr A. Drucker, 2 février 1946, p. 9.

tenir et le quittèrent pour s'occuper d'autres malades. Peu après, ils entendirent un cri et ils découvrirent que Roz s'était jeté par la fenêtre. Il gisait dans la cour, inconscient, souffrant de multiples fractures. Le Dr Drucker et deux autres personnes le transportèrent dans une chambre.

> [...] il respirait encore ; son état était extrêmement grave. La première chose que les bourreaux dirent à la Doctoresse SPIEGEL et à moi, fut : « Soignez-le à tout prix, il faut qu'il vive ; nous voulons qu'il parle » ; nous avons veillé notre camarade une partie de la nuit et, vers le matin, sans avoir repris connaissance, il est mort[19].

En préparant sa déposition, le Dr Drucker avait le sentiment qu'en tant que témoin de ces évènements, il était de la plus haute importance d'identifier, par leur nom, les membres de la Gestapo qui commirent à l'Hôtel Excelsior ces atrocités. Il cite les noms suivants : (1) Brunner, le commandant du groupe ; (2) Vogel ; (3) Brückler, décrit comme « particulièrement féroce » ; (4) Ullmann, l'homme qui tourmenta le patient Roz (Rosenbaum) ; (5) Bilartz, identifié comme adjudant-chef ; (6) Zitter, identifié comme *Oberscharführer* (adjudant) et décrit comme « particulièrement féroce, fanatique, l'ayant vu frapper beaucoup d'internés » ; et (7) Gorbing, décrit comme « élégant, parlant poliment avec les internés, mais brutal dans l'action, allant jusqu'au meurtre...voué corps et âme à BRUNNER[20] ».

Une fois que les troupes de la Wehrmacht eurent pris position dans et aux alentours de Nice, le Comité Dubouchage et la Fédération – ces organisations qui avaient été en première ligne pour venir en aide aux réfugiés – cessèrent leurs activités. Et, à part quelques rares exceptions, les dirigeants se cachèrent ou quittèrent la ville. La tournure que prirent soudain les évènements plongea les réfugiés juifs dans une situation désespérée : sans argent, ne sachant où se cacher ou comment s'échapper de la ville assiégée. Il faut noter que les principaux spécialistes de cette période se rejoignent sur ce point. Carpi remarque : « À la fin de cette réunion [le 9 septembre], les activités du Comité Dubouchage étaient en fait terminées. La plupart des membres actifs se dispersèrent, quittèrent Nice, ou trouvèrent un lieu en ville où se cacher[21]. » Lazare note : « La quasi-disparition progressive du dispositif de la FSJF à Nice, laissant sans défense et sans ressources pour leur subsistance élémentaire des milliers de réfugiés juifs, aurait pu être une victoire éclatante pour la Gestapo. Mais les jeunes prirent le relais[22]. » Poznanski souligne de même :

> [...] les appels à l'aide financière lancés de Nice à Marc Jarblum en Suisse se faisaient de plus en plus pressants, tandis que tous les bureaux où cette aide – indispensable pour trouver où se loger – pouvait être dispensée avaient été

---

[19] Mémorial de la Shoah, CCXVI-66, témoignage de Dr A. Drucker, 2 février 1946, p. 9.
[20] Mémorial de la Shoah, CCXVI-66, témoignage de Dr A. Drucker, 2 février 1946, p. 11.
[21] Carpi, *Between Mussolini and Hitler*, p. 191.
[22] Lazare, *La Résistance juive en France*, pp. 253-254.

impitoyablement raflés – plus de comité Dubouchage, plus d'OSE qui avait fonctionné un temps, plus d'UGIF non plus[23].

Wolf Toronczyk, membre du Comité Dubouchage, écrit ceci à propos de la dernière rencontre du groupe le 9 septembre : « La commission politique a donc constitué une commission de camouflage et a donné mission à Jacques Weintraub [sic] de s'occuper des cachettes et des fausses cartes d'identité ; le temps terrible du règne de la Gestapo à Nice commençait[24]. »

Les Juifs, les hommes et les jeunes gens en particulier, étaient en grand danger s'ils étaient vus dans la rue, mais il leur était aussi très difficile de trouver où se cacher. Ils n'osaient pas retourner dans les hôtels ou les pensions où ils avaient séjourné, de peur d'être dénoncés ou reconnus. Les Niçois, même s'ils n'étaient pas personnellement recherchés par les nazis, craignaient pour leur propre sécurité au cas où ils auraient loué, délibérément ou pas, un logement à des Juifs.

Hélène Gorgiel-Sercarz raconte les efforts de sa famille trouver un abri, elle décrit des situations, toutes précaires. En quittant l'hôtel le 9 septembre, Hélène eut la chance de rencontrer quelqu'un qu'elle avait connu à Saint-Gervais. Cette personne avait trouvé refuge auprès d'artistes d'une « troupe de théâtre » qui logeaient dans une « vieille maison qui s'écroulait presque », dans le Vieux Nice[25]. Hélène et ses parents acceptèrent avec joie la chambre qu'on leur offrait. Ils avaient emménagé là depuis peu quand cette même personne entra précipitamment dans la maison pour leur dire qu'ils étaient en danger et qu'ils devaient partir immédiatement. Ils se rendirent alors dans un café où un homme les entendit demander au patron s'il connaissait une chambre à louer. Cet homme avait deux sœurs qui étaient parties quinze jours en vacances, il sous-loua leur appartement à la famille Sercarz qui y séjourna quelques jours. Mais les sœurs revinrent plus tôt que prévu. Elles eurent la gentillesse de permettre aux Sercarz de rester une nuit supplémentaire. Le lendemain, Hélène et ses parents se retrouvaient à nouveau dans un café, à la recherche d'une chambre à louer.

> Je demandai à la ronde si quelqu'un avait entendu parler d'une chambre à louer. Père était assis au comptoir et remarqua près de nous un homme à l'allure italienne et il me demanda d'aller lui dire que nous cherchions une chambre. L'homme me répondit négativement mais il ajouta aimablement qu'il vivait seul dans une chambre qu'il louait, et qu'il regrettait de ne pouvoir nous aider. Je traduisis tout ceci, et Père me dit de demander à cet homme s'il ne pourrait pas nous laisser sa chambre pour une nuit. Nous lui paierions une chambre d'hôtel, et lui donnerions de l'argent en plus. Je fus

---

[23] Poznanski, *Les Juifs en France*, p. 467.
[24] Rutkowski, *La Lutte des Juifs*, p. 317. Extrait, traduction de l'allemand du document 217 de Mémorial de la Shoah, CCXVI-61, témoignage de Wolf Toronczyk, daté « fin 1944 ou début 1945 ».
[25] La narration des efforts qu'Hélène Gorgiel-Sercarz fit pour trouver à se loger est tirée des *Memoirs of a Jewish Daughter*, pp. 102–106.

sidérée que mon père ait l'audace de faire cette proposition et je répondis qu'il m'était impossible de proposer cela à un étranger. L'homme qui écoutait notre discussion enflammée me demanda quelle en était la raison. Je lui expliquai, je ne sais comment, pourquoi « nous » ne pouvions aller à l'hôtel et, atterrée, je lui fis part de la demande de mon père. Il hésita un peu, puis donna son accord pour nous héberger une nuit dans sa chambre ! Une nuit qui se transforma en un séjour de plusieurs semaines. Nous sommes devenus des sous-sous-locataires d'un appartement où il nous fallait éviter de rencontrer les autres locataires et la propriétaire. Les jours suivants, Mère se mit à réparer l'immense tas de chaussettes, qu'elle avait trouvé dans l'armoire, et à recoudre les boutons de chemises de notre « Italien » providentiel. Il vint chaque jour prendre de nos nouvelles et renouvelait son invitation de m'emmener au cinéma, que je refusais obstinément. Mère et moi allions chaque jour prendre un repas chaud à l'extérieur, car nous ne pouvions utiliser la cuisine que pour nous faire une boisson chaude le matin, étant donné notre statut précaire dans cet appartement. Nos repas consistaient essentiellement en une soupe et une purée de citrouille avec des nouilles et, parfois, le dimanche, je suppose, nous nous accordions un plat de lapin. Chaque jour nous rapportions à Père des raisins et du pain, ce qui constitua longtemps son unique menu[26].

La famille Sercarz était mieux à même de ne pas se faire arrêter et de trouver à se cacher que les nombreuses familles de réfugiés juifs piégées à Nice. Les Sercarz avaient encore assez d'argent pour s'en sortir et l'avantage d'avoir en la personne d'Hélène, une fille jeune, robuste, qui parlait français. Hélène pouvait passer inaperçue dans la rue, repérer les dangers et servir d'interprète. Le plus important peut-être était que la famille n'avait pas d'enfant en bas âge. Avec de jeunes enfants il était extrêmement difficile de trouver où se cacher, de rester dans une cachette, et de se procurer suffisamment de nourriture.

Avant que les Allemands n'occupent Nice, l'OSE avait une antenne locale au numéro 29 de l'avenue Georges Clémenceau. Le bureau fut fermé lorsque le règne de la terreur commença. (Une source indique que les responsables de l'OSE continuèrent à travailler dans la clandestinité, en liaison avec les militants du MJS[27].) Quelques jours après l'occupation de Nice par les Allemands, deux membres du Comité Dubouchage, Claude Kelman et Ignace Fink, forcèrent la porte du bureau de l'OSE et commencèrent à recevoir des personnes qui cherchaient de l'aide, sans faire de bruit, volets fermés, lumières éteintes[28]. Les épouses de Kelman et Fink montaient la garde sur le boulevard pour les avertir en cas de danger. La nouvelle circula de bouche à oreille et, pendant deux jours, Kelman et Fink distribuèrent de l'argent, des tickets de rationnement, des faux papiers et des conseils pour trouver à se

---

[26] Gorgiel-Sercarz, *Memoirs of a Jewish Daughter*, p. 105-106.
[27] Rayski, *Le Choix des Juifs sous Vichy*, 231.
[28] Najman et Haymann, *Claude Kelman*, 61. Cet épisode tragique est brièvement décrit dans CDJC, CCCLXVI-64.

cacher et éviter les quartiers dangereux. Le troisième jour, la Gestapo arriva. Kelman et Fink, alertés à temps, réussirent à s'échapper. Ils tentèrent de prévenir les gens de ne pas se rendre au bureau de l'OSE où la Gestapo avait tendu une souricière, mais à la fin de la journée soixante-dix personnes avaient été arrêtées.

*

Sur la photo prise en juillet 1943 on voit la jeunesse et la beauté de Jacques et Léa Wajntrob. Jacques a vingt-trois ans, un léger sourire, la lumière du soleil l'éblouit. Cheveux brillantinés, carré d'épaules, en veston-cravate, on dirait qu'il va se rendre au tribunal ou au siège d'une banque. Léa a un an de moins que son mari. Un doux sourire rayonne de ses yeux, de ses lèvres. Elle a l'air à l'aise, pas lui.

Jankiel Wajntrob grandit à Tarczyn, Pologne, qui comprend aujourd'hui une partie des faubourgs au sud-ouest de Varsovie. Léa Eisenbaum, elle, à Ostrowiec, à 150 km au sud de Varsovie. Ils se rencontrèrent adolescents à Paris, tous deux membres enthousiastes du HaShomer HaTza'ïr. La famille Eisenbaum était arrivée en France en 1930 ; la famille Wajntrob, en 1933[29].

Jacques et Léa Wajntrob, Nice, 1943.
Photo gracieusement fournie par la famille Brinbaum.

---

[29] La mère de Léa étant morte alors qu'elle avait six ans, elle vint à Paris avec son père et son frère.

La première arrestation massive de Juifs en France eut lieu à Paris le 14 mai 1941[30]. Jacques fut l'un de ces 3 700 hommes, tous étrangers, arrêtés ce jour-là. Il fut envoyé au camp d'internement de Pithiviers, à 80 km environ au sud de Paris, où il travailla comme menuisier. En juillet, il se maria avec Léa. On lui accorda une permission de 24 heures pour aller à Paris, puis, scrupuleusement, il retourna à Pithiviers. Mais en décembre, faisant bon usage de ses outils de menuiserie, il s'échappa.

En février 1942, Jacques et Léa s'installèrent au 70 de la rue François Grosso à Nice. À la suite de la conférence pour unifier les mouvements sionistes de mai 1942, Jacques et Léa organisèrent un *gdoud* MJS à Nice. Fin août, ils fêtèrent la naissance de leur petite fille. Peu après, ils virent l'entrée des troupes italiennes et les réfugiés juifs affluer. Les membres du *gdoud* se mirent au service du Comité Dubouchage, prêts à tout faire pour aider à s'occuper des nouveaux arrivants. En décembre 1942, Léa demanda aux responsables du comité un espace dans leur immeuble où le *gdoud* puisse travailler. On le leur accorda. Ce fut un pas important : être au centre de cette véritable ruche permit aux jeunes membres du MJS d'observer, d'apprendre, de faire leurs preuves, de prendre de plus grandes responsabilités[31]. L'organisation devint aussi plus visible, ce qui facilita les efforts de recrutement[32].

---

[30] Le 13 mai 1941, « le billet vert », signé par le chef de la police, fut adressé à approximativement 6 700 hommes adultes, exigeait d'eux qu'ils se rendent à divers endroits avec leurs papiers d'identité pour examen de leur statut légal. Environ 3 700 personnes répondirent à cette convocation. Tous ceux ou presque qui s'y rendirent furent arrêtés et internés à Pithiviers et à Beaune-la-Rolande, deux camps d'internement, proches l'un de l'autre, situé dans le département du Loiret. À la fin de l'année, 9 000 Juifs environ y avaient été amenés. L'ouvrage de Poznanski, *Les Juifs en France*, pp. 86-91, offre un exposé particulièrement intéressant sur ces premières arrestations massives et sur les conditions de vie dans ces deux camps en 1941.

[31] Il est parfois difficile de se rappeler combien les membres du MJS étaient jeunes. L'ouvrage de l'ARJF, *Organisation juive de Combat*, pp. 117–167, présente une brève description des soixante-quatorze membres du MJS, provenant de différents *gdoudim*, qui prirent part aux activités de secours durant la guerre. (En plus de ces soixante-quatorze, l'organisation avait des membres qui ne participaient pas à ces activités de secours.) Dans la plupart des cas (82%), la date de naissance est indiquée. Pour 29 des 32 hommes, la date de naissance est indiquée, on arrive à une moyenne d'âge de 22 ans. Huit d'entre eux (28%) étaient de jeunes hommes entre 15 et 19 ans, et vingt-quatre (83%) avaient moins de 25 ans. Les femmes étaient en général encore plus jeunes. Les données pour trente-deux des quarante-et-une femmes indiquent que l'âge moyen était de 21 ans. De façon étonnante, vingt-deux (69%) d'entre elles avaient entre 15 et 19 ans, et toutes les femmes à l'exception de trois (91%) avaient en dessous de 25 ans.

[32] L'ouvrage de l'ARJF, *Organisation juive de Combat*, p. 118, indique que « le g'doud de Nice, sous la direction de Jacques Weintrob (également membre de l'AJ), regroupait plus de 150 membres ». Cette affirmation se trouve dans l'introduction à la section sur le MJS, préparée par Tsilla Hersco avec l'accord des leaders du MJS Otto Giniewski (aujourd'hui Eytan Guinat) et Georges Schnek.

Quand commença le règne de la terreur, personne n'aurait blâmé Jacques et Léa s'ils avaient décidé de se cacher ou de quitter Nice, comme l'avaient fait les responsables de la plupart des organisations juives. Les Wajntrob cependant ne s'autorisèrent pas à faire ce choix. Le Comité Dubouchage avait confié à Jacques une responsabilité bien trop lourde pour un seul homme, mais il se battit pour l'assumer. Jacques, alias « Jacques Wister » (ou « Wyster »), et des membres du *gdoud* formèrent avec la Sixième, la branche clandestine des Scouts juifs, un réseau de sauvetage souterrain. Citons Lucien Lazare :

> À Grenoble et à Nice en particulier, les deux organisations clandestines de sauvetage du MJS et des EIF demeurèrent intactes à l'heure de la débâcle italienne. Le Comité Dubouchage et l'UGIF, y compris le dispensaire de l'OSE, ayant dû fermer leurs portes sous le coup du sauve-qui-peut généralisé provoqué par le régime de terreur qu'infligeait la Gestapo de Brunner, les équipes de Gutmann (Sixième) et Weintrob (Éducation physique) restèrent le seul recours pour une grande partie des Juifs traqués[33].

Ils étaient 20 à 25 jeunes gens, membres du MJS et de la Sixième, à travailler ensemble : ils « se rendaient dans les hôtels pour y dépister les malheureux[34] ». Certains, comme Claude Gutmann, alias Claude Duprat, s'employaient à dénicher des cachettes sûres pour ceux qui étaient pourchassés. D'autres distribuaient de l'argent à ceux qui étaient déjà cachés. Au début de 1943, la Sixième avait mis en place un laboratoire pour fabriquer des faux papiers[35]. Quand commença le règne de la terreur, ils déménagèrent le laboratoire. Au numéro 12 de la rue Guiglia, des jeunes gens travaillaient nuit et jour pour produire un maximum de documents. Le groupe comprenait des activistes qui appartenaient à trois mouvements clandestins : Roger Appel et Jacques Marburger étaient membres de la Sixième, Pierre Mouchenik de l'Armée juive et de la Sixième, Ernst Appenzeller et Maurice Loebenberg (connu par son alias, Maurice Cachoud) de l'Armée juive, et Serge Karwaser de l'Armée juive et du MJS[36].

Les Wajntrob se rendirent vite compte que, pour sauver enfants et parents, il fallait séparer les enfants de leurs parents et les éloigner de cette

---

[33] Lazare, *La Résistance juive en France*, 254. Carpi, dans *Between Mussolini and Hitler*, p. 191, fait remarquer de même: « Désormais, dans la communauté juive, les activités principales étaient conduites par les membres actifs des mouvements clandestins juifs. » Carpi ajoute, à la page 306, note 75 : « L'opération était tout d'abord dirigée par Claude Gutmann et Jacques Weintraub... »

[34] Lazare, *La Résistance juive en France*, p. 254.

[35] J'ignore quand ce laboratoire commença à opérer. L'ouvrage de l'ARJF, *Organisation juive de combat*, 302, mentionne qu'entre mai et septembre 1943, Raymond Heymann assistait Maurice Loebenberg dans le laboratoire.

[36] L'information sur l'appartenance des individus à un groupe donné provient des données de résistants conservées par le Mémorial de la Shoah, accessible sur www.memorialdelashoah.org, ainsi que les Anciens de la Résistance juive en France (ARJF), *Organisation juive de combat: Résistance/sauvetage France 1940–1945*.

ville sous l'emprise de la terreur. Si le MJS réussissait à emmener les enfants à Annecy, il y avait des chances de pouvoir franchir la frontière et de trouver refuge en Suisse. Les parents, délivrés de la responsabilité de préserver leurs enfants, pourraient plus facilement chercher à se cacher et rester cachés.

Jacques et Léa décidèrent eux-mêmes de commencer à organiser des convois d'enfants et à faire le nécessaire pour les sortir de Nice. Jacques s'occupait de la logistique : acheter les billets de train, organiser quand et où les enfants rencontreraient leurs accompagnateurs. Léa allait trouver les familles juives là où elles se cachaient, les rencontrait, les persuadaient de laisser partir leurs enfants dans les convois et organisait le transfert des enfants au moment voulu[37]. Qui fournissait les fonds nécessaires pour acheter les billets de train et couvrir les autres frais[38] ? On l'ignore. Il est probable que Jacques reçut des fonds du Comité Dubouchage avant ou après son démantèlement, et peut-être aussi de la Fédération.

À la mi-septembre, le MJS parvint à emmener 63 enfants de Nice à Annecy pour les faire passer clandestinement en Suisse. Ce n'était pas une mince affaire. Le voyage en train était particulièrement risqué. Les autorités allemandes et celles de Vichy vérifiaient constamment, dans les gares et pendant le trajet, les papiers des passagers. Le voyage lui-même était long, épuisant. Encore aujourd'hui, le trajet est fort long. À l'automne 1943, les trains avaient souvent du retard dû aux sabotages sur les voies, ou aux transports de troupes et de marchandises. Cependant pour transférer les enfants à Annecy, il n'y avait apparemment pas d'autre solution.

On ignore combien de personnes eurent la responsabilité de convoyer les enfants de Nice à Annecy, ni qui furent ces personnes. Les Déclarations signées par une douzaine d'enfants des convois des 23 et 24 septembre mentionnent que « Jeanne », « Thérèse », « Jeanne et Thérèse », « une fille », ou « deux filles » les accompagnèrent. « Jeanne » : il s'agit probablement de Bella Wendling, de l'équipe du MJS d'Annecy. « Thérèse » désigne probablement Frida Wattenberg, dix-neuf ans, du *gdoud* de Gre-

---

[37] Cette information m'a été transmise par la fille de Jacques et Léa, Miriam Brinbaum, qui, à ma demande en 2006, a très gentiment questionné sa mère au sujet des convois d'enfants. Léa se rappelait qu'une des familles qu'elle avait rencontrées l'accusa d'être pire que les Nazis parce que ceux-ci, disait-elle, gardaient au moins les parents et les enfants ensemble.
[38] Lazare, dans *La Résistance juive en France*, p. 255, se réfère aux « fonds fournis par la FSJF et l'UGIF et de sommes collectées par Heymann auprès de particuliers (plus de 380 000 F en trois mois) ». Cette référence n'est pas spécifique aux fonds nécessaires pour passer clandestinement des enfants en Suisse. Elle se réfère plutôt aux diverses activités clandestines menées à bien par les membres du MJS et par la Sixième. Heymann était membre de la Sixième. Plus loin, Lazare note : « Il ne restait de la FSJF que Claude Kelman, aidé de quatre jeunes assistantes » (p. 253). Et plus loin encore, il ajoute que Kelman était « à court d'hommes, mais détenteur de la caisse d'assistance de la FSJF… » (p. 255).

noble[39]. Frida, alias « Thérèse Verdier », escorta en fait des enfants depuis différents endroits de France jusqu'à Annecy.

Pendant les quatre jours qui séparent le 21 et le 24 septembre, le MJS fit passer la frontière à cinq convois d'enfants. Ces convois comportaient 72 enfants, dont 63 partis de Nice. Pour organiser les convois il fallait garder les enfants à Annecy un, deux ou trois jours. Il est possible que certains aient été abrités au lycée Berthollet ou au Collège Saint-Michel, dans le Faubourg des Balmettes, et d'autres chez des particuliers[40].

*

Des vingt enfants qui passèrent la frontière à Ville-la-Grand le 21 septembre, André Panczer, huit ans, était l'un des plus jeunes. Le groupe fut arrêté à dix heures du soir et emmené au poste-frontière de Cornières. Tous les enfants du convoi venaient de Nice.

---

[39] Née à Paris en 1924, Wattenberg était restée dans cette ville jusqu'à l'été 1943, au moment où elle commença à être recherchée par les autorités pour ses activités clandestines. Elle quitta alors Paris en juillet et se rendit à Megève. Quelques jours après être arrivée à Megève, alors qu'elle passait sous la fenêtre ouverte d'une villa, elle entendit un groupe d'enfants qui chantaient un refrain familier : « *Hee-nay ma-tov u-ma nah-yeem, Sheh-vet achim gam yah-chad.* » (Les paroles de ce chant populaire juif proviennent du début du psaume 133, qui dit : « Ah, qu'il est bon pour des frères de demeurer ensemble. ») Elle alla d'elle-même se présenter à Sacha Racine et Maurice Maidenberg, qui faisaient chanter le groupe. Sacha enrôla Frida sur-le-champ dans le MJS. Frida joignit le *gdoud* de Grenoble. On lui demanda peu après d'accompagner des groupes d'enfants de place en place. À certaines occasions, on lui demanda aussi de passer des sommes d'argent en contrebande, d'une organisation de secours juif à l'autre. Frida Wattenberg est l'une des auteurs de l'ouvrage de l'ARJF, *Organisation juive de combat*. L'information citée ici à son sujet provient d'une interview que j'ai eue avec elle le 20 juillet 2000 à Paris.

[40] Certaines déclarations signées par les enfants des convois mentionnent spécifiquement le lycée Berthollet. Cela ne signifie pas nécessairement que les enfants sont effectivement restés là. Il est possible qu'on leur ait donné ce nom précisément, à la place du nom de l'endroit où ils avaient réellement logé, afin d'induire en erreur les autorités. L'ouvrage de Munos-du Peloux, *Passer en Suisse*, contient une mention intéressante à ce sujet. À la page 44, elle cite un passage du témoignage de Gryn (qu'elle indique erronément comme appartenant à Mémorial de la Shoah, DLXI-16 alors qu'il se trouve dans DLXI-35) : « Par elle [Rolande Birgy], j'ai pu faire transformer le réfectoire du lycée d'Annecy en centre d'accueil ; nous avions souvent trente gosses qui dormaient là. » (La numérotation des pages de ce témoignage est un peu difficile à comprendre ; cette citation apparaît dans la première section, à la quatrième page.) Se basant sur l'interview qu'elle avait eue avec Rolande Birgy en 1982, Munos-du-Peloux poursuit l'affirmation de la déclaration de Gryn avec une information qu'elle avait obtenue lors d'une interview avec Rolande Birgy en 1982 : « Rolande Birgy m'a précisé que ce lycée est en fait le collège privé de Saint-Michel où le père Pluot est de connivence avec eux. »

André était l'enfant unique de Désiré et Thérèse (Tauba) Panczer[41]. Né à Paris, il vivait au Faubourg-Saint-Denis, avec ses parents et Sarah, la mère de Désiré. En 1925, après la mort de son mari, emporté par le typhus, Sarah émigra avec ses fils et sa fille, de Budapest à Paris. C'est là que Désiré rencontra Thérèse, qui était originaire de Varsovie. Ils vivaient tous les quatre dans un appartement de deux pièces. Il y avait une toute petite cuisine avec un évier, un robinet et un réchaud à deux feux. Thérèse utilisait l'une des pièces comme atelier ; elle cousait des vêtements pour des maisons de haute couture. Désiré était serrurier dans une usine de banlieue qui produisait des équipements pour l'armée et l'aviation. Sarah était très attachée à André, son petit-fils. Sa grande bonté dépassait largement les murs de l'appartement. Dans son livre, *Je suis né dans l'faubourg Saint-Denis...*, André parle d'elle comme « la grand-mère de toute la famille, proche ou lointaine, des amis, des voisins ainsi que des commerçants du faubourg, des marchandes de quatre-saisons avec leurs petites charrettes vert bouteille, des boutiquiers sur le pas de leur porte [...][42] » Sarah allait à la synagogue et observait les fêtes juives, mais pas ses enfants.

En juin 1940, les Panczer quittèrent Paris – c'était l'exode – et ils revinrent peu de temps après l'armistice. Pour André la vie avait repris, autant qu'il en ait eu conscience, comme avant.

André avait six ans passés quand, le 7 juin 1942, la directive allemande concernant le port de l'étoile jaune entra en vigueur en zone occupée. Il ne s'aventurait pas hors de l'immeuble sans porter l'étoile jaune que sa mère avait cousue sur ses vêtements. Un jour, peu après avoir commencé à porter l'étoile, un « monsieur en gabardine » vint à l'appartement prévenir Désiré qu'il allait être arrêté[43]. En effet, dès le lendemain, deux inspecteurs de police venaient le chercher. Désiré était déjà parti. Il franchit la ligne de démarcation et, arrivé à Prayssac, un village dans la vallée du Lot, il fit savoir à sa femme où il se trouvait. Elle se prépara immédiatement à le rejoindre. Sarah alla vivre chez son fils Eugène et sa famille dans la banlieue parisienne. Thérèse et André quittèrent Paris et, avec l'aide d'un passeur, qu'ils payèrent, ils franchirent la ligne de démarcation et arrivèrent à Prayssac.

« Nous étions heureux à Prayssac », écrit André dans son livre[44]. C'était la première fois de sa vie qu'André découvrait les plaisirs simples d'une bourgade de province. Il alla à l'école municipale, s'entendit bien avec les écoliers, se fit quelques bons copains. Il passait la plupart de ses loisirs à la

---

[41] L'information biographique concernant la famille Panczer provient pour l'essentiel de ses mémoires, *Je suis né dans l'faubourg Saint-Denis...* Je me suis aussi appuyée sur les informations obtenues lors d'un entretien avec André, le 12 septembre 2008 à Paris, et finalement lors de discussions et de correspondances entre 2008 et 2012.
[42] Panczer, *Je suis né dans l'faubourg Saint-Denis...*, p. 13.
[43] Panczer, *Je suis né dans l'faubourg Saint-Denis...*, p. 24.
[44] Panczer, *Je suis né dans l'faubourg Saint-Denis...*, p. 34.

ferme d'un voisin, où on lui donnait la possibilité de tâter de tout : donner à boire au bétail, ramasser des orties pour les oies, aider aux labours[45]. Il travaillait et faisait la fête avec les ouvriers agricoles pendant le battage du blé et les vendanges.

André se souvient des huit mois qu'il passa à Prayssac comme d'une période idyllique, pourtant son récit des évènements donne à réfléchir. Après leur arrivée à Prayssac, les parents trouvèrent du travail, Désiré, dans une scierie, et Thérèse, chez une couturière du pays. Ils ne subirent ni discrimination ni persécution. Ils se lièrent d'amitié avec beaucoup de gens, et certains essayèrent de les aider. Sans qu'ils le demandent, le secrétaire de mairie procura à Désiré et Thérèse un contrat de mariage qui leur permit d'obtenir des papiers d'identité au nom de Jacques et Louise Tanays[46]. Cependant, plusieurs semaines après leur arrivée, quelqu'un dénonça Désiré et des gendarmes vinrent l'arrêter. Le 1er septembre 1942, il fut enregistré dans un bataillon de travail forcé à l'étranger, le Groupement de Travailleurs Étrangers (GTE) numéro 554, et il fut envoyé dans un camp de travail à Catus, dans le Lot[47].

Fin février 1943, alors qu'il allait être déporté, Désiré s'échappa du camp et se rendit à Nice. Il réussit à envoyer à Thérèse un message, et elle put le rejoindre avec André. Après un bref séjour à Nice, la famille fut assignée à résidence à Megève.

Dans ce « lieu paradisiaque », les Panczer occupèrent une chambre à La Vallée Blanche, l'un des hôtels réquisitionnés par l'armée italienne[48]. André alla à l'école jusqu'aux vacances d'été. Dans un atelier organisé par l'ORT, Thérèse enseignait la couture à des jeunes femmes. Les familles juives qui

---

[45] La ferme appartenait à la famille de Maurice et Fernande Bouges. Panczer, *Je suis né dans l'faubourg Saint-Denis...*, p. 28.
[46] Panczer, *Je suis né dans l'faubourg Saint-Denis...*, pp. 34–35.
[47] La loi du 27 septembre 1940 autorisait les préfets départementaux à assigner à des unités de travail forcé des hommes étrangers, en bonne santé, âgés de quinze à cinquante-cinq ans, lesquels étaient considérés comme « superflus à l'économie nationale ». Zuccotti, dans *The Holocaust, the French, and the Jews*, p. 76, écrit à ce propos: « Ces travailleurs, dont on estime le nombre à près de 60 000, étaient avant tout des réfugiés de la guerre civile espagnole, des bénévoles étrangers, démobilisés, de l'armée française et de la Légion étrangère, ainsi que des ennemis de la nation, arrêtés entre l'automne 1939 et mai 1940. Plus tard, leurs rangs grossirent grâce aux étrangers, Juifs et non Juifs, arrêtés par la police de Vichy à la fin de 1940 et en 1941... » Marrus et Paxton, dans *Vichy et les Juifs*, p. 162, indiquent qu'une note du CGQJ, écrite en 1941, estime que 20 000 des 60 000 travailleurs du GTE étaient Juifs et que la plupart des autres étaient des réfugiés espagnols. Zucotti note que chaque unité de travail forcé était faite d'environ deux-cent-cinquante hommes. « Les compagnies étaient initialement organisées sur la base de la nationalité, mais la séparation entre 'aryens et non aryens' à l'intérieur des unités devint de plus en plus rigide, jusqu'à l'apparition de 'compagnies palestiniennes.' » Les unités faisaient divers travaux manuels, allant du travail dans la construction, dans l'agriculture, dans les mines, jusqu'à la production industrielle. Les conditions de vie étaient extrêmement difficiles et la discipline sévère.
[48] Panczer, *Je suis né dans l'faubourg Saint-Denis...*, p. 38.

vivaient à l'hôtel « ne s'isolaient que pour dormir[49] ». André et les autres enfants adoraient avoir l'hôtel pour eux : « À certaines heures, tout l'hôtel devenait notre aire de jeux ; les couloirs, la salle à manger, le hall, la cuisine, pas un coin de l'immeuble ne nous était inconnu[50]. » Les enfants jouaient dehors et couraient partout. André adorait tout ce qu'il voyait aux alentours : les chalets pittoresques, les champs de trolles d'un jaune éclatant, les forêts de pins, et le Mont-Blanc majestueux. C'est ce qui lui donna une profonde admiration pour la montagne.

Cependant le paradis ne dura pas très longtemps. André se retrouva soudain déraciné à nouveau, au début septembre, lorsque la famille dût quitter Megève dans le convoi de camions pour retourner à Nice. Et puis il se souvient qu'ils habitaient dans une seule pièce, rue Garibaldi, juste en face du Château de Nice, qui abritait la Kommandantur. Afin que rien n'indique que leur chambre était occupée, ils gardaient les volets fermés en permanence et ils plaçaient une épaisse couverture sur la fenêtre avant d'allumer la lumière. Le danger augmentait de jour en jour. Désiré et Thérèse décidèrent que le mieux serait de se séparer de leur fils. Ils le remirent entre les mains de gens qui le feraient passer en Suisse.

La scène de leur séparation est restée gravée dans la mémoire d'André. Son père le prit sur ses genoux et, d'un ton solennel, lui dit comment il devait se conduire. Sa mère était triste mais gardait son calme. Elle remplit une musette de choses dont il aurait besoin – une chemise, un pantalon, une paire de chaussettes de rechange. Puis, chacun le prit dans ses bras et, sans un mot, ils le serrèrent très fort. André avait envie de pleurer, mais il refoula ses larmes parce que son père lui avait dit : « À huit ans, on est un grand garçon raisonnable et courageux[51]. » Il partit avec son père. Il savait que sa mère l'observait derrière les volets fermés mais, pour ne pas trahir sa présence, il ne regarda pas dans sa direction. Il serrait la main de son père tandis qu'ils se dirigeaient vers la gare. Ils entrèrent dans la salle d'attente et s'arrêtèrent devant une vitrine pour regarder les objets exposés. Soudain, son père lui lâcha la main et disparut dans la foule. « Je restais là, le nez contre la vitrine, ma musette sur l'épaule », André écrit, « luttant contre l'envie de me retourner pour chercher papa quelque part dans la cohue et le devoir d'attendre que quelque chose se produisît[52] ». Finalement, une personne qu'il ne connaît pas le prit par la main et le conduisit sur le quai[53].

> On me fit monter dans le train, on m'installa dans un compartiment où se trouvait déjà un couple qui ne prêta pas attention à nous. L'homme et la femme ne levèrent pas leurs yeux de leur lecture. « On » descendit du train et

---

[49] Panczer, *Je suis né dans l'faubourg Saint-Denis...*, p. 36.
[50] Panczer, *Je suis né dans l'faubourg Saint-Denis...*, p. 37.
[51] Panczer, *Je suis né dans l'faubourg Saint-Denis...*, p. 39.
[52] Panczer, *Je suis né dans l'faubourg Saint-Denis...*, p. 40.
[53] Panczer, *Je suis né dans l'faubourg Saint-Denis...*, p. 40.

je me trouvais de nouveau seul avec des inconnus. Le compartiment se remplit peu à peu et le train démarra. Regardant le paysage ou somnolant, je voyageais ainsi jusqu'à ce que, le soir, le train atteignît Annecy. C'est là que le couple assis près de moi depuis Nice me fit descendre sur le quai où il me confia à une jeune femme et disparut subrepticement[54].

À Annecy, André se retrouva en compagnie de six ou sept autres enfants. Après avoir pris un bain, et mangé un peu, ils se couchèrent sur des matelas à même le sol. Le lendemain, quelqu'un les emmena dans un café dans la périphérie d'Annemasse. Là, dans l'arrière-salle d'un café, ils se mêlèrent aux autres enfants qui feraient partie du convoi. On leur recommanda de ne faire aucun bruit, on leur donna à manger et à boire, et ils restèrent cachés dans l'arrière-salle le restant de la journée. Certains enfants s'endormirent. Quand l'obscurité tomba, quatre jeunes gens firent sortir le groupe par une porte à l'arrière du café. Ils marchèrent longtemps, s'arrêtant quelques instants quand leur guide leur faisait signe de le faire. Bien qu'effrayés, les enfants ne dirent absolument rien : pas une plainte, pas un sanglot. Ils arrivèrent à une rivière ; l'un des guides s'avança au milieu du courant et aida les enfants à traverser, un par un. On avait dit aux enfants qu'après avoir traversé la rivière, ils trouveraient des barbelés, que ces fils marquaient la frontière, et qu'ils devraient ramper dessous. C'est ce qu'ils firent et, après avoir franchi ce dernier obstacle, ils se retrouvèrent dans un verger.

La plus âgée d'entre eux leur suggéra de se mettre à pleurer pour faire savoir à qui pourrait les apercevoir qu'ils étaient des enfants. Ils s'assirent au pied d'un arbre, blottis les uns contre les autres. Soudain, un soldat ou un garde-frontière apparut. Il portait ce qui ressemblait à un casque allemand, et il parlait allemand. Il avait été inutile de leur dire de pleurer. Morts de peur, ils réagirent naturellement par des pleurs. Ils suivirent cet homme jusqu'au poste-frontière. Là, un officier qui parlait français les calma et leur assura qu'ils étaient en sécurité. Il offrit à chacun d'eux une banane, leur proposa de s'étendre et de s'endormir sur la paille jusqu'au matin.

Le convoi qui pénétra en Suisse le soir du 21 septembre était le septième convoi MJS. Il comprenait dix-neuf enfants en plus d'André. Voici leurs noms : Lilianne Benadon (14 ans) ; Isidor Brust (10 ans) ; Isidore Eherlich (13 ans) ; Estelle Goldfarb (14 ans) et sa sœur Frida (14 ans) ; Anna Granat (16 ans) et ses frères Jacob (16 ans), Simon (13 ans) et Joseph (10 ans) et sa sœur Sarah (11 ans) ; Hélène Karwasser (11 ans) et sa sœur, Génia (16 ans) ; Arnold Katz (6 ans) ; Léa Korzen (12 ans) ; Renée Lipschitz (15 ans) ; Léon Majerovicz (13 ans) ; Joseph Sosnowski (12 ans) et son frère Marcel (9 ans) ; et Gertrude Zegel (14ans).

*

---

[54] Panczer, *Je suis né dans l'faubourg Saint-Denis...*, p. 40.

L'équipe MJS se mit à faire passer la frontière à des convois d'enfants à un rythme effréné. Le 23 septembre, un groupe de sept enfants fut arrêté au lieu-dit la Plaine du Loup, emmené au poste-frontière de Sézenove. Les rapports d'arrestation indiquent que les enfants ont franchi la frontière entre les bornes 50 et 51. Ces bornes sont situées à la limite de la petite communauté rurale de Norcier, à environ un kilomètre au nord-ouest de Saint-Julien-en-Genevois. C'était la première fois que l'équipe du MJS transitait par Norcier.

Tous les enfants de ce huitième convoi du MJS avaient été conduits de Nice en Haute-Savoie. La Déclaration signée par Albert Reisz, dix-huit ans, originaire de Vienne, mentionne : « J'ai fait la connaissance à Nice d'un certain Monsieur WYSTER Jacques au Café de Paris à Nice, Rue Pasteur Elie, qui m'a dit que je pourrais gagner la Suisse avec un convoi d'enfants[55]. » En plus d'Albert, le groupe comprenait Rosette Dolberg (14 ans), Renata Dzierlatka (14 ans), Harry Goldberg (14 ans), Adolphe Herz (15 ans), Henriné Hirschhorn (15 ans), et Harry Walter (15 ans).

Ce même soir, dix-neuf enfants faisant partie du convoi du MJS numéro 9 traversèrent au point de passage, devenu traditionnel, de Ville-la-Grand. Ils furent arrêtés à onze heures moins quart du soir et emmenés au poste-frontière de Cornières. Ces enfants venaient, eux aussi, de Nice. Voici leur nom et leur âge : Cécile Axelrad (15 ans), sa sœur Rosie (13 ans), et son frère Simon (9 ans) ; Hélène Feferman (15 ans) et sa sœur Sarah (13 ans) ; Victor Harif (8 ans) ; Marcel Horowitz (15 ans) et son frère Julien (14 ans) ; Jacob Litman (15 ans) ; Lore Mantel (12 ans), sa sœur Cécile (7 ans), et ses frères Jacques (13 ans) et Maurice (10 ans) ; Marie Meller (13 ans) ; Blanche Perles (9 ans) et sa sœur Léa (7 ans) ; Gilles Segal (14 ans) ; Betty Seiden (14 ans) ; et Rudolph Unterman (14 ans).

Vingt-quatre heures plus tard, même opération : un groupe de sept traversa à Norcier et un groupe de dix-neuf à Ville-la-Grand. Comme ceux qui les avaient précédés, le groupe de sept fut arrêté à la borne 50 et emmené au poste-frontière de Sézenove. Cinq des sept enfants venaient de Nice ; les deux autres, de Grenoble. Les enfants du convoi MJS numéro 10 étaient Georges Kornfeld (15 ans), Suzanne Marburger (15 ans) et son frère Joseph (13 ans), Jean Manasse (13 ans), Jacques Polac (15 ans) et sa sœur Rose (12 ans), et enfin Rosette Wolczak (15 ans). Rosette Wolczak ne devait pas survivre à la guerre. Le 16 octobre 1943, les autorités suisses la renvoyèrent en

---

[55] Archives d'État de Genève, Justice et Police, dossier n° 4947. Comme indiqué précédemment, l'âge limite était de seize ans pour les garçons et dix-huit pour les filles. De temps en temps, les convois d'enfants pouvaient inclure un garçon ou une fille qui dépassait cet âge limite, pour autant qu'il semble être plus jeune que son âge. À ma connaissance, si, aux yeux des gardes-frontières, un enfant paraissait être sous la limite d'âge et n'était donc pas refoulé immédiatement (i.e., à la frontière), il était généralement autorisé à rester en Suisse même si son âge se révélait plus tard être au-dessus de la limite légale.

France, la jugeant « indigne de l'hospitalité suisse[56] ». Son dossier n'étant pas accessible aux chercheurs ; on ne sait pas ce qui a entraîné son expulsion. Trois jours plus tard, Rosette était arrêtée près d'Annemasse. Elle fut déportée à Auschwitz le 20 novembre 1943.

Quant au convoi qui traversa Ville-la-Grand le 24 septembre, il fut arrêté à neuf heures moins vingt du soir et emmené au poste-frontière de Cornières. Les enfants faisant part de ce convoi du MJS numéro 11 s'appelaient Janine Antcher (13 ans), Henriette Balez (13 ans), Myrianne Berger (14 ans), Lisa Glauberg (14 ans), Jacques Halegua (13 ans), Jacqueline Korinschtain (13 ans), Louis Korn (10 ans), Bella Leszkowitz (12 ans) et sa sœur Rose (4 ans), Marie Leviner (13 ans) et son frère Maurice (10 ans), Isidore Ménaché (12 ans), Marcelle Refkolevsky (15 ans) et sa sœur Mireille (4 ans), Annette Rosenzweig (8 ans), Nathan Torezynski (13 ans) et son frère Henri (10 ans), Michel Traumann (10 ans), et Wolf Wapniarz (12 ans). Sept enfants (Balez, Halegua, Korn, Ménaché, Torezynski, et Wapniarz) avaient été amenés de Paris, et les autres, de Nice.

Wolf, douze ans, était l'aîné des cinq enfants de Zureck et Golda Wapniarz, qui avaient émigré de Pologne[57]. Wolf, ses frères Armand, Robert et Josef, et sa sœur Régine étaient tous nés à Metz (Moselle). Quand ce département de la région Alsace-Lorraine fut annexé par les Allemands, la famille Wapniarz fuit et se rendit à Royan (Charente-Maritime), puis à Châteaubriant (Loire-Atlantique). La Charente-Maritime et la Loire-Atlantique faisaient partie de la zone occupée.

En 2008, j'ai pu m'entretenir avec Wolf. Il me parla d'un évènement dramatique qui eut lieu alors que sa famille était à Châteaubriant. Il se souvenait qu'en représailles à l'assassinat d'un officier allemand, la police française avait arrêté Zureck. Son père faisait partie des otages menacés d'exécution. Il fut relâché. Wolf ne pouvait en avoir conscience, mais Zureck aurait pu être victime de l'une des premières actions de résistance menées en France. Le 20 octobre 1941, trois opposants communistes avaient assassiné à Nantes un officier supérieur allemand, le Feldkommandant[58]. L'assassinat eut lieu exactement un mois après que le commandant en chef de la Wehrmacht eut décrété que, pour la mort de chaque soldat allemand, 50 à 100 otages seraient exécutés en représailles. À Châteaubriant, camp situé à envi-

---

[56] Fivaz-Silbermann, *Le Refoulement de Réfugiés civils juifs*, p. 97. Dans cette source, la phrase apparaît entre guillemets, indiquant que Fivaz-Silbermann cite les termes même du document de mesure disciplinaire préparé par les autorités suisses au moment de l'expulsion de Wolczak. Comme cité dans le texte, le dossier de Rosette Wolczak (Archives d'État de Genève, Justice et Police, n° 4928) n'est pas accessible au public. Toute l'information citée ici sur ce cas tragique provient du texte de Fivaz-Silbermann, pp. 97–98.

[57] Cette information biographique sur la famille Wapniarz provient d'une entrevien avec Wolf, le 12 septembre 2008 à Paris, et d'une correspondance qui a suivi.

[58] Il s'agissait de Gilbert Brustlein, Marcel Bourdarias, et Spartaco Guisco. *Cf.*, Gildca, *Marianne in Chains*, pp. 229–245, pour un excellent exposé sur le sujet. Lieutenant colonel Karl Hotz était le Feldkommandant.

ron 60 km au nord de Nantes, étaient retenus des prisonniers considérés comme communistes ou anarchistes. Le 22 octobre, 27 otages furent exécutés. Cinquante autres étaient menacés d'exécution, mais un sursis leur fut accordé. Zureck avait-il été arrêté par la police française et retenu avec les autres otages à la suite de l'assassinat ? C'est possible. Pour les autorités françaises, les Juifs étaient des communistes et les communistes des Juifs, ou de mèche avec les Juifs ; Juifs et communistes étaient des anarchistes et des agitateurs. En France, et pas seulement en France, c'était fréquemment les Juifs qui étaient raflés et exécutés en représailles aux attaques, menées par d'autres, visant des soldats nazis. Après que Zureck eut retrouvé la liberté, la famille déménagea non loin de là, à Gardes-le-Pontaroux.

À l'automne 1942, les autorités françaises arrêtèrent tous les membres de la famille Wapniarz et les envoyèrent à Drancy. À leur arrivée, le 7 novembre, Wolf fut séparé du reste de la famille. On ignore pourquoi ils furent séparés. Sa mère réussit – on ne sait comment – à se rendre auprès de lui. Elle vit que le groupe dans lequel on l'avait mis n'était pas très bien gardé. Elle enleva son foulard, l'entoura autour du cou de Wolf, en lui chuchotant à l'oreille qu'il devait tenter immédiatement de s'échapper. Wolf lui obéit. Il se sauva avant même que son nom ne figure sur les registres du camp.

Pendant plusieurs jours, Wolf erra dans les rues de Paris. Il avait faim, il avait froid. Il finit par être arrêté par un gendarme pendant qu'il dormait dans un jardin public. On l'amena au poste de police, puis on l'envoya dans un camp d'internement. Incroyable mais vrai, il réussit à s'échapper à nouveau. Un gendarme l'arrêta et lui posa des questions. Wolf lui répondit qu'il était perdu, qu'il avait faim. Le gendarme l'amena au poste de police, lui donna du pain et le fit dormir dans une cellule. Le lendemain matin, un fourgon de police le conduisit à l'un des centres pour enfants de l'UGIF, au numéro 16 de la rue Lamarck. L'UGIF gérait ce type d'institution à Paris et dans les environs.

Wolf resta rue Lamarck neuf ou dix mois pendant lesquels il alla l'école. Au cours de l'année 1943, la police parisienne procéda à des descentes rue Lamarck et arrêta les enfants juifs nés à l'étranger. Wolf était né en France, avait la nationalité française, il n'avait pas peur d'être embarqué. Un jour, cependant, un homme que Wolf ne connaissait pas, vint rue Lamarck l'avertir que son nom figurait sur une liste de personnes qu'on allait arrêter. Cet homme lui dit de partir immédiatement, d'aller au bout de la rue, où un autre homme l'attendrait. Wolf suivit ses instructions. Il trouva un homme accompagné de trois autres garçons. Ils se joignirent à un autre petit groupe d'enfants. Puis ce groupe se mêla à un autre groupe : c'était « comme une chaîne[59] ». Un homme les emmena à la gare et tous, y compris cet homme, montèrent dans le train. L'homme donna l'ordre aux enfants de détruire tous leurs papiers personnels, toutes les photos qu'ils avaient dans les poches, de

---

[59] C'est la description qu'en fit Wolf.

les déchirer, et de les jeter par la fenêtre. Puis il fit se disperser les enfants dans tout le train. Pendant le voyage, cet homme se déplaça à plusieurs reprises dans les wagons pour surveiller les enfants. À un moment donné, ils changèrent tous de train.

Ils finirent par arriver à Annecy. Ils y restèrent deux jours, occupant une maison abandonnée à la périphérie de la ville. Puis on les emmena à Annemasse, où ils restèrent dans une maison pendant deux ou trois jours. Ils avaient la permission de sortir la nuit mais, pendant la journée, ils devaient rester à l'intérieur. La nuit où ils quittèrent la maison pour gagner la frontière, ils durent marcher, marcher. Pour les plus petits, c'était difficile, quelques-uns tombaient en route. De temps en temps, un des adultes qui les guidaient, leur disait de ne pas faire de bruit. Ils traversèrent une rivière, et puis des hommes coupèrent les barbelés qui marquaient la frontière. Tout à coup, la nuit s'illumina et les enfants entendirent des hommes crier en allemand. Les enfants étaient terrifiés. Les hommes qui avaient crié les assurèrent qu'ils étaient des agents suisses.

Wolf se souvenait que les fonctionnaires suisses qui interceptèrent les enfants à la frontière arrêtèrent aussi les passeurs qui avaient coupé les barbelés. Son souvenir s'avère exact. Un document conservé dans les archives de la Fondation Paul Grüninger, intitulé « Procès-verbal de l'audience du 2 décembre 1943, à Lausanne Palais de Justice de Montbenon », fait état d'un jugement concernant quatre passeurs français accusés d'avoir fait passer illégalement la frontière à des enfants juifs, les 23 et 24 septembre 1943, à Cornières. Tous ceux qui furent appréhendés – Carlo Crivelli, Roger Pasteur, et Albert et André Pillet – furent condamnés à 75 jours de prison. Plus de soixante-cinq ans plus tard, le 2 mars 2009, le gouvernement suisse réhabilita officiellement 137 hommes et femmes de diverses nationalités qui avaient aidé des réfugiés à fuir la persécution nazie[60]. Crivelli, Pasteur et les frères Pillet se trouvent parmi eux.

*

L'après-midi du 25 septembre, Jacques Wajntrob et Jacques Marburger quittèrent le n° 12 de la rue Guiglia, où se trouvait le laboratoire de faux papiers à Nice, et enfourchèrent leurs bicyclettes pour rentrer chez eux[61]. Soudain une berline noire leur coupa la route, des agents de la Gestapo en

---

[60] Rapport de la Commission de réhabilitation sur son activité pendant les années 2004 à 2008, *Réhabilitation de personnes ayant aidé des fugitifs à fuir les persécutions nazis*. Crivelli est mentionné à la page 2 925 ; Pasteur et les frères Pillet sont mentionnés à la page 2 928.

[61] Le récit de l'arrestation et de la détention de Jacques Wajntrob et de Jacques Marburger le 25 septembre 1943 est le résumé d'un long entretien avec Jacques Marburger (enregistré sur cassette vidéo) par Yvette Wirtschafter le 15 décembre 1993. USHMM, archive du groupe 50.146*0008, reçue le 25 octobre 1995 de l'Association Mémoire et Documents.

bondirent et leur donnèrent l'ordre de s'arrêter. Dans l'espoir de s'échapper, Marburger se mit à pédaler comme un fou. Les hommes de la Gestapo le menacèrent aussitôt de tirer, Marburger s'arrêta. S'ils avaient soupçonné Wajntrob et Marburger d'être Juifs, ils les auraient emmenés à l'Hôtel Excelsior. Mais ils les amenèrent à l'Hôtel de l'Ermitage, où les Allemands retenaient et interrogeaient des non-Juifs soupçonnés de se livrer à des activités subversives ou indésirables.

Wajntrob transportait une sacoche pleine de papiers compromettants. En entrant à l'Ermitage, il réussit à laisser discrètement sa sacoche dans un vestiaire. Marburger et lui furent emmenés dans des pièces séparées avant d'être interrogés. Marburger n'avait pas de sacoche, mais ses poches étaient pleines de faux papiers qu'il devait livrer. Il se trouvait assis dans un grand fauteuil et, bien que sous étroite surveillance, il réussit à vider ses poches et à bourrer les papiers compromettants dessous et derrière les coussins du fauteuil.

Les agents de la Gestapo soupçonnaient Wajntrob et Marburger d'être impliqués dans la fabrication ou la distribution de faux papiers, mais ils n'en avaient pas la preuve. Ils interrogèrent Marburger, le frappèrent, mais il persista à dire qu'il était étudiant, qu'il était venu à Nice poursuivre ses études. Sa carte d'identité, qui le disait originaire d'un petit village de l'Isère, d'une contrefaçon remarquable, résista à l'examen de la Gestapo. Après avoir été interrogés séparément, Wajntrob et Marburger se retrouvèrent ensemble, dans une pièce où se trouvait un troisième prisonnier, un inconnu. Pour communiquer à Wajntrob ce qu'il avait dit lors de son interrogatoire, Marburger fit semblant d'être indigné, en colère, il se mit à pester contre la situation, jusqu'à ce que les agents de la Gestapo lui disent de la boucler. Peu après, Marburger et Wajntrob furent interrogés ensemble.

Leurs deux versions correspondaient assez bien et, vers huit heures du soir, Wajntrob, Marburger et le troisième prisonnier furent donc informés qu'ils pouvaient partir mais qu'ils restaient sous surveillance. Comme il se préparait à quitter l'immeuble, Marburger entendit Wajntrob dire qu'il avait laissé sa sacoche dans le vestiaire et qu'il voulait la récupérer. La sacoche contenait des renseignements qui mettaient en danger d'autres personnes, et Wajntrob se sentait obligé d'essayer de la récupérer, même s'il se mettait en péril. En entendant Wajntrob demander s'il pouvait récupérer sa sacoche, Marburger fit vite sortir le troisième homme et s'éloigna aussi rapidement que possible. Il craignait que la demande de Wajntrob ait des conséquences catastrophiques, ce qui fut le cas. La sacoche fut fouillée et Wajntrob rapidement arrêté à nouveau.

Le jour suivant, la Gestapo se saisit de Germaine Meyer, membre du *gdoud* de Nice. Elle avait servi de secrétaire à Angelo Donati, banquier juif italien qui avait beaucoup d'influence. Donati avait été le président de la Chambre de commerce italienne à Paris dans les années trente. Dès que les Italiens eurent pris position sur le sol français, il joua un rôle important. Il servit d'intermédiaire entre les autorités italiennes et le Comité Dubouchage.

Il s'efforçait d'améliorer les conditions de vie des réfugiés juifs en zone italienne et d'assurer leur sécurité et, parallèlement, il ne cessait de faire des plans audacieux pour éviter de futurs drames. Au printemps 1943, Donati élabora un plan secret pour évacuer vers Italie des milliers de Juifs[62]. (Le chiffre de 30 000 est le plus souvent avancé.) Il se rendit plusieurs fois à Rome pour rencontrer des responsables du gouvernement, il ne ménagea pas ses efforts pour qu'ils approuvent son plan. Il s'assura du concours du Père Pierre-Marie Benoît. Ce moine capucin de Marseille se consacrait corps et âme depuis 1940 aux opérations de sauvetage. Le Père Benoît communiqua au Vatican le plan secret de Donati dans l'espoir que l'approbation tacite du Pape influencerait Mussolini. Après le 25 juillet, lorsque la situation en Italie se dégrada, Donati modifia son plan. Il essayait toujours de convaincre les autorités italiennes de permettre aux milliers de Juifs qui vivaient dans la zone sous leur juridiction d'entrer en Italie. Cependant, plutôt que de rester en Italie, ils seraient transportés par bateau dans les régions d'Afrique du Nord nouvellement libérées. Avec l'aide du Père Benoît, Donati pénétra secrètement au Vatican pour rencontrer les dignitaires américains et britanniques auprès du Saint-Siège, présenter son plan d'évacuation et solliciter le soutien de leur gouvernement. Il chercha également le soutien financier d'organisations juives aux États-Unis et ailleurs, afin de couvrir le coût qu'impliquait l'ampleur de son entreprise. Vers la fin du mois d'août, le gouvernement italien avait accepté le plan de Donati et consenti à mettre des paquebots à sa disposition. Il y eut un coup d'arrêt brutal au début septembre, lorsque le général Eisenhower annonça l'armistice. Au moment de l'annonce, Donati était en Italie, en route vers Nice. Au lieu de rentrer en France, il se rendit en Suisse, où on lui accorda le droit d'asile. Germaine Meyer resta à Nice et travailla dans la clandestinité avec d'autres membres du *gdoud* pour aider les réfugiés démunis et harcelés. Alors qu'elle revenait de Cannes avec une cargaison de faux papiers, elle fut arrêtée. Elle fut torturée mais elle ne parla pas.

La Gestapo porta un troisième coup terrible aux efforts de sauvetage des enfants à Nice. Claude Gutmann, le chef des scouts juifs, fut arrêté le 28 septembre. Peu après, le commandant de la Gestapo de Marseille envoya un télégramme à la section IV-B de la Gestapo à Paris, le Judenreferat, pour l'informer de l'arrestation de Wajntrob, Meyer et Gutmann. Les propres mots de la Gestapo attestent l'importance du travail qu'ils avaient accompli tous les trois[63]. « WAJNTROB Jankiel, alias WISTER Jacques, Juif

---

[62] D'excellents exposés sur le plan de Donati sont présentés dans les ouvrages de Carpi, *Between Mussolini and Hitler*, et de Zuccotti, *Under His Very Windows*.

[63] Mémorial de la Shoah, XXXVII-9, traduction (d'allemand en français) d'un télégramme daté du 18 novembre 1943, signé par le SS-Sturmbannführer Muehler, détachement de la police de sûreté de Marseille à la section IV, Paris. On ignore pourquoi le télégramme n'avait pas été envoyé avant le 18 novembre. Celui-ci est aussi reproduit dans le livre de Poliakov, *La Condition des Juifs en France*, pp. 141-143 (Document 46).

d'origine polonaise, chef de la jeunesse juive à Nice et organisateur de transports d'enfant[s] en Suisse » est présenté comme ayant organisé trois convois de vingt-cinq enfants, chacun à destination de la Suisse. « GUTMANN Claude, alias DUPRAT Claude, chargé par l'UGIF de l'assistance sociale juive aux jeunes pour la zone Sud » est dit avoir été arrêté au monastère jésuite situé au n° 8 de la rue Mirabeau, « où il était en train de discuter de la question de l'assistance que l'Eglise catholique pouvait apporter à la jeunesse juive ». Il est précisé également : « D'après les papiers que nous avons trouvés sur lui, il résulte que les Compagnons de France, le Comité National des Unions chrétiennes des Jeunes Gens de France, ainsi que le Mouvement des Eclaireurs Unionistes de France lui aient apporté un soutien intégral. »

Le 28 septembre, le jour même où la Gestapo arrêta Claude Gutmann, Bella Wendling emmena sept enfants d'Annecy à Norcier. Aucun de ces enfants ne venait de Nice. Trois arrivaient de la région de Toulouse, trois de Challes-les-Eaux, au sud-est de Chambéry, et un de Paris. Les sept enfants traversèrent la frontière en deux minis convois. Dans le premier mini convoi (convoi du MJS numéro 12) se trouvaient trois jeunes enfants : Boris Epstein (8 ans) et sa sœur Renée (5 ans), et Ilia Muszkatblat (8 ans). Ils traversèrent la frontière la nuit du 28 septembre et furent arrêtés à la borne 51, à neuf heures et quart. Ils furent conduits au poste-frontière de Sézenove. Les quatre autres – Simon Grimberg (9 ans) et Marcel Zauberman (12 ans) et ses sœurs Mireille (9 ans) et Hélène (7 ans) – durent attendre jusqu'au lendemain soir (convoi du MJS numéro 13). Je ne sais pas qui les hébergea cette nuit-là ni le lendemain. Ils traversèrent le 29 septembre à peu près à la même heure et au même endroit que le convoi précédent et ils furent emmenés au même poste-frontière.

Septembre s'était avéré un bon mois pour faire passer la frontière à des enfants juifs. L'équipe MJS secondée par la filière Ville-la-Grand avait réussi à faire passer 11 convois comportant 149 enfants non-accompagnés. Plus au nord, l'équipe de l'OSE et la filière Douvaine avaient passé sept convois soit 107 personnes, dont 89 étaient des enfants non-accompagnés. En tout, 256 personnes, dont 238 enfants non-accompagnés, avaient été mises à l'abri.

Le 30 septembre, c'était Roch Hachana. Selon le calendrier juif, l'année 5704 commençait.

7. La Plaine du Loup

Le premier octobre, Bella Wendling, de l'équipe du MJS d'Annecy, fut arrêtée à Saint-Julien-en-Genevois et accusée d'avoir des faux papiers. Elle fut défendue, à la demande du MJS, par Maître Hérisson, brillante avocate d'Annecy, et condamnée à une peine légère de douze jours de prison. Pendant tout le mois de septembre, Bella avait joué un rôle majeur dans les opérations de passage mais poursuivre le travail clandestin la mettait trop en danger. Après avoir purgé sa peine à Annecy, elle retourna à Grenoble pour retrouver Ado Michaeli, son petit ami et futur mari.

Les membres de l'équipe du MJS d'Annecy ont-ils pris l'arrestation de Bella pour de la malchance, comme un avertissement ? Rien ne l'indique. Ils avaient l'habitude de vivre et d'opérer dans un monde où, à chaque instant, ils pouvaient être arrêtés, interrogés ou déportés, avec ou sans motif. L'équipe en avait vu d'autres et résisté à bien des changements. En septembre, Maurice Maidenberg avait quitté Annecy pour se rendre à Lyon auprès de sa mère mourante à l'hôpital. Après avoir été relâché par la Gestapo, Jacques Marburger était venu à Annecy rejoindre Mila, Tony et les autres.

*

La Gestapo avait si bien travaillé à Nice que, dès la troisième semaine de septembre, des trains entiers de Juifs partaient tous les deux jours pour Drancy[1]. Le train qui quitta Nice le 2 octobre et arriva à Drancy le 5 octobre transportait 85 personnes. Jacques Wajntrob était à bord de ce train, ainsi que Tristan Bernard, l'auteur de « L'anglais tel qu'on le parle », farce en un

---

[1] L'ouvrage de Klarsfeld, *Nice: Hôtel Excelsior*, pp. 66–108, contient les listes des personnes envoyées de Nice à Drancy entre le 17 septembre 1943 et le 30 juillet 1944. Organisées chronologiquement par date de départ, de Nice, les listes incluent les rubriques suivantes : nom, prénom, numéro du convoi, nom de jeune fille, date et lieu de naissance, et dernière adresse connue. (Le numéro de convoi ne se réfère pas au transfert d'une personne de Nice à Drancy, mais à sa déportation ultérieure dans le convoi qui quittait Drancy.) À la fin de septembre 1943, 602 personnes avaient été envoyées de Nice à Drancy.

acte que Mila avait montée à Luchon et où elle jouait le rôle principal de Betty. Dans ce convoi se trouvait également Arno, le père de Serge Klarsfeld.

Aux États-Unis, Serge Klarsfeld et Beate, son épouse, sont bien connus comme chasseurs de Nazis, mais peu de gens connaissent l'étendue et l'importance de leurs recherches concernant la persécution des Juifs de France sous l'Occupation. Le *Mémorial de la Déportation des Juifs de France* fut publié en 1978. Pour la première fois on pouvait lire, par date et numéro de convoi, le nom et prénom, la date de naissance et la nationalité de chacun des déportés – environ 76 000 – partis de France vers les camps de la mort, principalement Auschwitz. À la suite du *Mémorial*, Klarsfeld publia de nombreux ouvrages sur la Shoah en France. Peu de gens savent qu'enfant, il se cachait avec sa famille à Nice en septembre 1943, ni que son père se sacrifia pour sauver les siens. Dans deux de ses publications, on peut lire :

> L'auteur de cet ouvrage venait d'avoir huit ans quand les Allemands occupèrent Nice où son père, sa mère, sa sœur et lui s'étaient réfugiés en 1942 et résidaient 15, rue d'Italie, à proximité immédiate de l'hôtel Excelsior.
>
> Dans l'impossibilité de fuir la ville, et sous la menace d'une prochaine perquisition, Arno Klarsfeld installe un double fond dans un grand placard, en le coupant par une fragile paroi de contreplaqué, dissimulée par une penderie et qui s'ouvre et se referme dans sa partie inférieure, à l'intérieur de la cachette, par un simple crochet.
>
> Dans la nuit précédant la rentrée scolaire, le 30 septembre vers minuit, des projecteurs illuminent l'immeuble. Immédiatement, les lits des enfants sont refaits ; la mère et les enfants pénètrent dans la cachette, leurs vêtements dans les bras. Le père ne les rejoint pas : il a décidé d'ouvrir la porte aux gestapistes pour éviter, en se sacrifiant, qu'ils n'enfoncent la porte de l'appartement et ne sondent les cloisons à coups de crosse, ce qui les amènerait inévitablement à découvrir le double fond [...]
>
> Les gestapistes procèdent à leurs recherches étage après étage, appartement après appartement. Ils entrent d'abord dans l'appartement mitoyen de celui des Klarsfeld, où vit la famille Goetz, des Juifs alsaciens. D'un coup de crosse, ils brisent le nez de la fille aînée qui a osé leur demander leurs papiers, et sous les yeux de ses parents, ils rudoient la petite Marguerite pour obtenir l'adresse du fils, domicilié à une autre adresse. Le père Goetz hurle : « Au secours, Police française, au secours ! Nous sommes Français ! Sauvez-nous, sauvez-nous ! » C'est à ce moment qu'ils frappent à la porte. Arno Klarsfeld leur ouvre. Aussitôt, en français, avec un accent allemand, une voix demande : « Où sont votre femme et vos enfants ? » Arno Klarsfeld a répondu : « Ils sont à la campagne, parce ce qu'on vient de désinfecter l'appartement. » Les gestapistes entreprennent de chercher, sans doute avec moins de soin que si personne ne leur avait ouvert. L'un d'entre eux pénètre dans le placard, et l'auteur se souvient encore aujourd'hui du bruit des vêtements repoussés sur la tringle, pour voir si quelqu'un ne se dissimule pas là derrière ; par miracle, le gestapiste ne touche pas à ce qu'il croit être le mur

du fond et qui n'est qu'une mince couche de bois peint. À l'intérieur, on peut entendre : « Habillez-vous et suivez-nous ![2] »

Raïssa Klarsfeld réussit à faire sortir ses enfants de la ville dès le lendemain matin et à trouver une chambre à louer dans les faubourgs. Serge Klarsfeld conclut le récit de cet épisode tragique avec ces mots : « Deux jours plus tard, à la gare de Nice, Raïssa Klarsfeld verra partir son mari vers Drancy parmi un groupe de quatre-vingts personnes, dont les Goetz et Tristan Bernard […][3] »

Le jour même où Jacques Wajntrob était envoyé à Drancy, Léa, son épouse, sa fille Miriam et son père, Moïse Eisenbaum, passèrent illégalement en Suisse[4]. Ils avaient fui Nice après l'arrestation de Jacques. On ne sait pas s'ils s'arrêtèrent à Annecy ou s'ils allèrent directement à Saint-Julien. On sait qu'ils traversèrent d'abord la frontière à la borne 51, puis la Plaine du Loup et furent arrêtés à Lully. Ils avaient bel et bien suivi les traces de tous ces enfants venus de Nice qu'ils avaient sauvés.

*

Le 3 octobre, Joseph Lançon, à qui le Père Rosay avait confié de lourdes responsabilités, quitta sa ferme de Veigy-Foncenex pour se cacher. Un ami l'avait prévenu que la Gestapo allait venir l'arrêter. Il était veuf et père de sept enfants. Ce fut donc à sa fille Thérèse, âgée de dix-sept ans, de prendre en charge la famille. Pour le Père Rosay et les membres de la filière Douvaine, c'était de mauvais augure : la Gestapo était informée des opérations de sauvetage des enfants.

L'OSE avait déjà organisé un convoi de treize personnes et prévu de les faire passer avec l'aide de la filière Douvaine. Le groupe était composé de quatre familles et de trois enfants non accompagnés. Les familles étaient dans une situation désespérée. Toutes voyageaient avec des nourrissons et des enfants en bas âge. Trois de ces familles – les Kolodny, les Szer et les Weinstein – avaient réussi à échapper aux arrestations à Nice. De façon incroyable, Henriette et Jankiel Kolodny s'étaient échappés avec Rachel-Liliane, leur bébé de sept semaines[5]. Boba Szer voyageait toute seule avec Nicole, sa fille d'un an[6]. D'après la Déclaration qu'elle signa, le père de la petite avait été déporté en 1942. Esther Weinstein voyageait aussi seule avec Michael, son fils de sept mois[7]. Sa Déclaration indique que son mari avait été arrêté par la Gestapo à Nice. La quatrième famille – Mordka, Laja

---

[2] Klarsfeld, *Nice: Hôtel Excelsior*, pp. 57–59, et *Vichy–Auschwitz: La « Solution finale »*, 305.
[3] Klarsfeld, *Vichy–Auschwitz: La « Solution finale »*, p. 306.
[4] Archives d'État de Genève, Justice et Police, dossier n° 5041.
[5] Archives d'État de Genève, Justice et Police, dossier n° 5049.
[6] Archives d'État de Genève, Justice et Police, dossier n° 5050.
[7] Archives d'État de Genève, Justice et Police, dossier n° 5051.

Grynsztejn et Léon, leur fils de deux ans – avait habité Grenoble. Les enfants non accompagnés étaient Rebecca Zaidenband (15 ans) et ses frères Léon (12 ans) et Simon (7 ans).

Le convoi fut formé à Chambéry, où l'OSE avait son siège. Le groupe arriva apparemment à Thonon-les-Bains le 2 octobre et y resta deux jours. Ils passèrent en Suisse le 4 octobre, furent arrêtés à six heures du soir aux Glands, au nord de la Croix de Bailly, et emmenés au poste-frontière à Hermance. Ce qui est curieux à propos de ce convoi, c'est que sur la liste de l'OSE, le nom des enfants Zaidenband porte la mention « par Simon ». Ceci m'amène à penser qu'on demanda à l'équipe MJS de prendre en charge le groupe après que la filière Douvaine eut été démantelée. C'est pourquoi je fais figurer ce convoi dans l'Annexe numéro 2, comme le convoi MJS n° 14.

La Gestapo avait établi son quartier général à l'Hôtel Pax d'Annemasse. L'annexe de l'hôtel, un immeuble de trois étages de l'autre côté de la rue, avait été convertie en prison. Le 5 octobre, les agents de la Gestapo vinrent à la ferme arrêter Thérèse Lançon[8]. Elle fut emprisonnée dans l'annexe du Pax pendant trois semaines, et régulièrement soumise à des interrogatoires. Le Père Rosay décida de mettre un terme à la filière Douvaine. L'équipe de l'OSE se retrouva démunie pour faire passer la frontière aux enfants, et dut donc, elle aussi, mettre un terme à ses opérations.

L'équipe MJS poursuivit ses activités grosso modo comme auparavant. Il y eut un changement notable cependant : furent éliminés les convois de quinze, vingt, vingt-cinq enfants, et même davantage. Après le 4 octobre, aucun convoi ne comportait plus de neuf enfants.

Le 7 octobre, le quinzième convoi MJS traversa la frontière à Ville-la-Grand avec sept enfants. Les enfants furent arrêtés à six heures moins vingt du soir et emmenés au poste-frontière de Cornières. Cinq des sept enfants avaient vécu à Toulouse et deux à Nice. Ce convoi était constitué des enfants suivants : Myriam Czarny (14 ans), sa sœur Jeannine (11 ans) et ses cousines Annette Krist (7 ans) et Eveline Rosenkern (7 ans) ; Elie Knout-Fixman (8 ans) ; et Pia-Manon Russak (15 ans) et sa sœur Ursula (7 ans). Elie Knout-Fixman était le fils d'Ariane Knout-Fixman[9]. Sa Déclaration mentionne : « Une demoiselle m'a accompagné jusqu'à Annecy, je la connais mais je ne sais pas son nom. A Toulouse j'étais avec ma maman Mme Arianne FIXMAN. ?? » Ce qu'il dit sur son père est ambigu. Son nom est transcrit « Fixman Elie-Knout », sa signature simplement « Fixman ». La phrase « Mon père doit être en Suisse ou sur la Côte d'Azur », apparaît dans la Déclaration, mais elle ne permet de déterminer s'il s'agit de son père ou de son beau-père, David Knout. Ce dernier, recherché par les Allemands, était passé en Suisse en novembre 1942.

---

[8] Curé de Douvaine, *Résistance non violente*, p. 28.
[9] Archives d'État de Genève, Justice et Police, dossier n° 5074.

Pendant trois jours – du 8 au 10 octobre – aucun convoi ne traversa la frontière, peut-être parce que Yom Kippur tombait le 9 octobre. Immédiatement après cette pause, l'équipe MJS redoubla d'activité. Jour après jour, sans interruption, des convois étaient organisés pour passer la frontière. Tony et Mila commencèrent à se sentir débordés. Tony écrivit plus tard :

> Les « transports » d'enfants ne cessent de croître. Puis c'est le tour de Toulouse, Limoges, Paris. Notre service s'étend encore. Des familles entières réussissent par nos soins à gagner la Suisse. L'occupation de la frontière par les Allemands agrandit le risque, mais ne diminue pas notre « trafic ». Bien au contraire, nous nous sentons quelques fois débordés par les arrivées massives[10].

Au cours des onze jours suivants – du 11 au 21 octobre – l'équipe du MJS allait être sollicitée pour faire traverser la frontière à dix convois supplémentaires. Le réseau MJS et le réseau l'OSE n'avaient jamais soutenu un tel rythme. Cela équivaut à un taux de 0,91 convoi par jour. Si l'on compare avec le mois de septembre, l'équipe de l'OSE avait atteint le taux de 0,33 (soit 10 convois sur 30 jours), et l'équipe du MJS avait atteint le taux de 0,37 (soit 11 convois sur 30 jours).

Qui prit la responsabilité d'envoyer autant de convois à l'équipe d'Annecy en si peu de temps ? Est-ce que Mila et Tony essayèrent de ralentir le flot ? Et, si oui, pourquoi ne les a-t-on pas écoutés ?

*

Le nom de La Plaine du Loup apparaît régulièrement sur les rapports d'arrestation que les garde-frontières suisses rédigeaient à l'automne 1943, mais il n'apparaît pas sur les cartes actuelles. Il reste cependant une trace de la présence du loup : la route qui va de Thérens au sud-est jusqu'à la route de Laconnex au nord-ouest, s'appelle « le chemin du Loup ». Le long de la frontière, trois bornes marquent la lisière de la Plaine du Loup. Les bornes 50 et 51 sont très proches de Norcier, la borne 52 est proche de Thérens. Les rapports d'arrestation indiquent que les convois d'enfants qui traversèrent ici en septembre furent arrêtés à la borne 50, à la borne 51, ou entre les deux. Ceux qui traversèrent en octobre furent, eux, arrêtés entre les bornes 51 et 52.

La Plaine du Loup est-elle restée comme elle était en 1943 ? Difficile à dire. C'est une mosaïque de champs, cultivés ou en friche, qui s'étend entre les petites enclaves agricoles de Norcier et de Thérens, du côté français, et les villes de Sézenove et Lully du côté suisse. En octobre, on peut apercevoir à travers champs, de belles citrouilles d'un orange vif. Neuf des convois MJS

---

[10] Collection privée de Tito Gryn, curriculum vitae non daté rédigé par Nésanel (Tony) Gryn, p. 5.

foulèrent le sol helvétique ici même, dans la Plaine du Loup. Pourquoi cet endroit plutôt qu'un autre ? Le mystère reste entier. Il m'est impossible d'arpenter ces lieux aujourd'hui sans chercher des indices.

Enclos muré typique, Norcier, septembre 2008. Photo de N. Lefenfeld.

Norcier, ce qui frappe immédiatement, apparaît comme un enchevêtrement d'enclos. L'enclos typique comporte une maison que jouxtent une cour, des étables, des remises, et des greniers pour les réserves de foin. Le grand mur de pierres qui l'entoure en fait un endroit parfait pour se cacher.

Un ecclésiastique bienveillant avait très souvent facilité le passage de la frontière. S'était-il trouvé quelqu'un des environs de Norcier et de Thérens pour en faire autant ? Sur une colline toute proche, l'église en pierre grise avec son clocher et sa tour d'horloge semble veiller d'en haut sur une large bande de campagne, c'est le trait caractéristique de ce paysage. En effet, lorsqu'on se tient près de la frontière, sans l'église de Saint-Brice on ne remarquerait pas le village de Thairy, éloigné d'à peine 600 mètres.

Avec des jumelles, en haut du clocher de l'église, on pouvait observer les patrouilles se déplacer le long de la frontière. On pouvait abriter des gens dans l'église ou leur permettre de se cacher dans le cimetière près de l'église, dissimulé derrière le mur de pierre. Et cependant je n'ai pas réussi à identifier qui que ce soit, prêtre ou paroissien, de Thairy, Norcier ou Thérens, qui aurait joué un rôle dans les opérations de sauvetage.

Le 11 octobre, à dix heures du soir, huit enfants passèrent la frontière entre les bornes 51 et 52 et traversèrent la Plaine du Loup. On ne sait pas grand-chose sur l'origine des enfants de ce seizième convoi du MJS. Quatre de ces enfants avaient habité à Grenoble ou dans les environs, deux venaient de Lyon et deux autres d'Aix-les-Bains. Ce sont Gerda Bierzonski (12 ans), Abraham Cymerman (14 ans), Gérard Dreyfuss (14 ans), Denise Rivet (9 ans), Hélène Rubinstein (12 ans) et son frère Georges (11 ans), et Blanche Uklejska (14 ans) et sa sœur Esther (12 ans).

Vue prise de Thairy, en direction du nord, septembre 2008.
(Norcier est à gauche, la Suisse à l'arrière-plan.) Photo de N. Lefenfeld.

Gerda Bikales (née Bierzonski) raconte qu'elle est née à Breslau, en Allemagne, où elle passa son enfance. Elle explique comment elle se retrouva faire partie de ce convoi. Avec Bronia, sa mère, et Srulke Mandelman, le compagnon de sa mère, elle habitait Grenoble. « On manquait de temps », écrit-elle[11]. Les Allemands ramassaient avec brutalité tous les Juifs et les résistants qu'ils trouvaient.

> Un groupe de jeunes Juifs, recrutés pour la plupart parmi les dirigeants du mouvement scout, mirent en place un réseau pour sauver des enfants juifs en leur faisant passer clandestinement la frontière suisse. Ils pensaient avec réa-

---

[11] Bikales (née Bierzonski), *Through the Valley of the Shadow of Death*, p. 121.

lisme que de nombreux Juifs qui vivaient encore en France ne survivraient pas jusqu'à la libération du pays, et ils espéraient sauver ce qu'il restait des communautés juives d'Europe, en faisant passer des enfants en Suisse, pays neutre. Plusieurs assistantes sociales étaient venues voir ma mère et la supplier de me permettre de passer en Suisse, ce qu'elle et moi refusions farouchement. Cependant Mandelman, qui jamais auparavant n'avait été d'avis de se séparer, insistait maintenant pour que je parte. Il partageait le pessimisme ambiant sur nos minces chances de survie[12].

Bronia avait peur de confier Gerda à un convoi, car elle en comprenait les énormes risques. Un de ses amis avait envoyé son fils en Suisse et avait appris, début octobre, qu'il était bien arrivé[13]. Lorsque la nouvelle lui parvint, Mandelman insista encore davantage pour que Gerda parte en Suisse, mais Gerda n'avait pas envie de quitter ni sa mère ni Mandelman, elle se faisait du souci pour leur sécurité. Mais leur propriétaire les mit en relation avec un responsable de la Résistance qui vivait dans la montagne près de Grenoble[14]. Il s'engagea à trouver un refuge sûr où Bronia et Mandelman pourraient se cacher. Après l'avoir rencontré avec ses parents, Gerda se sentie soulagée et elle accepta de se joindre au convoi.

Le convoi du 12 octobre – convoi MJS n° 17 – suivit exactement les traces du groupe qui avait traversé le soir précédent. Il fut arrêté vers neuf heures et demie du soir. Deux des garçons de quinze ans, David Hirsch et Heinz Diewald, venaient du Château de Chabannes, c'était une maison d'enfants de l'OSE située à Saint-Pierre-de-Fursac, dans la Creuse. Depuis août 1942, la police française avait fait régulièrement des descentes dans ce foyer et avait arrêté et déporté des enfants. L'OSE avait dispersé les enfants qui risquaient le plus, les avait cachés dans la campagne ou fait passer en Suisse ; mais le foyer n'avait pas encore été fermé, et quelques-uns s'y trouvaient encore.

Les six autres enfants du convoi venaient de Paris. Deux d'entre eux, Maurice Szwed (12 ans) et son frère Marcel (9 ans), figurent sur les listes du Comité de la rue Amelot. Les quatre autres étaient les enfants Rozenberg : Madeleine (15 ans), Suzanne (13 ans), Bernard (9 ans) et Rachèle (5 ans). Sur les listes de la Rue Amelot, on trouve les noms de quatre enfants Rozenberg, mais je ne sais pas s'il s'agit des enfants Rozenberg de ce convoi, étant donné que trois des quatre prénoms diffèrent de ceux cités ici[15]. Cependant la Déclaration signée par Madeleine Rozenberg mentionne que leur mère et leur frère aîné ont été déportés et les quatre enfants placés dans un pensionnat du

---

[12] Bikales (née Bierzonski), *Through the Valley of the Shadow of Death*, pp. 121–122.

[13] Bikales (née Bierzonski) identifie l'enfant comme étant Raymond Finkel. Ce dernier entra en Suisse le 19 septembre 1943, et fut arrêté au poste-frontière de Chevran. Les archives indiquent qu'il a traversé la frontière avec un autre enfant. Archives d'État de Genève, Justice et Police, dossier n° 4819.

[14] L'auteure (Bikales) identifie cette personne comme étant Henri Confignon. Bikales (née Bierzonski), *Through the Valley of the Shadow of Death*, p. 123.

[15] Les noms des enfants Rozenberg apparaissant sur les listes de la Rue Amelot, qui ont pu nous parvenir sont Claude, Esther, Jeanette, et Suzanne.

département de la Seine. Il est possible qu'ils aient été pris en charge par la Rue Amelot.

Le temps s'était rafraîchi, les patrouilles allemandes faisaient davantage attention aux passages clandestins le long de la frontière, et cependant les enfants juifs continuaient à arriver à Annecy à un rythme sans précédent. En outre, des membres de l'équipe d'Annecy se rendaient à Lyon et à Nice pour aller chercher les enfants et les amener en Haute-Savoie. Les Déclarations signées par les enfants du convoi du 13 octobre, convoi MJS n° 18, indiquent que c'est un « Monsieur Roland » qui accompagna les huit enfants de Lyon à Annecy. Il est fort possible qu'il s'agisse de Roland Epstein. Tous les enfants avaient été amenés à Lyon depuis Paris. Bien que le nom d'aucun de ces enfants ne figure sur les listes de la rue Amelot, il est malgré tout possible qu'ils aient été sous la responsabilité du comité. Les enfants de ce convoi étaient : Charles Beinart (14 ans) et son frère Maurice (9 ans) ; Jacques Rosenberg (13 ans), sa sœur Jeanne (11 ans) et son frère Victor (5 ans) ; et Fanny Zilberg (12 ans) et ses sœurs Anette (11 ans) et Lili (7 ans). Le groupe utilisa le point de passage de Ville-la-Grand et fut arrêté à cinq heures du soir. Comment et pourquoi en plein jour ? On l'ignore.

Les convois MJS qui franchirent la frontière dans la première quinzaine d'octobre comportaient peu d'enfants en provenance de Nice. L'arrestation de Jacques Wajntrob, de Claude Gutman et de Germaine Meyer fin septembre, avait provisoirement mis un terme au transfert d'enfants de Nice à Annecy. Mais très vite ceux qui n'avaient pas été arrêtés s'organisèrent à nouveau pour reprendre les opérations de sauvetage. Ils contactèrent des familles juives qui se cachaient et firent transférer leurs enfants non accompagnés en Haute-Savoie. Ils inclurent également des parents accompagnés d'enfants de moins de six ans.

Entre le 14 et le 21 octobre, l'équipe MJS organisa cinq convois : 35 des 43 enfants et adultes qu'on fit passer en Suisse venaient de Nice. On sait que Mila fit au moins deux trajets entre Annecy et Nice pour faire sortir des gens de cette ville où régnait la terreur. Ces voyages étaient épuisants. Il fallait s'attendre aux multiples contrôles d'identité dans le train et à la descente du train. Il fallait garder son calme, avoir l'air nonchalant, et être à l'aise quand on montrait ses papiers. Tout signe de nervosité ou d'agitation aurait attiré l'attention. On pouvait être bloqué pendant des heures en cas de retard du train. Un enfant angoissé, qui venait d'être séparé de ses parents, risquait d'attirer l'attention. Il fallait rester vigilant. Il fallait avoir du cran pour ce genre d'expédition.

Deux convois MJS franchirent la frontière le 14 octobre : le convoi n° 19 passa à Ville-la-Grand et le n° 20 à Norcier. Celui de Ville-la-Grand comprenait neuf enfants : Louis Folbaum (11 ans) et son frère Bernard (4 ans), Alain Charas (7 ans) et sa sœur Martine (7 ans), Jacques Jungerman (12 ans), Lucie Kuhn (15 ans) et sa sœur Sonia (6 ans), Edith Salik (15 ans), et Fernande Valigora (12 ans). Les frères Folbaum, les sœurs Kuhn et Jacques Jungerman venaient de Nice. Les Déclarations signées par Lucie Kuhn et par

Louis Folbaum signalent qu'une « Mademoiselle Mila » les accompagna de Nice à Annecy. Trois des enfants venaient des environs de Grenoble, et l'un de Rodès, près de Perpignan.

Le convoi de Norcier (convoi MJS n° 20) était composé d'une famille de quatre personnes et de quatre enfants non accompagnés : Louis Salomons (55 ans), sa femme Alice (44 ans), son fils Philippe (3 ans), et sa belle-fille Anne Ischwall (13 ans) ; Hélène Junger (15 ans) et sa sœur jumelle Berthe ; Lydia Merwitzer (15 ans) ; et Marcel Morgenstern (4 ans)[16]. Tous arrivaient de Nice. Aucune de leurs Déclarations ne mentionne le nom de leur accompagnateur depuis Nice.

Chaque convoi comprenait désormais des familles avec de très jeunes enfants. Dans le groupe de neuf qui traversa la frontière près de Norcier le 18 octobre (convoi du MJS n° 21), il y avait Sarah Kalmanowicz (39 ans) et Paulette, son bébé de neuf mois, Dora Chimon (11 ans), Simon Rozen (13 ans), Louise Tchoukran (16 ans) et son frère Nisso (12 ans), Henri Wander (14 ans), et Berthe Weinstein (6 ans) et son frère Robert (4 ans). Tous venaient de Nice. Deux des Déclarations mentionnent qu'une jeune femme les avait amenés à Annecy.

Et ils continuaient à arriver. Deux groupes traversèrent le 20 octobre, l'un à Cornières et l'autre à Norcier. Dans le groupe de Cornières (convoi du MJS n° 22), il y avait une famille de trois personnes – Dora Israel (37 ans), Robert (14 ans) et Fortunée (3 ans) – ainsi que six enfants non accompagnés – Mylan Isaack (6 ans), Lisette Palestrant (13 ans), Liba Rosenberg (13 ans) et son frère Paul (8 ans), Suzanne Sobelman (7 ans), et Jeanette Wahl (8 ans). La famille et l'un des enfants non accompagnés venaient de Nice, trois autres enfants de Vizille, et un enfant de Paris.

Le groupe de huit qui traversa le même soir à Norcier était composé des familles Lubelski et Rapaport, arrivées directement de Chambéry, où l'OSE avait son siège. On peut donc supposer qu'elles ont été envoyées par l'OSE à l'équipe MJS. Trois générations de la famille Lubelski traversèrent ensemble : Mager (65 ans) et sa femme Hinda (61 ans), leur fils Maurice (23 ans), leur belle-fille Nadia (22 ans), et leur petite-fille Elly (presque deux ans). La famille Rapaport était composée d'Adam (28 ans), sa femme Miriam (25 ans) et de leur fille Sylvie (presque deux ans). Le nom d'Elly Lubelski n'apparaît pas sur la « Liste des enfants partis en Suisse en 1943-1944 » de l'OSE. Le nom de Sylvie Rapaport non plus. C'est en cela que ce groupe diffère des convois précédents du MJS. Sur quels éléments peut-on s'appuyer pour estimer qu'il s'agit du convoi MJS n° 23 ? Les rapports d'arrestation indiquent clairement que les familles furent arrêtées par les agents suisses entre les bornes 51 et 52, à la Plaine du Loup, exactement à l'endroit où furent arrêtées les personnes des convois MJS n° 16 (11 octobre), n° 17 (12 octobre), n° 20 (14 octobre) et n° 21 (18 octobre).

---

[16] La déclaration indique qu'Anne est la fille d'Alice, née d'un mariage précédent. Archives d'État de Genève, Justice et Police, dossier n° 5174.

*

Le jeudi 21 octobre correspondait au vingt-deuxième jour de *Tishri* du calendrier hébraïque, le jour de *Shemini Atzeret* qui vient immédiatement après les sept jours de *Sukkot*, et qui signifie littéralement « le huitième jour du rassemblement ». Il marque le début de la saison des pluies qui suit la moisson en Israël, et le seul rituel associé à ce jour consiste à réciter le *Tefilat Geshem*, la prière pour la pluie.

Ce matin-là, Mila arriva à Annecy avec un groupe qu'elle accompagnait de Nice. Ils avaient voyagé toute la nuit. L'équipe du MJS avait prévu de faire passer la frontière à deux groupes ce soir-là, l'un à Cornières en début de soirée et l'autre à Norcier quelques heures plus tard. Tony et Mila devaient convoyer le premier groupe, Sacha et Roland le second. Quand Mila arriva à Annecy, Tony remarqua qu'elle était épuisée et il insista pour qu'elle se repose quelques heures. Il décida que Sacha et lui se chargeraient du premier groupe, et Mila et Roland du deuxième.

Cet après-midi-là, Tony et Sacha accompagnèrent deux familles jusqu'à leur point de passage habituel à Ville-la-Grand. L'une des familles était celle de Zanvel Diamant, dont les écrits éclaireront plus tard la vie de la communauté juive de Nice sous l'occupation italienne.[17] Zanvel (39 ans) traversa avec sa femme Rivka (34 ans) et leurs fils Henri (10 ans) et Paul (4 ans). L'autre famille était celle de Srul Engiel, sa femme Léa et leurs filles Rachèle (14 ans) et Yvonne (4 ans)[18]. Les familles Diamant et Engiel étaient arrivées de Nice, mais on ignore si elles avaient voyagé de nuit avec Mila. Ni les enfants Diamant ni les enfants Engiel ne sont mentionnés sur les listes de l'OSE. Néanmoins, on peut pratiquement affirmer que ce groupe constitua le convoi MJS n° 24. La traversée eut lieu à l'endroit qui depuis longtemps avait les faveurs de l'équipe MJS. En outre, Sacha Maidenberg et Tony Gryn ont mentionné, par écrit et au cours d'entretiens, qu'ils avaient réussi à faire passer la frontière à un groupe de personnes au lieu habituel, situé à Ville-la Grand–Cornières, ce 21 octobre.

Quelques heures plus tard, Mila et Roland se tenaient avec plusieurs personnes à la lisière de la Plaine du Loup. La composition du groupe était inhabituelle : un couple âgé, deux mères avec leurs bébés, et une vieille femme. Ils étaient accompagnés d'un passeur qui leur donna l'ordre de s'arrêter et d'attendre. « Attendez-moi un moment ; je reviens », leur assura-t-il, et il partit[19]. Ils s'accroupirent sur le sol dans l'air glacé de la nuit. Il tombait une pluie fine.

---

[17] Dans leur déclaration consultée aux Archives d'État de Genève, Justice et Police, dossier n° 5254, le nom de famille est épelé « Djament ».
[18] Dans leur déclaration consultée aux Archives d'État de Genève, Justice et Police, dossier n° 5257, le nom de famille est épelé « Engel ».
[19] Lapidus, *Étoiles jaunes dans la France*, p. 20.

8. Adieu à la France

Maintes et maintes fois, j'ai constaté qu'il existe une documentation riche et précise sur l'arrestation, la déportation et la mort d'un Juif qui sauva d'autres Juifs pendant la Shoah, mais très peu de documents sur les opérations de sauvetage accomplies par cette personne : réalité triste mais facile à comprendre. Le danger omniprésent d'être traqué ou dénoncé imposait de ne pas laisser de traces écrites. Rien n'empêchait en revanche les autorités allemandes ou vichyssoises de consigner les faits. C'était même une de leurs priorités. Par ailleurs, après la guerre, pour leur permettre d'affronter le passé, les survivants, parents ou amis, ont souvent raconté les circonstances de la disparition d'un être cher.

Qu'arriva-t-il au groupe qui attendait, tapi sous la pluie, dans la Plaine du Loup, en cette nuit du 21 octobre 1943 ? Les divers récits qui ont été publiés n'émanent pas de témoins oculaires, à part le témoignage saisissant de Roland Epstein que rapporte Jacques Lazarus dans *Juifs au Combat* : « Une petite pluie fine tombait sur une dizaine de personnes, dans le bruit de l'herbe froissée et foulée aux pieds ; soudain, des appels gutturaux, des coups de sifflets, des aboiements de chiens ; lueurs des lampes électriques, détonations, gémissements, un chien m'avait mordu au mollet[1,2]. »

Des soldats allemands leur avaient tendu une embuscade, ils avaient tiré sur le groupe. La dame âgée et un bébé gisaient morts. Le passeur avait disparu.

Roland poursuit :

> Je me retrouvai à l'Hôtel de France, à Saint-Julien, avec mes compagnons d'un soir ; une vieille femme et un bébé manquaient ; ils avaient été tués tous deux. Je me rappelle que Mila était assise en face de moi. Nous échangeâmes en cachette quelques paroles pour arranger une histoire. Je me souviens de ce morceau de papier compromettant que je mastiquais consciencieusement, de mon interrogatoire dans une pièce au premier étage, de mon retour dans la

---

[1] Par exemple, Haymann, *Le Camp du Bout du Monde*, p. 202, et Lapidus, *Étoiles jaunes dans la France*, pp. 20–21.
[2] Lazarus, *Juifs au Combat*, p. 59.

salle tandis qu'un pansement sur la figure dénotait l'insistance avec laquelle on m'avait questionné[3].

À ces mots on comprend qu'il fut brutalisé pendant son interrogatoire.

Au moment de leur arrestation, Roland transportait une grosse somme d'argent destinée à payer le passeur. Apparemment les soldats allemands crurent que Mila et Roland étaient des passeurs professionnels. Ils ne soupçonnaient pas qu'ils tenaient des Juifs qui sauvaient des enfants pour une organisation juive. Roland avait des faux papiers au nom d'Estienne. Mila, semble-t-il, n'avait pas sur elle les faux papiers qu'elle avait utilisés à plusieurs reprises au nom de Marie-Anne Richemond, mais elle en avait d'autres, au nom de Marie-Anne Racine, vingt ans, originaire de Boulogne-sur-Seine. (Racine étant un nom français assez courant, cela ne posait pas de problème). À l'Hôtel de France, Roland reçut l'ordre de baisser son pantalon, afin que les deux Allemands qui l'interrogeaient puissent voir s'il était circoncis, donc s'il était juif. On ignore pourquoi l'un d'eux déclara sans hésiter qu'il ne l'était pas. Questionné bien plus tard à ce sujet, Epstein sera incapable d'en expliquer le pourquoi et le comment[4].

Mila, Roland et les cinq autres personnes appréhendées, furent détenus à l'Hôtel de France jusqu'au lendemain matin. On les emmena alors à la prison du Pax, à Annemasse. Le registre originel de la prison existe toujours, et on peut y lire le nom et la date de naissance des sept personnes arrêtées à Saint-Julien et amenées à la prison le 22 octobre 1943[5]. Sont écrits à la main les noms suivants : Marie-Anne Racine (20 ans), Roland Estienne (24 ans), Erica Mauren (26 ans), Olga Stiasny (40 ans) et son fils (juste avec la mention « *Kind* », en allemand), et Abraham Vengerowsky (75 ans) et son épouse Rachel (67 ans).

---

[3] Lazarus, *Juifs au Combat*, p. 60. L'Hôtel de France se trouve au cœur de Saint-Julien, au 6 de la rue Fernand David, à un peu plus de trois kilomètres du lieu où le convoi avait été arrêté. Aujourd'hui, cet hôtel sans étoile ressemble davantage à une pension qu'à un hôtel. Je suppose que le bâtiment a, pour l'essentiel, conservé l'apparence qu'il avait durant la guerre. Au Chapitre 6, Nice, il est écrit que certains bâtiments réquisitionnés par la Gestapo durant l'Occupation semblent avoir gardé la grisaille et la morosité de ces années-là, comme l'Hôtel de France à Saint-Julien. Au milieu de l'après-midi, son restaurant, le Grand Café de France, est vide à l'exception de quelques hommes qui sirotent leur bière au bar, qui fument, et regardent les sports sur l'écran de télévision accroché au plafond. Lors d'une de mes visites, je demandai à la propriétaire si je pouvais voir les étages supérieurs du bâtiment. Non seulement elle refusa ma requête, mais encore elle m'assura que la rumeur de la réquisition du bâtiment par la Wehrmacht en 1943 était totalement infondée.
[4] Lapidus, *Étoiles jaunes dans la France*, p. 21.
[5] Archives de la ville d'Annemasse. En plus du nom et de la date de naissance, le registre de la prison du Pax contient des informations personnelles sur chaque individu (lieu de naissance, nationalité, dernière adresse connue), mais aussi des informations sur le lieu d'arrestation et l'endroit où la personne était transférée.

La prison du Pax servait en général pour des incarcérations de courte durée[6]. La plupart des prisonniers étaient transférés dans d'autres lieux après quelques jours ou quelques semaines. Beaucoup y étaient torturés. La Gestapo leur faisait subir le supplice de la « baignoire », durant lequel on plongeait sans arrêt la victime dans de l'eau glacée, et on lui maintenait la tête sous l'eau. Le Pax n'avait absolument pas vocation à devenir une prison. Il n'y avait ni chauffage, ni couvertures, ni matelas. De plus, pour les Allemands comme pour Vichy, la responsabilité de nourrir les prisonniers ne leur incombait pas.

Document 4 : Extrait du registre de la prison du Pax.
© Archives municipales, Annemasse.

---

[6] Ce bâtiment carré de quatre étages, avec un toit mansardé, existe encore aujourd'hui et est facilement reconnaissable à partir de photographies en noir et blanc. (Voir par exemple Croquet, *Chemins de Passage*, p. 76.) J'ai visité ce bâtiment à plusieurs reprises depuis 1999. Il m'a semblé à chaque fois qu'il était complètement vide, à l'exception d'un magasin au rez-de-chaussée, dans un état de délabrement avancé. Les deux étages du bâtiment paraissaient sombres, les volets fermés ; la fenêtre de la mansarde était recouverte de planches. À l'arrière, une cour vide à part des mauvaises herbes et du verre brisé. Deux fenêtres donnant sur la cour étaient elles aussi recouvertes de planches. Les portes étaient fermées à clé et n'avaient plus de poignées. Sur la façade de la maison, à droite, une plaque brune en lettres dorées rend hommage aux mille cinq cents personnes emprisonnées ici entre le 3 janvier 1943 et le 18 août 1944, et donne le nom et l'âge des six martyrs de la région.

Ancienne prison du Pax, Annemasse, juillet 1999. Photo de N. Lefenfeld

Jean Deffaugt était maire d'Annemasse à l'époque[7]. Il avait quarante-sept ans. Ce vétéran de la Première Guerre mondiale avait été prisonnier en

---

[7] Il existe deux témoignages écrits par Jean Deffaugt. Le témoignage le plus détaillé se trouve sous la cote Mémorial de la Shoah, DLXI-9, daté 1972. Les archives d'Annemasse possèdent une déclaration non datée intitulée « Comment Furent Sauvés 28 Enfants Israélites de la Déportation et Certainement de la Mort ». Deffaugt s'efforçait de sauver des Juifs dès qu'il le pouvait, mais ses possibilités étaient limitées et ses efforts n'étaient pas toujours couronnés de succès. Le 31 mai 1944, un convoi d'enfants juifs, conduit par Marianne Cohn, fut arrêté par des soldats allemands à la frontière suisse. Deffaugt réussit à persuader le chef de la Gestapo de l'époque à Annemasse, un homme du nom de Mayer, de permettre aux dix-sept enfants les plus jeunes d'être placés dans une colonie de vacances à Bonne-sur-Menoge. Cohn fut par la suite sortie de prison et fut brutalement tuée au début juillet. Peu après, tandis que les Alliés avançaient en France, Mayer dit à Deffaugt qu'il se préparait à déporter les enfants plus âgés. Deffaugt réussit à convaincre Mayer de lui remettre les enfants plutôt que de les déporter ; le maire les fit sortir d'Annemasse pour les placer en lieu sûr, où ils restèrent jusqu'à la Libération. « Comment Furent Sauvés... » parle spécifiquement de l'évènement du convoi du 31 mai 1944. Le témoignage le plus détaillé, DLXI-9, en parle ainsi que deux autres cas où Deffaugt fut en mesure de sauver des Juifs. Pendant la semaine de Pâques de l'année 1944, un garde-frontière allemand apporta un petit garçon à Deffaugt (pp. 7–8). Deffaugt continue sa narration en ces termes: « Voilà un petit Juif, me dit-il. Il l'avait trouvé près de la frontière, pleurant depuis on ne savait combien de temps. Sans doute les passeurs l'avaient-ils laissé tomber. Cet Allemand me l'avait apporté au lieu de le porter à la Kommandantur. Mais il voulait me le reprendre au bout de quelques heures. 'Laissez-le-moi', ai-je dit. 'Je vais m'en occuper.' » L'autre cas se réfère à la famille « L », arrêtée à la frontière et emprisonnée au Pax (p. 9). Deffaugt réussit à apprendre que le chef de la prison, Broski, était un avide philatéliste. Monsieur L. avait une collection de timbres de la principauté de Monaco, collection que Deffaugt troqua contre la liberté de la famille. Le témoignage raconte

Allemagne. Sur des photos prises en 1944, on voit un homme corpulent, à la calvitie naissante, il a une petite moustache. C'était un être jovial, plein d'assurance, qui semblait à l'aise en se mêlant aux soldats allemands dans et autour de la prison. Il était membre du réseau Gilbert[8]. Ce réseau de résistance faisait passer des renseignements à des agents de liaison des Forces alliées à Genève.

Jean Deffaugt n'était pas en mesure de faire libérer des prisonniers incarcérés au Pax ou d'éviter leur transfert dans d'autres lieux atroces. Néanmoins il faisait de son mieux pour adoucir leur sort. Il eut le *chutzpah* (culot) de demander au capitaine Einsohn, chef de la Gestapo à Annemasse, l'autorisation d'entrer dans la prison afin d'apporter nourriture et nécessaire aux détenus[9]. L'autorisation lui fut accordée, mais à la condition qu'il ne dise à personne à l'extérieur de la prison ce qu'il avait vu ou entendu à l'intérieur.

Le fait que Deffaugt soit parvenu à un accord avec les Allemands pour rendre visite quotidiennement aux prisonniers, le mettait en danger. Il choisit de se mettre encore plus en danger. « Dans cette prison, je faisais la 'boîte aux lettres' », écrit-il dans son témoignage[10]. « Ma femme avait cousu une poche sous la braguette de mon pantalon et je passais tout le courrier. Inutile de dire que lorsque les Allemands me faisaient signe de monter, j'avais horriblement peur d'être fouillé. »

Deffaugt fit sortir subrepticement au moins cinq lettres écrites par Mila, dont quatre seulement ont été préservées et figurent dans ce chapitre. Dans l'une des deux lettres, toutes deux datées du 25 octobre, Mila mentionne qu'elle a écrit à ses parents – j'ignore si cette lettre existe encore. Les deux lettres sont adressées à Mlle S. Racine, Poste Restante, Annecy, boîte que Mila partageait avec Sacha. Elles semblent avoir été écrites dans la précipitation, ce qui rend certains passages difficiles, voire impossibles, à déchiffrer, d'autant qu'avec le temps l'encre s'est décolorée. Mila utilise le langage codé auquel les résistants avaient recours pour se protéger et protéger leurs destinataires. Parfois on en comprend le sens caché, mais pas toujours.

L'analyse de ces deux lettres du 25 octobre permet de supposer que ce jour-là, Jean Deffaugt rendit visite à Mila dans la prison, lui apporta un colis

---

finalement le cas où Deffaugt tenta, sans succès, de sauver un bébé qui avait été emprisonné avec sa mère (pp. 8-9). Deffaugt réussit à faire transférer le bébé à l'hôpital d'Annemasse pour le traitement d'une hernie. Il fut cependant incapable de convaincre Mayer de laisser le garçon quand sa mère fut déportée.

[8] Le livre de Croquet, *Chemins de Passage*, pp. 55–59, offre une bonne présentation du réseau Gilbert.

[9] Durant ses visites quotidiennes, il apportait de la nourriture préparée avec le support du Centre d'accueil de la SNCF. Le directeur du centre, Eugène Balthazar, accompagnait souvent Deffaugt dans la prison. Les Annemassiens, qui croisaient Deffaugt ou Balthazar dans la rue, leur glissaient un peu d'argent pour permettre au centre de continuer son œuvre.

[10] Mémorial de la Shoah, DLXI-9, témoignage de Jean Deffaugt, daté d'avril 1972, p. 5.

et fit passer subrepticement les deux lettres, l'une écrite avant son arrivée, l'autre pendant qu'il était là.

La première fut écrite sur du papier à en-tête du Docteur Georges Périnel, médecin à Annemasse. Mila demande que les réponses soient envoyées à F. Chapelier, 17 rue du Jura, à Ambilly, adresse de l'hôpital d'Annemasse où Mademoiselle Françoise Chapelier était infirmière. Deffaugt mentionne à la fois le Docteur Périnel et Mlle Chapelier dans son témoignage écrit, il est évident qu'ils l'aidèrent dans son œuvre de secours[11].

Mlle S. Racine
Poste Restante – Annecy
Le 25 octobre 1943

Mes chers amis,
Je vais très bien. Ni l'appétit ni le sommeil ne souffrent de mon état de santé. Quant au moral, il est plus florissant que jamais. Avez-vous été à Grenoble faire la commission à ma propriétaire ? Ici, j'ai des livres policiers qui ont l'effet magique de m'endormir après la 10e ligne de lecture.

Vous pouvez prendre chez le docteur des nouvelles de ma santé, soit chez l'infirmière.

J'espère recevoir bientôt les vêtements demandés, car si pour ma convalescence je pars dans les montagnes, je voudrais être bien chaussée et habillée.

J'ai écrit aux parents, les prévenant que j'irai sans doute chez Marc et prie Suzanne de leur écrire la même chose. Ecris-leur tous les jours, mon petit chou, pour qu'ils ne s'inquiètent pas.

Mes chers amis, je pense à vous à chacun en particulier et vous me croirez sans peine si je vous assure que j'aimerais mieux être avec vous en ce moment.

Mais ne vous en faites pas trop.

Je vois de temps en temps Roland qui va bien. Nous chantons ensemble souvent.

Marie est très fâchée sur Fanny et ne veut plus le voir.

Je vous embrasse tous bien fort et espère très fermement à bientôt. Ma petite Suzanne, je t'embrasse tendrement.

Bon courage,
M-Anne

Vous pouvez écrire
F. Chapelier
17 rue du Jura
Ambilly (H^{te} Savoie)[12]

---

[11] Comme mentionné dans une note précédente, Deffaugt sauva un petit garçon qui avait apparemment été abandonné à la frontière et qui lui fut apporté par un garde-frontière allemand. « Je l'ai emmené sur ma bicyclette à l'hôpital d'Annemasse où je l'ai confié à une infirmière, Mlle Chapelier. » Mémorial de la Shoah, DLXI-9, témoignage de Jean Deffaugt, daté d'avril 1972, p. 8.

[12] Collection privée d'Emmanuel (Mola) Racine, lettre écrite par Mila Racine à sa famille, datée du 25 octobre 1943.

« La propriétaire » dont elle parle désigne très probablement Simon Lévitte et le *gdoud* MJS de Grenoble. Le médecin et l'infirmière sont le Dr Périnel et Mlle Chapelier, qui étaient les contacts du maire à l'hôpital. Dans cette lettre, comme dans les suivantes, Mila compare son arrestation à une maladie (« Vous pouvez prendre chez le docteur des nouvelles de ma santé, soit chez l'infirmière. ») « Marc » était le nom de code pour l'ignoble prison du Fort Montluc à Lyon, que dirigeait Klaus Barbie. Mila s'attend à y être envoyée. Elle demande des vêtements chauds et des chaussures pour partir en « convalescence […] dans les montagnes », référence à l'incarcération. Elle se préoccupe de l'effet de son emprisonnement sur ses parents, elle implore Sacha, alias Suzanne, de tout faire pour apaiser leur anxiété.

Trois phrases laissent perplexe : « Je vois de temps en temps Roland qui va bien. Nous chantons ensemble souvent. Marie est très fâchée sur Fanny et ne veut plus le voir. » Quel sens leur donner ? C'est probablement un avertissement : *une information compromettante a été révélée et il faut terminer l'opération*. « Marie est très fâchée sur Fanny et ne veut plus le voir » était peut-être un message convenu à l'avance pour cette éventualité. Quoi qu'il en soit, les opérations de passages du MJS cessèrent immédiatement après la nuit tragique du 21 octobre.

La seconde lettre fut écrite sur une simple feuille de papier. Après le texte de Mila, on aperçoit un trait noir tracé à la main et toute une série de notes sibyllines écrites par Mola Racine.

Racine
Poste Restante – Annecy
Annemasse, le 25 10-43

Mes très chers,
Je viens de recevoir le colis qui m'a fait un grand plaisir. Je viens d'avoir une conversation très gentille avec mes hôteliers. Comme je cherche du travail ils m'ont conseillé de partir comme travailleur libre en Allemagne en me certifiant que j'y serai bien. Mais comme je leur ai dit que cela ne me tentait pas de quitter mon beau pays, ils ont compris étant eux-mêmes patriotes. Ils m'ont grondé amicalement de ne pas surveiller ma santé mieux que ça. Il est possible que je sois bientôt parmi vous. Naturellement, il faudra que je suive les prescriptions médicales et mon traitement peut durer quelques semaines. Mais je me plais vraiment ici. J'ai une chambre coquette avec un grand divan-lit. Il y a une petite cour où nous nous promenons plusieurs fois par jour.

Je viens de faire une partie d'échecs avec une pensionnaire très sympathique. Mes hôteliers sont antisémites et ont renvoyé tous les Juifs aujourd'hui, ce qui fait que nous sommes restés à quelques uns ici.

J'espère que vous allez tous bien et ma seule peine est l'idée que vous vous inquiétez pour moi.

Je vous embrasse tendrement.
Marie-Anne

Vu D : Mila dit simple spectatrice <u>Infirmière</u> Mila dit histoire sac. Puis histoire I. Nous transmet ND Boulogne – Femme veut partir – Trompe infirmière aussi – Vu Def – dit sac mains all St Ju – accus – pass I p^r argent Choix libre all ou pris. France – Refuse allemagne – dit si on oblige ira mais pas volontaire – Def conseille partir plutôt que 3 mois Lyon affreux – Nourriture excellente – pas exagérer crainte réaction – 3 Mila – 3 Rola – France tous – histoire Jambon gnole – fromage etc...laissent légumes – lisent et fument – etc. – Plus diff. comme Roland – Vu C.Ac. pr Roland et lettre moins contrainte – lui plus facile moins surveillé Def dit chaussures reçues lundi ?? Impossible dire non because il ignore reçu lettres – interrogatoire All proposé partir Roland Mila ensemble possib se marier etc. Atmosphere très détendue depuis départ Juifs. Donnent vivres aux all – Sont extrem^t bien – ballade générale couloir[13]

Il est impossible de déchiffrer le sens de toutes les notes de Mola. Toutefois, l'analyse du contenu de la lettre et des notes, permet d'affirmer certains faits. On donna à Mila et Roland le choix d'aller travailler en Allemagne ou d'être emprisonnés en France. Compte tenu des conditions de détention abominables de Montluc, où ils auraient certainement été transférés, Deffaugt leur conseilla de partir en Allemagne. Mila et Roland refusèrent.

Mila écrit que ses hôtes « ont renvoyé tous les Juifs aujourd'hui ». Effectivement, le registre de la prison du Pax indique qu'Olga Stiasny et son fils, ainsi qu'Abraham et Rachel Vengerowsky furent envoyés à Drancy le 25 octobre. Rosette Wolczak, la jeune fille de quine ans qui avait été refoulée en France parce que jugée « indigne de l'hospitalité suisse », faisait également partie de ce convoi. Arrêtée le 19 octobre, elle aussi avait été emprisonnée au Pax. Erica Mauren, la maman du bébé tué lors de la fusillade, ne fut pas identifiée comme étant juive et ne fut pas envoyée à Drancy.

Roland fut frappé pendant les interrogatoires à l'Hôtel du Pax, le siège de la Gestapo. On ne sait pas si Mila fut frappée, si elle subit d'autres sévices. On fit une fois traverser la rue à Roland, de la prison à l'Hôtel du Pax, pour ce qu'il appelle « un nouvel interrogatoire, sans brutalité[14] ». On lui demanda de décrire le passeur qui les avait conduits à la frontière le soir de l'arrestation. Pour brouiller les pistes, il en fit une description qui ne correspondait pas du tout à l'individu. On lui montra alors une photo du passeur en personne et on lui demanda s'il le reconnaissait. Roland déclara catégoriquement que ce n'était pas lui. D'après le récit de Lapidus, l'officier SS, qui ne parlait qu'allemand, se tourna vers la femme qui lui servait d'interprète et dit en désignant Roland : « ...er ist Jude, nicht wahr ? [...il est juif, n'est-ce pas ?]^{15} » « Nein », répondit-

---

[13] Collection privée d'Emmanuel (Mola) Racine, lettre écrite par Mila Racine à sa famille, datée du 25 octobre 1943.
[14] Lapidus, *Étoiles jaunes dans la France*, p. 21.
[15] Lapidus, *Étoiles jaunes dans la France*, p. 22. Au sujet de cet incident, Haymann, dans *Le Camp du Bout du Monde*, pp. 203 - 204, cite Roland comme suit : « On m'a dit après que le passeur nous aurait dénoncé. Le fait est que, lui, il n'a pas été arrêté. Chose curieuse: au cours d'un des interrogatoires à Annemasse, on nous a montré sa photo en nous demandant si c'était lui notre

elle. « Il [le S.S.] n'insiste pas, et l'interrogatoire s'arrête là. Roland n'a pas compris la raison de cette affirmation péremptoire, mais la chance paraît lui sourire une fois de plus. »

Ce qui arriva ensuite est incroyable mais vrai. Un jour, Simon Lévitte et Mola Racine apparurent à l'intérieur de la prison, ils accompagnaient le maire lors d'une de ses visites[16]. Deffaugt les avait fait entrer sous une fausse identité, afin qu'ils puissent être en contact avec Mila et Roland. Pendant cette rencontre chargée d'émotion, les visiteurs essayèrent de réconforter les prisonniers, leur rappelant que la guerre avait pris un nouveau tournant, que les nazis étaient battus sur tous les fronts, et que les Alliés ne pouvaient continuer à différer encore longtemps leur débarquement en France.

*

Le matin du 28 octobre, à dix heures et demie, un train de déportés quitta la gare de Bobigny à destination d'Auschwitz. Enfermés dans les quarante wagons à bestiaux, il y avait un millier de prisonniers juifs qui avaient été internés à Drancy. Jacques Wajntrob et Arno Klarsfeld se trouvaient parmi eux[17]. Ce convoi de déportés était le soixante et unième à quitter la France.

Pendant les trois semaines environ où il avait été à Drancy, Jacques avait réussi à organiser un *gdoud* au pied levé. Il en parle dans la première des deux lettres non datées qu'il fit sortir clandestinement du camp.

> Mes Chers 'Haverim [Amis],
> Jusqu'ici, je n'avais aucune possibilité de vous écrire. Maintenant E. [Ernest Appenzeller ?] m'a mis au courant de votre travail et je ne peux que vous féliciter.
> Nous avons déjà groupé un *Gdoud*, et nous espérons pouvoir faire du bon travail...
> Notre moral est bon. Tous les soirs, nous nous réunissons et évoquons ensemble le souvenir du *Gdoud*, accompagnés de chants, *ivrith* [hébreu], naturellement. Maintenant, à vous : continuez jusqu'au bout, mais soyez prudents, très prudents ; méfiez-vous des nouvelles connaissances.....
> Nous pensons à vous comme si nous avions continué à travailler...
> 'Hasak veemats Chalom [Force courage Paix].
> Jacques[18]

---

passeur. J'ai répondu par la négative, mais deux jours plus tard il arrivait. Il a été arrêté puis rapidement libéré. Au moment de l'arrestation à la frontière, il avait apparemment pris la fuite. »

[16] Lapidus, *Étoiles jaunes dans la France*, p. 22.

[17] Klarsfeld, *Le Mémorial de la Déportation*. Le nom de Jacques Wajntrob apparaît à la p. 455 ; celui d'Arno Klarsfeld à la page p. 452. En plus des listes de noms des personnes déportées dans chaque convoi parti de France durant la guerre, *Le Mémorial de la Déportation* offre un résumé des informations sur des sujets tels que : la façon et la date d'autorisation des convois par les fonctionnaires allemands ; l'heure de départ ; le nombre de wagons ; le nombre total de personnes ; le nombre de personnes sélectionnées pour les travaux et le nombre de celles qui ont été gazées à leur arrivée à Auschwitz.

[18] Collection privée de Miriam Brinbaum, lettre écrite par Jacques Wajntrob, non datée.

Dans la seconde lettre, plus sombre, Jacques dit adieu à ses camarades :

> Mes Chers *Haverim* [Amis],
>
> Quelques mots avant mon départ. Je quitte Drancy demain pour une destination inconnue. Je me porte très bien et j'ai beaucoup d'espoir. Bientôt, nous nous reverrons tous. En tous cas, j'espère que chez vous le travail continue comme auparavant. Ernest reste ici et pourra continuer à garder contact avec vous.
>
> J'adresse cette lettre à tous mes *Haverim* de France. Ceux qui la recevront en premier voudront bien la remettre à Simon.
>
> J'ai gardé un très bon moral et je vous souhaite bon travail et cordial *Chalom* [Paix].
>
> *Hasak veemats lehitraoth baaretz* [Force courage ; au revoir dans le Pays, i.e. Palestine].
>
> Jacques
> (Chef Régional du M.J.S. Déporté)[19]

L'histoire de Jacques Wajntrob, du moins ce que nous en savons, se termine dans la ville médiévale de Bar-le-Duc, en Lorraine. Vers six heures et demie du soir, le train s'arrêta en gare de Bar-le-Duc. Un rapport de police cité par Serge Klarsfeld dans *Le Calendrier* fait le récit de ce qui arriva alors :

> Durant l'arrêt, ayant constaté que le plancher d'un wagon de tête avait été défoncé, les militaires de surveillance montèrent dans la voiture et firent déshabiller tous ses occupants au nombre de 30 environ.
>
> Laissant à chacun, soit un caleçon, soit une chemise, mais jamais les deux, ils obligèrent tous ces hommes à descendre sur le quai dans cette tenue. Ils les dirigèrent ainsi vers un autre wagon en queue du convoi.
>
> Tous les vêtements qui venaient d'être ôtés, furent laissés dans la première voiture.
>
> Cet incident, aussitôt connu en ville, a causé un profond malaise parmi la population qui le commente sévèrement[20].

Klarsfeld note, en bas de son récit : « De pareilles tentatives d'évasion étaient punies à l'arrivée à Auschwitz par la mise à mort immédiate des déportés déshabillés[21]. »

Léa Wajntrob pense que Jacques était parmi les déportés qui ont tenté de s'échapper du train. Les faits sont éloquents : Jacques était un menuisier qualifié

---

[19] Collection privée de Miriam Brinbaum, lettre écrite par Jacques Wajntrob, non datée.

[20] Klarsfeld, *Le Calendrier*, p. 904. Lettre datée du 30 octobre 1943, du commissaire de police des renseignements généraux de Bar-le-Duc au directeur des renseignements généraux à Vichy.

[21] Klarsfeld, *Le Calendrier*, p. 904. Bien que peu de choses aient été écrites sur le sujet, et malgré le fait que cela semble peu croyable, des prisonniers arrivaient de temps en temps à s'échapper des trains de déportation envoyés de Drancy à Auschwitz. *Cf.*, par exemple, Rutkowski, « Les Évasions de Juifs de Trains » dans *Le Monde juif*, No. 73 (1974) : pp. 10–29.

qui, deux ans auparavant, s'était déjà échappé de Pithiviers. Des camarades qui se trouvaient avec Jacques à Drancy, racontèrent à Léa après la guerre qu'il avait réussi à emmener secrètement des outils de menuiserie dans le train. Par ailleurs Léa se demande si ce n'est pas par représailles que Jacques et les autres hommes furent tués à Bar-le-Duc. Des déportés du convoi n° 61 qui arrivèrent à Auschwitz lui racontèrent qu'ils ne l'avaient pas vu pénétrer dans le camp. Voilà un mystère difficile à éclaircir. Il est possible que Jacques et ses compagnons aient été tués à Bar-le-Duc, leurs corps enterrés quelque part, on ne sait où. Il est aussi fort possible que ces hommes, à moitié déshabillés, donc voués à une mort certaine, aient été tués à leur arrivée à Auschwitz, à l'écart du reste du convoi.

*

Début novembre, Mila envoya deux nouvelles lettres depuis la prison du Pax, l'une datée du 5 et l'autre du 8. La lettre du 5 novembre commence par ces mots : « Je suis bien arrivée chez Marc et me porte à merveille. » A – t – elle été transférée à Montluc le 5 ou juste avant ? Il est écrit dans le registre de la prison que le transfert n'a pas eu lieu avant le 15 novembre. Apparemment, le message veut dire qu'elle a réussi à ne pas être envoyée en Allemagne et qu'elle restera en France.

Mila adopte un ton joyeusement sarcastique, sauf lorsqu'elle s'inquiète de l'impact de sa détention sur ses parents, elle craint que leur santé soit mise à rude épreuve à cause d'elle. (Avant son arrestation son père était probablement en mauvaise santé ; il mourut d'un cancer avant la fin de la guerre.)

le 5 novembre 1943

Mes très chers,
J'ai saisi une occasion pour vous donner de mes nouvelles.

Je suis bien arrivée chez Marc et me porte à merveille. En vérité ce n'est pas du tout aussi bien que nous le pensions. Les enfants sont en bonne santé et bien soignés, les autres non.

Tout le monde est très gentil avec moi et ils ne veulent pas me laisser partir. En tous cas le séjour ici m'aura beaucoup profité. C'est un bon stage et j'apprends un tas de nouvelles choses.

Ce qui me manque le plus sont vos nouvelles. Surtout celles de Ma Pa. Je pense sans arrêt à eux. Comment va leur santé. Je voudrais tant que nous soyons enfin tous réunis. Envoyez leur ma lettre pour qu'ils ne s'inquiètent pas à mon sujet.

Je ne sais encore pas combien de temps je vais rester à la colonie. Peut-être 1 ou 2 mois. Je tâcherai de vous donner de mes nouvelles de temps en temps.

Je vous embrasse tous tendrement.
Votre Marie-Anne[22]

---

[22] Collection privée d'Emmanuel (Mola) Racine, lettre écrite par Mila Racine à sa famille, datée du 5 novembre 1943.

le 8 novembre 1943

Mes très chers tous,

Quelles magnifiques vacances j'ai là. J'engraisse tant que cela commence à m'inquiéter. Tout le monde me gâte que c'est effrayant (mes gardiens pour commencer). Cet après-midi j'ai organisé des jeux. Tous se tordaient de rire. On a un grand poêle autour duquel nous nous réunissons. En ce moment ils sont vraiment larges avec nous. Tous les jours je mange du poulet ou du canard car dès que quelqu'un reçoit un paquet je dois absolument accepter une partie.

Mercredi il y a un départ. J'ignore si j'y suis. Je préfère presque y être car autrement j'ignore la surprise qu'on me réserve. Enfin je ne m'en fais pas outre mesure.

J'aimerais bien avoir quelques tickets. On ne sait jamais, si je veux faire une petite halte pendant le voyage cela pourrait me servir.

J'ai joué aux échecs avec le secrétaire ce matin et l'ai battu à plate couture après une lutte acharnée.

Je dois finir ma lettre en vitesse (on se croirait au collège où on fait des choses en cachette.

Mille baisers. À ma Lili les meilleurs.

Marie-Anne[23]

À l'automne 1943, Sara, la femme de Mola, fit une fausse couche. Elle fut soignée à l'hôpital d'Aix-les-Bains. Germaine Cochet, médecin-chef de la maternité, avait compris que Sara était juive. Elle décida avec Jean, son mari, de l'aider et de subvenir de son mieux aux besoins de sa famille. Ils hébergèrent Mola, Sara et Lili dans leur grande maison de la rue des Bains. (Plus tard, en mai 1944, Sara fut de nouveau enceinte, Germaine Cochet organisa le passage en Suisse de Sara et Lili.) Après l'arrestation de Mila, redoutant que Sacha soit en danger, Mola insista pour qu'elle vienne les rejoindre à Aix-les-Bains.

Le 15 novembre, Mila et Roland furent transférés en train d'Annemasse à Lyon[24]. Dans la lettre datée du 24 novembre, reproduite ci-dessous, Mila exprime sa joie d'avoir vu Mola et Sacha sur le quai de la gare, lorsque le train s'arrêta à Aix-les-Bains. Par quel hasard ont-ils pu se trouver sur le quai à ce moment-là et dans quel but ? Peu de temps avant le transfert de sa sœur, Mola avait été alerté par un contact à Annemasse. Non seulement Mola et Sacha aperçurent Mila quand le train s'arrêta à Aix, mais Mola monta dans le train et alla jusqu'à Lyon dans l'espoir d'arracher Mila à ses gardes allemands. Et encore plus surprenant, un autre sauveteur en puissance fit de même. Emmanuel Haymann raconte que Tony, « armé d'un petit revolver », prit le train qui transportait Mila et Roland[25]. Il ne précise pas où Gryn monta dans le train. Il dit « quelques stations » avant Aix-les-Bains.

---

[23] Collection privée d'Emmanuel (Mola) Racine, lettre écrite par Mila Racine à sa famille, datée du 8 novembre 1943.
[24] Archives de la Ville d'Annemasse, registre de la prison du Pax.
[25] Haymann, *Le Camp du Bout du Monde*, p. 203.

Selon lui : « Tony et Emmanuel [Mola Racine] ne se connaissent pas, ils font le trajet sans savoir qu'ils sont deux Résistants juifs portant une même douleur au cœur[26]. » Les prisonniers étaient étroitement gardés, il ne se présenta aucune occasion de libérer Mila.

Mila et Roland arrivèrent à la gare de Lyon-Perrache et furent emmenés au Fort Montluc. Roland parle du « changement brutal de climat » qu'ils ressentirent à leur arrivée à Lyon :

> Un comité d'accueil les attend au Fort Mon[t]luc, la geôle-citadelle régie par le tristement célèbre Klaus Barbie. C'est à coups de trique et de vociférations rauques qu'ils sont arrachés à leur véhicule et poussés vers le portail. Mila est aussitôt emmenée au quartier des femmes[27].

Dix mille victimes du régime nazi furent emprisonnées à Montluc pendant l'Occupation. Sept mille prisonniers y moururent après avoir été soumis à des tortures inimaginables et aux pires privations. Comment tant de prisonniers se retrouvèrent-ils là ? La Gestapo de Lyon exerçait son autorité non seulement sur la ville de Lyon mais aussi sur une grande partie de la région. En novembre 1942, lorsqu'arriva Barbie, qui avait alors vingt-neuf ans, Lyon était déjà reconnue comme la capitale de la Résistance. Jean Moulin, l'émissaire du général de Gaulle en France, fut l'un des prisonniers notoires de Montluc, et beaucoup d'autres héros de la Résistance y furent détenus pendant des semaines voire des mois[28].

Mila, prisonnière numéro F826482 – « F » pour « femme » – fut incarcérée à Montluc pendant environ deux mois. Dans les archives privées de Mola Racine, il n'y a qu'une missive datant de cette période. Il s'agit d'une carte postale sur laquelle Mila avait écrit un maximum de mots. Il était possible de communiquer avec les prisonniers par l'intermédiaire de la Croix-Rouge française. Les détenus n'ignoraient pas qu'on lisait leurs échanges.

À la différence des lettres envoyées de la prison du Pax, la carte postale de Montluc est écrite sur un ton calme, réfléchi, quelque peu nostalgique.

---

[26] Haymann, *Le Camp du Bout du Monde*, p. 203. À première lecture, ce récit est totalement déroutant. Diverses sources secondaires parlent de Mola Racine comme le chef du réseau d'Éducation physique, étant responsable de la supervision du passage clandestin d'enfants en Suisse. Mais ces sources omettent de clarifier que Mola, bien que responsable du réseau au printemps 1944, n'était pas engagé dans celui-ci durant l'été et l'automne 1943. La clarification de cet engagement en 1944 explique ainsi pourquoi Mola et Tony Gryn ne se connaissaient pas lorsqu'ils montèrent dans le train en novembre 1943.
[27] Lapidus, *Étoiles jaunes dans la France*, p. 22.
[28] En 1942–43, Jean Moulin s'était efforcé d'unir la Résistance naissante.

Expéditeur
No. 826482
Croix-Rouge Française
11, Place Antonin-Poncet
Lyon

                                    Destinataire
                          Mr [sic] & Mme E. Racine
                                Poste Restante
                                  Aix-les-Bains

Lyon le 24/XI/43
P.S. 1 brosse à cheveux svp
& une grosse barrette
le peigne pour nettoyer cheveux

    Mes chéris ! J'ai enfin la joie de pouvoir vous écrire pour vous donner de mes nouvelles. Mon moral et mon physique sont en excellente forme. Naturellement je regrette Annemasse plus d'une fois mais je tiens le coup d'une façon épatante. Le soir parfois je me dis quand j'ouvrirai les yeux je me trouverai près de vous avec ma petite Lili sur les genoux. Cela viendra peut-être bientôt ! En tout cas, je ne cesse de l'espérer. Mais, en général, je m'éduque à la dure, et écartant toute pensée sentimentale ; chante toute la journée et prends tout avec le sourire. Ce qui me préoccupe surtout c'est la santé de Pa. Pourvu que lui et Ma se portent bien et ne s'inquiètent en aucune façon pour moi ; pour cela je compte sur vous. Et ma petite Suzanne ! Comme elle me manque. Quand je songe au jour où nous nous retrouverons tous ! Mon Dieu je crois que ce sera le plus beau de ma vie ! Mes culottes de ski me sont vraiment un trésor j'ai assez de couvertures. Je n'ai ni froid ni faim. Je vous demanderai de m'envoyer par la Croix-Rouge : une serviette de toilette, un morceau de savon, une cuillère, deux mouchoirs, un chemisier foncé – car il nous est difficile de laver – un s-gorge (si Simone a retrouvé le mien, je pense le raccommoder ici – un bout de tissu pour raccommoder – une combinaison – on peut recevoir des médicaments : envoyez-moi alors les Nestrovit et les boîtes de granulés que croquait Lili. J'espère qu'elle travaille bien à l'école et qu'elle est bien sage. Ma chère petite Suzanne, comme j'ai été heureuse de te voir à la gare, toi et Mola tous souriants. C'est cette image que je revois tout le temps. Je vous embrasse tendrement ainsi que ma Lili, Maman, et Bon Papa. À bientôt, je l'espère, votre Marie-Anne.
    Ma petite Suzanne cherie, je voudrais déjà être avec toi et nous chamailler comme dans le passé, c'est fou ce que tu me manques et puis zut pas d'attendrissement. Veille bien sur mapa. Je t'embrasse fort fort. Bonjour à tous les amis[29].

Dans les archives de Mola, il n'y a pour tout échange avec Mila durant cette période qu'un formulaire imprimé, que les prisonniers devaient compléter pour qu'on leur fasse parvenir vêtements et objets de toilette, rédigé

---

[29] Collection privée d'Emmanuel (Mola) Racine, carte postale écrite par Mila Racine à sa famille, datée du 24 novembre 1943.

ainsi : « J'aimerais recevoir », suivi d'une liste de douze articles, à savoir vêtements (par exemple : « 2 chemises », « 1 paire de souliers ») et objets de toilette (« 1 morceau de savon », « 1 peigne »). Ordre est donné au prisonnier de barrer les articles non désirés[30]. On doit apporter les articles demandés au Fort Montluc, du lundi au vendredi entre neuf et onze heures du matin, sauf entre le 24 et le 26 décembre 1943. Il faut mettre sur les colis la liste de leur contenu. Et pour finir, cet avertissement : « Il est strictement défendu d'ajouter des produits alimentaires et des lettres. Au cas où l'on trouverait des lettres ou des vivres dans le paquet, je serais gravement punie. » Mila, semble-t-il, a apposé son nom, « Racine, Marie-Anne », et son numéro de détenue, en bas du formulaire, et signé « M.A. Racine », au-dessous de la liste. À l'exception de « 1 tube de pâte dentifrice », tous les articles ont été rayés. Bien qu'aucune date n'apparaisse sur le formulaire, la référence aux vacances de Noël amène à penser que l'envoi eut lieu en décembre.

Pendant le premier semestre de 1944, Mola reçut trois autres messages de Mila qui confirmaient qu'elle était en vie, révélaient où elle était internée et suscitait l'espoir qu'elle reviendrait, messages infiniment précieux, mais succincts. On n'apprenait pratiquement rien d'elle et de ses difficiles conditions de vie. On ne saurait pas grand-chose sur ses mois de captivité en Allemagne sans les témoignages que ses camarades de détention ont écrits ou racontés après la guerre. De tous ces récits – livres et articles publiés, mais aussi lettres non publiées et diverses allocutions – le *Journal de Ravensbrück* de Nelly Gorce revêt une importance particulière.

En octobre 1943, lorsqu'elle fut arrêtée et internée à Montluc, Nelly avait trente-trois ans et était mère de deux enfants. Son *Journal* fait principalement la chronique des mois qu'elle a passés à Ravensbrück, le plus grand camp de concentration nazi construit spécialement pour des femmes. Comme elle l'avait souhaité, son livre ne fut publié que vingt ans après sa mort, en 1995. Lucien Neuwirth, dans l'avant-propos, attribue ce délai à « une sorte de pudeur », car « dans son esprit, trop de cicatrices n'étaient pas encore refermées[31] ».

Nombreux sont les chercheurs et auteurs d'ouvrages sur la Shoah qui ont parlé des réseaux d'amitié et de solidarité dans les camps de concentration. Certains ont mis en lumière comment les femmes s'organisèrent en petits groupes pour s'entraider au quotidien et survivre à la violence, aux privations, aux traumatismes[32]. À Ravensbrück, les prisonnières se constituèrent en « familles » – en groupes de deux à huit personnes, plus généralement de trois à cinq personnes – pour nourrir leurs liens d'amitié et se soutenir mu-

---

[30] Collection privée d'Emmanuel (Mola) Racine, formulaire, non daté, demandant du linge et des produits de toilette, signé par Mila Racine (« Marie-Anne Racine »).
[31] Gorce, *Journal de Ravensbrück*, p. 7.
[32] *Cf.*, par exemple, les articles parus dans Ofer et Weitzman, éd., *Women in the Holocaust* ; Rittner et Roth, éd., *Different Voices* ; et Gurewitsch, éd., *Mothers, Sisters, Resisters*.

tuellement[33]. Nelly et Mila se lièrent d'abord d'amitié à Montluc. Malgré la difficulté et le danger de communiquer, elles formèrent un groupe de cinq. Nelly écrit dans son *Journal* :

> Au gré des sympathies réciproques se sont formés de petits groupes. Le nôtre est idéal. Nous sommes cinq, toutes très jeunes, moi seule suis mariée. C'est en tournant en rond dans la cour de Montluc […] nous nous sommes connues. Sous la menace des coups, notre gardien […] n'étant pas tendre, nous avons échangé nos premières paroles. Les coups pleuvaient dru sur la bavarde qui se laissait prendre. Pendant les rares instants où il tournait le dos, nous chuchotions notre identité ou notre histoire, du moins ce que nous pouvions en avouer. Ainsi, mot à mot, au bout de quatre mois, nous avions énoncé le maximum de nous-mêmes et étions devenues amies[34].

Dans une lettre de quatre pages qu'elle écrivit à Mola immédiatement après la guerre, Nelly raconte la naissance de son amitié pour Mila :

> J'avais connu Mila en tournant en rond à Montluc, et nous avions aussitôt sympathisé. A la toilette nous rusions pour être près l'une de l'autre et échanger quelques mots. Elle a dû vous dire brièvement qu'elle n'avait pas été martyrisée et qu'elle avait de bonnes compagnes de cellule. Une vieille dame de Macon [...] et la femme du Directeur de l'Institution des Sourds Muets à Villeurbanne dont le nom m'échappe. Elles avaient réglé leurs journées, faisant beaucoup de culture physique, tout en faisant une place honorable aux causeries, et aux chants[35].

La femme dont le nom échappe à Nelly était Marguerite (Mag) Pellet (née Baud). Elle avait trente-neuf ans. Mag et son mari, René, avaient dirigé l'Institut des sourds-muets-aveugles et déficients de Villeurbanne. Ils avaient également pris d'importantes responsabilités dans le réseau Marco-Polo. Ce groupe de résistants œuvrait dans la clandestinité pour collecter des renseignements sur les armes secrètes allemandes, les missiles V-1 et V-2 en particulier. Les Pellet « avaient immédiatement accepté que le bâtiment de l'école puisse servir de centre aux activités du groupe, où l'on préparait et passait prendre le courrier, où l'on conservait les archives etc. – bref, que leur école soit le siège et le centre du réseau[36] ». En octobre 1943, René se rendit clandestinement à Londres, par avion, afin de rencontrer les services secrets britanniques. Il chercha à les convaincre que les Allemands poursuivaient leur programme de missiles malgré les pertes qu'ils avaient subies à Pennemünde. En effet, durant la nuit du 17 au 18 août 1943, les Britanniques avaient bombardé le site militaire de Pennemünde, sur la mer Baltique, où les Allemands fabriquaient et testaient leurs missiles. Prendre l'avion pour la

---

[33] Morrison, *Ravensbrück: Everyday Life*, p. 125.
[34] Gorce, *Journal de Ravensbrück*, p. 11.
[35] Collection privée d'Emmanuel (Mola) Racine, lettre écrite par Nelly Gorce à Emmanuel Racine, datée du 3 juillet 1943.
[36] Bergier, *Secret Weapons – Secret Agents*, p. 61.

France occupée ou en repartir n'était pas simple ; le retour de René à Lyon fut retardé jusqu'au 10 décembre. Pendant son absence prolongée, Mag resta aux commandes de l'administration de l'école et poursuivit son activité de résistante. Le 23 novembre 1943, la Gestapo fit une descente à l'Institut, durant laquelle Mag et plusieurs autres personnes furent raflées.

En aparté, je tiens à signaler que l'OSE aussi avait utilisé les locaux de l'Institut à Villeurbanne comme « lieu de transfert où les enfants étaient parfois hébergés avant d'être dispersés dans des foyers d'enfants, des institutions religieuses ou, plus généralement, avant de passer en Suisse[37] ». Quelques heures après la rafle, la Gestapo, qui s'était installée dans l'école, arrêta Madeleine Dreyfus. Madeleine travaillait pour l'OSE. Elle avait téléphoné à l'école pour prendre des nouvelles d'un enfant caché. On lui intima l'ordre de « se rendre à l'école immédiatement[38] ». Elle ignorait que la personne qui lui répondait était sous la menace d'un revolver.

Nelly parle de « Mila » dans la lettre qu'elle écrivit à Mola, toutefois ce n'est qu'après la guerre qu'elle apprit que c'était son vrai nom. Après son arrestation, Mila continua d'assumer l'identité de Marie-Anne Racine, étudiante catholique, vingt ans, originaire de Boulogne-sur-Seine. Elle ne révéla pas sa véritable identité, ni son nom « Mila », ni le fait qu'elle était juive, même à ses amies les plus proches. Elle était évidemment consciente que révéler qu'elle était juive mettait en péril toute chance de survie. Pendant son incarcération à Montluc, elle a peut-être entendu parler, ou vu, que les Juifs étaient séparés des autres prisonniers et confinés dans « la Baraque aux Juifs », un hangar en bois érigé dans la cour de la prison. Ted Morgan rapporte ce qu'a vécu André Frossard, emprisonné dans la Baraque aux Juifs en 1943 :

> Le monde dans la prison de Montluc, selon Frossard, était comme le monde extérieur, divisé entre ceux qui étaient juifs et ceux qui ne l'étaient pas. Ceux qui étaient juifs n'étaient pas traités comme des ennemis, même pas comme une race inférieure. Ils étaient traités comme une espèce complètement différente. On ne leur accordait même pas le respect qu'on accorde à un ennemi[39].

Il est clair que pour ses codétenues « Marie-Anne » se prononçait en un seul mot. Dans leurs mémoires, elles parlent de « Marianne » ou « Mariane ». Dans le *Journal de Ravensbrück*, Nelly l'appelle Miane, diminutif affectueux. Voilà comment elle décrit son amie Miane :

> Miane est plus réservée [que les autres dans leur groupe]. Derrière son front pur et son visage régulier de vierge italienne, est une âme d'une profondeur incroyable. Elle s'intéresse à toutes les sciences, à tous les arts. Son esprit constamment en éveil, son sens critique la portant à juger êtres et choses la feraient notre aînée si une certaine naïveté ne la rendait très petite fille.

---

[37] Henry, *We Only Know Men*, p. 72.
[38] Henry, *We Only Know Men*, p. 72.
[39] Morgan, *An Uncertain Hour*, p. 247.

Elle ignore la mesquinerie et croit seulement aux vertus nobles. Elle a une grande passion, sa famille et, plus encore, son frère[40].

En plus de Nelly et Mila, leur groupe de cinq comprenait Marie-Claude et Hélène Mion, des jumelles de dix-neuf ans, et une femme nommée Michou[41]. En parlant des jumelles, Nelly dit : « On dirait deux poupées, joufflues et roses. Elles ont des yeux limpides d'enfant et des chevelures débordantes de lumière[42]. » On ignore les circonstances qui provoquèrent l'arrestation et la détention des sœurs Mion. On sait qu'André, le fiancé d'Hélène, fut aussi incarcéré à Montluc, qu'il fut torturé pendant « trois jours et deux nuits » et qu'il fut exécuté le 8 janvier 1944[43]. Je n'ai pas pu établir l'identité de la femme que Nelly appelle Michou, la première du groupe de cinq à être arrivée à Montluc. Les prisonnières n'avaient pas le droit de se parler mais, un jour peu après son arrivée, Nelly, qui se trouvait dans les lavabos, osa parler à Michou. Elle ne pensait pas se faire prendre, elle croyait que le bruit de l'eau qui coulait couvrirait sa voix. Le garde cependant vit ses lèvres bouger et Nelly reçut sa première raclée.

La dernière fois que Mila, Mola et Sacha se virent fut autour du 26 janvier 1944. Il se trouve que Mola et Sacha avaient fait le voyage d'Aix-les-Bains à Lyon pour apporter un colis à Mila. En arrivant à la gare de Perrache, ils remarquèrent qu'un train rempli de femmes allait partir. Ils se rendirent compte que c'était un convoi de prisonnières. Sacha raconte qu'elle put monter dans le train avec Mola, donner à Mila le colis qu'ils lui avaient apporté et rester avec elle quelques minutes. Sacha et Mola ne purent retenir leurs larmes. « Mila nous a consolés, elle riait », écrit Sacha après la Libération. « La dernière chose qu'elle m'a dite : Je pars pour la grande aventure ![44] »

*

---

[40] Gorce, *Journal de Ravensbrück*, p. 12.
[41] Je n'ai pas été en mesure de confirmer la véritable identité de cette femme. Je ne peux qu'assumer que le nom Michou soit un surnom ; peut-être est-ce le diminutif de Micheline. Cette Michou à laquelle Nelly fait référence se trouvait dans le convoi numéro 287 qui partit de Compiègne pour Ravensbrück le 30 janvier 1944. La liste des prisonnières emmenées dans ce convoi, obtenue de la Fondation pour la mémoire de la déportation, contient plusieurs personnes appelées Micheline.
[42] Gorce, *Journal de Ravensbrück*, p. 12.
[43] Gorce, *Journal de Ravensbrück*, p. 15.
[44] Haymann, *Le Camp Du Bout du Monde*, p. 206. Cette citation provient d'une lettre que Sacha envoya à une amie aux États-Unis. L'extrait de la lettre commence à la page 204 de l'ouvrage d'Haymann. Il est difficile d'imaginer quelles circonstances inattendues permirent à Sacha et à Mola de monter dans le train de prisonnières et de pouvoir ainsi parler avec Mila. L'extrait de la lettre écrite par Sacha, présenté dans *Le Camp du Bout du Monde*, est conforme au récit que Sacha m'en fit en 2000, lors de notre rencontre.

Montluc reste présent dans la mémoire collective, à Lyon, et bien sûr en France. Lors de mon voyage en l'an 2000, trouver le Fort ne fut pas évident. Le plan de l'Office du tourisme en main, je m'attendais à trouver facilement le Fort. Je pensais qu'il serait signalé par des panneaux. À mon grand désarroi le premier jour, j'ai tourné en rond pendant des heures dans le quartier, en vain. Mais le lendemain, bien décidée à trouver le Fort, après avoir encore cherché, demandé, j'ai fini par tomber dessus.

Un haut mur de béton entourait la prison ; il était donc impossible de voir les bâtiments à l'intérieur de l'enceinte. On apercevait seulement des toits de tuiles rouges par-delà les murs. La grande arche en pierre, qui devait être l'entrée principale, avait été murée. Mais sous le drapeau tricolore et les plaques commémoratives de part et d'autre de l'arche, il y avait des bouquets de roses rouges et blanches. Les combattants de la Résistance libérèrent Montluc le 24 août 1944 ; 950 prisonniers s'y trouvaient encore, des survivants.

J'ai appris depuis que Montluc a servi de prison jusqu'en 2009, année de son inscription au titre des monuments historiques. Le 14 septembre 2010, le site est devenu lieu de mémoire nationale. Il est ouvert au public depuis 2011 ainsi que le Mémorial Jean Moulin.

À Lyon, il me semble que beaucoup de choses, sans être vraiment dissimulées, manquent de visibilité. Lors de mon voyage, je ne savais pas ce que représentait l'Hôtel Terminus. Les Allemands occupèrent Lyon en novembre 1942, et c'est là que Klaus Barbie installa ses hommes de la Gestapo. L'hôtel est au 12 cours de Verdun, non loin de la gare de Perrache ; c'est aujourd'hui le Grand Hôtel Mercure Château Perrache. Dans sa biographie de Barbie, Tom Bower écrit que cinquante SS s'installèrent dans soixante chambres[45]. Ils logeaient au deuxième étage et interrogeaient leurs victimes au troisième. Les chambres de l'hôtel n'étaient pas spécialement équipées d'appareils de torture pour les interrogatoires. « Cela ne viendrait qu'en juin 1943 », note Bower, « quand la Gestapo, souffrant [sic] d'un surcroît de travail évident et manquant de place, déménagea dans la grande École de Santé Militaire, avenue Berthelot[46]. » Cette ancienne école de médecine héberge aujourd'hui le Centre d'histoire de la Résistance et de la déportation de Lyon (CHRD). Le Centre organise, à partir de ses archives, d'objets, et de témoignages filmés, des expositions fortes intéressantes sur l'Occupation, le gouvernement de Vichy, les déportations, et la Résistance. Lors de ma visite, je n'ai pas réalisé que l'Hôtel Terminus était si proche, juste de l'autre côté du Pont Galliéni.

On ne remarque pas non plus la Grande Synagogue de Lyon, 13 quai Tilsitt, la plus importante de la région. Lorsque l'on se promène sur les berges de la Saône, sa façade ne se distingue pas de celles des maisons voi-

---

[45] Bower, *Klaus Barbie: The Butcher of Lyons*, p. 39.
[46] Bower, *Klaus Barbie: The Butcher of Lyons*, p. 39.

sines. Mais de la passerelle métallique rouge, la passerelle Saint-Georges, on peut apercevoir dans la fenêtre circulaire la grande étoile de David.

La synagogue est haimish (accueillante). Sous le dôme bleu du sanctuaire, les fidèles sont assis sur de simples bancs en bois, patinés par l'usage. Pendant la guerre, le bâtiment fut mis à sac, les rouleaux de la Torah profanés. Le judaïsme interdit de jeter tout texte ou document contenant le nom de Dieu. Il faut conserver dans une genizah, réduit aménagé dans une synagogue, les rouleaux de la Torah, les livres de prières et même des objets du quotidien contenant le nom de Dieu jusqu'à leur inhumation dans un cimetière juif. Le shames ouvrit les portes d'une petite genizah, sous l'arche. Là reposaient les rouleaux profanés. Pour une raison ou une autre – peut-être pour rappeler cette profanation – les rouleaux de la Torah n'avaient pas eu de sépulture.

*

La ville de Compiègne est célèbre pour sa forêt, jadis domaine de chasse des rois de France. C'est dans la forêt que fut signé l'armistice qui mit fin à la Première Guerre mondiale. Pourquoi cet honneur ? La configuration des voies ferrées permettait à deux trains de s'arrêter à proximité l'un de l'autre, loin des regards. Le 7 novembre 1918, deux trains arrivèrent : dans l'un se trouvaient le maréchal Foch et des officiers français et britanniques, dans l'autre, les plénipotentiaires allemands. La rencontre eut lieu à Rethondes, non loin de Compiègne. L'armistice fut signé le 11 novembre, à l'aube. C'est dans « la Clairière de l'Armistice » que peu après fut érigé un monument à l'endroit exact de la rencontre. Pour de nombreux Allemands, ce monument, inauguré le 11 novembre 1921, symbolisait l'humiliation de leur défaite. Sur le bloc de granit était gravé : « Ici, le 11 novembre 1918, succomba le criminel orgueil de l'empire allemand vaincu par les peuples libres qu'il prétendait asservir. » Un monument à la mémoire des victimes d'Alsace et de Lorraine montrait l'aigle allemand transpercé par un poignard. En 1927, on amena de Paris à Rethondes le wagon-lit, devenu le bureau, du maréchal Foch. Il fut exposé dans un petit musée, construit dans ce but. Dix ans plus tard, une statue du maréchal Foch fut érigée.

Le 19 juin 1940, Hitler donna l'ordre aux ingénieurs allemands de démolir avec soin un mur du musée, d'en retirer le wagon-lit et de le mettre sur les rails, exactement là où il était le matin du 11 novembre 1918. Deux jours plus tard, juste avant l'arrivée de la délégation française, Hitler s'installa dans le wagon, dans le siège même où s'était assis le maréchal Foch lors de la signature de l'armistice. Le journaliste William Shirer, qui couvrait l'évènement pour la station de radio CBS raconte : « Ils [les membres de la délégation française] n'avaient pas été prévenus qu'on allait les conduire dans ce haut lieu, dont ils étaient si fiers, pour subir une telle humiliation. Le choc fut sans aucun doute à la hauteur de ce qu'Hitler avait calculé[47]. »

Aussitôt l'armistice signé le 22 juin, le wagon-lit fut expédié à Berlin pour y être exhibé, le monument à la mémoire des victimes d'Alsace et de Lorraine détruit, le bloc en granite célébrant la victoire des Alliés brisé et envoyé à Berlin. Sur l'ordre d'Hitler, la statue du maréchal Foch fut laissée intacte, dominant une pile de décombres[48].

Il y avait un camp de prisonniers à Compiègne, dont le nom officiel était le *Frontstalag* 122[49,50]. C'est là que Mila et ses amies de Montluc – Nelly, Hélène, Marie-Claude et Michou – arrivèrent à la fin janvier 1944. Après l'horreur de Montluc, leur court séjour leur parut « paradisiaque[51] ».

> Le grand air, la compagnie variée de camarades, la nourriture convenable offerte par la Croix-Rouge, avaient remplacé l'étroite cellule d'un mètre quatre-vingts de côté où nous croupissions à quatre, sans air et presque sans lumière, contraintes, faute de place, à l'immobilité. Nous n'avions surtout plus la crainte de ces interrogatoires dont la seule pensée hantait nos nuits et nos jours [...]

Hélas ! Ce havre merveilleux n'a duré que trois jours[52].

Le 30 janvier, les prisonnières apprirent que leur déportation était imminente. Elles ignoraient le nom du camp où elles allaient être envoyées. Même si elles l'avaient su, cela n'aurait rien changé pour elles[53].

La taille du groupe – 957 – était inhabituelle pour un convoi composé uniquement de femmes[54]. Il n'y avait pas eu d'autre convoi de déportées de cette ampleur pendant la guerre. Avant le départ, on leur avait attribué des numéros allant de 27 030 à 27 988, à utiliser à l'arrivée. Mila avait le nu-

---

[47] Shirer, *The Rise and Fall of the Third Reich*, p. 978. Shirer offre un récit frappant des évènements de Rethondes dans la deuxième moitié de juin 1940, décrivant particulièrement les réactions d'Hitler alors qu'il observe le mémorial pour la première fois.
[48] La Clairière fut reconstruite après la fin de la deuxième guerre mondiale. Le wagon-lit fut détruit durant l'attaque aérienne des Alliés sur Berlin. On plaça par la suite une reproduction sur le site même où se trouvait le mémorial, de même qu'on rassembla et réinstalla les blocs de granite.
[49] Celui-ci était divisé en trois sections : la première contenait les prisonniers de guerre ; la deuxième les hommes et femmes français qui étaient jugés indésirables ; et la troisième les Juifs attendant la déportation.
[50] Le terme « *Frontstalag* » semble se référer à un camp de guerre qui n'était pas au cœur du Reich mais sur le front ou à proximité directe.
[51] Gorce, *Journal de Ravensbrück*, p. 9.
[52] Gorce, *Journal de Ravensbrück*, pp. 9–10.
[53] Les témoignages des survivantes indiquent que, le jour de leur arrivée, lorsqu'elles s'approchèrent du camp en marchant, elles virent le nom de Ravensbrück sur un poteau indicateur et que ce nom ne signifiait rien pour elles. Gorce, *Journal de Ravensbrück*, p. 18, et Marzac et Rey Jouenne, *Irma Jouenne*, p. 41.
[54] La série des nombres utilisés — 27 030 à 27 988 — devrait suggérer que le groupe était composé de 959 femmes, alors que le chiffre de 957 est cité dans l'ouvrage de la Fondation pour la mémoire de la déportation, *Livre-mémorial des Déportés de France, Vol. 1*.

méro 27 918. Remplacer les noms par des numéros faisait partie de la stratégie des Nazis pour déshumaniser les prisonniers. Mais dans le cas de ce convoi de femmes, la numérotation eut un effet inattendu. Elle noyait certes l'identité de chacune, mais elle forgea l'identité du groupe. Les femmes s'en saisirent sans jamais la laisser échapper. Dès le premier jour, les femmes de ce convoi furent fières de leur nouvelle identité : elles étaient les « Vingt-Sept-Mille ».

Denise Dufournier, matricule 27 389, écrit qu'elles étaient un « groupe varié et illustre » venant de toute la France :

> A cet appel du départ, qui nous réunit toutes (nous étions près de mille) dans la grande cour de Compiègne, il ne manquait aucune province de France. Les noms portaient en eux leur village natal, comme si chaque terroir avait tenu à être représenté au sacrifice symbolique qui allait unir désormais ces vies si diverses, précipitées par un seul idéal dans une même et monstrueuse aventure[55].

Tous les âges étaient représentés. Nelly raconte que les femmes dans leur wagon à bestiaux avaient entre dix-huit et soixante-six ans. Certaines avaient participé activement à la résistance. D'autres avaient aidé mari, fils, fiancé ou petit ami. Nelly parle de femmes qui avaient fourni à un être cher le temps de s'échapper. Simplement en brouillant les pistes pour retarder ceux qui le traquaient, elles s'étaient sacrifiées à la cause. Elles étaient parfaitement conscientes que, même si leurs actes de résistance pouvaient sembler anodins, ils avaient leur poids dans la « courageuse révolte d'un peuple[56] ». Elle ajoute songeuse : « On ne saura jamais l'héroïsme de nos femmes, la simplicité de leur consentement[57]. »

Est-ce que le train est parti de Compiègne le 30 ou le 31 janvier ? Des sources dignes de confiance ne s'accordent pas sur la date. Après avoir examiné différentes sources, il me semble que les prisonnières montèrent dans le train le 30 janvier mais que le train fut retardé et ne quitta Compiègne qu'après minuit. C'est ce qui explique que les survivantes se souviennent de la date du 30, alors que les documents officiels indiquent que le départ eut lieu le 31.

En quittant Compiègne, le convoi se dirigea vers l'est, traversa Soissons et Reims. Le train avançait très lentement. Les prisonnières souffraient de la faim et de la soif, elles souffraient du froid la nuit surtout. Le 2 février, avant l'aube, le train s'arrêta. Renée Euvrard, matricule 27 682, décrit ce qui se passa ensuite :

---

[55] Dufournet, *La Maison des Mortes*, p. 20.
[56] Gorce, *Journal de Ravensbrück*, p. 11.
[57] Gorce, *Journal de Ravensbrück*, p. 11. L'on ne sait si cette prédiction reflète la pensée de Nelly à l'heure où les évènements se déroulaient ou si c'était sa conclusion des années plus tard, alors qu'elle pouvait juger du rôle que l'histoire accordait – ou niait – à ces femmes. Cette remarque peut bien sûr refléter l'un et l'autre, son premier pressentiment ayant conduit, avec le passage du temps, à la réflexion ultérieure.

Un arrêt, un arrêt qui se prolonge une heure, peut-être deux. [...] Nous sommes engourdies par le froid terrible, par la faim, par la soif. On entend des bruits effrayants. On vient déplomber nos wagons, et un grand feldwebel se présente à nous. Il a dans la main une cravache d'une longueur démesurée, et dans l'autre une grosse lanterne de campagne. Avec sa cravache, il fait mettre toutes les prisonnières d'un côté, puis les renvoie de l'autre, en les comptant une à une[58].

Dans le wagon de Nelly, l'officier, brandissant une badine, frappa d'un coup cinglant chaque femme qui passait devant lui pour être comptée. Ce fut leur accueil officiel en Allemagne, vu que le train s'était arrêté immédiatement après le passage de la frontière. Commentaire acerbe de Nelly : « L'Allemagne venait de prendre officiellement possession des filles de France[59]. »

Mila avait été autorisée le 30 janvier à envoyer deux cartes postales de Compiègne. Quand le train arriva en Allemagne, Mola et Sacha Racine les avaient sans doute reçues. L'une d'elle était pré-imprimée, et disait : « Je serai transféré dans un autre camp. N'envoyez plus de colis. Attendez ma nouvelle adresse[60]. » Sous le message, Mila avait écrit « baisers » et « Marie-Anne ». La seconde était écrite à la main.

Absender [Envoyeur] :
Marie Anne Racine
Gefangenennummer [Matricule] : 26 620
Lager-Bezeichnung [Nom du camp] : Compiègne

Empfangsort [Destinataire] :
Poste Restante
Aix-les-Bains

France
Compiègne
30 janvier 1944

Mes chers tous,
Nous partons aujourd'hui pour l'Allemagne. Le moral est excellent. La bonne humeur règne au camp. Je suis heureuse, si heureuse d'avoir vu Mo[la] et Sa[cha] et d'avoir des nouv[elles] de Ma Pa. Nous nous reverrons bientôt. Bon courage. Je vous embrasse tendrement.
Marie-Anne[61]

---

[58] Marzac et Rey Jouenne, *Irma Jouenne*, p. 41. Dans les trois mémoires (Gorce, *Journal de Ravensbrück* ; Dufournier, *La Maison des Mortes* ; et Marzac et Rey Jouenne, *Irma Jouenne*), les récits du voyage s'accordent bien. Marzac et Rey Jouenne, *Irma Jouenne*, pp. 42–43, se réfèrent à Trier et Aachen par leur nom français, Trèves et Aix-la-Chapelle.
[59] Gorce, *Journal de Ravensbrück*, p. 14.
[60] Collection privée d'Emmanuel (Mola) Racine, carte postale écrite par Mila Racine à sa famille, datée du 30 janvier 1944.
[61] Collection privée d'Emmanuel (Mola) Racine, carte postale écrite par Mila Racine à sa famille, datée du 30 janvier 1944.

9. Frontières

Peu de temps après avoir franchi la frontière, le train s'arrêta de nouveau. Les femmes eurent cette fois l'autorisation de descendre des wagons pour se soulager dans le fossé creusé le long des voies. Puis « une organisation de [la] Croix Rouge » leur servit une sorte de soupe ou de porridge dans des récipients en carton[1].

Il commençait à faire jour. Il tombait une légère bruine. « Et le train roule toujours », écrit Nelly Gorce dans son *Journal de Ravensbrück*[2]. « Nous avons soif, nos malades sont exténuées. La peur, l'énervement crispent les femmes qui se querellent sans la moindre raison. On dirait un bateau fantôme démâté au cœur de l'océan. » Troisième arrêt, cette fois à Berlin.

Le train arriva enfin à destination : Fürstenberg/Havel, à 90 kilomètres au nord de Berlin. La petite gare de Fürstenberg était sombre, éclairée seulement par la lune. On fit sortir immédiatement les femmes des wagons à bestiaux ; elles eurent à peine le temps de ramasser leurs affaires. On les fit avancer en colonne par rang de cinq. Le paysage était agréable[3]. Denise Dufournier raconte dans *La Maison des Mortes* :

> Le sol était sablonneux, et, tout autour de nous, nous distinguions des pins. Une saine odeur de résine, de l'air qui laissait une saveur salée sur les lèvres nous firent espérer que nous n'étions pas loin de la mer, qui sait ? peut-être même sur une côte, laquelle ? sans doute la Baltique[4].

Leur marche fut courte – un kilomètre et demi – mais pénible. Sous le poids des bagages, leurs pieds s'enfonçaient dans le sable. Elles longèrent un lac où la lune se reflétait. Elles s'approchèrent du camp, et, sur un poteau, elles virent le mot « Ravensbrück », écrit en gothique. On était le jeudi 3 février 1944.

*

---

[1] Dufournier, *La Maison des Mortes*, p. 23.
[2] Gorce, *Journal de Ravensbrück*, p. 16.
[3] Le récit de Gorce, *Journal de Ravensbrück*, p. 18, s'y réfère comme étant un « paysage de rêve ».
[4] Dufournier, *La Maison des Mortes*, p. 24.

Le jour même où les Vingt-Sept-Mille arrivèrent à Ravensbrück, des soldats allemands firent une descente au Juvénat. Les Pères Favre et Favrat furent arrêtés. Le directeur de l'école, le Père Frontin, se trouvait à Annecy lorsque la rafle eut lieu. À son retour, il alla trouver aussitôt le commandant pour exiger des explications. Il fut arrêté lui aussi. Les trois prêtres furent conduits à la prison du Pax. Le commandant réquisitionna l'école, expulsa enseignants et élèves, et fit bivouaquer ses soldats dans les dortoirs.

Une semaine plus tard, les Allemands démantelèrent la filière Douvaine. Le 10 février, à neuf heures du soir, ils arrêtèrent Joseph Lançon et François Périllat, son jeune employé et complice. Quelques heures plus tard, ils se rendirent au presbytère où ils se saisirent du Père Rosay, puis à l'orphelinat où ils appréhendèrent le directeur, le Père Figuet. Ils furent eux aussi emmenés à la prison du Pax.

*

De Berlin, le convoi des Vingt-Sept-Mille était parti vers le nord en direction de la Baltique, mais c'est assez loin de la mer, dans le district du Lac Mecklenberg, que les déportées arrivèrent. Elles contournèrent à pied la partie nord du lac Schwedtsee[5]. Le camp de Ravensbrück se trouvait sur la rive orientale du lac, juste en face de la pittoresque ville de Fürstenberg/Havel.

Ravensbrück fut le seul camp de concentration édifié par les nazis spécifiquement pour des femmes. Construit en 1938 grâce à la main d'œuvre concentrationnaire du camp voisin pour hommes de Sachsenhausen, il devint opérationnel en mai 1939[6]. Il comportait à l'origine seize baraques, une cuisine centrale, des douches, une prison et une cour où se déroulait l'appel. Le complexe était entouré d'un mur de briques de quatre mètres de hauteur, surmonté de barbelés électrifiés. Le quartier général de la *Kommandantur* ainsi que les logements des officiers et des gardes nazis jouxtaient le camp de l'autre côté du mur d'enceinte. Quatorze des seize baraques, les *Blocks*, servaient de dortoirs et deux servaient d'infirmerie, le *Revier*. Chaque *Block*

---

[5] Le Schwedtsee est l'un des trois lacs le long desquels se trouve la ville de Fürstenberg, les deux autres étant le Röblinsee et le Baalensee. La région est toute parsemée de lacs, connectés les uns aux autres par des rivières et des canaux. Si ces voies d'eau étaient utilisées durant la guerre essentiellement par des barges à charbon, aujourd'hui ce sont des yachts et des barges de tourisme que l'on peut apercevoir.

[6] Le travail de construction ne s'arrêta pas après son ouverture en 1939. Durant quelques temps, les SS s'appuyèrent sur des détenus de Sachsenhausen pour effectuer les travaux nécessaires. En 1941, voyant que les projets de construction ne prendraient jamais fin, on décida de construire un camp permanent pour hommes, adjacent au camp de femmes. Entre 1941 et 1945, 20 000 prisonniers passeront dans ce camp pour hommes.

était conçu pour héberger 200 détenues. La capacité initiale du camp était donc d'environ 3 000[7].

Au début (1939-41), les détenues furent « essentiellement des femmes allemandes, arrêtées pour faits de résistance, croyances religieuses ou activités politiques contraires à l'idéologie nazie, ou encore des femmes dites asociales – des criminelles (souvent accusées de 'crimes' comme par exemple avoir eu des relations avec des hommes considérés comme des ennemis ou de race inférieure) et des prostituées[8] ». La vie dans le camp était « organisée et disciplinée, même si le travail forcé, la brutalité et la torture faisaient partie de la routine[9] ». Les déportées reçurent des uniformes et des serviettes propres. Les repas, bien que maigres, étaient distribués régulièrement. Les équipements, les dortoirs, les sanitaires, ainsi que le *Revier,* étaient adaptés au nombre de détenues. Le taux de mortalité était relativement bas[10]. Quelques femmes furent même libérées.

Le Ravensbrück qui reçut les Vingt-Sept-Mille au début février 1944 était loin de ressembler au Ravensbrück des années 1939-41. Le nombre de prisonnières mentionné par l'appel en janvier 1944 dépassait 17 000, six fois plus qu'au début de 1940[11]. Déportée à Ravensbrück, Germaine Tillion poursuivit son combat de résistante par un minutieux travail d'ethnologue :

---

[7] Saidel, *The Jewish Women of Ravensbrück*, p. 17, et Herbermann, *The Blessed Abyss*, p. 28. Une bonne description du plan du bloc se trouve dans Morrison, *Ravensbrück: Everyday Life*, p. 17. Audoul, *Ravensbrück: 15,000 Femmes en Enfer,* contient un petit dessin du plan et de la hauteur du bloc. Les chiffres avancés par Morrison, quant au nombre de blocs et à la capacité initiale du camp, diffèrent quelque peu de ceux émis par Saidel et de ceux suggérés par Elizabeth et Hester Baer dans leur introduction des mémoires d'Herbermann. À la page 16, Morrison parle de vingt baraques construites dans les débuts, chacune d'entre elles désignées pour abriter deux cents prisonnières, offrant ainsi une capacité totale de quatre mille détenues. Quelles que soient les différences à ce sujet, les sources s'accordent sur les points importants suivants : le nombre de détenues a continuellement augmenté dès l'ouverture du camp ; des projets de constructions ont été constamment mis en route afin d'augmenter la capacité du camp et d'utiliser au maximum la main d'œuvre concentrationnaire ; et la surpopulation des installations était apparente dès le début de l'année 1942 et devenait un problème de plus en plus sérieux jusqu'au début 1945.
[8] Herbermann, *The Blessed Abyss*, p. 28.
[9] Saidel, *The Jewish Women of Ravensbrück*, p. 16.
[10] Margarete Buber-Neumann était arrivée à Ravensbrück en août 1940. Son premier mari était le fils de Martin Buber ; son second se nommait Heinz Neumann, un chef du parti communiste allemand. Dans ses mémoires, *Under Two Dictators*, p. 211, Buber-Neumann indique que quarante-sept prisonnières étaient mortes en 1940. Cette année, le nombre de détenues était d'environ quatre mille, ce qui équivaut à un taux de mortalité à peine supérieur à un pourcent.
[11] Tillion, *Ravensbrück*, deuxième édition, p. 278. Ce travail est le compte-rendu méticuleusement détaillé d'un témoin visuel, qui présente une enquête approfondie ainsi qu'une analyse conduite après la fin de la guerre. Tillion arriva à Ravensbrück à la fin octobre 1943. Elle se donna pour tâche d'observer et d'analyser la structure du camp et sa façon d'opérer aussi complètement que possible. Elle enregistra discrètement les informations-clés, malgré le danger d'une telle pratique. Elle indique que le nombre de prisonniers mentionné durant l'appel, en janvier 1944, était de 17 300. La section intitulée « Chronologie du camp de

[...] de mai 1939 à mai 1942, donc en trois ans, le camp a reçu environ 10 000 femmes. D'août 1942 à août 1943, donc en un an, il en reçut 9 000, plus de deux fois plus ; d'août 1943 à août 1944, 36 000, près de dix fois plus. A partir de ce moment, le rythme des arrivées est voisin de 10 000 par mois[12].

Il y a une différence entre le chiffre énoncé pendant *l'Appell* (soit le nombre de détenues qui étaient dans le camp à un moment donné) et le nombre de détenues enregistrées et immatriculées à une certaine date (donc arrivées avant). Ainsi Germaine Tillion dans *Ravensbrück* donne le chiffre de 17 000 femmes recensées à un appel de janvier 1944, mais on avait attribué aux nouvelles des numéros allant de 27 030 à 27 988. Divergence ? Non. Est-ce à dire que 10 000 avaient déjà péri ? Pas exactement. De nombreuses déportées étaient mortes, mais celles qui étaient encore en vie travaillaient dans l'un des soixante-dix sous-camps de Ravensbrück. L'historien Jack Morrison parle d'un « mini-empire » de sous-camps, certains assez éloignés du camp principal, qui avaient été mis en place pour fournir la main d'œuvre indispensable à l'effort de guerre nazi, en particulier pour les usines de munitions et d'aviation[13].

Ravensbrück traversa trois phases pendant ses six années d'existence. Entre 1939 et 1942, le camp fonctionna comme un centre de détention pour femmes qui, selon les nazis, étaient des criminelles, des ennemies de l'État, et des indésirables. Les conditions de travail étaient très dures, mais les prisonnières recevaient assez de nourriture pour subsister. De l'été 1942 jusqu'à fin 1944, Ravensbrück fut un camp de concentration, semblable à Dachau et à Bergen-Belsen, avec un double but : travail forcé et extermination (autrement dit, extermination par le travail forcé). Les déportées, de même que la nourriture et l'énergie, n'étaient que des biens consommables, des facteurs de production. En 1942, en pleine guerre, il était plus facile d'avoir recours à la main d'œuvre concentrationnaire que de se procurer nourriture et énergie. Ainsi, à Ravensbrück comme dans les autres camps de concentration, les conditions empirèrent et la mortalité s'accrut. Dès la fin de 1944, Ravensbrück se transforma de camp de concentration en camp d'extermination. L'administration du camp s'employa activement à éliminer

---

Ravensbrück » (pp. 275-279) donne un bon survol de l'évolution du camp entre 1939 et 1945. Germaine Tillion avait aussi un intérêt spécial à l'égard du convoi des Vingt-Sept-Mille – sa mère, Madame Émilie Tillion, était l'une d'entre elle. Chacune des trois éditions de *Ravensbrück* comprend l'analyse qu'elle a conduite sur ce convoi particulier.

[12] Tillion, *Ravensbrück*, deuxième édition, p. 44.

[13] Morrison, dans *Ravensbrück: Everyday Life*, pp. 206–222, offre un excellent exposé sur ce sujet du « mini-empire » de sous-camps, qui « s'étendaient de Königsberg à Hamburg, et de la Baltique jusqu'en Bavarie » (p. 207). Des contremaîtres venaient régulièrement de leur fabrique à Ravensbrück pour sélectionner les prisonnières qu'ils jugeaient être en meilleure santé et qui seraient les plus efficaces à la tâche. Ces groupes de femmes étaient envoyés dans des sous-camps pour des périodes de différentes longueurs. Dans certains camps, les conditions étaient meilleures qu'à Ravensbrück ; dans d'autres, la situation était pire.

les détenues, principalement les malades, les faibles, et les plus vieilles. (On était vieille à partir de cinquante ans).

Le camp d'origine s'était constamment agrandi avec le temps. Lorsque les Vingt-Sept-Mille arrivèrent le 3 février 1944, Ravensbrück était une petite ville, surpeuplée, macabre. Pour profiter de la main d'œuvre concentrationnaire, les SS avaient construit des usines textiles sur le site même. Trois mille détenues trimaient dans les ateliers pour fabriquer des uniformes et autres vêtements destinés à l'armée ou à la clientèle civile, presque autant étaient employées à l'usine Siemens qui jouxtait le camp. Construite en 1942, elle produisait des composants électriques destinés à l'armement.

Les déportées qui ne travaillaient pas dans les usines textiles des SS ou qui n'avaient pas été louées à des entreprises privées de la région ou des sous-camps, œuvraient à l'entretien du camp. Organisées en *Kolonnen* (brigades), elles accomplissaient toutes sortes de tâches : elles asséchaient les marécages, transportaient les objets d'un endroit à un autre, peignaient les baraques, réparaient les salles d'eau, ramassaient les ordures, coupaient des arbres, cassaient du bois, construisaient des rues, chargeaient ou déchargeaient du charbon, déplaçaient des tas de sable et de gravier, travaillaient aux cuisines, au secrétariat administratif du camp, soignaient les malades et les mourantes, évacuaient les cadavres.

On avait bien ajouté des baraques plus grandes aux constructions de 1939, il n'empêche que début 1944, le camp était terriblement surpeuplé. Les dortoirs étaient infestés de poux et de puces. Les déportées qui arrivaient ne recevaient plus d'uniformes propres, mais des vêtements souillés, souvent tachés de sang, qui n'étaient absolument pas adaptés ni au travail ni aux conditions climatiques. Le camp devint « le parfait incubateur du typhus : des milliers de femmes sous-alimentées, vivant dans des lieux surpeuplés, pleins de détritus et dans l'impossibilité de pratiquer un minimum d'hygiène[14] ». Maladie grave et extrêmement contagieuse, la tuberculose sévissait[15]. Les détenues atteintes de ces maladies n'étaient pas sensées guérir. Elles étaient isolées dans des *Blocks* séparés pour éviter de contaminer les autres, mais elles ne recevaient aucun soin. Les épidémies de dysenterie étaient un fléau, ce qui n'avait rien de surprenant dans ces conditions de

---

[14] Morrison, *Ravensbrück: Everyday Life*, p. 249. Le typhus est une maladie infectieuse grave qui se caractérise par des maux de tête, de fortes fièvres, et des éruptions cutanées. Elle est souvent fatale aux individus avec un système immunitaire affaibli. Cette maladie se transmet aux humains par l'intermédiaire des puces, des mouches et des mites qui transportent l'une ou l'autre des diverses espèces de la bactérie Rickettsia.

[15] La tuberculose est une grave maladie infectieuse causée par une bactérie (Bacille de Koch). Elle se caractérise le plus souvent par de petites lésions, appelées tubercules, sur les poumons et parfois sur d'autres parties du corps ; ses symptômes externes sont une toux, une fièvre, un souffle court, une perte de poids ainsi que des douleurs à la poitrine. Cette maladie était crainte de tous, parce que très souvent mortelle.

vie[16]. Le manque de sanitaires, l'interdiction de les utiliser en dehors de certaines heures de la journée, mettaient les détenues dans des situations particulièrement pénibles.

Les déportées étaient classées en cinq catégories. Elles devaient obligatoirement porter le triangle de couleur du groupe qu'on leur avait assigné : Criminelles (vert), Asociales (noir), Témoins de Jéhovah (violet), Juives (jaune), Politiques (rouge). Pour identifier une personne, les détenues utilisaient la couleur du triangle et non la catégorie. On disait par exemple « la *Stubowa* verte ». (« Stubowa », ou « Stubova », désignait « la chef de chambrée » en polonais.) Les Criminelles mises à part, la majorité des déportées n'avaient jamais été accusées ou reconnues coupables d'un crime. Les Asociales étaient considérées comme des indésirables ou des ennemies de l'État pour leur conduite atypique, les Témoins de Jéhovah étaient stigmatisés pour leurs convictions religieuses, les Juives pour les caractéristiques raciales que les nazis leur imputaient, les Politiques pour leurs opinions politiques ou leur résistance au régime.

On peut tirer quelques généralités sur le passé des déportées assignées à telle ou telle catégorie mais en fait le processus de classification était loin d'être rigoureux. La plupart des Criminelles (triangle vert), étaient apparemment allemandes. C'est dans les premières années surtout que les SS enrôlèrent des « triangles verts » pour surveiller, voire terroriser les déportées.

Le groupe des Asociales (triangle noir), était extrêmement divers[17]. Toute femme dont la conduite était peu conventionnelle, et donc suspecte, et qui avait eu la malchance d'attirer l'attention des autorités nazies pouvait se retrouver à Ravensbrück avec le triangle noir. Certaines s'étaient prostituées

---

[16] La dysenterie est un désordre inflammatoire du côlon caractérisée par des douleurs, une fièvre, et des diarrhées auxquelles se mêlent souvent sang et mucus. Elle est causée par une infection bactérienne, parasitaire, ou protozoaire.

[17] L'ouvrage de Morrison, *Ravensbrück: Everyday Life*, pp. 43–46, offre une bonne présentation sur le sujet, tout particulièrement sur les femmes qui s'étaient vues recevoir cette ignoble étiquette. L'auteur écrit (pp. 43-44) : « L'État national-socialiste n'a jamais déclaré ni légalement ni clairement ce qui était entendu par le terme ' asocial', bien qu'un décret, daté du 14 octobre 1937, aborde le sujet en termes généraux en notant : 'Les asociaux sont ceux qui ne s'intègrent pas à la communauté, même s'ils ne sont pas enclins à des actes criminels…' Morrison note plus loin (pages 40-41) que certaines femmes qui s'étaient engagées dans des activités clairement définies comme étant de nature criminelle s'étaient vues classées parmi les asociales plutôt que les criminelles, ce qui était typiquement le cas des prostituées. C'était aussi le cas pour les femmes aryennes qui avaient obtenu ou cherché à obtenir un avortement. Ce dernier était illégal en Allemagne avant 1933, mais l'application des lois sur l'avortement avait été très laxiste. Sitôt après leur arrivée au pouvoir, les Nazis prirent des mesures répressives envers les femmes aryennes cherchant à se faire avorter. Dans son article intitulé « Racism and Sexism in Nazi Germany: Motherhood, Compulsory Sterilization, and the State », Rittner et Roth (éd.), *Different Voices*, p. 166, Gisela Bocks écrit que « la politique favorable à la natalité nazie pour des naissances désirées et celle s'opposant à la natalité des naissances non désirées étaient étroitement liées. »

ou étaient accusées de s'être prostituées. D'autres avaient simplement eu une liaison jugée illégale selon la juridiction nazie. Les Tsiganes (Sintis et Roms) étaient aussi classées comme Asociales.

Dès le début, le Troisième Reich déclara les Témoins de Jéhovah hors-la-loi, parce que, en accord avec leurs convictions religieuses, ils refusaient le salut officiel nazi, *Heil Hitler*. Les Témoins de Jéhovah considéraient le régime nazi comme l'œuvre de Satan. Ils furent nombreux à faire le serment qu'ils ne feraient aucune concession, aucun compromis avec le nazisme, choisissant ainsi la voie du martyre. Certains finirent en camp de concentration. D'autres perdirent leur emploi, leur pension et, dans certains cas, leurs enfants, qui furent placés dans des foyers ou des orphelinats pour recevoir une bonne éducation nazie. Les Témoins de Jéhovah à Ravensbrück (triangle violet), choisirent délibérément de faire de la résistance passive[18]. Elles refusèrent d'effectuer tout travail qui, à leur sens, pouvait aider les soldats allemands ou bénéficier au Reich. Elles refusèrent de manifester le respect qu'on exigeait d'elles au cours de l'appel ou dans d'autres circonstances. Avant 1943, l'administration du camp chercha à briser leur volonté. On leur infligea toutes sortes de tortures, elles furent frappées, isolées dans le *Bunker*, obligées de rester debout, dehors, dans le froid pendant des heures. Ces efforts pour les faire céder échouèrent, et apparemment furent abandonnés par la suite.

Avant 1942, les femmes juives à Ravensbrück furent pratiquement traitées comme les autres détenues, seule différence cependant : elles portaient deux triangles jaunes, l'un au-dessus de l'autre pour former l'étoile jaune[19,20]. Si elles étaient classées comme Criminelles, Asociales, ou Politiques en plus de Juives, elles avaient un triangle vert, noir ou rouge cousu au-dessus du triangle jaune. Quand la Solution finale fut mise en place officiellement en janvier 1942, on organisa le transfert de toutes les femmes juives de Ravensbrück à Auschwitz et dans d'autres centres d'extermination. En juin 1942, les Allemands pouvaient dire que Ravensbrück était *Judenrein*, avait été « nettoyé » (« *rein* » signifie « propre », « pur », donc sans plus aucune Juives). Mais à partir de l'automne 1944, un grand nombre de femmes juives avec des enfants furent amenées à Ravensbrück en provenance de camps et de ghettos situés à l'Est. Elles furent soumises à des conditions pires que celles qu'avaient subies d'autres déportées à cette époque, et pires que celles que j'ai décrites jusqu'à maintenant.

Au départ, les Politiques (triangle rouge), avaient été en majorité de nationalité allemande, persécutées parce qu'elles combattaient le fascisme, certaines étaient socialistes, mais la plupart d'entre elles étaient commu-

---

[18] Morrison, *Ravensbrück: Everyday Life*, pp. 57–59, et Saidel, *The Jewish Women of Ravensbrück*, p. 35.
[19] Morrison, *Ravensbrück: Everyday Life*, p. 69.
[20] Morrison, *Ravensbrück: Everyday Life*, p. 38.

nistes. Vision charitable des Nazis : elles devaient être « rééduquées », vision moins charitable : elles étaient purement et simplement des traîtres. Mais avec le temps, un grand nombre de femmes d'autres nationalités, essentiellement des Russes et des Polonaises, furent amenées au camp et désignées elles aussi comme Politiques.

La nationalité était un facteur déterminant pour la survie[21]. Certaines nationalités avaient dans le camp une influence bien plus considérable que d'autres. C'est par leur nationalité et non par leur catégorie que les déportées s'identifiaient. Il régnait une intense loyauté au sein des groupes nationaux et des rivalités entre ses groupes. On autorisa la plupart des Politiques à indiquer leur pays d'origine, par une lettre au centre de leur triangle rouge, mais on l'interdit aux Françaises et aux Allemandes. Elles en éprouvèrent un profond ressentiment. Pendant quelque temps, les Françaises se rebellèrent contre cette interdiction.

En 1942, les Polonaises, devenues la nationalité la plus nombreuse, avaient réussi à occuper les positions clés. Les *Blockawas* (chefs de bloc) et les *Stubowas* (chefs de chambrée), étaient en majorité polonaises. Que ces mots polonais aient été utilisés à la place du mot allemand *Blockälteste* est révélateur. Les *Blockowas* et les *Stubowas* avaient un pouvoir considérable sur les autres détenues. De plus, elles n'avaient pas à se battre quotidiennement pour survivre. Elles bénéficiaient de meilleures conditions de vie pour dormir, se vêtir, se nourrir. Elles étaient dispensées des tâches pénibles, éreintantes, elles ne recevaient pas de coups comme les autres prisonnières. La plupart de celles qui travaillaient en cuisine étaient aussi polonaises, avantage appréciable dans ce monde où l'on était constamment tenaillé par la faim. La nourriture – le pain et les rations de soupe – jouaient le rôle de monnaie d'échange. La nourriture qu'on faisait sortir de la cuisine permettait d'acheter ce qui était disponible et contribuait à augmenter les chances de survie d'une camarade.

Les Françaises à Ravensbrück n'occupèrent pas de positions privilégiées ou de pouvoir. Avant la fin de 1943, les Françaises étaient peu nombreuses : le premier convoi conséquent – 219 personnes – arriva à la fin avril 1943.

---

[21] Il n'existe pas de données précises sur le sujet de la répartition des prisonnières par nationalité. Morrison, dans *Ravensbrück: Everyday Life*, p. 86, présente les statistiques suivantes : 25% de Polonaises, 20% d'Allemandes, 15% de Juives, 15% de Russes, 7% de Françaises, 5% de Tsiganes, 4% d'Ukrainiennes, 3% de Belges, et 5% de femmes provenant d'autres nations. (J'ai arrondi les chiffres au pourcent le plus proche.) À leur arrivée, les Juives et les Tsiganes étaient identifiées comme telles et non par leur nationalité, ce qui est manifeste dans les analyses statistiques. Cette répartition provient d'une étude conduite par une survivante polonaise, Wanda Kiedrzynska, qui a utilisé les listes d'entrée, incomplètes, qui nous sont parvenues. On ne trouve aucune indication quant à la période couverte par ces listes. La distribution par nationalité des nouveaux arrivants changea au cours du temps. Je ne sais donc pas si, pour les 25 000 données entrant dans cette analyse, le pourcentage par nationalité offre une quelconque corrélation avec le pourcentage réel, par nationalité, de la population toute entière de prisonnières.

Même arrivées plus tôt, elles n'auraient probablement pas occupé de postes dans l'administration du camp. Les SS craignaient que les Françaises n'organisent une résistance passive ou active, et ils s'employèrent à ce qu'elles soient « divisées et sans pouvoir[22] ». Beaucoup de Françaises étaient d'ardentes patriotes qui s'étaient sacrifiées pour la France, et il était hors de question de rechercher ou d'accepter des postes d'autorité ou de coopérer étroitement avec les SS. Tout cela aurait été pour elles de la collaboration avec l'ennemi.

En lisant les témoignages de Nelly Gorce et de Denise Dufournier, il m'est apparu que les Françaises eurent recours à des mécanismes de survie bien à elles, et disons-le, typiquement français[23]. D'abord et surtout, celles qui avaient pris une part active dans la Résistance, ou qui avaient aidé des résistants, considéraient leur déportation et leur emprisonnement à Ravensbrück comme faisant partie du combat pour libérer la France. Il régnait un certain chauvinisme, et cela aidait beaucoup de Françaises, y compris celles qui ne s'étaient pas engagées dans la Résistance, à se tenir psychologiquement à distance du sordide de leur existence. Même si faire de l'humour pouvait paraître déplacé en pareilles circonstances, il était courant de blaguer, de plaisanter, de tourner les choses en ridicule, ce qui redonnait du sens aux valeurs de solidarité et d'humanité. De plus, malgré le danger inhérent, quelques femmes s'engagèrent dans de petites actions de résistance psychologique : humour et résistance psychologique allaient de pair. Enfin, celles qui prirent conscience de la nature historique de ce qui se déroulait sous leurs yeux avaient parfaitement compris qu'elles étaient témoins d'évènements historiques et que celles qui survivraient seraient appelées à témoigner au nom de leurs camarades qui avaient péri.

*

Les Vingt-Sept-Mille arrivèrent à Ravensbrück le 3 février 1944, à trois heures et demie du matin, au moment où la sirène retentissait pour annoncer que la journée commençait. En pénétrant dans le camp même, elles aperçurent des « créatures étranges » qui, deux par deux, luttaient pour transporter ce qui semblait être de grandes cuves[24]. Elles apprendraient par la suite que ces femmes transportaient des cuves pleines d'ersatz de café, depuis les cuisines jusqu'aux baraques. Lorsqu'elles aperçurent cette macabre cité pour la première fois, elles furent complètement abasourdies. Denise Dufournier s'interroge : « Étions-nous devenues subitement folles ? Était-ce le jour ou la

---

[22] Morrison, *Ravensbrück: Everyday Life*, p. 95.
[23] À certains moments de cette narration, je parle des « femmes françaises » comme d'un groupe. Il est bien évident que toutes les femmes n'usèrent pas de ces mécanismes ou qu'elles n'en usèrent pas toutes de la même façon.
[24] Dufournier, *La Maison des Mortes*, p. 26.

nuit[25] ? » Bien que ce soit le milieu de la nuit le camp grouillait d'activité. De tous côtés, elles virent des êtres décharnés, vêtus d'uniformes et de bonnets rayés, qui vacillaient sous les charges qu'ils transportaient. Dufournier raconte qu'elle sentit l'effroi monter en elle. Trois ou quatre de ces créatures étranges s'approchèrent furtivement de leur rangée. Après leur avoir demandé si elles étaient françaises, elles les informèrent qu'elles aussi étaient françaises et les exhortèrent à manger toute la nourriture qu'elles avaient apportée, sachant qu'elle leur serait confisquée.

C'est dans une pièce vide du *Block* 26 qu'on les entassa. La salle, malgré sa taille, pouvait à grand peine contenir ce millier de femmes. Nelly raconte : « Une voix gouailleuse annonce : "Le principe de la boîte à sardines"[26]. » Comme dans les wagons à bestiaux, il n'était pas question de s'allonger ou de s'étirer et, pour dormir, il fallait se recroqueviller ou s'enrouler les unes sur les autres. Il y avait une salle d'eau et des toilettes avec quatre latrines. Certaines femmes étaient gravement malades. Avec les moyens du bord, une femme nommée Marcelle improvisa une infirmerie dans la salle d'eau. Elle fit appel aux médecins du convoi pour soigner les malades, et elle demanda à toutes de partager les médicaments en leur possession. Mila se donna pour tâche de régler l'utilisation des toilettes[27].

Elles firent connaissance avec la soupe de rutabagas qui deviendrait leur nourriture de base. Certaines refusèrent d'y goûter, trop écœurées par l'odeur et par la saleté des bols dont on devait se servir l'une après l'autre. On plaisanta : « Les filles, on va festoyer ! Si c'est la même chose à chaque repas, nous allons engraisser ! » « Tu parles, moi je ne rentre plus en France, j'en ai assez des restrictions. On va bouffer les provisions d'Adolf[28]. »

Confinées pendant quatre jours dans un bloc temporaire à l'écart, les nouvelles venues essayèrent de se persuader qu'elles n'étaient pas destinées à faire partie du spectacle épouvantable auquel elles avaient assisté à leur arrivée. Selon Denise Dufournier : « Les bruits les plus optimistes commencèrent à circuler ; il était évident qu'on ne comptait pas sur nous, que nous étions dans un camp disciplinaire en attendant d'être transférées dans un camp de concentration, que ledit camp de concentration avait certainement été bombardé[29]. »

Finalement, on leur annonça qu'elles allaient être emmenées, par groupe de cinquante, aux douches. La pensée que de l'eau chaude allait ruisseler sur leur corps leur redonna courage. Cependant, à Ravensbrück comme dans les autres camps de concentration, la première douche faisait partie d'un sinistre scénario d'admission, destiné à déshumaniser totalement les détenues. Les femmes durent abandonner tout ce qu'elles possédaient. On leur imposa la

---

[25] Dufournier, *La Maison des Mortes*, p. 26.
[26] Gorce, *Journal de Ravensbrück*, p. 19.
[27] Gorce, *Journal de Ravensbrück*, p. 21.
[28] Gorce, *Journal de Ravensbrück*, p. 23.
[29] Dufournier, *La Maison des Mortes*, p. 30.

fouille humiliante des parties intimes de leur corps, on les força à rester nues pendant des heures. La plupart eurent la tête rasée, mais Mila et quelques autres furent épargnées.

Le processus d'admission fut choquant, humiliant. Pour Nelly Gorce et Denise Dufournier, ce fut un tournant, le moment où elles furent obligées de se dépouiller de ce qui avait été leur vie avant Ravensbrück. Chacune tenta de résister, à sa façon, au sentiment de déshumanisation.

Nelly Gorce essaya de persuader les gardiennes polonaises de ne pas lui raser les cheveux, mais elle n'y parvint pas. Alors elle eut recours à l'humour pour cacher sa souffrance et son humiliation :

> Il ne faut surtout pas que ces femelles voient ma peine. Je ris comme d'une bonne plaisanterie et réclame une glace. Interloquée, la femme du billard accède à mon désir, et, avec mon plus angélique sourire, je regarde mon visage de petit garçon en clamant bien fort me trouver ravissante. Je crois qu'elles me prennent pour une folle[30].

Denise Dufournier a eu la capacité stupéfiante de prendre du recul pour considérer cette situation dans une perspective historique. « Le moment était venu pour nous », elle écrit, « d'abandonner le rôle de spectateur pour prendre, avec l'uniforme, un rôle dans ce drame, dont le dénouement serait notre échec ou notre victoire, notre mort ou notre vie[31]. »

> A quoi nous servirait-il de lutter pour conserver nos vies si nous n'étions pas assez fortes pour sauvegarder nos âmes ? Certes, ce n'est pas parce que vous êtes soudain revêtue d'une robe cousue comme un sac, ce n'est pas parce que vos cheveux sont tondus, que vous trahissez du même coup les principes qui pendant de longues années se sont fortifiés en vous. Mais je ne doutai pas un instant qu'il s'agissait là de l'application du premier article d'un système minutieusement élaboré, afin de nous amener par étapes à la déchéance...L'avenir devait, hélas ! justifier mes craintes[32].

Comme d'autres groupes qui arrivaient au camp, les Vingt-Sept-Mille furent placées en quarantaine, les nazis avaient peur des épidémies. Le convoi fut scindé en deux groupes et logé dans deux *Blocks* différents. Nelly, Mila, Marie-Claude, Hélène et Michou furent assignées au *Block* 13[33]. « Le club des Cinq » était réuni. Marie-Claude, Hélène et Michou occupèrent un châlit au 3ème niveau ; Nelly et Mila, un châlit au 2ème niveau. Denise Dufournier fit partie d'un groupe en quarantaine au *Block* 22.

---

[30] Gorce, *Journal de Ravensbrück*, pp. 28–29.
[31] Dufournier, *La Maison des Mortes*, p. 36.
[32] Dufournier, *La Maison des Mortes*, pp. 36–37.
[33] Gorce, *Journal de Ravensbrück*, p. 61. Gorce n'identifie pas le numéro du bloc dans lequel elles avaient été assignées au début de la période de quarantaine. Elle mentionne cependant que, à la fin de la quarantaine, elles furent transférées du bloc 13 au bloc 15. Les deux lettres de Mila qui sont restées de cette période indiquent aussi qu'elles étaient en quarantaine dans le bloc 13.

Ce serait une erreur de penser que dès lors les Vingt-Sept-Mille partagèrent toutes la même expérience, comme cela avait été le cas jusque-là. Néanmoins les descriptions que font Nelly et Denise de leur période de quarantaine s'accordent sur bien des aspects. Elles révèlent que, même si les deux chroniqueuses n'étaient pas au même endroit, les conditions subies par les différents groupes et leurs expériences vécues furent similaires.

Pendant la quarantaine, les nouvelles venues bénéficièrent du luxe indéniable de ne pas avoir à travailler. Mais il leur fallut suivre la routine du camp. À trois heures et demie du matin, leur *Blockowa* allemande au triangle vert les réveillait aux cris de *Aufstehen !* (Debout !) Elles avaient trente minutes pour s'habiller, faire leur lit et, si possible, utiliser la salle d'eau ou les latrines, ce qui n'était pas évident, vu le peu de lavabos et de latrines. Il fallait donc faire la queue longtemps pour atteindre les uns ou les autres. Il leur fallait ensuite se mettre en rang devant le bloc pour l'*Appell*[34]. L'appel durait au moins une heure, parfois deux ou trois, jusqu'à ce que le compte soit bon[35]. Toutes les déportées, sauf celles autorisées à aller au *Revier*, avaient l'obligation d'assister à l'appel, peu importait leur âge ou leur condition physique.

Il était interdit de bouger, de parler. On recevait des coups à la moindre infraction. Les matins d'hiver étaient glacés. « En hiver, le thermomètre descend régulièrement à − 10° C, souvent à − 30, parfois à − 33° C, sans que nos bourreaux s'attendrissent pour autant[36]. » Le camp était balayé par les vents violents et les pluies torrentielles venant de la Baltique.

Entre l'appel du matin et celui du soir les femmes en quarantaine étaient confinées au *Block*. Vers dix heures la soupe du matin était servie. Selon Nelly, certaines « répugnaient à avaler l'ignoble soupe de rutabaga déshydraté », et elles restaient avec leur faim. « Nous, les Cinq, n'en avions jamais assez et lorsque le service était terminé, nous plongions dans les bidons pour en racler les bords. Au début, nos compagnes se moquèrent de nous avec une pointe de mépris, mais bientôt, à notre grand dam, nous eûmes de nombreuses imitatrices[37]. »

Ce temps passé en quarantaine, dans un calme relatif, renforça la solidarité qui existait déjà parmi les Françaises. Même si les uniformes et les têtes rasées étaient sensés les rendre anonymes, elles se distinguaient les unes des autres grâce à leur personnalité, leurs compétences, leurs talents. Denise Dufournier écrit que le groupe comprenait des journalistes, des enseignantes,

---

[34] Il y avait différents appels. L'Amicale de Ravensbrück et l'ADIR, *Les Françaises à Ravensbrück*, pp. 93–96, offre une bonne description des différents appels. Ce livre présente des informations provenant des témoignages de nombreuses survivantes ainsi que d'autres documents, compilés et édités par dix-huit femmes françaises éminentes, qui toutes survécurent à Ravensbrück.
[35] Morrison, *Ravensbrück: Everyday Life*, p. 111.
[36] Amicale de Ravensbrück et ADIR, *Les Françaises à Ravensbrück*, p. 97.
[37] Gorce, *Journal de Ravensbrück*, p. 33.

des étudiantes, des médecins, des paysannes, des ouvrières, des femmes d'affaires. Elles donnaient des conférences et suscitaient des discussions sur toutes sortes de sujets :

> Les récits de voyage, les essais philosophiques, les descriptions de notre folklore alternaient avec l'analyse d'une pièce de Shakespeare, l'exposé des drames de l'enfance délinquante, la visite des capitales du monde, l'étude de la civilisation chinoise dans les premiers siècles ainsi que la manière d'élever les lapins ou d'apprivoiser les lions. Certaines conférences étaient fort intéressantes, d'autres horriblement ennuyeuses. […] Parfois l'indiscipline était telle que l'oratrice était obligée de se retirer, confuse. Peu importait ! Cela faisait partie des risques ; ce qu'il fallait avant tout, c'était tâcher de continuer à vivre[38].

Les femmes s'adonnaient à toutes sortes d'activités artistiques, mises en scène de théâtre, récitals de poésie, présentations de concert. En parlant de Mila, Nelly fait cette remarque :

> Miane a une chorale épatante qu'elle dirige avec talent ; exceptionnellement douée pour la musique, elle a réussi à grouper une douzaine de filles qu'elle fait répéter à longueur de journée, mais comme il faut se cacher, on entend des vocalises dans tous les recoins de la baraque, et surtout aux cabinets[39].

Une autre amie, Violette Maurice, fut profondément émue en entendant chanter la chorale de Mila. Dans son récit à la troisième personne, elle raconte l'histoire de Catherine. En passant près d'un groupe d'enfants, elle les entend se chamailler pour savoir qui jouera l'officier SS dans le jeu du SS et du prisonnier. (En 1944, il y avait plusieurs centaines d'enfants à Ravensbrück, soit déportés soit nés dans le camp[40].) Complètement démoralisée par cette scène, Catherine s'approche du *Block* 13, celui de la quarantaine, et s'arrête pour regarder par la fenêtre.

> Subitement, une douceur inattendue vient l'arracher à sa peine, comme autant de mains bienfaisantes qui cherchent à la libérer. Quelques accords s'élèvent, puis un chant repris par des dizaines de voix, qui s'amplifie, monte et éclate, souverain : c'est « L'Hymne à la Joie » de Beethoven. La silhouette de Marianne, avec ses longs cheveux brillants, lui apparaît, alors qu'elle bat la mesure de ses mains longues, pâles et expressives. Groupés autour d'elle, vingt visages, jeunes et moins jeunes, se lèvent vers elle, comme transcendés par la musique. La chorale, retranchée dans ses cités de rêve, dit sa ferveur et son amour universel[41].

---

[38] Dufournier, *La Maison des Mortes*, p. 46.
[39] Gorce, *Journal de Ravensbrück*, p. 46.
[40] L'ouvrage de Morrison, *Ravensbrück: Everyday Life*, pp. 262–274, offre une excellente présentation sur le sujet des enfants dans le camp, y compris les naissances chez les prisonnières.
[41] Maurice, *Les Murs éclatés,* p. 99.

Catherine, ainsi libérée de l'environnement abject dans lequel elle se trouvant, retrouve « la force de vivre et d'espérer à nouveau[42] ».

Pendant la période de quarantaine, les détenues ne furent pas régulièrement assignées à des brigades, mais à plusieurs reprises on les fit sortir du camp au pas cadencé pour des travaux de nivellement (*Planierungmachen*), consistant à déplacer du sable d'un endroit à un autre toute la journée. Les gardes qui supervisaient le travail lançaient leurs chiens sur toutes celles qui ne maniaient pas la pelle assez vite ou osaient faire une pause. Les deux chroniqueuses relatent ce travail inutile dont le seul objectif était de les briser, de les épuiser[43]. En revenant au pas vers leur bloc, après leur premier jour de corvée de sable, les femmes du groupe de Denise Dufournier, bien que mortes de fatigue, chantèrent de toutes leurs forces l'air populaire de la guerre de 14-18 : « Quand Madelon vient nous servir à boire... » Séance tenante, on les somma de ne plus chanter de chansons en français. Seules les chansons en allemand étaient autorisées. Le lendemain, en retournant au bloc, elles entonnèrent à nouveau « La Madelon », mais en substituant *« ja, ja, ja »* aux paroles. On leur donna alors une liste de chansons autorisées, avec la musique, qu'elles devaient apprendre[44].

De temps en temps les déportés avaient l'autorisation d'écrire à leurs proches et de recevoir lettres et colis. Deux lettres que Mila écrivit à sa famille pendant qu'elle était à Ravensbrück ont été conservées. Selon le règlement du camp, les lettres avaient une longueur limitée et elles devaient être écrites en allemand, de même que les réponses. Toutes les lettres étaient étroitement surveillées par la censure. Bien que le message de Mila n'ait pas été censuré, on voit les gros traits rouges du tampon de la censure qui empêchent de lire toute la date. La lettre fut envoyée à Mola, aux bons soins de Mado Hérisson, l'avocate qui avait défendu Bella Wendling à Annecy après son arrestation en septembre 1943.

---

[42] Maurice, *Les Murs éclatés*, p. 99.
[43] Dufournier, *La Maison des Mortes*, pp. 56–59, et Gorce, *Journal de Ravensbrück*, pp. 50–52.
[44] Dufournier, *La Maison des Mortes*, pp. 58–59.

Racine, Marie-Anne
Block 13 N° 27918
Ravensbrück Fürstenberg i) Meckl[enberg]
Deutschland

Me M. Hérisson, Avocate
(pour M^r. E. Racine)
Annecy
(Haute-Savoie)
France
avril 1944

Mes chers,
Je vais très bien. J'espère recevoir bientôt une réponse de votre part et envoyez-moi, aussi souvent que possible, des paquets de nourriture et avant tout aussi un morceau de savon. Je pense à vous souvent, et j'espère que vous allez bien et que nous nous reverrons bientôt.
Avec mes meilleures salutations, votre Marie-Anne
Ma chère Lili est déjà une grande fille. Je pense à vous tous les jours. Comment vont Mapa, Mola, Simone, Suzanne (mes meilleurs vœux pour ton anniversaire). (Répondez en allemand, s'il vous plaît.)[45]

C'est environ à cette époque que les Vingt-Sept-Mille subirent la première d'une série de sélections pour les transports de main d'œuvre. Les femmes durent se tenir debout, nues, contre un mur pendant qu'un homme, un civil, accompagné par le chef de l'organisation du travail, les examinait des pieds à la tête et choisissait celles qui semblaient les plus aptes. On ne leur dit pas où le transport serait envoyé ni pendant combien de temps. Mais tout laissait penser que celles qui seraient sélectionnées iraient travailler dans une usine de munitions. Denise Dufournier écrit : « Les mots transport, usine, munitions circulèrent..., la plus grande consternation régnait[46]. » C'était terrifiant. La pensée d'être séparée des amies et des camarades et d'être jetée dans l'inconnu était atroce ; mais encore plus insupportable était l'idée de contribuer à fabriquer des obus et autres munitions qui seraient utilisés contre leurs familles, leurs compatriotes, leur patrie.

Nelly fut sélectionnée, et confrontée à la perspective épouvantable d'être séparée de leur groupe de cinq. Mila la prit immédiatement à part et lui conseilla : « Miane m'a attirée dans un coin et mystérieusement me conseille : "Tu vas passer devant l'Arbeitseinsatz [le responsable de la main d'œuvre concentrationnaire] ; tu lui diras ne pas voir clair, c'est à cause de mes yeux que le docteur m'a renvoyée."[47] »

Nelly suivit le conseil de Mila. Elle dit au responsable que sa vue n'était pas bonne. « Vous avez des lunettes », dit-il, ce à quoi elle répondit que

---

[45] Collection privée d'Emmanuel (Mola) Racine, lettre écrite par Mila Racine à M. Hérisson pour la famille Racine, datée d'avril 1944.
[46] Dufournier, *La Maison des Mortes*, p. 60.
[47] Gorce, *Journal de Ravensbrück*, p. 41.

c'était les lunettes d'une camarade qui les lui avait prêtées[48]. Elle parvint ainsi à ne pas être sélectionnée pour le transport.

Après avoir échappé à cette première sélection, Denise Dufournier envisagea le pelletage du sable sous un jour nouveau : « Le lendemain, je lançai, relançai et éparpillai des myriades de grains de sable scintillant au soleil comme des étoiles. Je m'appliquais à ce travail merveilleusement inutile et parfaitement stupide[49]. » Elle échappa à une seconde sélection mais pas à la troisième. Une infirmière s'approcha aussitôt d'elle, lui parla en français, elle reconnut son accent belge. Sans lui fournir d'explications, l'infirmière lui proposa de rayer son numéro de la liste qu'elle avait encore entre les mains. Denise lui en fut reconnaissante bien sûr, mais elle fut frappée, sidérée, de réaliser que sa vision de la structure du pouvoir dans le camp était erronée. Jusque-là, elle l'avait perçue de façon bien trop simpliste : « Il y avait, d'une part, l'ennemi qui commandait, personnifié par les SS et les gardiennes diverses, d'autre part, la masse des prisonnières qui obéissaient[50]. » L'offre de l'infirmière de rayer son nom de la liste du transport, « cette intervention providentielle », fut l'évènement qui lui permit de prendre conscience que « le schéma » était beaucoup plus complexe : « Si cette infirmière, simple prisonnière comme moi, réussissait à m'éviter le départ en usine, par un seul trait de crayon, quelle devait être la puissance de toutes celles qui occupaient des postes importants[51] ! » Elle décida d'étudier les subtilités du système pour trouver comment le contourner.

*

En avril 1944, le Père Rosay, Joseph Lançon, et François Périllat furent emprisonnés dans le Frontstalag 122, à Compiègne, en attendant d'être déportés[52]. C'est là qu'ils avaient été transférés en mars depuis la prison du Pax à Annemasse. Le Père Rosay était l'un des prêtres – il y en avait une douzaine environ – présents dans le camp[53]. Il puisa du réconfort dans le fait qu'on leur permît de célébrer la messe tous les jours et d'organiser la procession solennelle du dimanche de Pâques. Il se dévoua entièrement à ses camarades. Rien ne comptait plus pour lui que ce qu'il appelait leur « progrès spirituel[54] ».

---

[48] Gorce, *Journal de Ravensbrück*, p. 41.
[49] Dufournier, *La Maison des Mortes*, pp. 61–62.
[50] Dufournier, *La Maison des Mortes*, p. 64.
[51] Dufournier, *La Maison des Mortes*, p. 64.
[52] Le Curé de Douvaine, dans *Résistance non violente*, p. 13, indique que le père Rosay avait été envoyé d'Annemasse à Compiègne le 12 mars 1944. La même source (p. 30) affirme que Joseph Lançon et François Périllat avaient été envoyés d'Annemasse à Compiègne le 19 mars 1944.
[53] Curé de Douvaine, *Résistance non violente*, p. 14.
[54] Curé de Douvaine, *Résistance non violente*, p. 14.

Le 27 avril, 1 670 prisonniers furent entassés dans des wagons à bestiaux et, parmi eux, les Pères Rosay, Lançon et Périllat[55]. Torturés par la soif, ils voyagèrent trois jours par une chaleur suffocante. Le convoi arriva à Auschwitz le soir du 30 avril. C'était le troisième convoi de non-juifs que les autorités allemandes et françaises envoyaient à Auschwitz. À leur arrivée, 1 655 hommes furent enregistrés ; quinze hommes étaient morts en route. Enfermés dans deux baraques connues sous le nom de Canada, à Birkenau, près du four crématoire IV, les hommes furent tatoués sur l'avant-bras gauche avec les numéros 184 936 à 186 590. Les hommes de ce convoi seraient plus tard appelés « les tatoués ». Il était rare que des prisonniers non-juifs soient tatoués. (À Auschwitz seulement, on tatouait ceux qui étaient sélectionnés pour le travail ; ils étaient juifs à une écrasante majorité.)

Le 12 mai, on transféra la plupart des hommes de ce convoi à Buchenwald. Seuls 92 malades, dont Jean Rosay, restèrent au camp. (Quelques-uns des 92 malades furent envoyés à Buchenwald plus tard.) Rosay écrivit à ses proches le 22 mai 1944 : « Je suis dans le même état qu'en 1932 à Thorenc, sans être malade[56]. » Que voulait-il dire ? Jeune prêtre pour la paroisse de Megèvette, il avait passé plusieurs mois, d'octobre 1932 à mai 1933, dans un sanatorium pour religieux à Thorenc, près de Nice. Même après la fin de sa convalescence, on pense que la santé du Père Rosay resta fragile. Il avait sans doute eu la tuberculose d'où son allusion dans sa lettre. De toute façon, il est clair que le Père Rosay n'était pas en état de résister aux privations et aux souffrances qu'on faisait endurer aux déportés.

De nombreux « tatoués » qu'on avait envoyés à Buchenwald, y compris Joseph Lançon et François Périllat, furent transférés le 24 mai au camp de Flossenbürg[57]. Peu de temps après, Lançon, Périllat et quelques autres furent déplacés au sous-camp de Hersbrück, à 35 km de Nuremberg. Hersbrück fournissait la main d'œuvre pour une immense usine souterraine nommée Doggerwerk, construite dans le flanc d'une montagne. L'usine, un réseau de huit tunnels utilisés pour la fabrication de moteurs d'avion, était exploitée par BMW.

*

Le 6 juin 1944, la nouvelle du débarquement des Alliés en Normandie se répandit à Ravensbrück. Tout d'abord, Nelly ne voulut pas y croire. Elle craignait que ce soit une fausse rumeur comme tant d'autres. « Il a cependant cette fois un tel air de vérité que nous nous laissons envahir par une douce

---

[55] Cette information citée ici sur le convoi parti de Compiègne le 27 avril 1944 vient pour l'essentiel de www.bddm.org/liv/details.php?id=I.206 (site consulté en juillet 2014).
[56] Curé de Douvaine, *Résistance non violente*, p. 14.
[57] Quelques lettres écrites par Lançon et Périllat, de Flossenbürg et Hersbruck, sont reproduites dans Croquet, *Chemins de Passage*, pp. 37–39.

folie[58]. » Elles le célébrèrent en chantant « La Marseillaise » et s'autorisèrent, pendant de courts moments, à rêver au retour en France.

Peu de temps après, il y eut une sélection pour un transport. Mila et Hélène se trouvaient alors au *Revier*, en convalescence à la suite d'une scarlatine. Nelly n'en fit pas partie, mais Marie-Claude, la sœur jumelle d'Hélène, fut sélectionnée. Dans les mois de captivité qui suivirent, Hélène allait devenir la proche amie de Mila, sa confidente. Dans leur combat quotidien pour survivre, elles partageraient le peu qu'elles avaient.

La famille de Mila reçut sa dernière lettre, écrite en juin.

Racine, Marie-Anne
Block 13N° 27918
Frauen – Konzentrationslager [Camp de concentration pour femmes]
Ravensbrück bei Furstemberg
Mecklenburg
Deutschland

Monsieur E. Racine
c/o Dr. Cochet
2, rue des Bains
Aix-les-Bains
(Savoie)
France
juin 1944

Mes chers ! J'ai bien reçu votre colis, et je reçois justement ta bonne lettre, cher Mola. Je ne peux pas décrire ma joie. La santé de Pa m'inquiète beaucoup. Sait-il si Mila est chez Max ? Avez-vous des nouvelles de Simone et de ma petite Lili ? Où se trouve Suzanne ? Donnez-moi des nouvelles de Simone et de sa famille [et] de notre cousin de Toulouse. Le moral et la santé sont excellents, et j'espère que bientôt notre famille sera réunie. Envoyez-moi souvent des colis : nourriture et objets de toilette. Je n'ai besoin ni d'argent ni de lingerie. Chère Ma, ne t'inquiète pas pour moi. Je pense à toi et Pa tout le temps et je veux te trouver belle et en bonne santé ainsi que Pa. Mille baisers pour vous tous.

Votre Marie-Anne[59]

*

Le 16 juillet 1944, des soldats allemands exécutèrent le Père Louis Favre et sept autres résistants, ils jetèrent leurs corps dans une tombe improvisée à Vieugy, près d'Annecy. Pendant les cinq mois de son incarcération, le prêtre avait été « amené à connaître la plupart des prisons allemandes de Haute-Savoie : la prison du 'Pax', puis à Annecy la prison de l'école Saint-Fran-

---

[58] Gorce, *Journal de Ravensbrück*, p. 53.
[59] Collection privée d'Emmanuel (Mola) Racine, lettre écrite par Mila Racine à sa famille, datée de juin 1944.

çois, la vieille prison du château et la prison départementale...[60] » Interrogé et torturé à de nombreuses reprises, il avait refusé de parler. Sa sœur lui rendit visite régulièrement, et il réussit à lui glisser des notes racontant ce qui leur arrivait, à lui et aux autres, dans les prisons. Des membres du réseau Gilbert avaient un moment élaboré un plan pour arracher le Père Favre à la prison, mais il refusa. Les Allemands avaient libéré le Père Favrat, mais le Père Frontin était toujours entre leurs mains. Le Père Favre craignait que, s'il leur échappait, les Allemands ne se vengent sur le Père Frontin, ses camarades prisonniers, les membres de sa famille ou ses amis. Le 8 avril, la veille de Pâques, voici le message qu'il grava sur un morceau de bois dans sa cellule : « La véritable Prison ? C'est la Société. Dans ces murs, j'ai connu la Liberté. (8 avril 1944)[61]. »

*

Avec plus de vingt nationalités présentes, Ravensbrück, comme la plupart des camps de concentration, était quasiment une Tour de Babel. Rares étaient les détenues françaises qui parlaient allemand ou polonais. Étant donné que c'étaient des femmes de langue allemande et polonaise qui occupaient les postes de pouvoir et de responsabilité, si l'on était dans l'incapacité de comprendre leurs ordres ou de communiquer avec elles, on était en danger de mort[62]. Mila était douée pour les langues, et elle comprenait suffisamment bien l'allemand et le polonais pour servir d'interprète. Dans une lettre écrite à Mola Racine en juillet 1945, Nelly Gorce reconnaît l'importance de ce fait : « Sa connaissance du russe et de l'allemand lui a rendu les plus grands services (à nous aussi par ricochet) elle pouvait s'entretenir avec les femmes de ces nationalités apprendre beaucoup sur leur vie et surtout se lier avec nos chefs de block lesquelles étaient presque toujours des Polonaises[63]. »

Vers la fin juillet, Nelly Gorce attrapa la rougeole, on lui permit de passer deux semaines au *Revier*. À sa sortie, elle découvrit que son groupe avait été

---

[60] Croquet, dans *Chemins de Passage*, p. 85. L'ouvrage de Germain, *Mémorial de la déportation*, inclut des photographies de chacune de ces prisons. Apparemment, « la vieille prison du château » est le petit bâtiment de pierres situé au milieu du canal du Thiou, au centre d'Annecy, et connu aujourd'hui sous le nom de Palais de l'Ile.

[61] Croquet, *Chemins de Passage*, p. 86. Je n'ai été en mesure de déterminer ni la date du transfert du Père Favre d'une prison à une autre, ni le nom de la prison dans laquelle il avait gravé l'inscription citée ci-dessus.

[62] Malgré cela, quelques femmes françaises résistèrent à la tentation d'apprendre ou de parler l'allemand, parce qu'elles voyaient cela comme une forme de collaboration. Morrison, *Ravensbrück: Everyday Life*, p. 96, et Amicale de Ravensbrück et ADIR, *Les Françaises à Ravensbrück*, pp. 238–239.

[63] Collection privée d'Emmanuel (Mola) Racine, lettre écrite par Nelly Gorce à Mola Racine, datée du 3 juillet 1945, page 4.

déplacé du *Block* 13 au *Block* 15. Le nouveau *Block* était surpeuplé. Elle eut du mal à retrouver les membres de sa « famille ». Mila et Hélène avaient eu la chance de trouver un lit à se partager. Michou s'était trouvé une place. Ne sachant où aller, et n'ayant personne avec qui partager un lit, Nelly se sentit perdue, désorientée. Finalement, elle se débrouilla pour trouver à dormir quelque part.

C'est alors que cessa le « travail de sable », épuisant et inutile. Les détenues participèrent désormais aux tâches régulières de la vie du camp. Elles furent affectées aux usines SS à l'intérieur du camp, ou bien à des entreprises privées situées à proximité, ou bien encore à des équipes chargées de la bonne marche du camp. Certaines détenues cependant n'eurent pas d'affectation du tout. On les appelait les « disponibles », *Verfügbaren* en allemand. Chaque matin, la surveillante, l'*Aufseherin*, chargeait les *Verfügbaren* de compléter les équipes. Être une *Verfügbar*, c'était comme jouer tous les jours à la roulette russe : soit on évitait tout travail, soit on était affectée aux corvées les plus épuisantes, les plus dangereuses. Une déportée qui arrivait au camp en 1944 pouvait être *Verfügbar* pendant un certain temps, mais elle cherchait en général une affectation permanente. Cependant, quelques Françaises choisirent sciemment de rester disponibles. Cette décision était motivée par leur farouche opposition à contribuer à l'effort de guerre allemand, sous quelque forme que ce soit. Il faut noter également que les détenues françaises avaient rarement l'occasion de se joindre à une brigade – dit 'colonne de travail' – considérée comme désirable. Les travaux désirables revenaient à celles qui avaient du pouvoir ou de l'influence. Certaines colonnes étaient totalement interdites aux Françaises.

*

En 1944, la surpopulation de Ravensbrück fut à son paroxysme. Les données que Germaine Tillion a compilées et analysées indiquent que la population carcérale s'éleva de 17 300 en janvier à 43 700 en décembre[64]. Morrison estime que le camp avait été conçu pour détenir entre 8 000 et 10 000 personnes. (Ses chiffres tiennent compte de l'agrandissement du camp depuis sa création en 1939 et du fait que de nombreux *Blocks* plus grands et plus récents avaient été ajoutés aux 16 *Blocks* d'origine.) La population carcérale était quatre à cinq fois supérieure à celle qui avait été prévue lors de sa construction. Les femmes furent entassées dans des lits superposés sur trois étages, trois par châlit. Elles dormaient sur le sol et dans les toilettes et dans

---

[64] Tillion, *Ravensbrück*, deuxième édition, pp. 244–245, et troisième édition, pp. 491–494. Ces deux éditions contiennent d'utiles informations chronologiques concernant l'année 1944. La chronologie présentée dans la deuxième édition est sous la forme d'un tableau, alors que celle de la troisième édition est une narration.

les salles de chaque côté du *Block*. Certaines détenues ne furent jamais affectées à une baraque mais confinées dans une grande tente.

Qui étaient ces nouveaux déportés à Ravensbrück ? D'où venaient-ils ? De toute l'Europe[65]. Au printemps et à l'été 1944, des femmes et enfants tsiganes (Sintis et Roms) incarcérés à Auschwitz furent envoyés à Ravensbrück. On liquidait le camp tsigane à Auschwitz II-Birkenau. Pendant la première semaine d'août, ceux qui n'avaient pas encore été envoyés dans d'autres camps furent gazés. La fin de l'été vit arriver des milliers de femmes et d'enfants polonais à la suite du Soulèvement de Varsovie. (À ne pas confondre avec la Révolte du Ghetto de Varsovie, en avril et mai 1943, menée par de jeunes résistants juifs. Le Soulèvement de Varsovie fut le fait de Polonais en août et septembre 1944.) Comme il n'y avait pas de *Block* vacant, ces détenus – que les SS appelaient les évacués de Varsovie – furent confinés sous une grande tente montée entre les *Blocks* 24 et 26[66]. (Ce qui devait être le *Block* 25 ne fut jamais construit.) Les femmes et enfants polonais restèrent dans la tente pendant une période relativement courte avant d'être déplacés dans les baraques.

En octobre et novembre 1944, un convoi important de femmes et d'enfants juifs déportés de Budapest arrivèrent à Ravensbrück. Eux aussi furent confinés sous la tente. Les conditions dans lesquelles ils durent lutter pour survivre marquent une nouvelle escalade dans la détresse et la souffrance. Une minorité fut affectée à des *Kommandos* et envoyée travailler dans des sous-camps, mais la majorité resta sous la tente, par un froid de plus en plus terrible. On peut s'étonner que ces femmes et ces enfants aient été envoyés à Ravensbrück plutôt qu'à Auschwitz, comme ce fut le cas des nombreux Juifs hongrois. Mais en novembre 1944, Auschwitz cessa de fonctionner en tant que camp d'extermination. L'ultime convoi de Juifs gazés à l'arrivée eut lieu début novembre. Les chambres à gaz et les fours crématoires furent détruits en octobre et novembre. En fait, pendant l'hiver 1944-45, de nombreuses déportées juives furent transférées d'Auschwitz à Ravensbrück. Elles furent forcées aussi de rester sous la tente dépourvue de tout aménagement (chauffage, électricité). La tente fut utilisée pendant tout l'automne et une grande partie de l'hiver, jusqu'en février 1945.

---

[65] Saidel, *The Jewish Women of Ravensbrück*, p. 18, mentionne la Pologne, l'Autriche, la France, la Belgique, les Pays-Bas, la Norvège, la Yougoslavie, et la Hongrie.
[66] Dufournier, *La Maison des Mortes*, pp. 93–94, et Tillion, *Ravensbrück*, troisième édition, p. 493. Denise Dufournier indique que la tente était en place dès la mi-août et que des femmes et des enfants de Varsovie en étaient les premiers occupants. Germaine Tillion évoque un groupe de 14 000 personnes venant de Varsovie et logés sous une tente. J'ignore combien de groupes de prisonniers de Varsovie entrèrent dans le camp autour de cette période et à quelle date précise ces groupes sont arrivés. La chronologie présentée par Tillion dans l'Annexe 7, pp. 488-495, bien que très détaillée, ne fournit cependant pas la liste de tous les évènements qui se sont produits durant les années où le camp était opérationnel. Il est possible que les prisonniers de Varsovie soient arrivés en août.

Lorsque les femmes juives hongroises arrivèrent, Denise Dufournier se trouvait dans le *Block* 31, tout proche de la tente. Elle parle longuement des conditions horribles sous la tente et de la honte qu'elle ressentait de ne pas pouvoir aider les personnes qui souffraient.

> Lorsque nous étions couchées le soir, sur notre demi-couchette, que nous entendions les hurlements qui, toute la nuit, sortaient de la tente, nous étions envahies par une indicible honte à la pensée que nous ne pouvions venir en aide à ces malheureuses vivant, si l'on peut dire, tout près de nous, dans un dénuement et une misère auprès desquels notre bloc, notre lit, nos couvertures étaient un suprême luxe[67].

Denise Dufournier raconte que les déportées juives confinées sous tente ne reçurent pas le genre de vêtements normalement distribués à l'arrivée. On leur fournit des « robes d'été » et des « robes du soir[68] ». Pourquoi donc ces tenues à des détenues confinées dans une tente sans chauffage et exposées à un froid rigoureux ? Manquait-on de vêtements chauds ? Pas du tout. L'immense entrepôt de vêtements (*Bekleidungswerk*) à Ravensbrück débordait de vêtements, de chaussures, et de toutes sortes d'articles que les nazis avaient pillés. Les responsables du camp n'avaient aucune envie, aucune intention de prolonger la vie de ces femmes juives, bien au contraire. Denise Dufournier note qu'une cinquantaine de femmes mouraient chaque nuit.

À mesure que les conditions de détention se dégradaient et que le froid hivernal s'installait, l'affectation à une brigade temporaire devenait plus compliquée et la *Verfügbar* qui se débrouillait pour éviter les corvées courait des risques. Si l'on restait dans le bloc on risquait d'être sélectionnée pour un transfert de main d'œuvre. Cette situation poussa de nombreuses détenues françaises à rechercher des affectations permanentes.

Mila et Hélène joignirent les rangs des charbonnières. Nelly raconte :

> [...] leur travail consiste à prendre le charbon apporté à quai par les péniches et à l'apporter dans les chambres des SS et des *Aufseherinnen* [surveillantes]. Chaque jour, elles arrivent à midi et tirent six briquettes de leurs robes. Je puis ainsi leur donner un peu plus de soupe et leur faire accepter mon supplément, j'en ai tellement moins besoin qu'elles ! N'ont-elles pas vingt ans ? Je souffre de voir arriver, à midi, mes jeunes amies dont les membres sont tellement transis qu'elles peuvent à peine les faire mouvoir. J'ai mal surtout de leur pauvre regard avide constatant la maigre pitance que je verse dans leur gamelle [...][69]

Même lorsque les déportées n'en pouvaient plus, la mort ne survenait ni rapidement ni facilement. Il arrivait qu'une détenue malade qui avait trimé dans la journée meure dans son sommeil, ou se traîne encore quelque temps. Les SS considéraient qu'une détenue malade était une perte sèche. Ils la trai-

---

[67] Dufournier, *La Maison des Mortes*, p. 117.
[68] Dufournier, *La Maison des Mortes*, p. 117.
[69] Gorce, *Journal de Ravensbrück*, pp. 85–86.

taient de diverses façons, selon la nature et la gravité de sa maladie, selon les conditions qui prévalaient au moment de sa maladie, et selon le hasard. Soit elle avait été admise au *Revier*, elle avait reçu quelques soins et eu la chance de récupérer, soit on lui avait refusé l'accès au *Revier*, on l'avait renvoyée à son *Block*, à sa colonne de travail, afin de la liquider au plus vite[70].

Pour purger le camp, les SS organisaient périodiquement des transports afin d'expédier malades et mourantes dans des centres d'euthanasie et des camps d'extermination. Les Françaises se référaient à ces convois sous le terme de « transports noirs ». Les femmes qu'ils jugeaient vieilles, celles qui étaient devenues folles ou souffraient de désordres mentaux faisaient aussi partie de ces convois. Certaines furent envoyées dans les centres d'euthanasie de Bernburg en Allemagne, et de Hartheim Castle, près de Linz en Autriche, et d'autres à Auschwitz et Majdanek. Bien que l'on ait tenté d'étouffer toute information concernant les transports noirs, les déportées connaissaient parfaitement le sort de celles qui étaient sélectionnées, même si elles en ignoraient l'ultime destination. Les récits des survivantes font état de la terreur qui les saisissait lors des sélections.

En 1944, il fut décidé d'en finir avec les déportées dans le camp même. Leur nombre avait doublé entre janvier et juillet 1944, et il continuait d'augmenter[71]. Non seulement les ressources existantes étaient mises à rude épreuve mais la main d'œuvre concentrationnaire, devenue pléthorique, s'était dépréciée. Le nombre de détenues affaiblies, malades et mourantes s'était accru considérablement. La vie d'une déportée ne valait pas la dépense quotidienne de 35 pfennigs dont on disposait pour son entretien[72]. Rien n'incitait à prolonger la vie des malades ou des faibles. Pour produire efficacement, il s'imposait de les liquider et de les remplacer par de la main d'œuvre valide.

En novembre et décembre 1944, les SS s'employèrent à imaginer les moyens de liquider les déportées sur place : de camp de concentration, Ravensbrück se transforma en camp d'extermination. La première étape consista à transformer un ancien *Jugendlager* (camp de jeunes) nommé Uckermark en une sorte de centre d'isolement. Situé à l'extérieur du camp lui-même mais à proximité, Uckermark avait été construit en 1942 comme un centre de détention pour des adolescentes jugées rebelles ou asociales. Il avait fonctionné ainsi jusqu'à sa fermeture début 1944. En décembre 1944, le camp – que l'on appelait encore communément le *Jugendlager* – fut réouvert pour accueillir les prisonnières de Ravensbrück les plus diminuées : les malades, les faibles, les vieilles, les mourantes.

---

[70] Même au *Revier*, les prisonnières recevaient peu de soins médicaux, si ce n'est aucun. Elles étaient cependant dispensées de l'appel et du travail, et on leur accordait du repos au lit.
[71] Tillion, *Ravensbrück*, deuxième édition, p. 278.
[72] Tillion, *Ravensbrück*, troisième edition, p. 218.

On raconta aux femmes du camp principal qu'Uckermark était un camp de convalescence, où elles n'auraient pas à se rendre à l'appel, où elles seraient mieux nourries, et auraient de meilleurs lits pour se reposer. Beaucoup de malades consignées dans les *Blocks* de typhus ou de tuberculose furent envoyées à Uckermark. Les *Blockowas* eurent l'ordre de faire la liste de celles qu'elles jugeaient inaptes au travail. Dès le début, de nombreuses déportées ne crurent pas ce qu'on leur racontait au sujet d'Uckermark. En dépit des efforts pour voiler la réalité, il ne fallut pas longtemps pour que circulent les informations sur la vraie nature du *Jugendlager*.

C'est à Uckermark, situé en dehors du camp principal et hors des regards, que les responsables du camp testèrent différentes méthodes pour éliminer les déportées. Ils privilégièrent les pires privations et les pires conditions. À l'arrivée à Uckermark, sous-vêtements, lainages et tous vêtements chauds que les détenues avaient sauvegardés leur étaient confisqués. On les obligeait à rester debout dans le froid glacial et la neige, pendant cinq ou six heures, voire davantage. Les rations de nourriture, déjà bien maigres, furent réduites de moitié. Les baraques où elles étaient confinées étaient sans couvertures, sans lits, sans rien.

Privations extrêmes et conditions abominables accrurent le taux de mortalité, mais sans atteindre le niveau que s'étaient fixé les administrateurs du camp. Ils avaient à leur disposition deux autres solutions : poison et exécution par balles. Ces méthodes furent utilisées mais, semble-t-il, de façon sporadique. Un moyen plus efficace d'assassiner serait mis en service en janvier 1945.

*

Après le débarquement des Alliés en Normandie, Nelly et quelques-unes des détenues françaises s'étaient mises à espérer qu'elles seraient de retour chez elles à l'automne pour les vendanges. L'automne arriva, puis se termina, Noël approchait. À la déception de ne pas avoir été libérées s'ajoutait le désespoir : de jour en jour leurs conditions de vie s'aggravaient. Elles se battaient pour se soutenir physiquement et psychologiquement.

Mila continuait les répétitions de sa chorale chaque fois que c'était possible. Hélène, sa meilleure amie, était membre de la chorale. Une autre amie fidèle, qui répondait au nom de Miarka, faisait le guet. (Son vrai nom était Denise Vernay, née Jacob ; elle était sœur de Simone Veil.) Voici son témoignage sur Mila et sa chorale, écrit en 1945, qu'elle communiqua en hommage à Mila en 1981 :

> Je me souviendrai toujours de sa main maigre mais très blanche qui exprime, comme ses yeux bleus profonds le disent aussi, sa sensibilité à la beauté. C'est cette main qui bat la mesure quand nous chantons : une dizaine parfois qui nous réunissons pour créer quelque chose de pur dans cette atmosphère

infernale. Répétitions de chants toujours plus difficiles à réaliser car nous sommes de plus en plus pourchassées pour le travail, et pour moi qui fais le guet – je chantais trop faux pour être d'une autre utilité – il n'existe qu'un horizon de dos rayés et croisés, d'où je crains de voir surgir un uniforme vert ou une trop élégante « lagger polizei » [policière du camp][,] un bâton à la main, mais un horizon d'où s'élève tout à coup, véritable miracle humain, comme un oubli, un chant qui ose surgir, s'amplifier, éclater victorieux « Dona nobis pacem », un canon de Beethoven ou de Mozart[73].

Marie-Jo Chombart de Lauwe rend hommage à Mila dans son livre *Toute une Vie de Résistance*, publié en 1998. Déportée à Ravensbrück en août 1943, à l'âge de dix-neuf ans, elle avait été arrêtée à Rennes pour sa participation à la Résistance en Bretagne. Elle fit la connaissance de Mila à l'automne 1944. Une amie l'avait invitée à assister au groupe d'études que Mila organisait. Marie-Jo Chombart de Lauwe parle de l'impression que Mila lui fit, du réconfort que la chorale lui apporta, de la pertinence de son groupe d'études :

> Son expression, sa voix surtout, m'attirent extraordinairement vers elle. Ses yeux clairs sous les sourcils noirs sondent les miens. Quelle force douce et rayonnante émane d'elle. Son être semble avoir atteint une plénitude calme. Toute la force et l'autorité de l'âge mûr s'accompagnaient en elle de l'enthousiasme dynamique de la jeunesse. D'elle vint l'initiative de la formation de ce groupe et aussi de la formation d'une chorale[74].

La chorale française de Mila fut l'un des groupes à qui l'on accorda la permission de présenter un programme spécial aux malades le jour de Noël. Ce fut un évènement important à la fois pour celles qui chantaient et celles qui les écoutaient. Répétitions et préparatifs durèrent plusieurs semaines et donnèrent aux choristes et aux camarades qui les aidaient, le sentiment d'avoir un but. Les malades et autres détenues qui parvinrent à s'entasser dans les baraques où eurent lieu les concerts furent délivrées quelques instants du désespoir qui menaçait de les submerger en ce saint jour de Noël. Miarka et Marie-Jo Chombart de Lauwe, toutes deux rescapées de déportation, ont parlé du programme musical de la chorale française[75]. Miarka raconte :

> Je me souviens de cette tournée exténuante qu'entreprit notre petit groupe le jour de Noël 1944 : dans toutes les salles de malades il apporte la voix de la France à nos camarades isolées et fait couler des larmes qui soulagent malgré soi. Nous avions établi le programme soigneusement : créer une ambiance digne et gaie, point trop sentimentale : « Chevaliers de la Table Ronde » pour

---

[73] Collection privée d'Emmanuel (Mola) Racine, Vernay (née Jacob) (« Miarka »), discours donné le 20 novembre 1981, p. 2. Ce discours est aussi paru sous le titre « J'ai le Devoir, l'Obligation douloureuse de témoigner sur Mila » dans la *Revue de la WIZO*, novembre – décembre 1981.
[74] Chombart de Lauwe, *Toute une Vie de Résistance*, p. 105.
[75] Gorce fait aussi allusion à cet évènement. Voir *Journal de Ravensbrück*, pp. 88–89.

commencer et avec quel cœur, je ne pourrai plus l'entendre chanter avec indifférence, puis « À Saint Michel en grève », des canons, des Noëls. Non sans peine en ce jour nous avons pu chanter pour le plaisir de toutes[76].

Comme Miarka, Marie-Jo Chombart de Lauwe a gardé en mémoire tant l'évènement que les chants qu'elles entonnèrent :

L'après-midi, à mon tour, je rejoins Marianne et le groupe, et nous chantons au [*Block*] 32 l'air triste et doux de *Saint Michel en grève*, *La Ravine*, et nos chœurs habituels, chants scouts, chants de vie et de joie...Déjà Marianne nous entraîne ; au Block voisin, on nous attend, toutes les nationalités sont là, surtout Russes et Tchèques. Nous chantons pour leur livrer un peu de l'âme française qu'elles vénèrent[77].

Les semaines avant Noël, les amies s'étaient préparées des petits cadeaux, avec des bouts de tissu, des bouts de papier, ou autre matériau trouvé ici ou là. Un poème écrit avec soin sur une carte dont le bord a été décoré, un mouchoir brodé, une croix de Lorraine fabriquée avec un bout de métal : voilà les objets qu'elles s'échangeaient, qu'elles gardaient précieusement.

Nelly éprouvait de la reconnaissance pour tous ces signes d'amour et d'amitié, et pourtant les idées noires l'envahissaient. De nombreuses déportées dans son *Block* mouraient de dysenterie. Les lits devenus vacants étaient à nouveau occupés par de nouvelles femmes. « La mort accélère son œuvre », écrit-elle[78]. Le jour de Noël fut rempli des cris des officiers et des gardiens célébrant les victoires récentes de l'Allemagne dans les Ardennes (la « Bataille du Saillant »).

*

François Périllat, né à Veigy-Foncenex en janvier 1920, mourut d'une pneumonie au sous-camp de Hersbruck le 18 décembre 1944, dix-huit jours avant son vingt-quatrième anniversaire[79].

*

La date du 14 janvier 1945 est la première date précise que Nelly écrit dans son journal, et c'est aussi la première fois qu'elle s'interroge sur le fait

---

[76] Collection privée d'Emmanuel (Mola) Racine, Vernay (née Jacob) (« Miarka »), discours donné le 20 novembre 1981, p. 3.
[77] Chombart de Lauwe, *Toute une Vie de Résistance*, p. 120.
[78] Gorce, *Journal de Ravensbrück*, p. 88.
[79] Curé de Douvaine, *Résistance non violente*, p. 30, et Croquet, *Chemins de Passage*, p. 35.

de rapporter ce dont elle est témoin[80]. « J'écris. Pourquoi ? Quel sera le destin de ces feuilles[81] ? » Dès lors, elle indiquera la date régulièrement. On ne sait pas dans quelle mesure et sous quelle forme Nelly avait rédigé son journal avant cette date. Il semble cependant qu'elle ait volontairement décidé au début de 1945 de rapporter scrupuleusement les évènements. Le fait de garder une trace écrite la mettait en danger. Si elle avait été découverte, elle aurait été passible de châtiments sévères, voire de mort. Trouver simplement l'occasion d'écrire et de quoi écrire étaient déjà des prouesses.

En janvier, Denise Dufournier et ses compatriotes furent transférées du *Block* 31 au *Block* 15, le *Block* où se trouvaient Nelly, Mila, Hélène et Michou. Le *Block* 15 faisait partie des *Blocks* du « vieux camp », construits à l'origine en 1939. Ils étaient plus petits et considérés comme préférables aux nouveaux. Denise trouva le *Block* 15 plus propre et mieux rangé que celui d'où elles venaient[82]. Mais quelques jours après leur transfert, on expulsa toutes les femmes du *Block* 15. On les obligea à rester debout par un froid glacial toute la journée. Enfin, tard le soir on leur permit d'aller dans le *Block* 27. Nelly rapporte dans son journal que c'est le 14 janvier qu'on les fit passer du *Block* 15 au *Block* 27.

Dans ce nouvel enfer surpeuplé régnaient la crasse, la puanteur, le vacarme et la mort. Nelly note que dans le *Waschraum* (les toilettes) « les vivantes sont mêlées aux mortes[83] ». Les latrines servent de morgue en attendant que les cadavres soient évacués par la brigade de croque-morts. Devant les éviers se tiennent des femmes, à moitié nues, aux poitrines ratatinées, aux ventres ballonnés, aux squelettes décharnés, qui chantent en lavant leurs vêtements. Nelly se dit que même Dante aurait été terrifié par ce spectacle hallucinant.

Le 26 janvier, Mila et Hélène revinrent du *Revier*. « Elles vont mieux », note Nelly[84]. Les quatre amies sont heureuses d'être réunies, mais Nelly se plaint que « leur lit est loin du nôtre [apparemment de celui de Michou et du sien][85] ». Elle ne dit pas quand elles furent admises à l'infirmerie ni la maladie qu'elles avaient contractée.

Vers la fin de janvier, une chambre à gaz était opérationnelle à Ravensbrück[86]. Les SS avaient utilisé des déportés du camp pour hommes de Ravensbrück pour construire la chambre à gaz à l'extérieur du camp, près du

---

[80] Bien que les entrées du journal ne soient pas datées avant janvier 1945, diverses références dans la narration permettent d'établir une chronologie qui est parfois approximative mais à d'autres moments tout à fait précise.
[81] Gorce, *Journal de Ravensbrück*, p. 94.
[82] Dufournier, *La Maison des Mortes*, pp. 122–123.
[83] Gorce, *Journal de Ravensbrück*, p. 99.
[84] Gorce, *Journal de Ravensbrück*, p. 109.
[85] Gorce, *Journal de Ravensbrück*, p. 109.
[86] La date réelle de sa mise en service est inconnue. Certaines sources indiquent qu'elle a été opérationnelle dès décembre 1944 ; d'autres placent cet évènement en janvier 1945.

four crématoire. Le SS-Hauptscharfürher Otto Moll, qui avait supervisé la construction des chambres à gaz et des fours crématoires à Birkenau, dirigea les travaux. Moll utilisa uniquement des hommes, pas de femmes.

Les gardiens allemands qui sélectionnaient les femmes pour la chambre à gaz leur disaient qu'elles allaient être transférées au camp de Mittwerda. Il n'existait bien sûr aucun camp de ce nom. En groupes d'environ 150, ces femmes furent régulièrement envoyées à la chambre à gaz depuis Uckermark. Après avoir été tuées, leurs corps étaient incinérés et leurs cendres jetées dans le lac. Le nombre de déportées gazées à Ravensbrück n'est pas connu mais on estime qu'il est de l'ordre de 4 500 à 6 000[87].

Une minorité de déportées savaient avec certitude qu'une chambre à gaz fonctionnait désormais, mais beaucoup s'en doutaient[88]. Ce qu'elles virent et entendirent dans les semaines qui suivirent confirma leurs soupçons. Par exemple, furent rapportés dans le grand camp des objets qu'elles reconnurent, et ce peu après la sélection de leurs amies. C'est alors également qu'un nouvel administrateur, le Dr Winkelmann, apparut sur la scène[89]. On peut dire qu'il fut le Dr Mengele de Ravensbrück. C'est lui qui tous les jours se chargeait de sélectionner les femmes à liquider. La plupart de ces femmes furent envoyées à Uckermark, alors que d'autres furent conduites directement à la chambre à gaz.

Début février, la situation du camp se dégrada à toute allure ; plus rien ne fonctionnait. Les rations alimentaires, déjà fortement réduites, arrivaient mal, et les déportées furent en proie à une faim atroce, qu'elles n'avaient pas encore connue. Périodiquement, à cause des bombardements des Alliés dans la région, les Allemands coupaient l'électricité dans le camp, le plongeant dans l'obscurité la plus totale. Un matin, au réveil, les détenues découvrirent que tout le réseau d'égouts ne fonctionnait plus. La cave où l'on entreposait les corps n'était plus assez grande pour contenir tous les morts. Des tas de cadavres s'amoncelaient sous la neige. Les deux fours du crématoire fonctionnaient 24 heures sur 24. Les déportées voyaient les flammes s'échapper des hautes cheminées et respiraient l'odeur de la chair brûlée – mais les SS n'arrivaient pas à tenir le rythme.

---

[87] Morrison, *Ravensbrück: Everyday Life*, p. 291.
[88] Voir par exemple Dufournier, *La Maison des Mortes*, pp. 127–128. L'auteure mentionne que ses soupçons augmentèrent à la suite d'un incident qui arriva à la mi-janvier. Avec d'autres membres de la colonne de peinture, elle tentait d'apporter des planches au dépôt de bois adjacent à l'atelier de peinture. Normalement, pour s'y rendre, elles devaient passer par la route qui passait à côté des fours crématoires. À cette occasion, on leur interdit d'utiliser ce chemin.
[89] Dufournier, dans *La Maison des Mortes*, p. 140, affirme qu'il avait été envoyé à Ravensbrück depuis Auschwitz et qu'il devait être docteur en médecine. Je n'ai trouvé aucune information qui puisse confirmer ces faits. Adolf Winkelmann mourut dans une prison de Hambourg en février 1947, alors qu'il attendait le jugement pour sa participation aux crimes de guerre commis à Ravensbrück.

La deuxième semaine de février, Nelly tomba malade. Elle resta dans la baraque aussi longtemps qu'elle le put, car elle savait que si elle allait au *Revier,* elle risquait d'être sélectionnée et envoyée à Uckermark. Michou, Mila et Hélène s'occupèrent d'elle avec sollicitude. Elles réussirent à voler des pommes de terre à la cuisine, mais Nelly ne pouvait rien avaler. Les trois amies étaient désespérées. Elles lui parlaient dans l'espoir de lui redonner des forces et du courage. Le 10 février, elle fut trop faible pour rester debout pendant l'appel, et Mila et Michou durent la soutenir. Le matin du 11, elle fut incapable de se lever. Elle s'était résignée à aller au *Revier*, mais une femme qu'elle désigne comme « notre doctoresse » l'en dissuada[90]. Ce qu'elle nota dans son journal à la date du 16 février, a été écrit après avoir été emmenée au *Revier*. Elle explique que leur *Blockowa,* Maya, avait décidé qu'elle ne pouvait plus rester dans le *Block*. Avant de partir, Nelly eut la possibilité de parler à Michou de ses dernières volontés. « Mes affaires réglées, je me sens parfaitement calme. L'avenir ne m'effraie plus[91]. » Son seul regret : elle n'avait pas pu dire au revoir à Mila et Hélène parce qu'elles se trouvaient dans leur colonne de travail lorsqu'elle fut emmenée à l'infirmerie.

Très gravement atteinte par le typhus, Nelly eut la tentation de se laisser mourir[92]. Mais elle sentit qu'elle ne pouvait pas céder à l'envie d'en finir car, si elle ne rentrait pas en France, cela serait trop douloureux pour les siens. Le 22 février, elle apprit par une lettre qu'Hélène lui envoya que Michou avait fait partie d'un transport de travail. Hélène et Mila savaient à quel point la séparation serait dure pour Nelly et elles se sentirent obligées de lui annoncer elles-mêmes la nouvelle.

Grâce à l'aide et aux soins d'une des infirmières, Nelly survécut miraculeusement et quitta le *Revier* le mardi 1er mars. On l'envoya au *Block* 23 et non au *Block* 27 d'où elle venait. Elle ne connaissait personne dans ce *Block* – aucune de ses compatriotes françaises n'était là – et elle ne pouvait communiquer avec quiconque puisque personne ne parlait français. Sans forces, complètement seule, elle fut terrassée de douleur et de désespoir.

*

Quand j'observe les photographies que j'ai prises en juillet 2001 du Mahn- und Gedenkstätte Ravensbrück (Mémorial et lieu d'exhortation de Ravens-brück), je ne vois de présence humaine sur aucune. J'ai pris dix photos panoramiques et trente photos, mais je n'ai pas réussi à saisir une

---

[90] Gorce, *Journal de Ravensbrück*, p. 115. La référence suggère que l'une des femmes du bloc était une femme médecin qui travaillait dans le *Revier*.
[91] Gorce, *Journal de Ravensbrück*, p. 117.
[92] Gorce, dans le *Journal de Ravensbrück*, p. 120, donne la citation originale : « Mourir…Ce serait presque doux… »

seule personne dans aucune d'elles. Etait-ce délibéré ? Je n'en ai pas le souvenir. Il y a énormément de touristes en juillet dans le district du lac Mecklenberg, mais Ravensbrück n'est pas sur la liste des sites incontournables. J'ai passés deux jours au Mémorial. Je n'ai pas vu pas plus de vingt-cinq visiteurs par jour. En évoquant cette visite, j'ai un sentiment de vide ou, plus précisément, de creux. Peu de visiteurs occidentaux eurent la possibilité de se rendre à Ravensbrück – située en Allemagne de l'Est – avant 1995. Dès la fin de la guerre, l'armée soviétique avait établi un poste militaire sur la quasi-totalité du site du camp de concentration, à savoir sur toute la partie qui se trouvait à l'intérieur du mur d'enceinte : la place de l'*Appell*, Lagerstrasse I (rue 1 du camp), les *Blocks* et les ateliers de fabrication industrielle des SS. C'est ce que j'appelle la section intérieure de l'ancien camp. L'armée n'occupa donc pas la petite zone à l'extérieur du mur d'enceinte où se trouvaient la *Kommandantur* (l'ancien quartier général SS), la prison, la chambre à gaz, les fours crématoires, et le bâtiment pour le système hydraulique et pour les voitures des SS. La section extérieure était en général interdite d'accès aux déportées.

Le poste militaire soviétique resta opérationnel pendant presque cinquante ans. Il fut finalement démantelé en 1994. La grande partie de l'ancien camp qui était occupée par l'armée soviétique fut cédée à la Stiftung Brandenburgische Gedenkstätten (Fondation des mémoriaux Brandenburg). La partie intérieure de l'ancien camp avait déjà été démolie en grande partie, et on avait démantelé en particulier tous les *Blocks* où les déportées avaient dormi dans ces châlits en bois infestés de vermine, et où souvent elles étaient mortes.

Les visiteurs d'aujourd'hui se dirigent vers le Mémorial par la même route que les déportées empruntaient pour entrer au camp, ou en sortir. Les villas qui bordent la route, où logeaient les officiers et les gardiens SS avec leurs familles, ont été restaurées. Elles servent maintenant de lieux de conférence et d'hébergement pour les groupes de visiteurs. Lorsque le camp de Ravensbrück fonctionnait, une équipe s'occupait des jardins autour des villas. Denise Dufournier en avait parfois un petit aperçu :

> De ces petites maisons assez isolées les unes des autres, parfois un éclair de vie civilisée apparaissait : c'était un enfant promené par une nurse impeccable ou bien un civil en costume de sport, une raquette de tennis à la main. De temps en temps, nous jetions un regard de voleur vers ces chambres affreuses, nues et impersonnelles, mais où l'on imaginait que des êtres vivaient d'une vie semblable à celle que nous avions connue, dans un monde que ne limitaient ni les sirènes, ni les appels, ni le travail[93].

Le bâtiment qui abritait le système hydraulique et les garages SS se trouvait juste à l'extérieur de l'entrée principale. C'est par là que l'on pénètre dans la section intérieure. On aperçoit alors un vaste terrain recouvert de gravier gris,

---

[93] Dufournier, *La Maison des Mortes*, pp. 74–75.

presque totalement vide, seuls des arbres déjà grands en surgissent. Le gravier n'est pas réparti de façon uniforme ; il est rehaussé à certains endroits pour dessiner de larges zones rectangulaires. J'ai appris que les arbres ont été plantés le long de ce qui était la Lagerstrasse I, la rue qui séparait les deux rangées de Blocks construits à l'origine du camp. Les rectangles dessinés par le gravier marquent la base des anciens Blocks. Sur les bords de ce grand terrain gris sont éparpillés des bâtiments à un étage ; certains faisaient partie du camp et d'autres furent construits par les Soviétiques après 1945.

En revanche, la plupart des bâtiments qui formaient la section extérieure du camp ont été préservés, et sont bien entretenus. Le Mémorial et lieu d'exhortation national de Ravensbrück, inauguré en 1959, comprend le crématoire, le *Bunker* (la prison), l'emplacement de la chambre à gaz et une partie du mur d'enceinte de quatre mètres de haut. Les cellules du *Bunker* sont utilisées pour abriter les salles du souvenir que les divers pays dont les déportées étaient originaires eurent la possibilité d'aménager. Dans les années 1990, on aménagea d'autres cellules pour exposer des objets rappelant la mémoire de détenues juives, Sintis et Roms. L'ancien quartier général SS fait partie du Mémorial depuis 1984. Il héberge actuellement des bureaux administratifs, un centre de documentation et d'archives, et des expositions. Le quartier général SS est un bâtiment d'aspect agréable, en partie ombragé sous un rideau d'arbres, flanqué d'une allée pavée qui fait une courbe. À voir ce bâtiment en dehors de son contexte, on imagine qu'il abrite des salles de classe d'un campus universitaire. Le centre de documentation et d'archives contient des mémoires de survivantes, des récits oraux et d'autres formes de témoignages, mais pas d'archives d'origine, car celles-ci ont été détruites peu de temps avant la libération du camp.

Non loin de ce qui fut le quartier général des SS, sur la berge du lac Schwedtsee, se dresse une sculpture en bronze – l'une des œuvres du sculpteur allemand Will Lammert – sur un piédestal en granit. Le monument de six mètres de haut représente une grande femme décharnée qui porte le corps d'une autre femme dans ses bras, on l'appelle « Tragende » (« Celle qui porte »). Elle se tient la tête droite, regarde au loin par-dessus la surface du lac. Ce lieu est sacré : l'eau saumâtre du lac contient les cendres de milliers de déportées dont les corps furent brûlés dans le four crématoire à deux pas de là. J'ai tenté de discerner, sous la surface de l'eau, si quelque chose de la nature du ciel allait se révéler, mais la surface était comme un miroir, je ne vis que les arbres, les nuages et mon propre reflet.

*

Dans le vocabulaire du Troisième Reich, « NN » avait un sens terrible. C'étaient les initiales de *Nacht und Nebel*, Nuit et Brouillard. L'origine de l'expression venait d'un décret d'Hitler du 7 décembre 1941. Le Nacht und

Nebel Erlass (Décret Nuit et Brouillard), et les directives qui l'accompagnaient, stipulait que, dans les territoires occupés, la seule punition adéquate contre des délits commis ou prêts à être commis, qui mettaient en danger la sécurité de l'Allemagne était la peine de mort[94]. Le décret stipulait également que les contrevenants qui ne seraient pas exécutés immédiatement seraient envoyés en Allemagne et aucune information les concernant ne serait donnée. Autrement dit, le prisonnier NN devait disparaître sans laisser de trace, *disparaître dans la nuit et le brouillard*. Hitler pensait que la disparition et l'incertitude concernant le sort d'un résistant seraient plus dissuasives à l'avenir que la mort et le martyre.

De nombreuses Françaises à Ravensbrück étaient classées *Nacht und Nebel*[95]. À partir de février 1944, les détenues NN furent confinées au *Block* 32. Elles n'avaient pas le droit de recevoir de colis, ni d'envoyer et de recevoir de lettres. Elles n'avaient le droit de travailler dans aucun *Kommando* qui les ferait sortir du camp. Germaine Tillion fut une déportée NN. Elle écrit dans *Ravensbrück* :

> Notre Block était de ceux où il n'entrait jamais un colis, donc où l'on avait encore plus faim que les autres, et c'était le seul Block du camp où l'on pouvait laisser un morceau de pain sur son lit sans qu'il disparaisse ; c'était un Block propre et sans pou ; un Block où la non-soumission aux Allemands était toujours approuvée, où les femmes qui se cachaient trouvaient toujours des complices ; le seul Block où le troc, cet infâme marché noir des camps, a été effectivement interdit et remplacé par le don fraternel ; le seul où il y eut une organisation pour aider les malades par un petit supplément de nourriture [...][96]

Le jeudi 1er mars, les SS encerclèrent le *Block* 32, et les détenues NN furent informées qu'elles seraient transférées le lendemain. Marie-Jo Chombart de Lauwe écrit dans *Toute une Vie de Résistance* qu'elles ignoraient de quelle sorte de convoi il s'agissait et quelle en était la destination[97]. Elle note cependant que, le vendredi, des rumeurs circulaient que c'était un « mauvais transport[98] ». Des prisonnières NN réussirent à éviter le transport en se ca-

---

[94] Shirer, dans *The Rise and Fall of the Third Reich*, pp. 1247–1248, traite du sujet.
[95] Tillion, dans *Ravensbrück*, deuxième édition, p. 115, indique que la Gestapo arrêta d'utiliser la désignation NN vers juillet 1943. On a néanmoins connaissance de Français, hommes et femmes, déportés de France en Allemagne après cette époque mais étant catalogués comme NN parce qu'ils avaient reçu cette désignation avant juillet de cette année. (Un transport NN, parti de Paris, arriva à Ravensbrück le 24 janvier 1945.) Voir la Fondation pour la mémoire de la déportation, *Livre-mémorial des Déportés de France, Volume 1*.
[96] Tillion, *Ravensbrück*, deuxième édition, p. 60.
[97] Tillion, dans *Ravensbrück*, troisième édition, p. 279, indique qu'elles savaient que ce transport les amènerait à Mauthausen. Elle ajoute que, bien qu'informées au sujet d'Auschwitz, elles ne savaient quasi rien sur Mauthausen.
[98] Chombart de Lauwe, *Toute une Vie de Résistance*, p. 132.

chant[99]. Des Françaises qui n'étaient pas NN mais qui avaient des amies dans le groupe NN, se joignirent volontairement au transport. Emmenées au *Block punitif* (*Strafblock*), elles y restèrent la nuit.

Au moment de partir le lendemain matin, d'autres détenues furent amenées au *Strafblock*. Marie-Jo Chombart de Lauwe se souvient :

> Le matin, les N.N. qui, la veille, étaient au travail nous rejoignent. Parmi elles se sont glissées Marianne Racine, Miarka, le groupe des jeunes qui avait monté une chorale à laquelle j'ai souvent participé. Elles veulent accompagner leurs amies, elles se cachent[100].

Mila, Hélène et Miarka se trouvaient parmi les 1 980 femmes chargées dans des wagons à bestiaux le vendredi 2 mars. En plus des détenues françaises (les déportées NN et celles qui s'étaient glissées parmi elles), le transport comportait des détenues belges désignées aussi NN, ainsi que des femmes et des enfants tsiganes.

Le jour où le transport partit, Nelly apprit que Mila et Hélène s'étaient glissées parmi les détenues NN. Mila et Hélène ne savaient pas que Nelly avait été renvoyée du *Revier*. Elles ne purent jamais se dire au revoir.

*

Joseph Lançon, qui avait lutté pour survivre malgré sa santé défaillante, et malgré la dysenterie, succomba au sous-camp de Hersbruck le 5 mars 1945. Il avait cinquante ans.

---

[99] Tillion, dans *Ravensbrück*, troisième édition, p. 279, narre sa propre histoire et celle de sa mère. Grâce à l'aide de son amie Grete Buber-Neumann, Germaine Tillion réussit à éviter son inclusion dans ce transport. Sa mère tenta de l'esquiver, mais elle fut néanmoins prise.
[100] Chombart de Lauwe, *Toute une Vie de Résistance*, pp. 131–132.

10. La dernière traversée

Vingt-cinq ans après la fin de la guerre, Miarka témoigne de la profonde amitié qui les avait poussées, Mila, Hélène et elle-même, à se joindre au convoi en partance :

> Nous avions quitté Ravensbrück le 2 mars 1945 en un convoi mêlé et nous ne savions pour quelle destination mais nous étions ensemble, décidées à rester ensemble quoiqu'il en soit. Sept qui nous étions promis de rentrer ensemble et dans cette « famille » nous allions un peu par paire Mariane et Hélène, Mag, Violette et Micheline, Frédérique et moi. Nous réservant sur le présent, nous faisions des projets d'avenir. L'« après » devait nous garder unies[1].

Que savaient les sept membres de la « famille » des antécédents de chacune et/ou de leur engagement dans la Résistance ? Il m'est impossible de répondre. Il était dangereux d'en parler. Il y avait toujours le risque que l'une d'entre elles soit torturée et fasse des révélations sur ses compatriotes.

Mag, Violette et Micheline étaient des déportées NN, destinées à disparaître dans la nuit et le brouillard. Mag n'était autre que Marguerite Pellet, codétenue de Mila à la prison de Montluc. Mag avait dirigé l'Institut des sourds-muets-aveugles et déficients de Villeurbanne qui avait servi de base au réseau Marco Polo. Violette n'était autre que Violette Maurice, vingt-cinq ans, membre du réseau Mithridate à Lyon, arrêtée en octobre 1943. La troisième était Micheline Gravillon, trente-neuf ans. Micheline, dont le prénom était en réalité Eugénie, était originaire d'Amplepuis (Rhône). Est-ce qu'elle faisait partie d'un groupe de résistants ? Est-ce qu'elle aida un membre de sa famille ou un ami engagé dans la Résistance ? Je l'ignore.

Hélène et Miarka étaient les plus jeunes des sept, nées toutes deux en 1924. Elles étaient profondément attachées l'une à l'autre, comme l'étaient Miarka et Mila. Miarka avait participé à la Résistance, d'abord comme membre du réseau Franc-Tireur à Lyon, puis comme agent du MUR en Haute-Savoie. (Les mouvements Franc-Tireur, Combat et Libération avaient fusionné pour constituer le MUR, Mouvements unis de la Résistance.) En juin 1944, Miarka fut arrêtée par la Gestapo alors qu'elle transportait, depuis

---

[1] Collection privée d'Emmanuel (Mola) Racine, témoignage non publié de Denise Vernay (née Jacob), dite Miarka, 1970, p. 1.

la Saône-et-Loire et à destination d'Aix-les Bains, du matériel qui avait été parachuté[2]. Emprisonnée à Montluc et soumise à l'atroce torture de la baignoire, elle fut envoyée à Ravensbrück en juillet 1944. Comme Mila, Miarka ne dévoila pas à la Gestapo qu'elle était juive. Tous les membres de sa famille avaient été arrêtés à Nice, fin mars 1944. Voici les quelques bribes d'information que je possède concernant Frédérique : elle était américaine, née à New York en 1902. Son vrai nom était Raymonde Thibouville, son nom de jeune fille Dreyfus, elle aussi était probablement juive.

*

Peu après avoir quitté Fürstenberg/Havel, le train qui transportait les 1 980 déportées de Ravensbrück, traversa Berlin et les femmes furent témoins des ravages que les bombes des Alliés avaient infligés à la ville[3,4]. Au-delà, dans la campagne, elles purent apercevoir fugitivement un nom de lieu. Une amie qui était restée à Ravensbrück leur avait donné une carte. En repérant les noms des localités, elles comprirent qu'elles se dirigeaient vers le sud. Elles réalisèrent à un certain moment qu'elles avaient quitté l'Allemagne et passaient par la Tchécoslovaquie. Dans ce paysage montagneux recouvert d'une épaisse couche de neige régnait le silence.

Pendant cinq jours elles voyagèrent vers une destination inconnue. Affaiblies, émaciées, elles luttaient contre la faim et le froid glacial. Les prisonnières étaient tellement entassées – quatre-vingts par wagon – qu'elles ne pouvaient toutes s'asseoir. Il n'y avait ni paille, ni couverture, et, bien sûr, pas de chauffage. On leur avait donné un peu de pain noir et de la margarine avant de quitter Ravensbrück mais, après le départ du train, elles n'eurent plus aucune nourriture, et une seule fois de l'eau.

Dans son livre *N.N.*, écrit peu de temps après la guerre, Violette Maurice se souvient de ces cinq jours où elles se trouvèrent « vouées à l'obscurité totale et au mouvement rectiligne » :

> A force de rouler et de rouler toujours il nous arrive de ne plus savoir dans quel sens nous allons. Est-ce à droite, est-ce à gauche ? Tombons-nous d'une chute verticale ? Peu importe. Les cahots et les piaffements de la machine nous indiquent par instants que nous traversons une ville ; puis la longue bête se calme et reprend son allure régulière. Il nous arrive de temps en temps de nous assoupir quelques minutes ; un sifflement ou un juron nous réveille, ou

---

[2] Roby, « Dans les Mains de la Police allemande sous l'Occupation ».

[3] Germaine Tillion commente ironiquement de ce que, le 2 mars 1945, au milieu de la débâcle allemande, le commandant SS de Ravesnbrück réussit, afin de faire traverser toute l'Allemagne, à réquisitionner un train entier rempli de personnes que les Nazis avaient coutume de massacrer avec le plus grand zèle. *Ravensbrück*, troisième édition, pp. 181-182.

[4] La description du voyage provient de Chombart de Lauwe, *Toute une Vie de Résistance*, pp. 134–135.

encore la plainte animale d'une vieille qui meurt à côté de nous...Un arrêt enfin ! Nous demandons de l'eau pour la mourante qui ne cesse de dire : « J'ai soif ! » sur un ton obsédant de litanies. « Laissez-la crever », dit l'homme, et le train repart...[5]

Le 7 mars, elles arrivèrent à Mauthausen, Autriche, à 20 kilomètres à l'est de Linz. C'est sous la neige qu'elles quittèrent les wagons à bestiaux et se regroupèrent dans l'air glacial de la nuit. Elles apprirent que des enfants tsiganes étaient morts pendant le trajet et qu'une femme avait accouché. Il fallait parcourir sept kilomètres pour arriver à destination. Un camion attendait pour prendre celles qui se sentaient incapables de marcher. Très peu s'avancèrent, elles savaient ce qui les attendait. Elles traversèrent le long de la voie ferrée la petite ville pittoresque au clair de lune. Puis elles commencèrent à grimper. Marie-Jo Chombart de Lauwe, dans *Toute une Vie de Résistance*, raconte :

> Tout à coup, un coup de feu. Puis de nouveau cet accablant silence. La marche montante sans fin. Une centaine de mètres plus loin, sur le bord de la route, nous croisons un corps étendu, sombre sur la neige : ils ont achevé une camarade. Nous nous serrons encore davantage les coudes, nous nous accrochons par le bras par moment, mais les jambes tremblent de faiblesse, le cœur s'affole, le souffle manque. Une femme s'écroule à genoux, vite, vite, nous la relevons et l'entraînons[6].

Tout le long du chemin, des femmes n'arrêtaient pas de tomber, les SS leur tiraient dessus, et leurs corps restaient au bord de la route.

Après un dernier virage les prisonnières arrivèrent enfin au camp, véritable forteresse de pierre, juchée en haut d'une colline, illuminée en pleine nuit. Par le portail principal elles pénétrèrent dans une cour fermée, montèrent un escalier et se retrouvèrent dans l'enceinte du camp. Elles durent se mettre en rang et attendre là, au garde-à-vous, toute la nuit, « silhouettes fantastiques sous la lune[7] ». Elles furent finalement emmenées dans une salle de douches, au sous-sol, où on les obligea à se déshabiller devant des gardiens hilares et elles durent se soumettre à des examens corporels humiliants. En quittant les douches, après avoir abandonné tous leurs habits et tout ce qu'elles possédaient, avec pour seul vêtement une chemise de toile, elles furent emmenées aux *Blocks* des tsiganes à l'arrière du camp, entourés d'un mur de pierre. Les sept amies de Ravensbrück qui s'étaient promis de rentrer ensemble en France furent assignées au *Block* 17, où elles restèrent en quarantaine pendant deux semaines.

*

---

[5] Maurice, *N. N.*, p. 65.
[6] Chombart de Lauwe, *Toute une Vie de Résistance*, p. 136.
[7] Maurice, *N. N.*, p. 66.

Comment décrire le camp de Mauthausen autrement que comme une forteresse ? Lorsque l'on s'en approche, on ne voit que les murs d'enceinte en granit, hauts et massifs, sans aucune ouverture. La carrière de Wienergraben qui avait fourni le granit grisâtre des murailles existait bien avant de faire partie du camp. Propriété de la ville de Vienne, son granit servit à paver les rues de la cité. Le camp de concentration fut construit en 1938 à proximité de la carrière. Hitler avait projeté d'utiliser la pierre pour reconstruire Linz, sa ville natale[8].

La carrière fut au centre d'une entreprise de grande envergure, d'une brutalité indescriptible, qui comprenait non seulement le camp principal mais aussi une cinquantaine de sous-camps permanents, en particulier Gusen, Melk et Ebensee. Un escalier sommaire, de 186 marches, inégales, taillées dans la masse, appelé à juste titre l'Escalier de la Mort, descend du haut de la carrière jusqu'au niveau du sol. Les prisonniers, chaussés de sabots de bois, devaient gravir ces marches traîtresses en hissant sur leur dos de gros blocs de granit.

*

J'avais imaginé que les archives du camp de concentration de Mauthausen se trouvaient dans une pièce obscure, avec un long comptoir en bois foncé, luisant de cire. Je voyais des visiteurs, devant ce long comptoir, parlant à voix basse avec…avec qui ? L'archiviste qui m'avait répondu de façon précise et détaillée, en parfait anglais, avait signé d'un nom précédé d'une initiale. Était-ce un homme ou une femme ?

En 2002, quand je me rendis à Vienne, les archives du camp se trouvaient au numéro 5 de la Baunerstrasse, un immeuble de cinq étages en pierre grise, qui aurait bien pu abriter la pièce sombre et son comptoir en bois ciré que j'avais imaginés. La plaque de cuivre sur la façade indiquait Bundesministerium Für Inneres (ministère fédéral de l'Intérieur). Il n'y avait pas de porte d'entrée, mais un passage et une fenêtre sur la droite, à la hauteur des yeux. Un gros visage rond surgit à la fenêtre le regard baissé vers moi. J'ouvris la porte à côté de la fenêtre et entrai dans une petite pièce peinte en vert-menthe à l'eau. L'homme au gros visage rond me parla en allemand à toute allure. Je ne parle pas l'allemand. Je me risquai : « Sprechen Sie Englisch ? » Il secoua la tête. « Nein. » Il détourna les yeux. La conversation était, semble-t-il, terminée. Je risquai encore : « Mauthausen archive. » Puis j'ajoutai : « Bitte. » Il se détourna, faisant comme si je n'étais plus là. Je ne bougeai pas et attendis. Au bout d'un certain temps, il prit le téléphone et appela quelqu'un, quelque part.

---

[8] Hitler n'est pas né à Linz mais considérait cette ville comme sa ville natale, ayant passé une partie de son enfance dans sa banlieue ; c'est là qu'il était allé au lycée.

Le nom officiel est Archiv der KZ-Gedenkstätte Mauthausen (Archives du mémorial de Mauthausen). Il n'y avait pas de pièce sombre ni de comptoir en bois ciré. Par sa dimension et son contenu, la pièce au troisième étage où je me retrouvai ressemblait fort à une chambre de cité universitaire : deux bureaux, deux ordinateurs, un réfrigérateur, un ventilateur électrique, un radioréveil, un lecteur de CD, une plaque de cuisson, une bouteille de sauce Tabasco, une cafetière électrique. La corbeille à papier débordait de cartons à pizza.

Je ne réalisai pas tout de suite que le jeune homme assis en face de moi était l'une des personnes avec lesquelles j'avais correspondu. Une épaisse chevelure noire et d'épaisses lunettes noires encadraient son visage. Il avait de grands yeux noirs, la peau lisse d'un adolescent et juste quelques poils sur la lèvre supérieure. Quand il se présenta, j'eus de la peine à saisir son nom. C'est seulement lorsque mes yeux se posèrent sur le tas de papiers en face de moi que je réalisai que c'était lui qui avait répondu à mon récent courrier électronique.

Je ressentis immédiatement de l'amitié pour ce jeune homme. Il s'appelait Ralf. Sérieux, consciencieux, aimable, il parlait d'une voix douce. Pendant que nous nous parlions, la fumée de sa cigarette s'enroulait lentement autour de ses doigts. Je lui donnai vingt-huit ou vingt-neuf ans.

Mes espoirs ne furent pas déçus par les archives. Ralf et ses jeunes collègues ont constitué une base de données extraordinairement détaillée concernant les déportés de Mauthausen. Toute une collection de documents d'archives a été préservée également. L'un de ces documents est une liste de matricules sur deux pages intitulée « *Arbeitskommando Bahnbau II (Amstetten)* », ce qui signifie « Commando de travail - Construction ferroviaire (Amstetten) ». Ce sont les matricules de cinq cents détenues qui apprirent dans l'après-midi du 19 mars 1945 que, le lendemain matin de bonne heure on les ferait partir en train pour la ville voisine d'Amstetten. Le matricule de Mila (2 414) et ceux d'Hélène, Miarka, Violette, Mag, Micheline et Frédérique figurent sur cette liste.

*

20 mars 1945. C'était un mardi[9]. À quatre heures du matin, cinq-cents prisonnières furent appelées sur l'esplanade, pour se mettre en rangs de cinq, et constituer des groupes de cent[10]. Mila, Hélène, Mag, Micheline et

---

[9] Ma description des faits de cette journée se base sur trois sources : (1) collection privée d'Emmanuel (Mola) Racine, témoignage non publié de Denise Vernay (née Jacob), dite Miarka, 1970, p. 2 ; (2) Maurice, *N.N.* ; et (3) Rapport de mission, 20 mars 1945, Air Force Historical Research Agency (Agence de recherches historiques des forces aériennes), bobine de microfilm n° A6508.
[10] MAU, K/4a/1, K. L. Mauthausen Schutzhaftlager, « Arbeitskommando Bahnbau II (Amstetten) », daté du 20 mars 1945.

Frédérique étaient les cinq dernières d'un groupe de cent, séparées de Violette et de Miarka. Elles essayèrent désespérément de permuter : échanger deux femmes dans un groupe contre deux femmes dans un autre, ou encore une rangée de cinq contre une autre de cinq, mais aucune détenue n'accepta de permuter, craignant que cela leur porte malheur de tenter de changer la donne.

Les femmes firent le court voyage jusqu'à Amstetten dans la nuit et le froid, entassées, une centaine par wagon. À la descente du train on leur donna des pelles et des pioches. On les poussa alors comme des bêtes jusqu'à la gare de triage, où les voies avaient été fortement endommagées par les bombardements des raids des Alliés[11]. Les prisonniers mâles, surveillés par des gardes, étaient déjà au travail, ils déblayaient les décombres, comblaient les cratères des bombes et réparaient les rails endommagés de façon à rétablir le passage des trains[12]. Faibles et émaciées, les femmes prirent les lourds outils et se mirent au travail[13].

Le soleil s'éleva dans le ciel et l'air commença à se réchauffer. Quelques prisonniers eurent une lueur d'espoir. « Il faisait beau, nous étions le 20 mars 1945, nous attendions la débâcle des Allemands [...] », selon le témoignage que Miarka rédigea des années plus tard[14]. Ce sentiment est corroboré par un témoin oculaire :

> C'était vers les neuf heures. Nous avons alors entendu le cri : « Attention ! Attention ! » Un peu plus tard, nous avons remarqué que les rails tremblaient ; puis nous avons vu la locomotive et, derrière, 10 à 15 voitures. Le train avançait très lentement. Les voitures étaient pleines de civils ; il y avait des gens sur le toit et sur les marchepieds de chaque voiture. C'étaient de vieux wagons, avec les marches à l'extérieur. Notre garde a répété l'ordre : « Attention ! Attention ! Le train arrive. Reculez-vous des rails. » Nous nous étions à peine éloignés des rails que la locomotive nous a passés.
>
> Il y avait des jeunes hommes debout sur les marchepieds, s'accrochant désespérément aux poignées. Un des Polonais a demandé : « Où est-ce que le train va ? » L'étranger lui a répondu, en polonais impeccable : « Compatriotes ! Courage ! Dans trois ou quatre semaines, la guerre sera finie ! »[15]

---

[11] Selon Zellinger, *Amstetten, 1938–1945*, pp. 79–81, la ville d'Amstetten avait été récemment bombardée à deux reprises, le 25 février et le 16 mars.

[12] Il n'est pas clair si certains ou tous les hommes avaient été amenés de Mauthausen à Amstetten dans le même train que celui des femmes.

[13] Collection privée d'Emmanuel (Mola) Racine, témoignage non publié de Denise Vernay (née Jacob), dite Miarka, 1970, p. 2. Denise Vernay indique : « [...] c'était ridicule, voire amusant, ce défilé de mille femmes sans force ni couleur devant la dévastation du paysage. »

[14] Collection privée d'Emmanuel (Mola) Racine, témoignage non publié de Denise Vernay (née Jacob), dite Miarka, 1970, p. 2.

[15] Freihammer, *Heimat Amstetten VI*, p. 71. Le témoignage d'un ancien prisonnier de Mauthausen, du nom de Starowie, est inclus dans ce livre aux pages 67-75. L'extrait présenté ici, traduit de l'allemand, provient du témoignage de Starowie.

Les femmes travaillèrent toute la matinée. Miarka et Violette s'inquiétaient toujours de leur séparation d'avec Mila, Hélène, Mag Micheline et Frédérique. Vers midi, la sirène retentit. « Le signal d'alerte est accueilli par les femmes avec joie », écrivit Miarka plus tard[16]. De nombreux hommes se précipitèrent vers un petit bois à quelque distance, le seul endroit à l'écart des voies qui semblait offrir quelque abri. Les femmes les suivirent mais, selon Miarka, elles le firent « plus pour le plaisir du bois et des fleurs que par crainte[17] ». Le bois se trouvait près du sommet de la butte, l'atteindre avait dû demander un certain effort. Une fois leurs yeux habitués à l'obscurité, elles remarquèrent de petites pointes blanches et jaunes, les premières fleurs du printemps. Elles cueillirent des pissenlits et les mangèrent, espérant calmer les affres de leur faim. Quelque part, près de là, on chantait. Miarka se souvient : « Nous les avons entendues chanter, conduites par Mariane dont la voix était si belle, si claire[18]. »

*

Jusqu'à une date récente je n'avais guère prêté attention au fait que les lois de la relativité gouvernent notre concept du chez soi (*home*), comme elles gouvernent notre concept du temps. Quand je rentre d'un voyage à l'étranger, je me sens chez moi dès que l'avion se pose sur le sol américain, même si j'atterris à New York et qu'il me reste encore une demi-journée de voyage. Si je suis à New York pour mon travail ou pour mon plaisir, je n'ai pas le sentiment d'être chez moi. Je ne suis vraiment chez moi que lorsque l'Amtrak arrive en gare de Baltimore, alors que mon chez moi est à une demi-heure de Baltimore. Quand je suis à Baltimore pour une raison ou une autre, je ne considère pas que je suis chez moi. Vous voyez ce que je veux dire !

Pendant un certain temps, les hommes de la Quinzième Armée de l'Air américaine furent basés dans la région des Pouilles (située dans la botte de la péninsule italienne). Ils logeaient sous des tentes dressées sur des terrains d'aviation de fortune, dans des endroits dont les noms ont une résonance romantique aujourd'hui – Lucera, Celone, Spinazzola, Pantanella et Grottaglie. Leur vie était difficile, dangereuse, en rien romantique. Les hommes de la Quinzième eurent leur part de responsabilité lors des grèves qui éclatèrent dans de nombreuses raffineries de pétrole et dans des usines d'aviation qui fournissaient le Troisième Reich.

---

[16] Collection privée d'Emmanuel (Mola) Racine, témoignage non publié de Denise Vernay (née Jacob), dite Miarka, 1970, p. 2.

[17] Collection privée d'Emmanuel (Mola) Racine, témoignage non publié de Denise Vernay (née Jacob), dite Miarka, 1970, p. 2.

[18] Collection privée d'Emmanuel (Mola) Racine, témoignage non publié de Denise Vernay (née Jacob), dite Miarka, 1970, p. 3.

Les aviateurs de la Quinzième se levèrent très tôt le matin du 20 mars 1945, pour se préparer à leur mission de bombardement. Ils prirent ce qu'ils appelaient leur dernier repas, un copieux petit déjeuner. Ils furent nombreux à recevoir les derniers sacrements. Ils s'assemblèrent et reçurent les instructions sur les cibles à atteindre. Il y avait cinq escadres : la 55e, la 49e, la 47e et la 304e avec chacune quatre groupes de bombardement ; et la 5e qui en avait six. Chaque groupe de bombardement comportait quatre escadrilles ; chaque escadrille, dix avions. La plupart des avions étaient de gros bombardiers – des Forteresses volantes B-17 et des Liberators B-24. Chaque bombardier transportait un équipage de dix hommes. À huit heures du matin, le premier des 840 bombardiers amorça son décollage. Peu après 8 000 hommes s'envolèrent vers le nord.

Les principales cibles qui leur avaient été assignées se trouvaient en Hongrie et en Autriche. La 5e escadre viserait les raffineries de pétrole situées aux environs de Vienne : Kagran, au nord-est de la ville, Korneuburg, au nord-ouest, et Vosendorf, au sud. La 47e ciblerait l'usine Saint-Valentin, située entre Amstetten et Linz. La 304e se chargerait de la raffinerie de pétrole Kralupy, en Allemagne. La 49e devait se diriger vers la gare de triage de Gyor, en Hongrie, entre Bratislava et Budapest. Je n'ai pas réussi à déterminer la cible qui avait été assignée en priorité à la 55^{e19}.

À chaque escadre avaient été assignée des cibles de remplacement au cas où il leur serait impossible de frapper la cible principale à cause de la couverture nuageuse ou d'autres aléas. La gare de triage d'Amstetten figurait parmi les cibles de remplacement. La consultation du rapport de mission – 370 pages d'explications, graphiques, diagrammes, photographies et cartes préservé sur microfilm – ne m'a pas permis d'établir avec certitude comment les cibles de remplacement avaient été classées en termes de priorité.

À 13 heures les déportés qui travaillaient à la gare de triage d'Amstetten entendirent la sirène d'alerte aérienne retentir. Ils aperçurent dans le lointain des avions volant en formation, comme une ligne en petits caractères, difficile à déchiffrer.

Les groupes de bombardement 464 et 465 de la 55e arrivèrent les premiers à hauteur d'Amstetten, suivis quelques minutes plus tard par les 460 et 485. Le rapport de mission de la 55e fait état de conditions atmosphériques ayant empêché le bombardement de la cible principale. C'est pourquoi les bombes furent larguées sur Amstetten, la cible de remplacement. Les escadrilles de la 55e se succédèrent, comme des vagues venant se briser sur le

---

[19] Dans l'ordre d'opérations publié pour la mission du 19 mars (n° 138) à 18 h 00, la 55e escadre devait elle aussi se diriger vers la gare de triage de Gyor. Leur cible principale avait changé soit plus tard dans la soirée, soit tôt le lendemain matin. Quoi qu'il en soit, la nouvelle cible principale ne semble pas être identifiée par un nom ou un lieu dans le rapport de mission. Rapport de mission, 20 mars 1945, Air Force Historical Research Agency (Agence de recherches historiques des forces aériennes), bobine de microfilm n° A6508.

rivage. À 13 h 30, elles avaient terminé leurs bombardements et retournèrent à leur base.

Une partie de la 5ᵉ suivit de près la 55ᵉ. Quatre des six groupes de bombardement avaient trouvé que les conditions météorologiques rendaient les cibles principales peu visibles ; ils attaquèrent la gare d'Amstetten, désignée dans leur compte-rendu de mission comme première cible de remplacement[20]. Ils bombardèrent Amstetten pendant quarante-cinq minutes, de 13 h 35 jusqu'à 14 h 20.

À deux heures et demie de l'après-midi, 300 gros bombardiers avaient largué sur Amstetten leur charge utile de près de 700 tonnes[21]. La gare de triage, la gare de voyageurs et la zone industrielle voisine avaient subi des dommages considérables. Des quartiers de la ville, dont l'Église du Cœur de Jésus, avaient également été atteints. Une épaisse fumée noire flottait sur une grande partie de la ville. La plupart des habitants survécurent aux bombardements en se réfugiant dans l'énorme abri antiaérien aménagé sous le Nouveau Cimetière.

C'est alors que 12 des 16 escadrilles de la 47ᵉ, qui n'avaient pu bombarder leurs cibles principales à cause de la couverture nuageuse, s'approchèrent d'Amstetten. La gare de triage n'était pas visible à cause de la fumée. Deux extraits du rapport de mission font état des difficultés rencontrées par les aviateurs américains :

> Les quatre escadrilles du 450 [groupe de bombardement] attaquèrent AMSTETTEN M/Y [la gare de triage]. La cible était totalement recouverte de fumée suite aux raids précédents, et il n'y avait aucune visibilité. Ainsi la synchronisation entre tous les bombardiers fut considérablement perturbée[22].

> Toutes les escadrilles du 98 [groupe de bombardement] attaquèrent la gare de triage d'AMSTETTEN. Ce groupe fut également gêné par la fumée à la suite des raids précédents. Après avoir été détourné de la cible, par l'opérateur PFF, le Bombardier BEARD de la 343 (escadrille) prit le relai et décida de faire le travail, il dirigea son escadrille pour obtenir un résultat SUPÉRIEUR

---

[20] Les escadrons 97 et 99 de la 5ᵉ escadre avaient touché leur cible principale qui était la raffinerie de pétrole de Korneuburg. Les quatre autres – le 2ᵉ, le 301ᵉ, le 463ᵉ, et le 483ᵉ – bombardèrent Amstetten. Rapport de mission, 20 mars 1945, Air Force Historical Agency (Agence de recherches historiques des forces aériennes), bobine de microfilm n° A6508.

[21] Chaque avion transportait des bombes de 450 kilogrammes chacune. Il semble que la charge utile du B-17 consistait en quatre bombes et que celle du B-24 était de cinq bombes. Rapport de mission, 20 mars 1945, Air Force Historical Research Agency (Agence de recherches historiques des forces aériennes), bobine de microfilm n° A6508.

[22] L.A. Cooper, rapport confidentiel des quartiers-généraux du 47ᵉ escadre, daté du 25 mars 1945, à l'intention des commandants des 98ᵉ, 376ᵉ, 449ᵉ, et 450ᵉ groupes de bombardement de l'APO 520. Le sujet du rapport est indiqué comme suit : « Analyse tactique de la mission du 20 mars 1945 » (« Tactical Analysis of the Mission of 20 March 1945 »). La citation ci-dessus apparaît en page 2. Rapport de mission, 20 mars 1945, Agence de recherches historiques des forces aériennes (Air Force Historical Research Agency), bobine de microfilm n° A6508, microfiche 916.

sur la cible désignée. La deuxième escadrille, la 344, ne pouvant toucher la cible, vira à 360 degrés et s'y reprit une deuxième fois. Mais la fumée couvrait encore la cible et le bombardier de tête voulut revenir une fois encore, mais le second lâcha ses bombes et tous les autres avions de l'escadrille larguèrent leurs bombes dans la fumée. Le résultat, dans l'un et l'autre cas, fut un échec[23].

Pendant toute la durée des bombardements, Miarka et Violette ressentirent de la joie plus que de l'effroi. Voici le témoignage de Miarka :

> Les premières bombes n'entamèrent pas notre bonne humeur, elles venaient de nos amis, elles aidaient à la libération de tous. Nous essayons de calmer la terreur de quelques Ukrainiennes traumatisées par de récentes épreuves de bombardements et nous nous sommes couchées près d'elles sous les arbres encore gris, tout au long de la terre encore froide. Cinq vagues d'avions lâchèrent leurs chargements tout près sur la ville, sur la gare, sur la voie là même où nous étions quelques minutes avant. A la dernière vague les bombes éclatent plus près encore....
>
> A une heure tout était fini, nous nous retrouvons toutes les femmes et attendons les nouvelles. Deux heures, trois heures nous attendons toujours des nouvelles et la soupe qui aurait été enfouie sous les bombes. Depuis plus de douze heures nous sommes debout avec rien à manger...Des bruits circulent : il y aurait des victimes parmi les femmes, des blessées, des mortes : la dernière vague d'avions aurait lâché ses bombes sur la partie du bois où nous nous trouvions, le brillant des fusils de nos gardiens leur ayant fait croire, car ils volaient très bas, que des troupes avaient cherché abri dans le bois[24].

Violette Maurice décrit le bombardement, de façon plus saisissante que Miarka. Elle parle des avions qui larguent les bombes en piqué au-dessus de leurs têtes, du sifflement des bombes, de l'explosion des réservoirs sur les voies, de la vibration du sol sous leurs pieds. « A vrai dire nous n'avons presque pas peur […][25] » Elle conclut plus tard : « Le bombardement a duré quatre heures. La terre en est comme grillée ; la fumée nous étouffe[26]. »

En pleine attaque aérienne il n'est pas facile d'avoir la notion du temps. Selon Miarka les bombardements durèrent environ une heure. Pour Violette, ils se poursuivirent pendant quatre heures. En réalité, ils durèrent environ deux heures. Le rapport de mission indique que le premier avion atteignit la cible à 12 h 59 et le dernier à 15 h 07.

---

[23] L.A. Cooper, rapport confidentiel des quartiers-généraux de la 47e escadre, daté du 25 mars 1945, à l'intention des commandants des escadrons 98e, 376e, 449e, et 450e de l'APO 520. Le sujet du rapport est indiqué comme suit : « Analyse tactique de la mission du 20 mars 1945 » (« Tactical Analysis of the Mission of 20 March 1945 »). La citation ci-dessus apparaît en page 2. Rapport de mission, 20 mars 1945, Air Force Historical Research Agency (Agence de recherches historiques des forces aériennes), bobine de microfilm n° A6508, microfiche 916.
[24] Collection privée d'Emmanuel (Mola) Racine, témoignage non publié de Denise Vernay (née Jacob), dite Miarka, 1970, p. 3.
[25] Maurice, *N. N.*, p. 68.
[26] Maurice, *N. N.*, p. 69.

Le petit bois dans lequel les déportées s'étaient abritées se trouve au nord-est d'Amstetten, dans le hameau de Preinsbach. Sur la carte de la Quinzième armée qui leur indiquait les cibles, le bois apparaît à l'intérieur d'une sorte de mosaïque, comme une petite tache ronde, pas plus grande que l'empreinte d'un pouce.

Vers trois heures de l'après-midi, quelques bombes furent larguées sur le bois. La charge utile d'un seul avion ? Le bombardier appartenait-il au groupe de bombardement 98 de la 47e qui largua ses bombes entre 14 h 54 et 15 h 07 ? Mais il est aussi possible que les bombes aient été celles du 97 de la 5e. La plupart des groupes de bombardements de la 5e avaient terminé leur largage à 14 h 20, mais il semble que le 97 ait été isolé du reste de l'escadre. Il largua sa cargaison à 14 h 53.

On ne saura jamais avec certitude pourquoi le petit bois fut bombardé : largage prématuré ou mal ciblé à cause du manque de visibilité ou bombardement délibéré ? Miarka pense que l'éclair des fusils des gardiens attira l'attention et la riposte des attaquants. Une autre explication fut avancée plus tard : les déportées avaient mis sur la tête les marmites noires qui servaient pour la soupe, afin de se protéger pendant le bombardement, les marmites auraient été prises pour des casques de soldats. Un historien qui habite Amstetten pense que les pilotes avaient bien pu voir que les personnes qui s'étaient réfugiées dans le petit bois et à proximité du bois, portaient des uniformes rayés et qu'ils les ont bombardés en sachant parfaitement que c'était des prisonniers. À plus de 5 000 mètres d'altitude – l'altitude à laquelle les bombes furent larguées – il me semble peu probable que le scintillement de fusils, des marmites pour la soupe ou des uniformes rayés aient pu être distingués par les équipages des bombardiers. Si le bombardement fut délibéré l'explication en est simple : la gare de triage était totalement embrasée, cela bougeait du côté du bois, et, voulant en finir avec l'ennemi et en finir avec la guerre, on ciblait tout ce qui bougeait.

Trente-six déportées de Mauthausen furent tuées. Mila, Hélène, Mag, Micheline et Frédérique en faisaient partie[27]. La plus jeune des victimes avait dix-sept ans, la plus âgée, cinquante-trois ans. La base de données de Mauthausen donne le nombre de victimes par nationalité : 13 Françaises, 10 Belges, six Russes, deux Hongroises, deux Allemandes, une Hollandaise, une Polonaise, une Américaine (Frédérique).

Toutes les femmes qui furent tuées dans les bois de Preinsbach le 20 mars 1945 sont répertoriées dans les archives de Mauthausen comme « *vermisst* » (disparues). Beaucoup de corps étaient déchiquetés, membres et autres parties du corps pendus aux branches des arbres. Les habitants du voisinage

---

[27] MAU, lettre et document joint d'i.A. Mag Baumgartner à l'auteure, 18 juillet 2001. Le document joint est la liste des prisonnières tuées au cours du bombardement aérien d'Amstetten le 20 mars 1945. L'archiviste a préparé cette liste en réponse à ma demande écrite, en effectuant une recherche dans la base de données des Archives du mémorial de Mauthausen (Archiv der KZ-Gedenkstätte Mauthausen).

ramassèrent ce qui restait des corps et les chargèrent dans des charrettes. J'ai interrogé Fraü Augustine, une vieille femme de quatre-vingts ans. Elle se rappelait que les charrettes furent emmenées à la *Totenkammer*, la morgue, dans le Vieux Cimetière. Les corps ont-ils été enterrés là ? C'est peu probable. Les archives du cimetière, conservées dans le bureau du maire, ne font état d'aucun enterrement ni dans le Vieux Cimetière ni dans le Nouveau. Les corps ont-ils été enterrés dans une fosse commune anonyme ?

*

Treize jours après que Mila eut péri lors du bombardement des Alliés, le Père Jean Rosay mourut à Bergen-Belsen[28]. Son périple avait été long, terrible. Le 18 janvier 1945, lui et des milliers de déportés d'Auschwitz-Birkenau, furent contraints à la marche de la mort pendant deux jours. Puis ils furent chargés sur des wagons à charbon ouverts aux intempéries. Le train atteignit sa destination, le camp de concentration de Gross-Rosen, quatre jours plus tard. La plupart des prisonniers étaient morts de froid et de faim.

Le Père Rosay survécut par miracle pendant presque trois semaines aux conditions épouvantables de Gross-Rosen. Le 20 février, il fut évacué à Nordhausen et peu après à Bergen-Belsen. Chaque évacuation était le même calvaire renouvelé : marche forcée, marche de la mort, puis les wagons ouverts au froid glacial, sans eau et sans nourriture. Quelques jours après son arrivée à Bergen-Belsen, le prêtre sut que sa fin était proche. Il dit à un camarade médecin, le Docteur Sephar, qu'il n'avait pour seul et ultime désir : survivre jusqu'à Pâques. Puis il entra à l'infirmerie. Les personnes qui se sont penchées sur l'histoire du père Rosay croient qu'il a succombé le 2 avril 1945, au lendemain de Pâques.

---

[28] Les évènements concernant sa mort proviennent de Curé de Douvaine, *Résistance non violente*, pp. 19 et 27.

Postface : l'Ange de l'Histoire

Le petit bois où les déportées s'abritèrent dans le hameau de Preinsbach, est toujours là mais il m'est impossible de dire s'il est plus petit ou plus grand qu'en 1945. Il épouse la butte qui part de Preinsbacherstrasse au sud, et s'étend un peu au-delà d'Eichenhangstrasse au nord. J'en ignore la superficie. Pour l'Américaine que je suis, le petit bois a plus ou moins la superficie d'un terrain de football.

Eichenhangstrasse est moins une rue qu'un chemin de campagne, non pavé, avec des touffes d'herbe qui poussent au milieu. De là on aperçoit au nord, la grande prairie qui monte jusqu'au sommet de la butte, au sud le petit bois. Le soleil inonde le feuillage à l'orée du bois, ce qui rend difficile de percer l'obscurité du sous-bois et de scruter les ombres. Des arbres à feuilles caduques ou persistantes d'une hauteur impressionnante forment une voûte épaisse. J'ignore s'il existe des sentiers, je n'en ai pas vu. Des broussailles enchevêtrées vous retiennent. On n'entend que le bruit des feuilles sèches sous les pas. On arrive immanquablement au bord d'un profond cratère, comblé en partie par la poussière et des vieux branchages. On dirait que le sol n'a pas résisté.

De l'orée du bois près de la Schabfeldstrasse, on aperçoit par-dessus les toits de Preinsbach et par-delà les champs, verts ou ocres, cultivés ou en friche, la ligne de chemin de fer, la *Westbahn*, qui droite comme une flèche, s'inscrit d'est en ouest à perte de vue. La distance entre les bois de Preinsbach et la *Westbahn* ne dépasse pas 800 m.

Les trains passent fréquemment, car la Westbahn joue un rôle vital dans la région. Quand un train s'approche de Preinsbach venant de l'est, on l'entend siffler tant la ville d'Amstetten est proche. Ce ne sont pas les aigus perçants des trains allemands comme dans les films de la Seconde Guerre mondiale, mais des harmoniques dans les basses, d'un calme apaisant. Lors d'une de mes visites à Amstetten, j'ai logé dans un appartement de la Mozartstrasse, tout près de la gare. La nuit en me couchant, j'écoutai les trains passer. Il me semblait qu'ils se succédaient à intervalles réguliers et qu'ils traversaient rapidement la ville sans s'arrêter ni même ralentir. Ce devait être des trains de marchandises circulant entre les grandes villes – Vienne, Linz, Salzbourg. Chacun sifflait dans la nuit longuement, doucement, et chaque sifflement était comme une vague qui me recouvrait, m'engloutissait, m'emportait un moment, puis m'abandonnait.

*

Deux semaines avant la libération de Mauthausen par l'armée américaine le 5 mai 1945, une délégation du Comité international de la Croix-Rouge fit sortir du camp la plupart des déportées françaises, belges et néerlandaises. Elles partirent par un convoi de camions le 22 avril. La traversée de l'Autriche dura trois jours. Quand elles atteignirent la frontière suisse, des soldats allemands les empêchèrent de quitter le territoire. Elles restèrent du côté autrichien pendant toute la nuit, pendant que les responsables de la Croix-Rouge cherchaient à se procurer les autorisations nécessaires. Le lendemain matin, elles eurent l'autorisation de passer. Elles restèrent en Suisse quelques jours, pour subir désinfection et examens médicaux.

Les survivantes de Mauthausen foulèrent à nouveau le sol français le 2 mai. Denise Jacob (Miarka) et Violette Maurice estimaient de leur le devoir, malgré leur état de santé, d'aller trouver immédiatement la famille de chacune des amies qu'elles avaient perdues à Amstetten, afin de leur annoncer elles-mêmes la triste nouvelle et de leur restituer quelques effets personnels. Miarka se chargea de rencontrer les familles Mion, Thibouville et Racine. À Lyon, elle rechercha l'appartement de la famille d'Hélène. Madame Mion n'était pas chez elle, Miarka attendit son retour dans la cage d'escalier. Quand la mère apprit la mort de sa fille, elle essaya de se jeter par la fenêtre, Miarka dut appeler les voisins à l'aide pour l'en empêcher. Frédérique Thibouville était divorcée, elle avait deux enfants, un garçon et une fille. Miarka réussit à trouver les enfants et à leur parler. Enfin, elle rencontra Mola Racine. Hirsch avait succombé à son cancer peu de temps auparavant. Berthe fut submergée de chagrin d'apprendre la mort de Mila. Selon Sacha, sa mère voulut se suicider. Elle se jeta contre les murs et les enfants durent la retenir. Finalement pour accepter de continuer à vivre, elle décida de faire semblant que Mila était retournée en Russie. Elle refusa résolument de rencontrer Miarka ou de lui parler : cela l'aurait obligée à admettre la réalité. Berthe ne reparla plus jamais de Mila. Par loyauté envers Berthe, et pour éviter de la faire souffrir, les membres de la famille ne parlèrent plus de Mila non plus.

*

Aux alentours du 7 mars 1945, un prisonnier travaillant dans les bureaux de l'administration à Mauthausen avait pris une fiche vierge, l'avait placée verticalement dans le chariot de la machine à écrire, et avait tapé en abrégé ce que les nazis estimaient être quelques renseignements essentiels concernant la détenue n° 2414 : elle s'appelait Marie Anne Racine, prisonnière politique française (l'abréviation *Franz. Sch.* signifie *französischer*

Schutzhäftling), transférée de Ravensbrück (*KL Rav* indique *Konzentrationlager Ravensbrück*), née le 14 septembre 1923 à Boulogne-sur-Seine, étudiante, catholique (RKath signifie *römisch Katholisch*), célibataire (*ledig*).

Quelques semaines plus tard, on traça un V entouré d'un gros trait noir sur la fiche. Pour les Américains, V veut dire victoire, mais, pour les administrateurs du camp, V signifiait *Vermisst*, disparue. On inséra la fiche dans une machine à écrire dont le ruban d'encre fort usé imprima mal les lettres. Comme tous ceux qui se servaient de telles machines à écrire, le (ou la) dactylo de Mauthausen devait savoir que taper en bas à droite n'était pas évident. La fiche ne tient pas et la frappe des caractères la soulève du chariot. C'est ce qui est arrivé pour la dernière ligne de la fiche de Marie Anne Racine. On y lit « *Vermisst beim Fliegerangriff am 20.3.45 (Amstetten* », ce qui signifie « disparue dans une attaque aérienne le 20 mars 1945 (Amstetten* ». La parenthèse finale, qui devait clore le registre concernant la déportée matricule 2414, fut larguée dans la nuit, telle un minuscule croissant noir, invisible à l'œil nu.

La plupart des fiches des déportées de Mauthausen ont été détruites. Quelques unes ont été sauvegardées et sont préservées dans les archives de Mauthausen (*Archiv der KZ-Gedenkstätte Mauthausen*). On ignore quelle main les a retirées des décombres. La fiche qui porte le nom de Marie Anne Racine est reproduite à la page 177 du livre *Die vergessenen Frauen von Mauthausen* (*Les oubliées de Mauthausen*).

Marie Anne Racine fut une victime de la persécution nazie. Dans différents rapports que les nazis tenaient méticuleusement, apparaît son nom ou son matricule. Quant à Mila Racine ? C'est une toute autre histoire. Les nazis ne savaient rien d'elle. Ils ne savaient rien du bébé juif, prénommé Myriam, ni de la fillette de six ans qui arriva de Moscou à Paris, ni de la jeune fille de douze ans qui hérita de son père le rêve sioniste, ni de la jeune femme de vingt-deux ans qui jura fidélité à l'Armée juive, ni de la jeune femme de vingt-quatre ans qui échappa aux patrouilles allemandes à Nice. Dans tous les sens du mot, elle est celle qui est *vermisst*. Le « V » lui appartient.

*

En 1965, Yad Vashem conféra officiellement le titre de Juste parmi les Nations à Jean Deffaugt. Par la suite, beaucoup d'autres hommes et femmes dont les noms apparaissent dans ce livre ont de même été honorés : Eugène Balthazar (2006), Madeleine Barot (1988), Père Pierre-Marie Benoît (1966), Rolande Birgy (1983), Frère Raymond Boccard (1987), Père Philibert Bublens (2000), Père Pierre Chaillet (1981), Père Louis Favre (1986), Père Camille Folliet (1991), Père Pierre Frontin (2011), Père Simon

Gallay (1989), Père Marius Jolivet (1986), Joseph Lançon (1989), Thérèse Neury-Lançon (1989), Suzanne Loiseau-Chevalley (2007), François Périllat (1989), Père Gilbert Pernoud (1987), Mireille Philip (1976), Geneviève Priacel-Pittet (1993), Père Jean Rosay (1987), Monseigneur Jules-Géraud Saliège (1969), et Monseigneur Pierre-Marie Théas (1969).

C'est en 1963 que fut institué le programme visant à reconnaître et honorer comme Juste parmi les Nations toute personne non juive qui sauva des Juifs pendant la Shoah. Par conséquent, les sauveurs juifs en sont exclus. Ni Yad Vashem ni aucun organisme de mémoire n'a institué de programme comparable destiné aux sauveurs juifs.

Fiche de Marie-Anne Racine, Mauthausen prisonnière 2414.
© Archiv der KZ-Gedenkstätte Mauthausen E5/13.

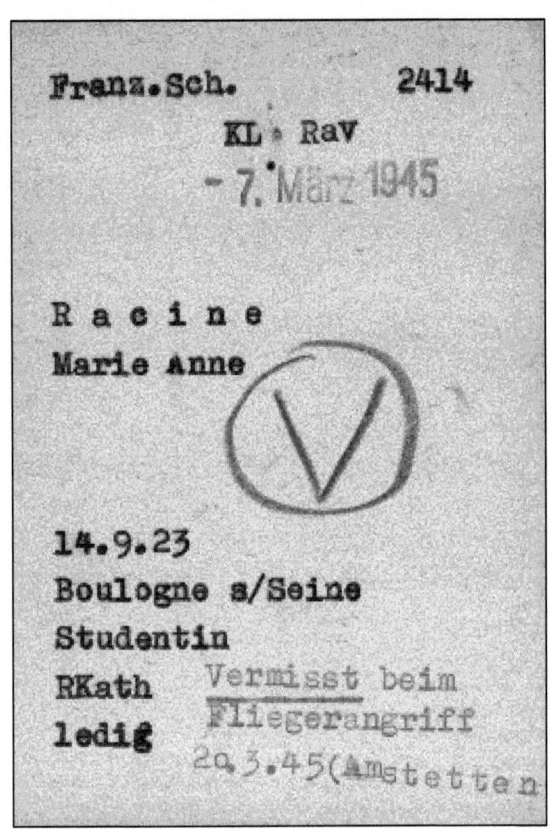

Annexes

Annexe 1 : Acceptation et expulsion à la frontière suisse

La tradition suisse d'accorder l'asile aux persécutés remonte à plusieurs siècles. En 1562, les Huguenots qui fuyaient la France après le massacre de la Saint-Barthélemy trouvèrent refuge en Suisse. Le nombre de demandeurs d'asile s'est accru en fonction des évènements religieux et politiques – la révocation de l'Édit de Nantes par Louis XIV en 1685, la Révolution française en 1789, les révolutions avortées dans les états allemands en 1848, la répression sous Bismarck dans les années 1870. Faire face aux vagues de réfugiés n'a jamais été facile pour ce petit pays. Cela a souvent déclenché des débats et des dissensions internes. À leur crédit, les Suisses ont affronté ces difficultés parce que, tout comme leur politique de neutralité et d'engagement humanitaire, leur tradition d'asile est partie prenante de leur caractère national.

Au cours de tous ces siècles la Confédération Helvétique s'est occupée des personnes dépossédées, chassées, dispersées, mais cela n'avait pas préparé les Suisses à gérer la crise humanitaire causée par la politique nazie de discrimination raciale. Qu'ils aient bien ou mal géré la crise, reste sujet à controverse, tant à l'intérieur qu'à l'extérieur du pays. Même avant la fin de la guerre, alors que se profilait l'ampleur de cette tragédie humaine, l'on se posa des questions sur ce qui avait été fait ou n'avait pas été fait, sur ce qui aurait pu ou aurait dû être fait.

Des centaines de milliers de pages ont été écrites par des personnalités suisses – fonctionnaires ou ex-fonctionnaires du gouvernement, hommes politiques, historiens, experts en droit et autres – pour examiner les lois, concernant les réfugiés demandeurs d'asile en temps de guerre, promulguées par les autorités fédérales et leur interprétation et mise en application par les autorités cantonales. En 1954, le Conseil Fédéral chargea Carl Ludwig, professeur de droit et ancien responsable de la police du canton de Bâle, d'enquêter et de rédiger un rapport sur la politique du gouvernement suisse à l'égard des réfugiés qui fuyaient le Nazisme. Terminé en 1955 mais seulement présenté au Parlement en 1957, le rapport Ludwig – *La politique pratiquée par la Suisse à l'égard des réfugiés au cours des années 1933 à 1955* – fait toujours autorité. En 1996, le Conseil Fédéral mandata une

Commission indépendante d'Experts (ICE), mise en place par le Parlement, pour examiner la question de la Suisse et des réfugiés, annexe à son enquête sur les biens – or, devises, valeurs, objets d'art et autres trésors culturels – entrés en Suisse avant, pendant et immédiatement après la guerre. La Commission était présidée par Jean-François Bergier, historien, professeur d'histoire économique au ETH (Eidgenössische Technische Hochschule, Institut de Technologie) à Zurich. Sur les vingt volumes produits par l'ICE, le volume 17, *La Suisse et les réfugiés à l'époque du national-socialisme*, publié en 1999, est appelé le *Rapport Bergier*. Outre ces rapports détaillés, à l'instigation du gouvernement, de nombreux livres, articles, et études ont été publiés.

Il existe énormément d'analyses, de narrations, cependant des données statistiques, complètes et fiables, font généralement défaut. Les deux tableaux statistiques du *Rapport Bergier* ne remplissent même pas une de ses 343 pages. Sur le premier, figurent les données concernant le nombre de réfugiés civils à qui l'asile fut accordé, mois par mois, de septembre 1939 à mai 1945 ; sur le second figurent les données dans leur ensemble (sans répartition par période) concernant la nationalité et la religion des réfugiés civils à qui l'asile fut accordé pendant la guerre. Plus important encore à souligner, c'est l'absence de données concernant le nombre de demandeurs d'asile qui ne furent pas acceptés avant et pendant la guerre. Les données sur la pratique du refoulement sont fragmentaires. Nombreux sont ceux qui furent refoulés à la frontière, sans être enregistrés, donc sans trace écrite après une ou plusieurs tentatives de pénétrer en Suisse.

En dépit de sa tradition d'asile, il n'y avait aucune loi spécifique régissant cette pratique avant la loi fédérale sur la résidence et l'installation des étrangers (ANAG) promulguée en 1931[1]. ANAG distinguait trois types de permis de résidence : 1° un permis de séjour permanent, basé sur des accords de résidence bilatéraux avec le pays d'origine, délivré à ceux qui avaient des papiers d'identité en bonne et due forme ; 2° un permis temporaire, pour des séjours d'un an ou deux, délivré également à ceux qui avaient des papiers d'identité valides ; et 3° un permis « de tolérance » autorisant un séjour de trois à six mois et stipulant le paiement d'une caution. Ce permis de tolérance était le seul type de permis à la disposition de ceux qui n'avaient pas de papiers valides. La Division de Police du ANAG (Département fédéral de justice et police) supervisait la politique nationale à l'égard des réfugiés, et émettait décrets et directives pour les vingt-deux cantons, qui chargeaient les forces de police de contrôler les frontières et de délivrer les permis aux étrangers[2].

À part ces dispositions, le Conseil Fédéral lui-même pouvait accorder l'asile aux victimes de persécutions politiques. Selon les termes utilisés par

---

[1] ANAG : Bundesgesetz über Aufenthalt und Niederlassung der Ausländer.
[2] EJPD : Eidgenössisches Justiz- und Polizeidepartment.

le rapport de la Commission indépendante d'Experts (ICE), les fonctionnaires fédéraux « usaient de la plus grande prudence » : entre 1933 et 1945, seules 644 personnes furent reconnues comme réfugiées politiques[3]. La loi fédérale de 1931 répondait à l'inquiétude qui grandissait en Suisse sur Überfremdung – à savoir l'influence étrangère, l'infiltration étrangère, la surpopulation et la domination étrangères ; ce terme est un substitut poli pour *Verjudung* : influence excessive juive, judaïsation.

L'inquiétude concernant *Überfremdung* et le *Verjudung* s'accrut pendant les années 1930 car le pays dut faire face au problème des Juifs allemands qui fuyaient le Nazisme. Un mois après l'incendie du Reichstag, le Département fédéral de justice et police (ANAG) émit une directive stipulant que la Suisse ne considérait pas que les Juifs qui tentaient de fuir les persécutions raciales étaient des réfugiés politiques et que seule leur serait accordée la résidence temporaire en attendant d'émigrer dans d'autres pays[4]. De ce fait, ils étaient interdits d'exercer un emploi ou une activité rémunérée. En dépit de ces restrictions, jusqu'en 1938 la situation fut, semble-t-il, plus ou moins gérable. La communauté juive de Suisse assuma de subvenir aux besoins des nouveaux arrivants et facilita leurs démarches pour émigrer[5]. La plupart des Juifs allemands purent quitter la Suisse après un bref séjour[6].

Il y eut un premier tournant en 1938, quand, immédiatement après l'Anschluss, les Juifs autrichiens tentèrent de fuir les persécutions nazies. Restreindre à des séjours temporaires le flot d'indésirables ne suffisait apparemment plus et des mesures furent prises pour empêcher les réfugiés de pénétrer dans le pays. Les auteurs du *Rapport Bergier*, déclarent à propos de 1938 : « La volonté d'empêcher par tous les moyens l'immigration juive motive les décideurs helvétiques[7]. »

Deux semaines après l'*Anschluss*, le gouvernement suisse exigea que tout détenteur d'un passeport autrichien qui tentait de pénétrer dans le pays ait obligatoirement un visa du consulat. Les fonctionnaires reçurent l'ordre de ne pas fournir de visas à moins d'avoir l'assurance que la personne avait l'intention de retourner en Autriche, ou de poursuivre son voyage pour un

---

[3] ICE, *Rapport Bergier*, Section 1.4, 23.
[4] Hitler devint chancelier le 30 janvier 1933 ; le Reichstag fut incendié le 27 février ; le décret de l'incendie du Reichstag, qui supprimait l'habeas corpus et les libertés civiles, date du 28 février ; et Hitler reçut les pleins pouvoirs du Reichstag le 23 mars. La directive EJPD fut émise le 31 mars.
[5] Deux organisations – SIG (Schweizerischer Israelitischer Gemeindebund ; Fédération suisse des communautés israélites) et VSJF (Verband Schweizerischer Jüdischer Fürsorgen ; Union suisse des comités d'entraide juive) – travaillèrent ensemble pour lever des fonds en Suisse et à l'étranger. Il y eut d'importantes contributions du Joint (The American Joint Distribution Committee). Voir Picard, Jacques, *On the Ambivalence of Being Neutral* et le chapitre 5 du *Rapport Bergier*.
[6] On ne sait pas combien de Juifs cherchèrent refuge avant 1938, combien ne furent pas admis, ou expulsés par la suite. La majorité de ces réfugiés reçurent des permis provisoires.
[7] ICE, *Rapport Bergier*, Section 3.1, 84.

autre pays. En outre ils avaient l'ordre de ne pas donner de visas aux Juifs qui fuyaient le Nazisme[8].

Cette obligation d'avoir un visa s'avéra inefficace et fut de courte durée. Pendant l'été de 1938, le Reich commença à remplacer les passeports autrichiens par des passeports allemands, ce qui rendit inutile l'obligation de visa. Depuis la ratification d'un accord bilatéral en 1926, les détenteurs de passeports allemands et suisses n'avaient pas besoin de visas pour circuler entre les deux pays. Les autorités suisses n'étaient pas disposées à revenir unilatéralement sur l'accord et à réintroduire l'obligation de visa parce qu'elles ne voulaient pas s'attirer les foudres de leur voisin ou freiner le commerce. Johannes Baumann, le Président de la Confédération, et Heinrich Rothmund, le Directeur du ANAG, essayèrent par l'intermédiaire de la légation suisse à Berlin, de pousser les dignitaires nazis à les aider à trouver une alternative pour empêcher les réfugiés juifs détenteurs d'un passeport allemand de pénétrer en Suisse. Les discussions traînèrent en longueur tout l'été 1938, mais rien ne fut résolu. Finalement, le 19 août, le Conseil fédéral imposa une résolution. Il réintroduisit une obligation de visa qui prendrait effet après une période d'attente de trente jours et qui était sujet à révocation si une alternative était trouvée. Elle fut trouvée sans tarder. Le protocole germano-suisse du 29 septembre 1938, stipula que les passeports délivrés aux Juifs par le Reich soient estampillés ostensiblement de la lettre rouge « J »[9]. Tout détenteur de passeport portant ce signe discriminatoire devait avoir un visa pour entrer en Suisse[10]. Le Rapport Bergier résume la situation inextricable : « Autrement dit, ceux qui désirent fuir en Suisse doivent demander un visa et donc révéler leur qualité de réfugiés ; or, ils perdent ainsi toute chance d'obtenir un visa d'entrée[11]. »

Quand la guerre éclata, le Conseil Fédéral prit des mesures supplémentaires pour limiter l'immigration clandestine. Le 5 septembre 1939, il généralisa l'obligation de visa pour toute personne cherchant à entrer en Suisse. Le 17 octobre, il émit un décret stipulant que tous les étrangers entrés

---

[8] Le *Rapport Bergier* est clair : « Lorsque le Conseil fédéral rétablit, au printemps 1938, l'obligation du visa pour les porteurs de passeports autrichiens, cette mesure concerne surtout les réfugiés juifs. » Le rapport indique que le Consulat général suisse à Vienne exigea de prouver qu'on avait des ancêtres aryens pour émettre le visa. ICE, *Rapport Bergier*, Section 4.1.2, 106.

[9] « Si les documents ne permettent pas de se prononcer avec une certitude absolue sur la question de savoir qui, des Allemands ou des Suisses, a proposé un tampon « J » pour les Juifs dans les passeports allemands, ils établissent clairement que l'initiative et la dynamique qui ont fini par aboutir à ce signe discriminatoire sont du côté suisse. C'est la Suisse qui était à la recherche d'un moyen lui permettant d'identifier et de contrôler une population spécifique: les Juifs allemands et autrichiens que les nazis persécutaient et poussaient alors à l'émigration hors du Reich. » ICE, *Rapport Bergier*, Section 3.1, 82.

[10] Le Protocole prévoyait une mesure de réciprocité. Les autorités allemandes auraient le droit d'exiger que les Juifs suisses qui voulaient pénétrer dans le Reich soient en possession de papiers analogues à ceux exigés des Juifs allemands désireux d'entrer dans la Confédération.

[11] ICE, *Rapport Bergier*, Section 4.1.2, 108. Selon le rapport : avoir un visa ne garantissait pas que l'on puisse franchir la frontière.

illégalement dans le pays sauf les déserteurs et réfugiés politiques soient renvoyés dans le pays d'où ils venaient. Le décret ne mit pas fin à l'immigration clandestine, mais il fournit le cadre légal pour interner les clandestins et exiger qu'ils paient pour couvrir les frais de leur entretien[12].

Entre août 1938 et août 1942, les directives régissant l'immigration furent plus ou moins bien respectées. Les autorités cantonales, et non les autorités fédérales, furent chargées de la surveillance des frontières, ce furent elles qui décidèrent du sort des réfugiés. Certains cantons s'employèrent à appliquer les directives fédérales à la lettre, mais pas d'autres. Dans certains cas, les fonctionnaires de police du canton aidèrent activement les personnes persécutées qui cherchaient refuge[13]. C'est pourquoi, il était impossible de prédire si un Juif arrêté à la frontière serait autorisé ou pas à entrer en Suisse. Si l'on s'était vu refuser l'admission, on pouvait être renvoyé sans attirer l'attention et laissé à soi-même, ou bien on pouvait être arrêté et renvoyé à ceux-là mêmes qu'on avait fuis. De même, il était impossible de savoir si un Juif qui avait réussi à pénétrer à l'intérieur du pays, donc au-delà de la frontière, serait expulsé ou autorisé à rester.

Le second tournant date d'août 1942. Les déportations massives de réfugiés juifs de France avaient commencé cet été-là. Désespérés, et sans autre alternative, les Juifs cherchèrent refuge en Suisse. Avec le consentement du Conseil Fédéral, Heinrich Rothmund, le directeur de la Division de police de l'ANAG, ordonna que la fermeture des frontières aux réfugiés civils entre en vigueur à partir du 13 août. La fermeture des frontières visait spécifiquement à empêcher les réfugiés juifs d'entrer. L'asile ne serait accordé qu'aux réfugiés politiques et au personnel militaire[14]. La directive était claire : « Ceux qui n'ont pris la fuite qu'en raison de leur race, les Juifs par exemple, ne doivent pas être considérés comme des réfugiés politiques[15]. » Elle stipulait également que quand un clandestin etait appréhendé pour la première fois, il fallait le refouler mais ne pas le remettre aux autorités militaires ou civiles

---

[12] Jusqu'à la fin de la guerre, la plupart des clandestins furent internés dans des structures gérées par des civils. Les membres d'une même famille étaient séparés. Les hommes valides étaient envoyés en camp de travail ; les femmes et les personnes âgées étaient hébergées et travaillaient dans des structures communales, les « foyers ». Les enfants étaient soit placés dans des familles d'accueil ou des foyers d'enfants.

[13] Citons Paul Grüninger, responsable de la police à Saint Gall, canton à la frontière entre l'Autriche et l'Allemagne. En août 1938, Grüninger décida de désobéir aux directives fédérales et d'aider les Juifs allemands et autrichiens qui cherchaient refuge. Il recourut à diverses tactiques, y compris la falsification de documents. Il fut suspendu de son emploi en 1939, puis renvoyé, reconnu coupable de délits et condamné à payer une amende. Peu avant sa mort en 1972, il fut reconnu par Yad Vashem comme Juste parmi les Nations. Ce n'est qu'à la fin des années 1990 cependant, qu'il fut, après d'énormes efforts en sa faveur, réhabilité par les autorités cantonales.

[14] Déserteurs et prisonniers de guerre évadés.

[15] ICE, *Rapport Bergier*, Section 3.2, 90-91.

qui patrouillaient de l'autre côté de la frontière. Toutefois les récidivistes seraient remis à ces autorités.

Il faut noter, malgré quelques similarités, une différence essentielle par rapport à 1938. Dès août 1942, de nombreux citoyens suisses furent pleinement conscients que les autorités allemandes et françaises déportaient de France des dizaines de milliers de Juifs. Ils avaient lu dans les journaux suisses que des rafles avaient eu lieu en juillet, à Paris, et en août, en zone libre. Ils étaient choqués non seulement par le nombre de déportés, les enfants compris, mais aussi par la brutalité avec laquelle les rafles et les déportations étaient menées. De nombreux responsables politiques, travailleurs humanitaires et membres du clergé avaient lu ou entendu parler des massacres et de l'extermination systématique des Juifs « déportés à l'Est[16] ». S'il était trop tôt pour en confirmer l'exactitude il était trop tard pour les rejeter comme des rumeurs.

La décision de fermer les frontières suscita d'énormes protestations. Moins de deux semaines après sa promulgation, la directive fut modifiée pour autoriser l'entrée en cas de détresse. Ces cas comprenaient en gros les enfants non accompagnés de moins de 16 ans ; les parents accompagnés de leurs propres enfants de moins de 6 ans ; les malades ; femmes enceintes ; les personnes âgées de plus de 65 ans ; ceux qui avaient de la famille proche, résidant en Suisse ; et ceux qui avaient d'autres liens privilégiés avec le pays[17].

Dans un discours prononcé à la fin août, Eduard Von Steiger, membre du Conseil Fédéral et responsable du ANAG, défendit avec vigueur sa politique d'exclusion :

> Lorsque l'on a le commandement d'une petite embarcation de sauvetage déjà surchargée à l'excès, avec un nombre de places et de provisions limitées, alors que des milliers de victimes du naufrage du navire hurlent pour qu'on leur vienne à l'aide, on a l'air cruel si l'on n'embarque pas tout le monde. Et pourtant il est profondément humain de mettre en garde contre de faux espoirs et d'essayer au moins de sauver ceux qui sont déjà à bord[18].

La métaphore de la barque pleine était claire, convaincante, elle donna un cadre au débat. Profondément divisés, les membres du Conseil National, en débattirent les 22 et 23 septembre. Le Docteur Albert Oeri, membre du Parti Libéral et éditeur en chef du Die Basler-Nachrichten, trouva la métaphore de Von Steiger légitime mais inexacte :

> Nous aimerions la poursuivre et ajouter : notre barque n'est pas encore surchargée, elle n'est même pas encore pleine et, tant qu'il reste de la place à bord, nous embarquerons tous ceux pour lesquels il y a de la place ; sinon

---

[16] Laqueur, *The First News of the Holocaust* ; Häsler, *The Lifeboat is Full* ; et ICE, *Rapport Bergier*.

[17] ICE, *Bergier Report*, Section 4.3.1, 137 ; et Fivaz-Silbermann, *Le Refoulement de Réfugiés civils juifs*, 5–6.

[18] Häsler, *The Lifeboat is Full*, 116. Citation de Ludwig, *La politique pratiquée par la Suisse*, 393–394.

nous commettons un péché. Le moment terrible peut arriver quand nous serons menacés de sombrer sous la charge... Mais pour continuer avec cette image : ce moment n'est pas encore arrivé pour nous et, si Dieu le veut, il n'arrivera pas. Par conséquent nous ne souhaitons pas nous comporter comme s'il était déjà arrivé. Que jamais nous ne soyons confrontés au choix de contrevenir au devoir de nous préserver et à l'obligation d'aider nos semblables[19] !

Les principaux partis qui détenaient des sièges au Conseil National votèrent en faveur du Conseil Fédéral, et la directive demeura en vigueur. Cependant, le débat faisait rage dans l'opinion et dans la presse[20].

En octobre 1942, les autorités fédérales prirent d'autres mesures encore pour sécuriser les frontières. On fit appel à l'armée pour renforcer les agents des douanes et les corps de garde-frontière qui patrouillaient dans les cantons de Genève et du Valais (Wallis)[21]. Dans les endroits avérés être de fréquents points de passage, on ajouta et on renforça les rangées de barbelés. Le 29 décembre 1942, d'autres instructions concernant le refoulement furent données aux patrouilles frontalières. La clause de détresse qui avait permis aux familles avec des enfants de moins de 16 ans de pénétrer dans le pays, fut restreinte considérablement. Dès lors, seules les familles qui avaient des enfants de moins de six ans seraient admises[22].

Les règles émises entre août et décembre 1942 concernant l'acceptation ou le refoulement des réfugiés devaient rester en vigueur sans changement notable jusqu'en juillet 1944[23].

---

[19] Häsler, *The Lifeboat is Full*, 165. Dans le même discours, Dr. Oeri proposa sa propre métaphore (page 164) : « Assurément je n'ai aucun désir de tourner en ridicule les dangers que Monsieur le Conseiller Fédéral Von Steiger nous a décrits avec force statistiques, mais tout ce qu'il nous a présenté relève de la contingence, ce n'est pas une certitude. Je pose donc la question: Est-ce que nous devons être inhumains au moment présent, dans l'éventualité d'un futur danger – devons-nous, pour ainsi dire, 'faire des stocks d'inhumanité' ? »

[20] Dans un article publié le 24 septembre dans *Die Tat*, Felix Moeschlin, qui était également membre du Conseil National, contesta la légitimité de la métaphore : « La comparaison de la Suisse avec une embarcation de sauvetage [...] est aujourd'hui interprétée avec plus d'ampleur. Cette comparaison ne me réjouit pas, car elle est fausse. La structure de la Suisse ne ressemble absolument pas à la structure d'une embarcation de sauvetage. S'il faut tirer une comparaison du monde marin que la nature nous a refusé, alors que ce soit avec un paquebot parfaitement organisé, parfaitement équipé, sans défauts. Nous n'avons pas à révéler son tonnage, mais de toute façon ce n'est pas une coquille de noix mais plutôt comme je l'ai dit, un paquebot de première classe qui est bien loin de sombrer même s'il embarque quelques naufragés supplémentaires, en plus de sa liste de passagers réguliers. » Häsler, *The Lifeboat is Full*, 179.

[21] Le canton de Genève est frontalier avec la France, le canton du Valais (Wallis), avec l'Italie.

[22] Fivaz-Silbermann, *Le Refoulement de Réfugiés civils juifs*, 6 ; et ICE, *Bergier Report*, Section 4.2.2, 124-125. En référence à la directive de la Division de Police du 29 décembre 1942, le *Rapport Bergier* cite la version allemande du rapport Ludwig, 231.

[23] En juillet 1943, la limite d'âge pour les fillettes non accompagnées passa de seize à dix-huit ans.

Annexe 2 : Résumé des données statistiques et profils des convois

Tableau numéro 1

Convois MJS passés illégalement en Suisse entre le 17 août et le 21 octobre 1943

Date de passage	Date d'arrestation	Numéro-référence	Poste-frontière	Lieu d'arrestation	Heure d'arrestation	Lieu de passage	Nombre Total	Nombre E/N*
08/17/43	08/17/43	1	Veyrier I	le transformateur du Marais	12:05	près de l'ancien transformateur du marais	11	11
08/28/43	08/28/43	2a	Chevran	Passerelle de la Cuillère	23:30	Passerelle de la Cuillère	10	10
08/28/43	08/29/43	2b	Chevran	Village de Chevran	6:15	sous Couty	5	5
08/28/43	08/29/43	2c	None	sur la route de Vésenaz	9:00	région d'Anières	4	4
09/06/43	09/06/43	3	Mon Idee	derrière la douane à Ambilly II	21:00	derrière la douane à Ambilly II	13	13
09/08/43	09/08/43	4	Mon Idee	en amont du Moulin	22:40	en amont du Moulin	13	13
09/12/43	09/12/43	5	Veyrier I	Marais de Veyrier	Midi	près des Marais de Veyrier	15	15
09/14/43	09/14/43	6	Cornieres	b. 108	21:45/23:10	b. 108	29	29
09/21/43	09/21/43	7	Cornieres	Chemin des Vignes	22:00	« à travers les barbelés »	20	20
09/23/43	09/23/43	8	Sezenove	Plaine du Loup	21:00	entre les bornes 50 et 51	7	7
09/23/43	09/23/43	9	Cornieres	« au barrage »	22:45	« au barrage »	19	19
09/24/43	09/24/43	10	Sezenove	b. 50	21:00	b. 50 par-dessous les barbelés	7	7
09/24/43	09/24/43	11	Cornieres	« Au barrage »	20:00	« à travers les barbelés »	19	19
09/28/43	09/28/43	12	Sezenove	b. 51	21:15	b. 51	3	3
09/29/43	09/29/43	13	Hermance	Lully	21:00	à travers les barbelés B. 50/51	4	4
10/04/43	10/04/43	14	Cornieres	Les Glands	18:00	Les Glands	13	3
10/07/43	10/07/43	15	Cornieres	Les Huteaux	17:40	« au travers des barbelés »	7	7
10/11/43	10/11/43	16	Certoux	Plaine du Loup	22:00	sous les barbelés entre bornes 52/51	8	8
10/12/43	10/12/43	17	Certoux	Plaine du Loup	21:25	entre les bornes 52/51	8	8
10/13/43	10/13/43	18	Cornieres	Vignes de Bran	17:00	Vignes de Bran	8	8
10/14/43	10/14/43	19	Cornieres	Chemin des Vignes	19:15	« à travers les barbelés »	9	9
10/14/43	10/14/43	20	Certoux	Plaine du Loup	22:30	sous les barbelés entre les bornes 52/51	8	4
10/18/43	10/18/43	21	Certoux	Plaine du Loup	21:00	sous les barbelés entre B. 51/52	9	7
10/20/43	10/20/43	22	Cornieres	Les Huteaux	20:00	Les Huteaux	9	6
10/20/43	10/20/43	23	Certoux	Plaine du Loup	22:30	sous les barbelés entre les bornes 52/51	8	0
10/21/43	10/21/43	24	Cornieres	Les Huteaux	19:15	« à travers les barbelés »	8	0
		24 convois		Total			274	239

*Enfants non accompagnés

Note: En plus de ces convois, le MJS fit passer des convois de familles en Suisse pendant la dernière semaine d'août et la première semaine de septembre.

Source : Archives de l'État de Genève ; recherche et analyse de Nancy Lefenfeld.

Tableau numéro 2
Convois OSE passés illégalement en Suisse entre le 17 août et le 21 octobre 1943

Date de passage	Date d'arrestation	Lettre-référence	Poste-frontière	Lieu d'arrestation	Heure d'arrestation	Lieu de passage	Nombre Total	E/N*
08/21/43	08/21/43	A	Hermance	Les Chenaillettes	23:15	Les Chenaillettes	25	18
08/31/43	08/31/43	B	Hermance	Croix de Bailly	23:00	Les Coutils	13	13
09/08/43	09/08/43	C	Hermance	Croix de Bailly	23:00	Les Coutils	22	15
09/10/43	09/10/43	D	Jussy	Les Étôles	14:45	Les Étôles	28	27
09/13/43	09/13/43	E	Jussy	b. 157	13:30	b. 157	11	11
09/15/43	09/15/43	F	Jussy	route des Étôles	16:00	b. 156	3	3
09/17/43	09/17/43	G	Gy	b. 185 et b. 172	16:00	b. 157	13	10
09/22/43	09/22/43	H	Gy	b. 187	16:50	b. 157	15	13
09/29/43	09/29/43	I	Hermance	Les Coutils	18:30	Les Coutils	15	10
10/01/43	10/01/43	J	Hermance	Croix de Bailly	22:15	Les Glands	18	14
10/18/43	10/18/43	K	La Renfile	b. 121	19:15	b. 121	3	3
		11 convois		Total			166	137

*Enfants non accompagnés

Note 1: En plus de ces convois, l'OSE fit passer des convois de familles en Suisse pendant la dernière semaine d'août et la première semaine de septembre.

Note 2: Le dernier convoi OSE cité ici comprenait deux adultes, enseignants de l'OSE, qui furent refoulés en France. Ils ne sont pas inclus dans le total.

Source: Archives de l'État de Genève ; recherche et analyse de Nancy Lefenfeld.

Notes concernant les extraits des Déclarations :

Comme indiqué dans le chapitre 5, la Déclaration était préparée par un militaire de l'Arrondissement territorial Genève, puis elle était lue et signée par l'enfant qu'elle concernait. De nombreuses Déclarations contiennent des erreurs de français ; il y a aussi parfois certaines incohérences ou un manque de clarté dans l'information fournie. J'ai reproduit les extraits tels qu'ils se trouvent dans les documents originaux.

Il faut aussi garder en mémoire le fait que certaines des informations présentées dans les Déclarations sont correctes ou largement correctes, alors que d'autres informations sont inexactes.

*

Profil du convoi du 17 août 1943

Convoi MJS numéro 1

Résumé des renseignements :

Poste-frontière : Veyrier I

Lieu où l'arrestation fut effectuée : « le transformateur du Marais »

Heure de l'arrestation : 12 h 05

Lieu et heure de passage : « près de l'ancien transformateur du marais »

Nombre de personnes : 11

Composition du convoi : 11 enfants non accompagnés

Correspondance avec la liste de l'OSE : 10 des 11 noms apparaissent sur la liste de l'OSE sous l'annotation « par Simon », le 11e nom est celui d'une sœur de l'un des enfants « par Simon »

Liste des enfants du convoi et extraits de leurs Déclarations :

4241 Lydie Weissberg, 15, fille, Paris, « par Simon » :

« J'ai quitté Paris en 1939 et je me suis rendue en Auvergne. J'ai commencé mes études à Paris et je les ai continuées dans les stations où je me suis rendue depuis. Je suis restée 3 ans en Auvergne et je me suis ensuite rendue à St. Gervais, en passant par Grenoble, où je suis restée jusqu'à ces derniers temps. Mon père étant déporté et ma mère à St. Gervais, elle m'a envoyée en Suisse de crainte que je subisse le même sort que mon père. »

4242 Jacques Jakubowitz, 9, garçon, Valenciennes, « par Simon » :

« Je suis né à Valencienne et y ai vécu jusqu'à la guerre. A ce moment je suis allé à Paris où je suis resté un mois après quoi je suis allé de ville en ville pour venir enfin à St. Gervais. J'y vivais depuis 3 mois environ lorsque on nous a annoncé que les Allemands allait venir dans la région. Nous sommes donc partis 11 petits enfants, conduita par une demoiselle. Nous voulions venire en Suisse. Nous avons pis le train jusqu'à Reignier puis nous avons continué en voiture et à pied pour franchir la frontière le 17.8.43 dans la région De VEYRIER vers 12.30 h. »

4243 Boris Szterenbarg, 14, garçon, Rowno (Pologne), « par Simon » :

« J'ai quitté, avec mes parents, Rowno pour nous rendre en France. Nous avons abord été à Grenoble et ensuite à paris où j'ai fait toutes mes etudes ainsi qu'à Lourdes (H-Pyrénées). J'ai quitté Paris en 1940 et j'ai été à Lourdes où je suis resté 3 ans. Je me suis ensuite dirrigé sur St. Gervais où je suis resté jusqu'à ces derniers jours. Mes parents qui sont actuellement à St. Gervais m'ont envoyé en Suisse car ils craignaient que je sois déporté. Eux-même sont recherché et ils m'ont dit que seul ils se débrouilleront mieux qu'avec moi. »

4245 Marcus Hendler, 15, garçon, Leipzig, « par Simon » :

« Je suis né à Leipzig et y ai habité jusqu'en 1939. Durant cette année je suis allé en Belgique à Anvers. En mai 1940 nous en avons été chasse à cause de la guerre. Nous nous sommes alors réfugiés en France à Bordeaux puis dans les environs de Pau pendant 1, an. Ensuite nous avons été enfermés dans un camp dans les Basses Pyrénées. J'ai change de camp puis ai été libéré. Je suis allé à Nice puis à St. Gervais. Ces derniers temps les Allemands viennent remplacer les Italiens de sorte qu'il a fal lu fuir de la Haute Savoie. Nous sommes partis 11 enfants juifs sous la direction d'une demoiselle qui nous a conduit de St Gervais jusqu'à la frontière près de Veyrier. »

4245 Henri Hendler, 13, garçon, Leipzig. C'est le frère de Marcus. « par Simon »

4246 Renée Perelmuter, 14, fille, Paris, « par Simon » :

« Je suis née et j'ai fait toutes mes études à Paris jusqu'à la déclaration de la guerre. J'ai quitté Paris en 1939 avec l'école et nous avons été à Grasset (Cher) de là je suis retournée à Paris où je suis restée env. 3 mois. Je suis allé ensuite à St. Raphaël où je suis restée 1 année et je suis à nouveau venue à Paris. Après un séjour de 5 mois à Paris je suis allé à St. Gervais en passant par la Souterraine et Nice où je suis restée quelque temps. Je suis ensuite restée à St. Gervais jusqu'à mon depart pour la Suisse. Je suis venue en Suisse car je craignais la déportation comme mon père. Ma mère est restée à St. Gervais et c'est elle qui m'a envoyée en Suisse. »

4247 Cécile Gostynski, 16, fille, Lodz (Pologne), « par Simon » :

« A l'age de 4 ans j'ai quitté mon lieu de naissance pour me rendre à Noisy-le Sec avec mes parents où nous sommes restés jusqu'au mois d'avril. Dans cette banlieue de Paris j'ai fait toutes mes études et en 1932 ma sœur est née à Paris. Mes parents ont été déportés en 1941 et depuis je suis restée avec ma sœur chez ma tante. De crainte d'être déportées comme nos parents nous avons quitté notre tante et nous avons été à Nimes-Nice et là nous avons été envoyées en residence forcée à St. Gervais (H-S) ou nous sommes restées jusqu'à ces derniers jours. Nous avons quitté la france car depuis quelque temps des bruit de déportation courent. Et comme nous ne voulons pas subir le même sort que nos parents nous avons passé en Suisse. »

4247 Sarah Gostynski, 10, fille, Paris. C'est la sœur de Cécile.

4248 Sarah Revah, 11, fille, Salonique (Grèce), « par Simon » :

« Je suis née à Salonique, mais en 1932 je suis venu habiter en France, à Paris où je suis resté jusqu'en 1940. Lors de l'occupation je suis allé me réfugier en Corrèze puis à Nice d'où j'ai été envoyée en residence forcée à St. Gervais. Ces derniers temps comme les Allemands venaient, nous avons été emmenés en Suisse par une demoiselle. Nous sommes partis de St. gervais et avons pris le train jusqu'à Reignier. De là nous avons gagné la frontière Suisse en voitire et à pieds. Nous étions 11. Nous avons été lâchés par cette demoiselle à 100 m. environs des barbelés devant Veyrier […] »

4250 Jacques Veissid, 16, garçon, Paris, « par Simon » :

« Je suis né à Paris et y ai toujours habité jusqu'à l'occupation. Ensuite je suis allé vivre dans les Alpes Maritimes, et en Haute Savoie. J'ai pu vivre à peu près normalement en Haute Savoie tant qu'il y a eu les Italiens, mais depuis quelques temps, les Allemands les remplacent et je risquais d'être déporté dans un délai assez bref. J'ai donc décidé de venir en Suisse. Il y a un mois que j'habitais à St. Gervais. J'ai donc pris le train jusqu'à Reignier. De là, j'ai voyage moitié en voiture, moitié à pied en traversant Annemasse, Etrembières pour arriver enfin à Veyrier où j'ai franchi la frontière. »

4250 Sonia Veissid, 13, fille, Paris. C'est la sœur de Jacques. « par Simon »

Profil du convoi du 28 (a) août

Convoi MJS numéro 2a

Résumé des renseignements :

Poste-frontière : Chevran

Lieu où l'arrestation fut effectuée : Passerelle de la Cuillère

Heure de l'arrestation : 23 h 30

Lieu et heure de passage : « à pied Passerelle de la Cuillère »

Nombre de personnes : 10

Composition du convoi : 10 enfants non accompagnés

Correspondance avec la liste de l'OSE : 8 des 10 noms apparaissent sur la liste de l'OSE sous l'annotation « par Simon » ; deux noms apparaissent sur la liste sous l'annotation « par OSE »

Liste des enfants du convoi et extraits de leurs Déclarations :

4364 David Milgram, 15, garçon, Lodz (Pologne), « par Simon » :

« Je suis resté à lodz jusqu'en 1937. Dans cette ville j'ai commencé mes écoles. Je suis ensuite venu, avec mes parents, à Strasbourg., où je suis resté jusqu'en 1939, nous sommes ensuite allés à Paris où je suis resté jusqu'au mois d'avril puis j'ai été à Limoges et à Nay. Je suis venu en Suisse car je n'ai plus de nouvelles de mes parents depuis le mois d'avril et je crains qu'ils aient été déportés. Ce sont les personnes chez qui j'étais à Nay qui m'ont envoyé en Suisse. Un jeune homme de Nay m'a accompagné jusque près de la frontière. »

4371 Armand Halberthal, 12, garçon, Thionville, « par Simon » :

« J'ai quitté Thionville en 1939 et suis allé à Poitiers car nous dû évacuer Thionville. Jusqu'en 41 j'ai vévu chez mes parents qui avaient un commerce de bonneterie. Mes parents ont été pris et déportés dans une rafle en juillet 42. J'ai été reccueilli par des amis de mes parents jusqu'à ces derniers jours. Ayant appris que l'on pouvait aller en Suisse, ils m'ont envyé en train jusqu'à Thonon le le 27.8.43. A Thonon un monsieur inconnu est venu vers moi et m'en emmené dans un car jusque dans un petit village que je ne connais pas. Ensuite on a marché un peu, et il nous a fait attendre la nuit. A Lyon déjà j'ai rencontré d'autre enfants dans le même cas que moi, et un monsieur m'a m'a dit d'aller avec eux. Le monsieur qui nous avait pris à Thonon est venu avec nous et nous à aidé traverser les barbelés. »

4373 Oscar Fleischer, 14, garçon, Karlsruhe (Allemagne), « par Simon » :

« Après deux ans j'ai quitté mon lieu de naissance avec mes parents en destination de Mulhouse où nous sommes restés quelques mois pour partir à Sedan. Nous sommes restés 6 ans à Sedan et là j'ai commencé mes classes. Mes deux sœurs sont née dans cette ville. En 1938 nous avons quitté Sedan pour aller à Lens (Pas-de-Calias). Nous sommes restés deux ans et nous nous sommes rendus à Lasbordes (Aude) puis la Bastide D'Angou et Paris où nous sommes restés jusqu'à ces derniers jours. Mes parents ont été déportés au mois de juillet et depuis nous vivons dans des camps. Je crois que c'est la Croix-Rouge qui nous a fait sortir du Camp. On nous a mis en train avec un billet en destination de Thonon. Là nous étions attendu à la gare et en car nous avons été jusque près de la frontière. Une personne nous a attendue à la sortie du village et elle nous a conduit jusqu'aux barbelés. »

4373 Jeanette Fleischer, 11, fille, Sedan. C'est la sœur d'Oscar. « par Simon »

4373 Renée Fleischer, 9, fille, Sedan. C'est la sœur d'Oscar. « par Simon »

4374 Arny Lasar, 12, garçon, Echternach (Luxembourg), « par Simon » :

« Ma mére est venue à Echternach seulement pour l'accouchement mais j'ai toujours habité Luxembourg. A l'invasion nous sommes parti à Lodéve et y suis toujours resté et allais à l'école. Mes parents sont déportés depuis le début du printemps 1943. Une m'a pris chez elle avec mon frére et nous sommes restés jusqu'au milieur d'aout 43. La dame ou nous étions à Lodève nous a remis à un passeur, pour qu'il nous mène en Suisse. De Lodève je suis venu en train et en car jusque tout prés de la frontière. »

4374 Carlo Lasar, 11, garçon, son lieu de naissance n'est pas indiqué. C'est le frère d'Arny. « par Simon »

4375 Tibere Braunstein, 10, garçon, Paris, « par Simon » :

« Je suis né à Paris, je n'ai plus mes parents car ils ont été déportés cette année. Depuis j'ai été chez une dame. Une autre dame est venue me chercher, et elle m'a mené à la gare de Lyon à Paris. Elle m'a confié a un nommé FLEISCHER Oscar, que je ne connaissait pas, mais qui faisait partie du Mouvement Sioniste de Paris, qui m'a emmené en Suisse. (voir déclaration dunommé Fleischer interrogé également ce jour Braunstein étant très timide il est impossible d'en tirer quelque chose. »

4376 Fred Kempfner, 14, garçon, Vienne, « par OSE » :

« Je suis resté à Vienne jusqu'en 1938. Dans cette ville j'ai commencé mes écoles. Nous sommes ensuite venu en 1939 à Paris après avoir essayé de passer en Belgique mais nous avons été refoulé. Depuis 1939 nous sommes toujours restés à Paris. Mes parents ont été déportés depuis un mois et depuis je vis chez des amis. Les connaissances ou je logeais m'ont envoyé en Suisse de crainte que je subisse le même sort que mes parents. En plus de cela j'ai des connaissances en Suisse. »

4376 Paul Kempfner, 11, garçon, Vienne. C'est le frère de Fred. « par OSE »

Profil du convoi du 28 (b) août 1943

Convoi MJS numéro 2b

Résumé des renseignements :

Poste-frontière : Chevran

Lieu où l'arrestation fut effectuée : Village de Chevran

Heure de l'arrestation : 06 h 15, le 29 août

Lieu et heure de passage : « à pied sous Couty », le 28 août

Nombre de personnes : 5

Composition du convoi : 5 enfants non accompagnés

Correspondance avec la liste de l'OSE : 2 des 5 noms apparaissent sur la liste de l'OSE sous l'annotation « par Simon » ; un 3e est celui d'un frère de l'un des enfants « par Simon »

Liste des enfants du convoi et extraits de leurs Déclarations :

4360 Hélène Waysbrot, 13, fille, Varsovie :

« J'ai quitté Varsovie avec mes parents à l'âge de 7 mois. Nous sommes venus en France à Paris où je suis restée jusqu'à ces derniers jours. Dans cette ville j'ai commencé mes écoles. Je suis venue en Suisse car mes parents ont été déportés depuis le mois de juillet. Depuis je vis chez des connaissances et comme je n'ai plus de parents en France et que l'on craint que je subisse le même sort que mes parents l'on m'a envoyé en Suisse. Je suis parti de Paris en train et je suis venue jusqu'à Annemasse. Là une dame m'attendait et elle m'a remise entre les mains d'un Monsieur qui m'a conduite en compagnie de quelques personnes jusque près de la frontière. »

4361 Rachele Linderman, 15, fille, Paris, « par Simon » :

« Je suis née et je suis toujours restée à Paris. Dans cette ville j'ai fait toutes mes études et je suis restée jusqu'à mon départ pour la Suisse. Ma mére été déportée depuis un mois, et mon père est interné Militaire en Suisse, Je me trouvais seule en France et je logeais chez des amis. Ne pouvant pas continuer cette vie d'autant plus que je craignais de subir le même sort que ma mère je suis venue en Suisse avec l'intention de revoir mon papa qui est dans le Tessin. Une dame, connaissance de mes amis à Paris, est venue me chercher et m'a conduit jusqu'à Annemasse. Nous avons pris le car et dans la région elle m'a conduit dans une grange où se trouvait déjà 20 personnes. De là deux messieurs nous ont accompagnés, car nous étions près de 30 personnes, près de la frontière. Et de là nous avons passé la frontière. J'ai passé la frontière, avec ces personnes, le 28-8-43 vers les 2330 dans la région d'Hermance. Après notre passage nous sommes arrivés dans un bois et comme il faisait très nuit nous nous sommes couchés jusqu'au matin. Nous avons suivit une route et arrivé dans un village nous avons demandé où se trouvait le poste de douane. »

4363 Maurice Glazman, 14, garçon, Bruxelles :

« J'ai quitté Bruxelles en mai 33 pour aller à Paris. J'ai fait dans cette ville toutes mes écoles. Mes parents sont déportés, mon papa depuis 1942 et ma Maman depuis janvier 1943, et je n'ai plus eu de nouvelles. Seul, j'ai été recueilli par un ami de mes parents et il m'a envoyé en Suisse et pour ceci, il m'a fait accompagner par son fils en train jusqu'à Dijon puis et ensuite soit en train soit en car, je ne me rappelle plus exactement les noms de villes. »

4370 Simon Cymerman, 15, garçon, Varsovie :

« Je suis resté avec mes parents en Varsovie jusqu'en 1929. Dans cette même année nous sommes venus à Courbevoie et nous sommes restés jusqu'à ces derniers jours. Dans cette ville j'ai fait toutes mes écoles. Mes parents ont été déportés et depuis nous n'avons plus de parents. Nous avons été hébergés chez des amis jusqu'à ces derniers jours. C'est la comunauté israelite qui nous envoie en Suisse et nous devons demander à aller à Sierre où l'on est attendus. Nous avons passé la frontière le 28-8-43. vers les 2330 dans la région de Hermance. Dès notre passage nous avons marché mais comme il faisait très nuit nous avons coucher dans un bois. Le lendemain matin vers les 0600 nous avons été arrêtés par un Sdt […] »

4370 Anna Cymerman, 12, fille, Varsovie. C'est la sœur de Simon. « par Simon »

Profil du convoi du 28 (c) août 1943

Convoi MJS numéro 2c

Résumé des renseignements :

Poste-frontière : Aucune

Lieu où l'arrestation fut effectuée : sur la route de Vésenaz

Heure de l'arrestation : 09 h 00, le 29 août

Lieu et heure de passage : région d'Anières ; 22 h 00, 28 août

Nombre de personnes : 4

Composition du convoi : 4 enfants non accompagnés

Correspondance avec la liste de l'OSE : 2 des 4 noms apparaissent sur la liste de l'OSE sous l'annotation « par Simon »

Liste des enfants du convoi et extraits de leurs Déclarations :

4368 Sarah Goldstein, 15, fille, Paris, « par Simon » :

« Nous sommes née à Paris et nous avons toujours vécu dans cette ville. Nous avons fait toutes nos études qui ne sont pas terminées et nous avons toujours élu domicile dans cette ville jusqu'à notre départ pour la Suisse. Nos parents ont été déportés avec une petite sœur et depuis nous vivons chez des amis. Ne pouvant pas continuer cette vie, ces connaissances nous envoient en Suisse où chez des connaissances à Sierre. Nous craignions de subir le même sort que nos parents, Nous avons passé la frontière le 28-8-43 vers les 2200 dans la région de Anières. C'est un passeur qui nous a accompagnée jusque près la frontière. Après notre passage nous nous sommes perdues dans un bois et nous avons attendu le jour pour nous diriger. Nous avons alors suivit la voie du tram et bous sommes arrivés jusqu'à Genève. Alors que nous nous reposons vers la plage un gendarme nous a arrêtées et nous a conduites au poste de gendarmerie des Eaux-Vives et ensuite au centre d'accueil des cropettes. »

4368 Berthe Goldstein, 13, fille, Paris. C'est la sœur de Sarah. « par Simon »

4369 Ludwig Rosenbaum, 15, garçon, Frankfurt (Allemagne) :

« Je suis resté à Francfort jusqu'en 1933. Dans cette ville j'ai fait mes classes scolaires que j'ai terminées à Paris. En 1933 nous sommes venues à Strasbourg où nous sommes restés jusqu'en 1934 puis nous avons été à St.-Dié (Voges) pendant 3 ans puis à Paris où nous sommes restés jusqu'à ces derniers jours. Nos parents ont été déportés et comme nous n'avons plus de famille en France, nous ne pouvions pas rester en France d'autant plus que nous craignions de subir le même sort que nos parents. Nous avons de la parenté en Suisse. Nous avons passé la frontière le 28-8-43 vers les 2300 dans la région d'Hermance. Un passeur nous a accompagné jusqe près de la frontière. Après notre passage nous avons passé la nuit dans un bois en attendant le jour pour nous diriger. Nous avons suivit la ligne du tram et nous sommes arrivés jusqu'à Genève. Alors que nous nous reposons vers la plage un gendarme est venu nous arrêter et nous a conduits au poste des Eaux-Vives puis de là au centre d-acceuil des cropettes. »

4369 Rosi Rosenbaum, 12, fille, Frankfurt (Allemagne). C'est la sœur de Ludwig.

Profil du convoi du 6 septembre 1943

Convoi MJS numéro 3

Résumé des renseignements :

Poste-frontière : Mon Idée

Lieu où l'arrestation fut effectuée : « derrière la douane à Ambilly II »

Heure de l'arrestation : 21 h 00[1]

Lieu et heure de passage : « à pied à l'instant derrière la douane à Ambilly II »

Nombre de personnes : 13

Composition du convoi : 13 enfants non accompagnés

---

[1] Les rapports d'arrestation pour ce convoi donnent neuf heures du soir comme heure de l'arrestation proprement dite, alors que les Déclarations signées par les enfants déclarent qu'ils furent arrêtés plus tard dans la soirée (onze heures).

Correspondance avec la liste de l'OSE : 11 des 13 noms apparaissent sur la liste de l'OSE sous l'annotation « par Simon » ; les 12ème et 13ème noms (Charmatz) n'apparaissent pas sur la liste, mais la Déclaration indique qu'ils sont cousins d'un enfant nommé Emerich (écrit Emeriche sur le document), qui avait la désignation « par Simon ».

Liste des enfants du convoi et extraits de leurs Déclarations :

4515 Emile Najdberger, 9, garçon, Paris, « par Simon » « rue Amelot » :

« Mon père est décédé et ma mère je la connais mais je ne sais pas son nom. J'ai été en pension jusqu'à l'âge de 8 ans à la Varenne (Seine) et ensuite dans un hospice. Dernièrement j'étais à Aviegneux. Je suis venu en Suisse parce qu'une dame m'a dit que les Allemands nous ramasseraient. »

4516 Bernard Jacob, 12, garçon, Paris, « par Simon » « rue Amelot » :

« Né en 1930 à Paris, je suis resté constamment à Paris jusqu'à 1942 (fin), ainsi que mes sœurs. J'ai commencé mes écoles primaires. En fin 1942, mes parents ont été déportés et je suis parti avec mes sœurs dans les environs de Paris, à Vigneux chez une dame. Au début de septembre 1943, une dame faisant partie d'une organisation de secours et dont je ne connais pas le nom qui nous amené jusqu'à Lyon, puis un monsieur jusqu'à la frontière suisse. Il en est de même pour mes camarades qui ont passé la frontière en même temps que moi. Nous avons gagné la Suisse pour éviter les mesures prises par les autorités allemandes contre les israelites. Nous avons franci la frontière suisse le 6.9.43 à 2300 dans la région de Mon Idee. Nous avons été aidés pour passer la frontière par des messieurs que nous ne connaissons pas. »

4516 Ginette Jacob, 9, fille, Paris. C'est la sœur de Bernard. « par Simon » « rue Amelot »

4516 Marie-Claire Jacob, age 3, fille, Paris. C'est la sœur de Bernard. « par Simon » « rue Amelot »

4517 Jacques Charmatz, 8, garçon, Nancy :

« Je suis né à Nancy et il y a 4 ans que je ai quitté cette ville avec mes parents et ma sœur. Mon père est directeur de l'école d'agriculture de l'ORT, la Roche (Lot-et-Garonne). A Nancy il était avocat au Tribunal de Nancy. Ma mère et mon père sont toujours en France et ils vont bientôt venir en Suisse. Mon oncle et ma tante, les parents de EMERICHE Claude sont aussi en France. Nous avons passé la frontière le 6.9.43 près de Chêne, c'est deux hommes qui nous ont montré la frontière […] »

4517 Myriam Charmatz, 7, fille, Nancy. C'est la sœur de Jacques.

4517 Claude Emeriche, 3, garçon, Nancy. C'est le cousin de Jacques. « par Simon »

4518 Monique Fischel. Cette petite fille ne connaît pas sa date de naissance. Les autorités suisses estimèrent qu'elle devait avoir six ans. Son lieu de naissance n'est pas indiqué. « par Simon » « rue Amelot »

« J'ai toujours habité Paris. Ma mère est déportée et mon père est prisonnier en Allemagne. Depuis 1942 je suis en nourrice à La Varenne. Deux dames m'ont conduit en Suisse. C'est tout ce que je sais. »

4519 Cécile Berasse. Aucun renseignement n'est donné. Une note manuscrite indique « doit avoir 4 ans ». Rien sur sa situation, on lit sur la Déclaration : « Ne peut donner aucune explication. Trop petite. » « par Simon » « rue Amelot »

4520 Suzette Kaatz, 7, fille, Mulhouse, « par Simon » :

« Je suis née en 1935 à Mulhouse, puis j'ai habité Dijon jusqu'à la guerre. Dès 1940, je suis dans le Loth et Garonne dans une ferme. Une dame s'est occupée de moi et m'a conduit jusqu'à Lyon, puis un monsieur jusqu'à la frontière. »

4521 David Bergman, 13, garçon, Paris, « par Simon » « rue Amelot » :

« Né en 1930 à Paris, j'y suis resté constamment jusqu'en 1942. J'ai commencé mes écoles primaires. Ma mère a été déporté en 1942. Mon père a été porté disparu en 1939. De 1942 à ce jour, j'ai été en nourrice d'abord à Vigneux puis à Monjeron. C'est une dame qui s'est occupé de moi. Elle fait partie d'une organisation de secours. Je ne la connais pas. Elle m'a conduit ainsi que mes camarades jusqu'à Lyon et puis deux meisseurs nous ont accompagnés jusqu'à la frontière. J'ai gagné la Suisse pour éviter les mesures prises par les autorités allemandes contre les israelites. »

4859 Michel Piekarski, 11, garçon, Paris, « par Simon » « rue Amelot » :

Note : Dans la Déclaration, l'orthographe du nom est « Piekrski », mais la signature de l'enfant indique que l'orthographe correcte est « Piekarski ».

« Je suis resté à Paris jusqu'en 1942. Dans cette ville j'ai commencé mes écoles. Mes parents ont été déporés et depuis je vis chez des nourrices placé par un comité israelite Je suis allé à Champigny-Montjeron-Avignieux-Paris et delà en Suisse. C'est la comité israelite qui a organisé ce convoi nous étions 13 enfants qui avons été conduits jusqu'à Annecy, puis Anne,asse et de là 3 passeurs nous conduits jusqu'à barbelés. »

4931 Suzanne Harra, 10, fille, Paris, « par Simon » « rue Amelot » :

Note : La date de passage mentionnée dans la Déclaration semble incorrecte, elle ne correspond pas avec celle du rapport d'arrestation.

« Je suis toujours restée à Paris et dans cette ville j'ai commencé mes écoles. Ma maman est morte depuis 6 ans et mon papa est déporté depuis trois ans De cette date j'ai été dans un orphelinat où je suis restée jusqu'à ces derniers jours. C'es t des personnes qui sont venues me chercher à la Varenne pour me conduire à Paris et de là j'ai pris le train avec un convoi de 13 enfants. Nous avons été jusqu'à Lyon et de là deux messieurs nous ont conduit jusqu'à la frontière. »

Profil du convoi du 8 septembre 1943

Convoi MJS numéro 4

Résumé des renseignements :

Poste-frontière : Mon Idée

Lieu où l'arrestation fut effectuée : « en amont du Moulin »

Heure de l'arrestation : 22 h 40

Lieu et heure de passage : « à pied à l'instant en amont du Moulin »

Nombre de personnes : 13

Composition du convoi : 13 enfants non accompagnés

Correspondence avec la liste de l'OSE : Tous ces noms apparaissent sur la liste de l'OSE sous l'annotation « par Simon »

Liste des enfants du convoi et extraits de leurs Déclarations :

4550 Henri Wolkowski, 14, garçon, Brzezin (Pologne), « par Simon » :

« Dès ma naissance mes parents ont quitté la Pologne pour venir à Paris. Dans cette ville ma sœur est née et depuis nous sommes restés jusqu'à ces derniers jours à Paris. Depuis 1 ½ nos parents ont été déportés et depuis nous sommes restés une connaissance puis nous sommes venus en zone libre et une dame nous a receuillis. Nous sommes venus de Paris accompagnés par des personnes inconues et nous étions 14 enfants. »

4551 François Lustman, 7, garçon, Paris, « par Simon » « rue Amelot » :

« Depuis ma naissance j'ai toujours habité Paris jusqu'à ces derniers jours. Mes parents ont été déportés depuis 2 ans et depuis je suis chez un ami de mes parents. C'est des personnes inconues qui nous ont accompagnés car nous étions 14 enfants. Elle nous ont accompagnés jusqu'à la frontière. »

4552 Suzanne Plewa, 14, fille, Siedlce (Pologne), « par Simon » « rue Amelot » :

« Je suis venue en France à l'âge de 2 ans avec mes parents, nous sommes venus à Paris. Dans cette ville j'ai commencé mes écoles et je suis restés jusqu'à ces derniers jours. Je suis venue en Suisse car je n'ai plus de parents en France. Ils ont été déportés et depuis j'ai été élevé par une nourrice où je suis restée jusqu'à ces derniers jours. C'est des personnes inconues pour moi qui nous ont conduites en Suisse car nous étions 5 enfants. »

4553 Elie Chetret, 11, garçon, Paris, « par Simon » « rue Amelot » :

« Nous sommes nés à Paris et dans cette ville nous sommes restés jusqu'à ces derniers jours. Ceux qui étaient en âge ont fait leurs premières classes à Paris. Nous n'avons pas revu nos parents depuis 2 ½ ans et de ce jour nous sommes restés chez une nourrice qui nous a élevés jusqu'à ces derniers jours. Nous sommes venus en Suisse accompagné de personnes dont je ne sais pas le nom. Ils nous ont pris car la nourrice qui nous a élevé n'avais plus les moyens de subvenir à nos besoins. Nous avons passé la frontière le 8-9-43 vers les 2115 dans la région de Cornières. Nous étions 14 enfants accompagnés par une dame et un monsieur qui nous ont conduit jusqu'au barbelé. »

4553 Maurice Chetret, 10, garçon, Paris. C'est le frère d'Elie. « par Simon » « rue Amelot »

4553 Marcel Chetret, 6, garçon, Paris. C'est le frère d'Elie. « par Simon » « rue Amelot »

4533 Yvette Chetret, 4, fille, Paris. C'est la sœur d'Elie. « par Simon » « rue Amelot »

4560 Maurice Loberstein, 16, garçon, Varsovie. « par Simon » « rue Amelot » :

« Peu après la naissance de ma sœur nous sommes venus à Paris avec nos parents. Nous sommes venus à Paris et dans cette ville nous avons commenés nos écoles. Nos parents ont été déportés depuis 2 ans et depuis nous sommes allés chez des connaissances. C'est des personnes inconues qui nous ont conduites en Suisse. Nous nous sommes trouvés 14 enfants dans le train et l'on nous a conduits jusqu'à la Fronrière. Ils nous ont dis de demander à aller au Camp de Sierre (VS) où des amis s'occuperaient de nous. »

4560 Lisa Loberstein, 13, fille, Varsovie. C'est la sœur de Maurice. « par Simon » « rue Amelot »

4560 Ginette Loberstein, 11, fille, Paris. C'est la sœur de Maurice. « par Simon » « rue Amelot »

4560 Jules Loberstein, 8, garçon, Paris. C'est le frère de Maurice. « par Simon » « rue Amelot »

4560 Nathan Loberstein, 5, garçon, Paris. C'est le frère de Maurice. « par Simon » « rue Amelot »

4565 Mendel Zanger, 15, garçon, La Haye (Hollande), « par Simon » :

« J'ai habité la Haye jusqu'en 1930 et ensuite Anvers jusqu'en mai 1940, puis 1 mois en France et de nouveau à Anvers jusqu'en août 1942. Mon père était diamantaire. Mes parents sont déportés depuis octobre 1942. Je me rends en Suiss e pour éviter la déportation étant juif. »

Profil du convoi du 12 septembre 1943

Convoi MJS numéro 5

Résumé des renseignements :

Poste-frontière : Veyrier I

Lieu où l'arrestation fut effectuée : « Marais de Veyrier »

Heure de l'arrestation : midi

Lieu et heure de passage : « près des Marais de Veyrier 1200 h. »

Nombre de personnes : 15

Composition du convoi : 15 enfants non accompagnés

Correspondance avec la liste de l'OSE : Tous ces noms apparaissent sur la liste de l'OSE sous l'annotation « par Simon »

Liste des enfants du convoi et extraits de leurs Déclarations :

4709 Isaac Cukierman, 11, garçon, Paris, « par Simon » « rue Amelot » :

« Je suis né à Paris et en 1934 mon papa est mort. Ma mère s'est remariée religieusement avec Maurice Bas ; de ce mariage est né mon frère qui lui porte le nom de ma mère. Nous sommes restés à Paris jusqu'à ces derniers jours et dans cette ville j'ai commencé mes écoles. Nos parents ont été déportés et depuis nous vivons à la campagne des personnes. Comme je n'a vais plus de parents en France et que ces personnes avaient de la peine de nous nourrir nous avons décidés de venir en Suisse. Nous avons été passé la frontières avec 13 autres enfants le 12-9-43 vers les 1100 dans la région de Veyrier. Nous avons été accompagnés par 3 jeunes filles et dès notre passage nous avons été arrêtée […] »

4709 Bernard Berkowicz, 4, garçon, Paris. C'est le demi-frère d'Isaac Cukierman. « par Simon » « rue Amelot »

4710 Maurice Zysman, 15, garçon, Chimialiki (Pologne), « par Simon » :

« J'ai quitté la ville de ma naissance en 1931 pour venir à Paris avec mes parents. Dans cette ville j'ai fait toutes mes écoles et j'ai commencé mon apprentissage d'ajusteur. Je suis resté à Paris jusqu'à ces derniers jours. Je suis venu en Suisse car mon papa est déporté et ma maman se cahce dans la crainte de subir le même sort. Moi-même je suis venu me réfugié en Suisse pour ne pas être déporté. J'ai passé la frontière le 12-9-43 vers les 1100 dans la région de Veyrier. Nous avons été accompagnés les 15 enfants que nous étions par 3 jeunes filles. »

4712 Isaac Kramache, 13, garçon, Paris, « par Simon » « rue Amelot » :

« Je suis né et j'ai toujours habité à Paris. Dans cette ville j'ai commencé mes écoles. Et de là je suis venu en Suisse. Je suis venue en Suisse car je n'ai plus de parents en France et comme je suis de race juive j'ai craint d'être déporté comme mes parents. J'ai un oncle en Suisse, J'ai passé la frontière le 12-9-43 vers les 1100 dans la région de Veyrier. Nous étion s 15 enfants et 3 jeunes filles nous ont accompagnés jusqu'à la frontière. »

4713 Henri Galinsky, 15, garçon, Paris, « par Simon » « rue Amelot » :

« Nous sommes nés à Paris et dans cette ville nous avons commencés nos écoles. Nous avons toujours habités Paris jusqu'à ces derniers jours. Nous sommes venus en Suisse car notre père à été déporté et notre maman est très malade et elle ne peux pas s'occuper de nous. Nous étions réfugiés chez une tante qui nous faissait toutes les misères possibles pour ne pas nous garder. C'est alors que nous sommes venus en Suisse car nous craignions de subir le même sort que notre papa. Nous avons passé la frontière avec un groupe de 15 enfants le 12-9-43 vers les 1100 dans la région de Veyrier. Nous avons été accompagnés par 3 jeunes filles. »

4713 Wolf Galinsky, 13, garçon, Paris. C'est le frère d'Henri. « par Simon » « rue Amelot »

4713 Jean Galinsky, 11, garçon, Paris. C'est le frère d'Henri. « par Simon » « rue Amelot »

4713 Joseph Galinsky, 9, garçon, Paris. C'est le frère d'Henri. « par Simon » « rue Amelot »

4713 Charles Galinsky, 5, garçon, Paris. C'est le frère d'Henri. « par Simon » « rue Amelot »

4716 Edmond Rajchman, 14, garçon, Paris, « par Simon » :

« J'ai toujours habité à Paris et dans cette ville j'ai commencé mes écoles ; je suis resté jusqu'à des derners jours à Paris. Je suis venue en Suisse car mes parents sont déporté depuis 1941 et je n'ai plus de parents en France. Depuis la déportation de mes parents je vis chez une dame de la maison qui m'a receuilli et gardé jusqu'à ce jour. Je suis venu en Suisse dans la crainte d'être déporté et pour ne pas causer des ennuis à cette dame car les personnes qui cache des enfants israel. sont poursuivis avec autant d'apreté. Je suis venue en Suisse avec un groupe de 15 enfants et nous sommes venus jusqu'à St. Julien avec un monsieur et de là 3 jeunes filles nous ont accompagnés. Nous avons passé le 12-9-43 vers les 1030 dans la région de Veyrier. »

4718 Ida Zlotnitzky, 13, fille, Paris, « par Simon » :

« Nous sommes restés à Paris jusqu'à ces derniers jours. Dans cette ville nous avons commencé l'école. Notre papa à été déporté en 1942 puis notre maman il y env. 4 mois. Depuis nous vivons à la maison avec une grande sœur qui s'occupait de nous. Ces derniers temps nos moyens étaient restreint et avec l'assentiment de notre grande sœur nous sommes partis avec des amis pour passer la frontière Suisse. Nous sommes venus en Suisse car nos moyens d'existence baissaient et nous craignions la déportation. Nous avons passé la frontière le 12-9-43 vers les 1045 dans la région de Veyrier. Nous sommes venus seul de Paris jusqu'à St. Julien et de là 3 jeunes filles nous ont accompagnés jusqu'à la frontière. »

4718 Odette Zlotnitzky, 12, fille, Paris. C'est la sœur d'Ida. « par Simon »

4718 Ginette Zlotnitzky, 10, fille, Paris. C'est la sœur d'Ida. « par Simon »

4718 Hélène Zlotnitzky, 8, fille, Paris. C'est la sœur d'Ida. « par Simon »

4718 Marguerite Zlotnitzky, 7, fille, Paris. C'est la sœur d'Ida. « par Simon »

Profil du convoi du 14 septembre 1943

Convoi MJS numéro 6

Résumé des renseignements :

Poste-frontière : Cornières

Lieu où l'arrestation fut effectuée : b. 108

Heure de l'arrestation : 21 h 45 et 23 h 10

Lieu et heure de passage : b. 108, 21 h 45 et 23 h 10

Nombre de personnes : 29

Composition du convoi : 29 enfants non accompagnés

Correspondance avec la liste de l'OSE : Tous ces noms apparaissent sur la liste de l'OSE sous l'annotation « par Simon »

Liste des enfants du convoi et extraits de leurs Déclarations :

4735 David Ejzenbaum, 13, garçon, Paris, « par Simon » :

« Je suis toujours resté à Paris et dans cette ville j'ai fait toutes mes écoles. Je suis resté à Paris jusqu'à ces derniers temps à part un séjour chez une nourrice depuis la déportation de mes parents. Mes parents ont été déportés et depuis c'est le comité israelite qui m'a placé chez des nourrice à la campagne. De là une dame est venue me dire de me rendre à Paris car il y avait un convoi d'enfants pour la Suisse. De Paris nous sommes partis accompagnés par des jeunes gens jusqu'à la frontière. Nous avons passaé la frontière le 14-9-43 vers les 2230 dans la région de Cornières. »

4736 Victor Grabsztok, 13, garçon, Paris, « par Simon » « rue Amelot » :

« Je suis toujours resté à Paris jusqu'à ces derniers jours. Dans cette ville j'ai fait toutes mes études. Je suis venu en Suisse car ma mère est morte et mon papa a été déporté. C'est le comité israelite qui a organisé mon départ pour la Suisse. Je suis venu avec un groupe de 29 enfants et nous avons été accompagnés jusqu'à la frontière par des jeunes gens. Nous avons passé la frontière le 14-9-43 vers les 2230 dans la région de Cornières. »

4737 Raymond Kuperas, 12, garçon, Paris, « par Simon » « rue Amelot » :

« J'ai toujours habité à Paris et jusqu'à ces derniers jours. J'ai toujours été dans des lycées où des colonies. Depuis que mes parents ont été déportés mon papa est prisonnier, j'ai été placé par le comité israelite chez des personnes. C'est le comité israelite qui a fait le nécessaire pour mon passage en Suisse, Je suis parti avec un groupe de 29 enfants et nous avons été accompagnés par des jeunes gens jusqu'à la frontière. Nous avons passé la frontière le 14-9-43 vers les 2230 dans la région de Cornières. »

4738 Fradja Rosenfeld, 16, fille, Lodz (Pologne), "par Simon" "rue Amelot" :

« J'ai quitté Lodz à l'âge de trois ans avec mes parents en direction de la France. Nous nous sommes instalés à Paris et dans cette ville toutes mes sœurs sont nées. Nous avons commencé nos études dans cette ville et nous avons élu domicile jusqu'à ces derniers jours. Mon papa a été déporté et notre mère ne pouvant plus subvenir à nos besoins a toléré que le comité israelite nous envoye en Suisse. Ce comité qui subvenait en partie à nos frais courants a cessé complétement ses alocations et a commendé à notre mère de nous envoyés en Suisse. Notre mère est restée en France avec mon frère. C'est le comité israelite qui à organisé ce transport nous étions 29 enfants venant de Paris. Nous avons été accompagnés jusqu'à la frontière par plusieurs jeunes gens. Nous avons passé la frontière le 14-9-43 vers les 2230 dans la région de Cornières. »

4738 Berthe Rosenfeld, 12, fille, Paris. C'est la sœur de Fradja. « par Simon » « rue Amelot »

4738 Rachel Rosenfeld, 9, fille, Paris. C'est la sœur de Fradja. « par Simon » « rue Amelot »

4738 Marie Rosenfeld, 7, fille, Paris. C'est la sœur de Fradja. « par Simon » « rue Amelot »

4738 Sarah Rosenfeld, 5, fille, Paris. C'est la sœur de Fradja. « par Simon » « rue Amelot »

4739 Albert Madjora, 13, garçon, Paris, « par Simon » :

« Nous avons toujours habités à Paris et dans cette ville nous avons commencé nos écoles. De Paris nous sommes venus en Suisse. C'est notre maman qui nous a envoyé en Suisse car elle craignait pour nous les bombardements et les Allemands vont faire de nouvelles rafles contre les juifs. C'est un monsieur du Comité israelite qui est venu soumettre à notre maman un départ éventuel pour la Suisse, comme mon papa a été déporté et que ma maman avait de la peine a nous entretenir elle a accepté. Nous sommes partis de Paris avec un convoide 29 enfants et conduits jusqu'à la frontière pq r des jeunes gens. »

4739 Rose Madjora, 9, fille, Paris. C'est la sœur d'Albert. « par Simon »

4739 Michel Madjora, 8, fille, Paris. C'est le frère d'Albert. « par Simon »

4739 Maurice Madjora, 6, garçon, Paris. C'est le frère d'Albert. « par Simon »

4740 Eliane Neoussikhin, 9, fille, Paris, « par Simon » :

« Je suis toujours restée à Paris à part 2 ans passés dans une pension à Viroflay. J'ai fait mes classes dans un lycée à Paris. Je suis venue en Suisse ebvoyée par ma maman qui craignait pour mois le déportement en Allemagne et les bombardements car j'étais dans un lycée près d'une usine. Mon papa est prisonnier en Allemagne et ma maman est restée à Paris. Je suis venue en Suisse avons été accompagné jusqu'à la frontière per des jeunes gens. Nous avons passé le 14-9-43 vers les 2230 dans la région de Cornières […] »

4741 Esther Alamand, 12, fille, Paris, « par Simon » :

« Je suis née à Paris et dans cette ville je suis toujours restée jusqu'à ces derniers jours. J'ai commencé mes études. Je suis venue en Suisse car je craignais d'être déportée par Les Allemands, ma maman est restée en France et je suis venue en Suisse dans l'espoir de revoir mon papa qui est à Leysin. Je suis venue en Suisse avec un groupe de 29 enfants et ce transport à été organisé par le comité israelite. Nous sommes venus de Paris accompagnés par des personnes jusqu'à la frontière. Nous avons passé le 14-9-43 vers les 2230 dans la région de Cornières […] »

4742 Paulette Kuperhant, 14, fille, Minzk (Pologne) (« Minzk » apparait orthographié ainsi dans la Déclaration. Cette ville peut être Minsk Mazowiecki, Pologne.) « par Simon » :

« Nous sommes venus à Paris en 1930 avec nos parents. Nous sommes allés à Paris et dans cette ville nous avons commencé mos études. Nous sommes restés à Paris jusqu'à ces derniers jours à part chaque année nous allions en vacance à la campagne. Nos parents sont déportés depuis le mois de juillet et depuis nous avons été placés par le comité israel. chez divers personnes. Pour nous soustraire aux rafles Allemandes le comité israel. a organisé notre départ pour la Suisse. Nous sommes partis de Paris 29 enfants accompagnés par des personnes jusqu'à la frontière. Nous avons passé la frontière le 14-9-43 vers les 2230 dans la région de Cornières. »

4742 Max Kuperhant, 14, garçon, Minzk (Pologne). C'est le frère de Paulette. « par Simon »

4753 Isaac Kotkowski, 16, garçon, Metz, « par Simon » :

« Nous sommes restés à Metz jusqu'en 1939. Dans cette ville nous avons commencé nos études que nous avons continuées à Paris où nous avons été ensuite. Nous sommes restés à Paris jusqu'à ces derniers jours. Nos parenst ont été déportés depuis 41 et 42. Et depuis c'est le comité israelite qui s'est occupé de nous et nous a placés à la campagne. Nous étions mal chez les personnes où nous étions placés et nous avons fait une demande de changer, C'est là quant nous sommes arrivés à Paris que nous avons été conduits à la gare et nous sommes partis avec un convoide 29 enfants. Nous avons été accompagnés par des jeunes gens jusqu'à la frontière. N ous avons passé le 14-9-43 vers les 2230 dans la région de Cornières [...] »

4753 Max Kotkowski, 8, garçon, Metz. C'est le frère d'Isaac. « par Simon »

4755 Esther Sidi, 13, fille, Paris, « par Simon » :

« Je suis restée avec mon frère chez nos parents jusqu'à ces derniers jours. Nous avons commencé écoles à Paris. Nous sommes venus en Suisse envoyé par nos parents et sur les indications d'un monsieur qui fait partie d'un comité israelite. Ce monsieur est venu à la maison et indicat qu'il était préférable d'envoyer les enfants en Suisse de crainte des bombardements à venir. Mes parent s ont accépté et nous devons nous présenter à la gare de Lyon à Paris où un convoi d'enfants était organisé. Là des jeunes gens nous attendaent et en train nous ont conduits à Annemasse et passant par Dijon-Aix-les-Bains-Annecy-Annemasse etvlà deux jeunes filles nous ont conduits, les même qui nous ont pris à la gare de Lyon, dans une maison nom loin d'Annemasse et de cette maison 4 jeunes gens nous ont conduits jusqu'à la frontière. Nous étions 29 enfants. Nous avons passé la frontière le 14.9.43 vers les 2230 dans la région de Cornières. »

4755 Elie Sidi, 10, garçon, Paris. C'est le frère d'Esther. « par Simon »

4756 Madeleine Gwiazda, 9, fille, Varsovie, « par Simon » « rue Amelot » :

« Nous somes restées jusqu'en 1938 à Varsovie puis nous sommes venues avec nos parents en France à Paris. Dans cette ville j'ai commencé mes écoles. Nos parents ont été déportés et depuis c'est le comité juif qui s'est occupé de nous a placés chez une nourrice à Vigneux (Seine et Oise) vendre di dernier une dame est venue nous chercher et nous a conduit à Paris et de là nous avons rejoint un convoi d'"enfant qui pqrtai pour la Suisse. Nous étions 29 et deux jeunes filles nous ont accompagnés jusqu'à la frontière. Nous avons passé la frontière le 14.9.43 vers les 2230 dans la région de Cornières. »

4756 Jeannette Gwiazda, 7, fille, Varsovie. C'est la sœur de Madeleine. « par Simon » « rue Amelot »

4757 Jérémie Kantorowicz, 12, garçon, Varsovie, « par Simon » :

« Nous avons quittés Varsovie en 1933 avec mes parents pour venir à Paris. dans cette ville nous avons commencé nos écoles. Ma mère a été déportée et mon papa se cache en France. Depuis le départ de nos parents le comité israelite nous a placés chez des particuliers à la campagne. Une dame du comité est venue nous chercher pour nous conduire à Paris et de la nous sommes partis avec un convoi d'enfant, organisé par eux,en direction de la Suisse. Nous étions 29 enfants et nous avons été conduits jusqu'à la frontière par des jeunes f lles du comité. Nous avons passé la 14-9-43 vers les 2230 dans la région de Cornières. »

4757 Bernard Kantorowicz, 10, garçon, Varsovie. C'est le frère de Jérémie. « par Simon »

4757 Maurice Kantorowicz, 6, garçon, Paris. C'est le frère de Jérémie. « par Simon »

4758 Emile Waksman, 9, garçon, Paris, « par Simon » :

« Je suis toujours resté à,Paris à part un séjour de 1 an à Hérisy. Dans cette ville j'ai commencé mes études. De Hérisy je suis retourné à Paris pour rejoindre le convoi d'enfant qui partait pour la Suisse organisé par le comité israelite. Mon papa est mort depuis 4 ans et ma maman a été déportée par les Allemands, J'ai passé la frontière le 14-9-43 vers les 2230 dans la région de Cornières. J'ai passé avec un groupe de 29 enfants et nous étio s accompagnés par des jeunes gens. »

4779 Edwige Plaut, 7 ou 8 (seule l'année de naissance est indiquée), fille, Paris, « par Simon » :

« Je n'ai pas revu mes parents depuis l'âge de trois ans. Mes parents ont été déportés et depuis je n'ai plus eu de nouvelles d'eux. Je suis enuiste allé chez mon grand-père, puis il a été déporté aussi. Puis j'ai été mise dans une colonie d'enfant à la Varenne, puis j'ai été dans un horphelina à Paris, puis j'ai été chez une dame à Paris et une autre a Michellet. C'est un jeune garçon qui est venu me cherchervà Michelet et m'a conduit à Paris. De là j'ai été conduite avec 29 enfants et nous étions accompagnés par des jeunes gens du côte de la frontière. Nous avons passé la frontière le 14-9-43 vers les 2330 dans la région Cornière. »

4785 Dora Tovy, 13, fille, Paris, « par Simon » :

« Je suis toujours restée à Paris jusqu'à ces derniers jours. Dans cette ville j'ai fait toutes mes études jusqu'à cemoment. Mon papa est déporté depuis le mois de juin 42 et ma maman est restée à Paris. C'est un monsieur de comité israelite qui est venu à la maison et a parlé avec ma mère pour un départ en Suisse car il y aurait des prochain bombardements en France et que ma maman pourrait mieux se cacher des rafles Allemandes contre les juifs. Je suis venue avec un convoi d'enfants, 29, et nous avons été accompagnés par des jeunes gens jusque près de la frontière de là deux passeurs nous ont accompagnés. Nous avons passé la frontière 14.9.43 vers les 2223 0 dans la région de Cornières. »

4786 Henri Kamer, 5, garçon. Le lieu de naissance n'est pas indiqué. Il n'existe aucune Déclaration pour cet enfant. Un rapport d'arrestation signale qu'Henri est le cousin de Madeleine et de Jeanette Gwiazda, qui sont aussi dans ce convoi. Il indique aussi que ses parents avaient été déportés, qu'il vivait chez des particuliers à Gagny (Seine-et-Oise), et qu'il avait par la suite été envoyé à Varenne. « par Simon » « rue Amelot »

Profil du convoi du 21 septembre 1943

Convoi MJS numéro 7

Résumé des renseignements :

Poste-frontière : Cornières

Lieu où l'arrestation fut effectuée : Chemin des Vignes

Heure de l'arrestation : 22 h 00

Lieu et heure de passage : « à travers les barbelés »

Nombre de personnes : 20

Composition du convoi : 20 enfants non accompagnés

Correspondance avec la liste de l'OSE : Tous ces noms apparaissent sur la liste de l'OSE sous l'annotation « par Simon »

Liste des enfants du convoi et extraits de leurs Déclarations :

4847 Léa Korzen, 12, fille, Paris, « par Simon » :

« Je suis née et j'ai quitté Paris en 1942 pour me rendre à St. Antonin avec mes parents et à Nice. J'ai commencé mes écoles à Paris. et je suis restée à Nice jusqu'à ces derniers jours. Mes parents sont à Nice et se cachent des Allemands. Ils m'ont envoyée en Suisse de crainte des représailles Allemandes contre les juifs. Je suis venue en Suisse avec un convoi de 20 enfants et nous avons été conduits jusqu'à Annemasse par des scouts française, puis elles nous ont remis entre les de passeurs. Nous avons passé la frontière le 21-9-43 vers les 2300 dans la région de Cornières. »

4848 Lilianne Benadon, 14, fille, Salonique (Grèce), « par Simon » :

« J'ai quitté Salonique à l'âge de deux ans avec mes parents pour nous rendre à Paris où nous sommes restés jusqu'en 1942. Dans cette ville j'ai commencé mes classes. Nous sommes ensuite allés à Juan-les-Pins et de là Nice où nous sommes restés jusqu'à ces derniers jours. Mon père est décédé et ma maman est restée à Nice où elle se cache- Elle m'a envoyée en Suisse de crainte que je subisse les représailles des Allemands envers les juifs. Je suis v enus en Suisse avec le convoi d'enfants de 2 0 et nous étions accompagnés de scouts français, jusqu'à Annamasse de là elles nous ont remis entre les mains de passeur. Nous avons passé la frontière le 21-9-43 vers les 2300 dans l a région de Cornières. »

4849 Hélène Karwasser, 11, fille, Berlin, « par Simon » :

« Ma sœur est née à Paris où mes parents ont habités de longues ans née puis ils sont venus à Berlin où je suis née. Depuis Berlin, nous sommes allée en Belgique puis en France à Paris où nous sommes restés jusqu'en 1940 puis nous sommes allés à Amélie-les-Bains puis à Nice où nous sommes restés jusqu'à ces derniers jours. Mes parents se cachent à Nice et ils nous ont envoyées en Suisse de crainte des représailles des Allemands contre les Juifs. Nous sommes venues avec un convoi d'enfants accompagnés par des scouts jusqu'à Annemasse, de là elles nous ont remis entre les mains de passeurs. N ous avons passé la frontière le 21-9-43 vers les 2300 dans la région de Cornières […] »

4849 Génia Karwasser, 16, fille, Paris. C'est la sœur d'Hélène. « par Simon »

4850 Isidore Eherlich, 13, garçon, Anvers, « par Simon » :

« Je suis aprti d'Anvers dès ma naissance et j'ai été avec mes parents à Strasbourg puis nous avons été à,Nice et dans cette ville j'ai commencé mes écoles. Je suis resté à Nice jusqu'à ces derniers jours. Mes parents sont cachés à Nice et m'ont envoyé en Suisse pour éviter les mesures prise par les Allemands contre les juifs. N ous avons passé la frontière le 21-9-43 vers les 2300 dans la région de Cornières. »

4851 Léon Majerovicz, 13, garçon, Melawa (Pologne), « par Simon » :

« Je siis resté jusqu'à l'âge de 5 ans à Melawa puis je suis venu avec mes paremts à Paris où nous smmes restés jusqu'en 40 puis j'ai été à Nice, où je suis resté jusq 'à ces derniers jours. Mon père est a nice et ma mère à été déportée. Je suis venu en Suisse pour éviter les mesures prise par les Allemands contre les juijs. Je suis venu avec un convoi de 20 enfants accompagnés apr scouts français jusqu'à Annemasse puis elles nous ont remis entre les mains de passeurs. N ous a vons passé la frontière le 21-9-43 vesr les 2300 dans la région de Cornières. »

4852 André-Jacques Panczer, 8, garçon, Paris, « par Simon » :

« Je suis resté à Paris jusqu'en 1942. Dans cette ville j'ai commencé mes écoles puis je suis allé avec mes parents à Pressac-Mégève et Nice où je suis resté jusqu'à ces dernier sjours. Mes parents ont été mis dans un sanatorium à St. Clair de la Tour et il m'ont envoyé en Suisse pour éviter les mesures prise par les Allemands contre les juifs. Je suis venu en Suisse avec un convoi de 20 enfants. Nous avons été accompagnés par des scouts fRançais jusqu'à Annemasse et de là ils nous ont remis entre les mains de passeurs. Nous avons passé la frontière le 21-9-43 vers les 2300 dans la région de Cornières […] »

4853 Gertrude Zegel, age 14, fille, Saarbrück (Allemagne), « par Simon » :

« Je suis restée à Sarbruck jusqu'en 1935. Dans cette ville j'ai commencé mes écoles puis je suis venue en Italie avec mes parents. Nous sommes allés à Mérano puis nous sommes venus en France à Nice. Mon père est prisonnier en Allemagne et ma mère et ma sœur se cachent à Nice, Elles m'ont envoyéen Suisse pour éviter les représailles prise par les Allemands contre les Juifs. Je suis venue en Suisse avec un convoi de 20 enfants organisé par un comité israelite. Nous avons été accompagnés par des scouts jusqu'à Annemasse et delà elles nous ont remis entre les mains de passeurs. Nous avons passé la frontière le 21-9-43 vers les 2300 dans la région de Cornières […] »

4854 Arnold Katz, 6, garçon, Volklingen (Allemagne), « par Simon » :

« Je suis venu en France avec mes parents et nous nous sommes installés à Nice. Mes parents sont cachés à Nice et m'ont envoyé en Suisse de crainte des représailles Allemandes contre les juifs. Je suis venu en Suisse avec un convoi d'enfant organisé par un comité israelite et nous avons été accompagnée jusqu'à Annemasse par des scouts Français. Là ils nous ont remis entre les mains d'un passeur. Nous avons passé la frontière le 21-9-43 vers les 2300 dans la région de Cornières [...] »

4855 Anna Granat, 16, fille, Aubervilliers, « par Simon » :

« Nous sommes restés à Aubervilliers jusqu'en 1940, Aubervilliers se trouve dans la banlieue de Paris. Nous avons commencé nos écoles à Paris puis nous sommes allés à Nice où nous sommes restés jusqu'à ces derniers jours. Mes parents sont cachés dans la ville de Nice et de crainte que nous subissions les représailles Allemandes contre les juifs ils nous ont envoyés en Suisse. Nous sommes venus avec un convoi d'enfant organisé par un comité israelite et nous avons été accompagnés jusqu'à Anne,asse par des scouts. De là Nous avons été remis en tre les mains de passeurs qui nous ont conduits jusqu'au barbelés. Nous avons passé la frontière le 21-9-43 vers les 2300 dans la région de Cornières. »

4855 Jacob Granat, 16, garçon, Aubervilliers. C'est le frère jumeau d'Anna. « par Simon »

4855 Simon Granat, 13, garçon, Paris. C'est le frère d'Anna. « par Simon »

4855 Sarah Granat, 11, fille, Paris. C'est la sœur d'Anna. « par Simon »

4855 Joseph Granat, 10, fille, Paris. C'est le frère d'Anna. « par Simon »

4856 Joseph Sosnowski, 12, garçon, Lens, « par Simon » :

« J'ai quitté Lens à l'âge d'une année avec mes parents pour aller à Nice. Dans cette ville nous avons commencé nos études avec mon frère et nous sommes restés jusqu'à ces derniers jours. Mes parents vivent cachés à Nice et nous ont envoyés en Suisse pour éviter les mesures prise par les Allemands contre les jui fs. Nous sommes venus en Suisse avec un convoi d'enfant accompagné par des scouts Française. De Annemasse elles nous ont remis en tre les mains de passeurs qui nous ont conduits jusqu'au barbelés. Nous avons passé le 21-9-43 vers les 2300 dans la région de Cornières. »

4856 Marcel Sosnowski, 9, garçon, Nice. C'est le frère de Joseph. « par Simon »

4857 Renée Lipschitz, 15, fille, Anvers, « par Simon » :

« Je suis restée à Anvers jusqu'en 1940. Dans cette ville j'ai commencé mes écoles puis je suis venue à Béziers avec mes parents. Après un stage de trois ans nous sommes venues à Grenoble où nous sommes restés 6 mois pour aller à Nice. Mes parents se cachent à Nice et m'ont envoyée en Suisse de crainte que je subisse les persécutions de Allemands contre les juifs. J'ai passé la frontière le 21-9-43 vers les 2300 dans la région de Cornières. Nous étions accompagnés de jeunes scouts jusqu'à Annemasse et de là par des passeurs. »

4858 Estelle Goldfarb, 14, fille, Varsovie, « par Simon » :

« Nous sommes restées à Varsovie jusqu'en 1930. De cette ville nous sommes venues à Paris avec nos parents. N ous sommes restées à Paris jusqu'au mois de juillet 42 puis nous sommes allés à Toulouse et N ice. et de là en Suisse. Nos parents sont cachés dans la ville de Nice et nous envoyées en Suisse pour qu'il aient plus de facilité de se cacher. En plus de cela ils craignaient pour nous les représailles des Allemands contre les personnes de ra ce juive. Nous avons passé la frontière le 21-9-43 vers les 2230 dans la région de Cornières. Nous sommes venues avec un convode 20 enfants accompagné par des scoutes Française. Elles nous ont accompagés jusqu'à Annemasse et de là nous ont remis en tre les mains de passeurs. »

4858 Frida Goldfarb, 14, fille, Varsovie. C'est la sœur jumelle d'Estelle. « par Simon »

4868 Isidor Brust, 10, garçon, Luxembourg, « par Simon » :

« Né en 1932 à Luxembourg, j'y suis resté jusqu'à l'âge de huit ans, soit jusqu'en mai 1940. J'y ai commencé mes écoles primaires. Je suis venu avec mes parents dans le Bas-Languedoc jusqu'en 1943, Au printemps 1943, j'ai été 4 mois à Mégève et ensuite à Nice avec mes parents. J'ai gagné la Suisse Pour éviter les mesures prises par les autorités allemandes contre les israelites Et mes parents ne pouvant plus continuer à me cacher. J'ai franchi la frontière le 22.9.43 à 0030 dans la région de Cornières. Je suis parti de Nice avec un convoi d'enfants israelites. Ce convoi était formé par le Comité Israelite de Nice. Ce sont des scouts qui nous ont conduits jusqu'à la frontière. »

Profil du convoi du 23 (1) septembre 1943

Convoi MJS numéro 8

Résumé des renseignements :

Poste-frontière : Sézenove

Lieu où l'arrestation fut effectuée : Plaine du Loup

Heure de l'arrestation : 21 h 00

Lieu et heure de passage : « à pied entre les bornes 50 et 51 à 2030 h »

Nombre de personnes : 7

Composition du convoi : 7 enfants non accompagnés

Correspondence avec la liste de l'OSE : 5 de 7 noms apparaissent sur la liste de l'OSE sous l'annotation « par Simon »

Liste des enfants du convoi et extraits de leurs Déclarations :

4947 Albert Reisz, 18, garçon, Vienne, « par Simon » :

« Né en 1925 à Vienne, j'y suis resté jusqu'en 1938- J'y ai fait mes écoles primaires. De 1938 à 1940, à Bruxelles. Dès 1940, je me suis réfugié en France, d'abord à Toulouse de mai 1940 à octobre 40, puis à Montélimar jusqu'en février 1941, puis au Camp de Riversalt jusqu'en juin 1941 et j'ai été libéré et mis enrésidence forcée à Vence (Alpes Maritimes) où j'ai travaillé comme employé de bureau- Ce fut mon dernier domicile en France. Ma mère est morte et mon père est caché en France. Je ne pense pas qu'il vienne en Suisse. J'ai gagné la suisse pour éviter les mesures prises par les autorités allemandes contre les israelites. J'ai franchi la frontière suisse le 23.9.43 à 2100 dans la région de St. Julien. J'ai fait la connaissance à Nice d'un certain Monsieur WYSTER Jacques au Café de Paris à Nice, Rue Pasteur Elie, qui m'a dit que je pourrais gagner la Suisse avec un convoi d'enfants. Depuis Nice nous sommes allés en train jusqu'à Annecy accompagnés par une demoiselle Thérèse . Puis à Annecy, nous sommes restés trois jours au Lycée BERTHOLET, puis nous sommes partis en autocar pour St.Julien avec M. Rolland et Mlles Mila, Jeanne et Théa. De St.Julien et à la frontière, nous étions accompagnés de M. ROLAND et Mlle JEANNE. »

5019 Henriné Hirschhorn, 15, garçon, Metz, « par Simon » :

Note : La date de passage indiquée sur la Déclaration semble incorrecte, elle ne correspond pas à la date du rapport d'arrestation.

« Né en 1928 je suis parti à l'âge de 2 ans avec mes parents pour aller à Luxembourg. Je suis resté 12 ans dans cette ville et j'ai fait toutes mes écoles. En 1941 je suis venu avec ma mère à Marseille où nous sommes restés jusqu'au mois de février 1943 puis nous sommes allées à Nice-Mègève-Nice de cette ville je suis venu en Suisse. Mon père est mort et ma maman est restée à Nice où elle se cache. Nous avons appris par un Monsieur Jacques que l'on pouvait venir en Suisse avec un convoi. Nous étions 17 enfants à la gare de Nice et nous sommes partis pour Annecy avec une demoiselle, là une demoiselle Jeanne nous a conduits dans un lycée où nous sommes restés 2 jours puis nous sommes partis accompagnés de Melle Jeanne en car jusqu'à Saint-Julien puis elle nous a remis entre les mains de passeurs. Nous avons passé la frontière le 24.9.43 vers les 2100 dans la région de la Feuillée. Nous sommes allés dans une ferme et nous avons demandé qu'il tél. au douanier qui est venu nous chercher et nous a conduit au poste de douane […] »

5020 Renata Dzierlatka, 14, fille, Anvers :

« Née en 1929 à Anvers, j'y suis restée jusqu'en 1940. J'y fait mes écoles primaires. De 1940 à 1942 à Marseille avec mes parents. de 1942 à juin 1943, à Vence,. Puis j'ai été quinze jours à Nice où se trouve encore ma mère. Puis enfin à Draguignan. Mon père a été déporté en décembre 1942. Ma mère compte faire aussi passer deux frères plus jeunes que moi. J'ai gagné la Suisse pour éviter les mesures prises par les autorités allemandes contre les israelites. J'ai franchi la frontière le 23.9.43 à 2100 dans la région de la Feuillée. L'organisation O.S.E. a organisé un convoi d'enfants de Nice pour la Suisse. Une demoiselle JEANNE nous a conduits depuis Nice à Annecy et de Annecy à St. Julien en autocar accompagné de M. ROLAND et de St.Julien avec un passeur que je ne connais pas. Après le passage, nous nous sommes rendus dans une maison et les gens qui y habitent ont appelé la Douane qui est venue nous chercher et nous conduire au Poste de Douane […] »

5025 Adolphe Herz, 15, garçon, Anvers, « par Simon » :

Note : Dans la Déclaration, le prénom est écrit « Adilf ». La signature de l'enfant indique clairement qu'il s'appelle Adolph.

« J'ai habité Bruxelle jusqu'en mars 1943 avec mesparents. Mon père était artiste de héâtre. Mesparents sont déportés depuis 1 an environ. Je suis à Nice depuis mars 1943 jusqu'à ces derniers jours. Je suis venu en Suisse pour éviter lesmesures prises par les Allemands contre les juifs. Une demoiselle m'a conduit jusqu'à Annecy, puis jusqu'à la frontière un jeune homme dont je ne sais pas le nom nous a conduit jusqu'aux barbelés, on étais 7 enfants. Nous avons passé la frontière le 23.9.43 à 0900 dans la région de La Feuillée […] »

5027 Rosette Dolberg, 14, fille, Liège :

« Née en 1928 à Liège, j'y suis restée jusqu'en 1940. J'y fait mes écoles primaires . Nous nous ommes réfugiés à Nice avec mes parents où nus sommes restés contamment. Mes parents sont restés à Nice. J'aigagné la Suisse pour éviter les mesures prises par les autorités allemandes contre les israelites. J'ai franchi la frontière suisse le 23.9.43 à 2100 dans la région de la Feuillée. C'est l 'organisation O.S.E. qui s'est occupé de notre passage en Suisse. Une demoiselle JEANNE nous accompagnés jusqu'à Annecy, puis de Annecy à St-Julien en autocar avec Mlle JEANNE et M. ROLAND et depuis St.Julien à la frontière avec un passeur que je ne connais pas. En Suisse, nous sommes arrivés dans une maison qui a appelé les douaniers et ces derniers nous ont conduits au Postede Douane […] »

5038 Harry Goldberg, 14, garçon, Berlin, « par Simon » :

« J'ai habité l'Allemagne jusqu'en 1933, ensuite j'ai été à Paris, en Palestine et en Italie, dernièrement à Nice. Mon père est avocat, il est aux Etats-Unis depuis 1939, ma mère est à Nice, elle se cache. Je suis venu en Suisse pour éviter d'être déporté par les Allemands. J'ai franchi la frontière le 23.9.43 à La Feuillée en compagnie de 6 enfants conduits par deux hommes que je ne connais pas. »

5071 Harry Walter, 15, garçon, Frankfurt (Allemagne), « par Simon » :

« Né en 1928 en Allemagne, je suis resté dans ce pays que 4 ans, soit jusqu'au 6 juin 1932.Le 1932 à 1943 au mois de mars, à Paris où j-ai fait mes écoles primaires et l-Ecole Centrale de T.S.F. En mars 1943, je suis parti pour Moissac où se trouve le Camp des Scouts israelites et dont je fais partie. Les allemands étant venus, je suis parti chez mes parents à Nice d-où je suis parti pour la Suisse. J'ai gagné la Suisse pour éviter les mesures prises par les autorités allemandes contre les israelites. J'ai franchi la frontière suisse le 23.9.43 à 2100 dans la région de la Feuillée. C'est l'organisation des scouts israelites qui s-est occupée de notre passage avec 7 camardes. De nice à Annecy, nous avons été accompagnés par Mlle JEANNE et de Annecy à St .Julien en car toujours accompagnés de Mlle JEANNE et de M. ROLAND et dès St.Julien par deux passeurs que je ne connais pas. »

Profil du convoi du 23 (2) septembre 1943

Convoi MJS numéro 9

Résumé des renseignements :

Poste-frontière : Cornières

Lieu où l'arrestation fut effectuée : « Au barrage »

Heure de l'arrestation : 22 h 45

Lieu et heure de passage : « à pied au barrage »

Nombre de personnes : 19

Composition du convoi : 19 enfants non accompagnés (Note : les rapports d'arrestation mentionnent 23 personnes dans ce groupe, bien que j'en aie identifié 19.)

Correspondance avec la liste de l'OSE : Tous ces noms apparaissent sur la liste de l'OSE sous l'annotation « par Simon »

Liste des enfants du convoi et extraits de leurs Déclarations :

5021 Rudolph Unterman, 14, garçon, Anvers, « par Simon » :

« J'ai habité Anvers jusqu'en 1942 Anvers (Belgique) avec mes parents. Mon père est commerçant. Mes parents sont actuellement à Nice. J'ai deux frères plus âgés que moi, un est à Nice, l'autre en Angleterre. Je suis venu en Suisse pour éviter la déportation. Une demoiselle m'a accompagné jusqu'à Annecy, le groupe était composé de 17 enfants. Ensuite on est venu jusqu'à Annemasse, trois jeunes gens nous conduisirent jusqu'aux barbelés. Nous avons franchi la frontière le 23.9.43 dans la région de Cornières et nous avons été arrêtés peu après [...] »

5026 Cecile Axelrad, 15, fille, Frankfurt (Allemagne), « par Simon » :

« Nous sommes restées à Francfort jusqu'en 1933. J'ai commencé mes écoles primaires à Francfort et je les ai continuées dans les différentes villes où nous avons habités par la suite. Nous sommes venues en France à Paris en 1933 avec nos parents où nous sommes restés jusqu'en 1942. Nous sommes partis de Paris pour aller en zone libre à Culan (Cher) et après deux mois nous avons été pris et mis dans un camp où nous sommes restés 8 mois. Nous nous sommes enfuis de ce camp pour aller à St. Gervais et de là nous sommes allées à Nice où nous sommes restés jusqu'à ces derniers jours. Mes parents se cachent à Nice et nous sommes venues en Suisse pour éviter les mesures prise par les Allemands contre les juifs. Nous sommes venus en Suisse avec un convoi d'enfants organisé par le comité "OSE" et de la gare de Nice nous avons été accompagnés jusqu'à Annecy par deux jeunes filles Melles. Jeanne et Thérése. Nous avons été ensuite seuls jusqu'à Annemasse et là trois Monsieurs nous attendaient et nous ont conduits jusqu'à la frontière. Nous avons passé la frontière le 23.9.43 vers les 2100 dans la région de Cornières. »

5026 Rosie Axelrad, 13, fille, Frankfurt (Allemagne). C'est la sœur de Cecile. « par Simon »

5026 Simon Axelrad, 9, garçon, Paris. C'est le frère de Cecile. « par Simon »

5032 Lore Mantel, 12, fille, Duibourg (Allemagne), « par Simon » :

« Née à Duibourg en 1931 j'ai quitté cette ville avec mes parents à l'âge de deux ans pour venir en France à Lille. Dans cette ville ma sœur est née et nous avons commencé nos écolesprimaires. Nous sommes allés en Bretagne en 1940 à La Hisse-Clermnot Ferrant-Pont Gibeau-Nice-Mègève-Nice et de cette ville en Suisse. Mes cousins sont nés à Lille et sont restés dans cette ville jusqu'en 1941. Dans cette ville ils ont commencés leurs études et sont venus à Nice en 1941 et sont restés dans cette ville jusqu'à ces derniers jours. N os parents sont cachés à Nice et ne sont pas venus avec nous car on leur a dit que les parents ne sont pas acceptés en Suisse avec des enfants âgés de plus de 6 ans. Nous sommes venus en Suisse pour éviter les mesures prise par les Allemands conre les juifs. Nous avons passé la frontière avec un convoi d'enfants organisé pa r le mouvement sioniste de Nice . Nous avons passé le 23.9.43 vers les 2100 dans la région de Corniées [...] »

5032 Cecile Mantel, 7, fille, Lille. C'est la sœur de Lore. « par Simon »

5032 Jacques Mantel, 13, garçon, Lille. C'est le cousin de Lore. « par Simon »

5032 Maurice Mantel, 10, garçon, Lille. C'est le cousin de Lore. « par Simon »

5033 Marie Meller, 13, fille, Metz, « par Simon » :

« Né à Metz j'ai quitté cette ville de suite après ma naissance pour aller avec mes parents à Lens où nous sommes restés jusqu'en 1939. J'ai commencé mes écoles dans cette ville et depuis nous sommes allés à Beziers-Lyon-Nice et de là je suis venue en Suisse. Je suis venue en Suisse pour éviter les mesures prise par les Allemands contre les juifs. Je suis venue avec un convoi d'enfants organisé par le mouvement sioniste de Nice. Nous sommes partis de Nice accompagnés par deux jeunes filles qui nous ont accompagnés jusqu'à Annecy là nous avons été conduits dans une école où nous sommes restés deux jours. Nous avons été ensuite mis dans le train en direction d-Annemasse et à notre arrivée un Jeune homme nous attendait et nous a conduits jusqu'à la frontière. J'ai passé la frontière le 23.9.43 vers les 2100 dans la région de Cornières. »

5034 Betty Seiden, 14, fille, Berlin, « par Simon » :

« Né à Berlin en 1928 j'ai quitté cette ville en 1934 pour aller à Pa ris. Dans cette ville j'ai commencé mes classes primaires que j'ai continuées dans les différentes villes où j'ai été par la suite. Je suis partie de Paris en 1939 pour aller en vacance dans une colonie d'enfants en Bretagne à Dinard de là je suis allée à Limoges-et à Nice où j'ai rejoint mes parents. Je s uis restée jusqu'à ces derniers jours à Nice. Mes parents ont été déportés et depuis sans appuis je suis venue en Suisse avec un mouvement sioniste qui a organisé un convoi. Nous sommes venus jusqu'à Annecy et après avoir passé deux jours dans cette ville nous sommes allés à Annemasse et de là un jeune homme nous a accompagné jusqu'à la frontière. Nous avons passé la frontière le 23.9.43 vers les 2100 dans la région de Cornières. »

5035 Gilles Segal, 14, garçon, Folticeni (Roumanie), « par Simon » :

« Né à Folticeni en 1929 j'ai quitte cette ville pour aller à Bucarest puis ensuite à Paris. Dans cette ville j'ai fait mes écoles. En fin 1942 nous avons été arrêtés toute la famille,et conduits dans un camp. De ce camp mes parents ont été déportés et moi j'ai été conduit dans un asile d'enfants juifs où je suis resté quelques mois puis j'ai été chez des connaissances à Donzenac puis je suis venu à Nice avec ces personnes. Et de là je suis venu en Suisse. Comme mes parents ontété déportés ces personnes m'ont envoyé avec le convoi d'enfant organisé,par le mouvement sioniste . Nous avons été conduits jusqu'à Annecy et après avoir passé deux jours dans une école nous sommes allés jusqu'à Annemasse où un jeune homme nous attendait à la gare et nous a conduits jusqu'à la frontière. N ous avons passé la frontière le 23.9.43 vers les 2100 dans la région de Cornières [...] »

5036 Hélène Feferman, 15, fille, Paris, « par Simon » :

« Nées à Paris nous sommes restées dans cette ville jusqu'en 1942. Dans cette ville j'ai fait toutes mes écoles et mon apprentissage de secrétaire tandis que ma sœur a commencé ses écoles à Paris et les a continuées à Nice. Nous sommes ensuite venues à Nice avec mes parents et de là nous sommes venues en Suisse. Nos parents sont cachés à Nice et nous ont envoyées en Suisse pour éviter les mesures prises par les Allem nds contre les juifs, Nous a vons passé la frontière le 23.9.43 vers les 2100 dans la région de Cornières. Nous sommes venues avec un convoi d'enfants organisé par le mouvement sioniste et nous avons été accompagnées jusqu'à Annecy ; et après avoir passé deux jours dans cette ville nous sommes parties pour Annemasse où nous étions attendues par un jeune homme qui nous a conduits jusqu'à la frontière. »

5036 Sarah Feferman, 13, fille, Paris. C'est la sœur d'Hélène. « par Simon »

5037 Marcel Horowitz, 15, garçon, Anvers, « par Simon » :

« Nous sommes nés à Anvers et dans cette ville nous soummes restés jusqu'en septembre 1942. Nous sommes ensuite venus à Nice avec nos parents. Nous avons commencés nos écoles à Anvers et nous les avons contunuées à Nice. De Nice nous sommes venus en suisse. Nos parents sont cachés à Nice et nous sommes venus en Suisse pour éviter les mesures prise par les Allemands contre les juifs. Nous sommes venue en Suisse avec un convoi d'enfants organisé par le mouvement sioniste de Nice. Nous sommes venus accompagnés par deux jeunes filles jusqu'à Annecy et là après avoir passé deux jours nous sommes partis pour Annemasse où un jeune homme nous attendait à la gare pour nous conduire jusqu'à la frontière. Nous avons passé la frontière le 23.9.43 vers les 2100 dans la région de Cornières […] »

5037 Julien Horowitz, 14, garçon, Anvers. C'est le frère de Marcel. « par Simon »

5043 Victor Harif, 8, garçon, Paris, « par Simon » :

« Jusqu'à la guerre j'ai habité Paris avec mesparents ; mon père était comptable. Depuis 1941 je suis à Nice, mes parents y sont actuellement et je ne sais pas s'ils viendront en Suisse. Je suis venu avec un groupe de 23 enfants, j'ai franchi la frontière le 23,9.43 avec l'aide de passeurs, ils étaient trois, mais je ne sais pas leur nom. Nous avons passé près de cornières et avons été arrêté peu après […] »

5044 Blanche Perles, 9, fille, Lille, « par Simon » :

« J'ai habité Lens jusqu'en 1940, ensuite j'ai beaucoup voyagé, ces dernier temps j'étais à Nice. Mon père était commerçant en tissus. Mes parents se trouvant à Nice actuellement ainsi qu'une sœur et un frère agé de 3 et 2 ans. Mes parents vont bientôt venir en Suisse. Nous avons franchi la frontière une vingtaine d'enfants ensemble et un homme nous a conduit jusqu'aux barbelés. C'était 23.9.43 au soir dans la région de Cornières […] »

5044 Léa Perles, 7, fille, Lille. C'est la sœur de Blanche. « par Simon »

5045 Jacob Litman, 15, garçon, Lodz (Pologne), « par Simon » :

Note : La Déclaration indique qu'il avait traversé le « 23.10.43 ». Toute autre documentation affirme clairement que c'était une erreur et que l'enfant faisait partie du convoi du 23 septembre.

« J'ai habité jusqu'à l'âge de 11 ans, ensuite 5 mois en Italie et dès lors à Nice. Mon père était commerçant en tissus, actuellement il est à Nice, ainsi que ma mère. Je suis venu en Suisse pour éviter d'être déporté par les Allemands. Je suis venu en Suisse avec un groupe de 23 enfants. Les personnes qui nous ont aid é à passer la frontière étaient inconnues de moi, c'était la première fois que je les voyais. J'ai franchi clandestinement la frontière le 23.10.43 au soir à Cornières, j'ai été arrêté peu après ainsi que les autres enfants du groupe. »

Profil du convoi du 24 (1) septembre 1943

Convoi MJS numéro 10

Résumé des renseignements :

Poste-frontière : Sézenove

Lieu où l'arrestation fut effectuée : b. 50

Heure de l'arrestation : 21 h 00

Lieu et heure de passage : « b. 50 par-dessous les barbelés »

Nombre de personnes : 7

Composition du convoi : 7 enfants non accompagnés

Correspondance avec la liste de l'OSE : 6 de 7 noms apparaissent sur la liste de l'OSE sous l'annotation « par Simon »

Liste des enfants du convoi et extraits de leurs Déclarations :

4908 Georges Kornfeld, 15, garçon, Paris, « par Simon » :

« Né en 1928 à Paris, j'y suis resté jusqu'en 1941. J'y ai fait mes écoles primaires. De 1941 à 194[3], jeme suis réfugié avec mes parents dans le Cher. Dès septembre 1943 à Nice avec mes parents. J'y travaillé du métier de magasinier. Mes parents sont restés à Nice. J'ai gagné la suisse pour éviter les mesures prises par les autorités allemandes contre les israelites. J'ai franchi la frontière suisse le 24-9-43 à 2100 dans la région de la Feuillée. A Nice, mes parents ont pris contact avec une personne que je ne connais pas . Je suis allé à la Gare où une jeune demoiselle nous accompagné jusqu'à Annecy. Cette demoiselle s'appelle Thérèse. A Annecy, une autre demoiselle du nom de Jeanne et qui nous conduisit au Lycée BERTHOLET pendant trois jours. Pour le voyage de Annecy à St.Julien en autocar nous étions accompagnés de M. ROLAND et de Mlle JEANNE. A St. Julien nous avons marché jusqu'à la frontière que nous avons traversé. Nous avons été arrêtés par un douanier dans une maison qui avait téléphoné pour avertir le Poste de Douane […] »

4909 Jacques Polac, 15, garçon, Paris, « par Simon » :

« Nous sommes restés à Paris jusqu'en 1942. Dans cette ville nous avons commencé nos écoles. Nous sommes ensuite allés avec nos parents à Toulouse-Marseille-Nice et delà en Suisse. Mes parents sont restés à Nice et nous ont envoyés en Suisse pour éviter les mesures prise, par les Allemands contre les juifs. C'est un jeune homme qui est venu dire à nos parents que les enfants pouvaient partir en convoi pour la Suisse. Nous avons été à la gare et de là une jeune fille, Thérèse ap-20 ans, nous a accompagnés jusqu'à Annecy, nous étions 19 enfants. Et de là une demoiselle Jeanne nos a conduits jusque près de la frontière. Nous avons passé le 24-9-43 vers les 2130 dans la région de Chene-Bourg. »

4909 Rose Polac, 12, fille, Paris. C'est la sœur de Jacques. « par Simon »

4917 Jean Manasse, 13, garçon, Berlin, « par Simon » :

« Je suis né à Berlin, mais dès 1932 et jusqu'à la guerre j'ai habité Paris. Ensuite je suis allé dans l'A veyron, dans un camp d'évacuation d'éclaireur. Puis j'ai changé continuellement de place car les Allemands devenaient plus pressants. Je suis arrivé enfin à Grenoble où j'ai vécu jusqu'à ces derniers jours. Ensuite une organisation scoute a arrangé mon départ. Je suis parti jusqu'à Annecy en train et de là, en autocar jusqu'à un petit village dont j'ignore le nom. Nous étions 7 enfats guidés par une jeune fille appelés Jeanne. Cette s'est occupée de nous et nous a conduit jusqu'à 200 ou 300 mètres de la frontière puis elle est repartie. Mes parents avaient l'intention de venir mais on leur a dit que les personnes en dessus de 16 ans seraient refoulées. Mais je pense qu'ils viendront malgré tout. J'ai franchi la frontière le 24.9.43 vers 20.30 dans les environs de la Feuillée. »

4920 Suzanne Marburger, 15, fille, Paris, « par Simon » :

« Née en 1928 à Paris, j'y suis restée jusqu'en 1940. J'y ai fait mes écoles primaires ainsi que mon frère. De 1940, nous nous sommes réfugiés à Toulouse, ensuite à Albi et enfin à Nice où se trouentencore nos parents. Nous avons gagné la Suisse pour éviter les mesures prises par les autorités militaires allemandes contre les israelites. Nous avons franci la frontière suisse le 24.9.43 à 2030 dans la région de la Feuillée. Mes parents se sont adressés au Comité Israelite de Nice qui nous a mis dans un convoi de 10 enfants et npus sommes partis de Nice pour Annecy. À Annecy, une demoiselle JEANNE s'est occupée de nous et nous sommes partis un groupe de 7 enfants en autocar pour la frontière. Mlle JEANNE nous amontré le chemin des barbelés, mais n'est pas venue à la frontière. »

4920 Joseph Marburger, 13, garçon, Paris. C'est le frère de Suzanne. « par Simon »

4928 Rosette Wolczak, 15, fille, Paris. Son dossier n'est pas disponible.

Elle fut refoulée en France le 16 octobre 1943, accusée de conduite immorale. Elle fut arrêtée par les Allemands près d'Annemasse le 19 octobre. Emprisonnée au Pax, elle fut envoyée à Drancy le 25 octobre. Le 20 novembre, elle fut déportée à Auschwitz par le convoi 62 et n'a pas survécu[2].

Profil du convoi du 24 (2) septembre 1943

Convoi MJS numéro 11

Résumé des renseignements :

Poste-frontière : Cornières

Lieu où l'arrestation fut effectuée : « Au barrage »

Heure de l'arrestation : 20 h 40

Lieu et heure de passage : « à travers les barbelés »

Nombre de personnes : 19

---

[2] Fivaz-Silbermann, Ruth, La *Refoulement de réfugiés civils juifs*, 97-98.

Composition du convoi : 19 enfants non accompagnés

Correspondance avec la liste de l'OSE : 18 de 19 noms apparaissent sur la liste de l'OSE sous l'annotation « par Simon »

Liste des enfants du convoi et extraits de leurs Déclarations :

4899 Louis Korn, 10, garçon, Paris :

Note : La date de passage indiquée sur la Déclaration semble incorrecte, elle ne correspond pas à la date du rapport d'arrestation.

« Né en 1933 à Paris, j-y suis resté quelquestemps, puis j'ai été en Belgique avec mes parents. Je suis revenu à Paris en 1938 où je suis resté jusqu'à mon départ pour la Suisse. J'y fait mes écoles primaires et était ces derniers temps au lycée. Mes parents ont été déportés en aout 1942. J'ai gagné la Suisse pour éviter les mesures prisespar les autorités allemandes contre les israelites. J'ai franchi la frontière suisse le 22.9.43 à 2330 dans la région de Chêne.bourg. Une dame du Comité Israelite de Paris a organisé mon voyage. Je ne las connais pas, car c-est mon grand-père qui s'en est occupé. Une dame m'a acompagné jusqu-à Annecy puis delà un homme, que je ne connais pas non plus jusqu'à la frontière. »

4900 Jacqueline Korinschtain, 13, fille, Paris, « par Simon » :

« Né en 1930 à Paris, j-y suis restée jusqu-en 1942. J-y ai fait mes écoles primaires. En 1942, je suis allée me réfugier avec mes parents 6 mois à Marseille, puis 6 mois en 1943 à Nice où se trouvant encore mes parents, qui auront peut-être l'intention de me suivre en Suisse. J'ai gagné la Suisse pour éviter les mesures prises par les autorités allamendes contre les israelites. J'ai franchi la frontière suisse le 24.9.4 à 2030 dans la région de la Feuillère. Mes parents se sont adressés au Comité Israelite de Nice qui se chargeait de faire un convoi d'enfants pour la suisse. Je suis montée dans le train à Nice et à l'arrivée à Annecy, une demoiselle s-est occupé de moi. Je ne connais pas son nom. Nous avons ensuite pris letrain pour Annemasse ou deux hommes nous ont conduits à la frontière et nous l-ont faite passer. Je ne connais pas le nom de ces messieurs. »

4910 Annette Rosenzweig, 8, fille, Colmar, « par Simon » :

Note : La date de passage indiquée sur la Déclaration semble incorrecte, elle ne correspond pas à la date du rapport d'arrestation.

« J'ai quitté Colmar avec mes parents quelques mois après ma naissance et nous sommes allée à Paris. J'ai quitté Paris à l'âge de 4 ans pour a ller à Limoges puis à Nice. J'ai commencé mes écoles à Limoges. Depuis nice je suis venue en Suisse. Un monsieur est venu me chercher à la maison et m'a conduite à la gare de là une jeune fille nous a conduits,car nous étions 19 enfants, et nous a conduits jusqu'à Annecy de là des passeurs nous ont conduits jusqu'à la frontière. Nous avons passé le 27-9-43 vers les 2130 dans la région de Chêne-Bourg [...] »

4911 Wolf Wapniarz, 12, garçon, Metz, « par Simon » :

« Je suis resté à Metz jusqu'en 1940. Dans cette ville j'ai commencé mes écoles puis je suis allé à Royon avec mes parents, puis à Angoulême puis je suis venu à Paris car mes parents ont été déportés. A Paris j'ai été dans un centre d'enfant où je suis resté jusqu'à ces derniers jours. C'est à ce centre qu'un monsieur est venu me chercher pour me conduire à la gare et de là avec 19 enfants nous avons été sonduits par une personne jusqu'à Annecy et ensuite par des passeurs. Nous avons passé la frontière le 24-9-43 vers les 2130 dans la région de Chêne-Bourg. »

4912 Isidore Ménaché, 12, garçon, Paris, « par Simon » :

« Je suis toujours resté à Paris et dans cette ville j'ai commencé mes écoles. Mamaman est morte depuis 11 ans et mon papa je ne sais pas où il se trouve. J'ai été élevé par une dame jusqu'à l'âge de 9 ans puis j'ai été dans un orphelinat à Paris . J'ai été ensuite quelques temps à la campagne et depuis je suis rentré à nouveau à Paris où je me trouvais dans un centre d'anfants. C'est de ce centre que l'on m'a envoyé en Suisse. Un Mr. est venu me chercher et m'a conduit à la gare puis là un monsieur nous a pris avec 19 enfants et nous a conduits à Annecy de là des passeurs nous ont conduits jusqu'à la frontière. Nous avons passé la frontière le 24-9-43 vers les 2130 dans la région de Chêne-Bourg. »

4913 Nathan Torezynski, 13, garçon, Radom (Pologne), « par Simon » :

« Je suis né à Pologne mais ai habité Paris depuis l'âge de deux ans et ce jusqu'à ces derniers jours. Je quittela France à cause des Allemands. Je suis venu en convoi organisé par la Communauté israélite de France. Je suis parti de Paris il y a une semaine environ, ensuite je me suis arrêté à Annecy et je suis venu par un convoi dont les passeurs ont été arrêtés le 24.9 43 vers 22.00 h. »

4913 Henri Torezynski, 10, garçon, Paris. C'est le frère de Nathan. « par Simon »

4915 Marcelle Refkolevsky, 15, fille, Paris, « par Simon » :

« Nous sommes restées à Paris jusqu'en 1942 Dans cette ville nous avons commencé nos écoles primaires. Nous sommes ensuite allés à Nice où nous sommes restées jusqu'à ces derniers jours. Mes parents sont encore à Nice mais ils se cachent des Allemands et nous ont envoyées en Suisse pour éviter les mesures prise par les Allemands contre les juifs. C'est mes parents qui nous ont conduites à la gare de Nice et là nous avons été mises entre les mains d'une jeune fille, Melle Thérèse, qui nous a accompagnées jusqu'à Annecy, nous étions 19 enfants. Depuis Annecy c'est un jeune homme et une jeune fille, Melle Mila, qui nous ont conduits jusqu'à Annemasse et de là nous ont remis entre les mains de passeurs. Nous avons passé la frontière le 24-9-43 vers les 2030 dans la région de Chêne-Bourg. »

4915 Mireille Refkolevsky, 4, fille, Paris. C'est la sœur de Marcelle. « par Simon » Note: Dans la Déclaration, sa date de naissance, 1929, est incorrecte.

4916 Myrianne Berger, 14, fille, Bruxelles, « par Simon » :

« Née en 1929 à Bruxelles, j'y suis restée jusqu'en 1940. J'y fait mes écoles primaires. En 1940, je me suis réfugiée avec mes parents à Toulouse et ensuite à Nice. Ma mère a été déportée en 1942 et mon père se trouve toujours à Nice. J'ai gagné la Suisse pour éviter les mesures prises par les autorités alledmandes contre les israelites. J'ai franchi la frontière suisse le 24.9.43 2000 dans la région d'Annemasse. Mon père a pris contact, je n'en suis pas sûre, avec le Comité Israelite de Nice pour me faire passer en Suisse. A la Gare de Nice, j'ai rencontré quelques camarades et un jeune homme que ne connais pas nous a fait montés dans le train. A Annecy, une demoiselle que je ne connais pas s'est occupé de nous et nous avons pris un autocar. Cette demoiselle n'est pas venue avec nous, mais nous a montré le chemin de la frontière. »

4919 Marie Leviner, 13, fille, Paris, « par Simon » :

« Nous sommes restés à Paris jusqu'en 1939. Dans cette ville j'ai commencé mes écoles. Nous sommes ensuite allés à Châstel-Nouvel (Lozère) puis à Nice-Mègève-Nice puis de là en Suisse, nous sommes toujours restés avec nos parents. À Nice nous étions dans une pension et là nos parents sont venus nous chercher et nous nous sommes rendues à la gare où une jeune fille nous attendait, nous étions 19 enfants, et elle nous a accompagnés jusqu'à Annecy, là une autre jeune fille nous a accompagné jusqu'à Annemasse et nous a remis entre les mains de passeurs. Nous avons passé la frontière 24-9-43 vers les

2130 dans la région de Chêne-Bourg. »

4919 Maurice Leviner, 10, garçon, Paris. C'est le frère de Marie. « par Simon »

4921 Janine Antcher, 13, fille, Paris, « par Simon » :

« Née en 1930 à Paris, je suis resté dans cette ville jusqu'en 1930[3], où j'ai fait mes écoles primaires. De 1940, je me suis réfugié avec mes parents à Montpelier, puis à Rodèze, à Mégève et Nice, qui fut mon dernier domicile. Mes parents sont toujours à Nice. J'ai gagné la suisse pour éviter les mesures prises par les autorités allemandes contre les israelites. J'ai franchi la frontière suisse le 24.9.43 à 2000 dans la région de la Feuillère. A Nice je ne vivais pas avec mes parents, je me cachais. Quelques heures avant le départ du train, mes parents sont venus me chercher et me conduite à la Gare où j'ai trouvé d'autres enfants en partance pour la Suisse. A Annecy, une demoiselle s'est occupée de nous, je ne connais pas le nom de cette demoiselle. Depuis Annecy en train jq. Annemasse. De là des passeurs que je ne connais pas nous ont conduits à la frontière. »

4924 Jacques Halegua, 13, garçon, Salonique (Grèce), « par Simon » :

« Je suis né en Grèce et y ai vécu jusqu'à l'âge de 4 ans et demi après quoi je suis venu en France, à Paris. Mes parents sont actuellement en Palestine et j'ai été élevé par mes Gds parents, actuellement déportés en Allemagne. Je viens en Suisse pour fuir les Allemands. J'ai été emmené de Paris il y a une semaine environ par une personne du comité israélite de France, qui m'a guidé jusqu'à Annecy où je devais attendre la formation d'un convoi pour la Suisse. J'ai été logé au Lycée BERTHOLET Le vendredi 24 septembre je suis parti en train dans lequel j'ai rejoint d'autres enfants et une demoiselle appelés Jeanne. Nous sommes descendus à Annemasse et de là, nous sommes allés à pied jusqu'à la frontière que nous avons franchi le même soir vers 22.00 h. Pendant ce temps, les passeurs ont été arrêtés en même temps que nous. »

4925 Michel Traumann, 10, garçon, Saint Quentin, « par Simon » :

« Je suis né à St Quentin et y ai vécu jusqu'à l'arrivés des Allemands. Je suis parti avec mes parents jusqu'à Tarbes où j'ai vécu 3 ans. En mars dernier nous nous

---

[3] On doit lire ici « 1940 ».

sommes enfuis à Nice. De là, je suis allé pendant 4 mois à Megève, après quoi je suis r venu à Nice. Dernièrement la Commission des Israélites de France a fait savoir à mes parents qu'il était encore possible de faire passer quelques enfants en Suisse. Ma mère m'y a donc inscrit et je suis parti le mercredi soir 22.9.43 par le train. Nous étions environ 20 et nous sommes restés dans le train jusqu'à Annemasse. De là nous avons gagné la frontière guidés par 4 hommes qui ont été arrêtés. »

4926 Henriette Balez, 13, fille, Paris, « par Simon » :

« Je suis toujours restée à Paris et dans cette vile j'ai commencé mes écoles.j'ai quitté Paris ces derniers jours pour venir en Suisse. Mes parents sont à la prison de St. Etienne et depuis j'ai été mise dans un camp et ensuite dans un pensionat. Je suis venue en Suisse pour éviter les mesures prise par les Allemands contre les juifs. C-Est mon frère qui m'a envoyée en Suisse. Il s'est adressé à un Mr. Roland pour me faire évacuer à la campagne et ce Mr. Lui a répondu qu'il pouvait me faire passer en Suisse. Mon frère m'a accompagnée jusqu'à la gare et là m'a remise entre les mains d'un monsieur et avec 11 camarades nous a accompagné jusqu-à Annecy de là un monsieur nous a accompagné jusqu'à la frontière. Nous avons passé le 24-9-43 vers les 2130 dans la région de Chêne-Bourg. »

4927 Lisa Glauberg, 14, fille, Frankfurt (Allemagne), « par Simon » :

« Je suis restée à Francfort jusqu'en 1935. Je suis ensuite allée à Paris avec mes parents et dans cette ville nous sommes restés jusqu'à 1942. Nous sommes allés à Lyon-Marseille-Nice et de là je suis venue en Suisse. Mes parents sont restés cachés à Nice et m'ont envoyée en Suisse pour éviter les mesures prise par les Allemands contre les juifs. Ils m'ont envoyée chez mon oncle Mr. Glauberg, qui habite Lausanne. J'ai passé la frontière avec un convoi d'enfants qui à été organisé par un comité juif à Nice. Nous sommes venus accompagnés Annemasse par des jeunes gens et de là ils nous ont remis entre les mains de passeurs. Nous avons passé la frontière le 24-9-43 vers les 2030 dans la région de Chêne-Bourg. »

4929 Bella Leszkowitz, 12, fille, Strasbourg, « par Simon » :

« Je suis née à Strasbourg et y ai vécu jusqu'au début de la g[uer]re. A ce moment je suis allée en Dordogne avec mes parents. Nous y sommes restés 3 ans environ après quoi nous sommes allés vivre à Nice où nous sommes restés jusqu'à ces derniers temps. Nous venons en Suisse pour fuir les Allemands. Nous avons quittés Nice, ma sœur et moi le 22 septembre 1943 par le train. Nous étions 19 enfants qui avons voyagés ensemble jusqu'en Suisse. En cours de route il y a eu encore quelques enfants qui se sont joints à nous. Nous sommes descendus du train à Annemasse et avons franchi la frontière environ 1 h. plus tard dans la région de Chêne-Bourg. Nous avions été conduits par 3 hommes et 2 Italiens qui se sont faits arrêter par les douaniers suisses, le 24.9.43 vers 22.00 h. »

4929 Rose Leszkowitz, 4, fille, Strasbourg. C'est la sœur de Bella. « par Simon »

Profil du convoi du 28 septembre 1943

Convoi MJS numéro 12

Résumé des renseignements :

Poste-frontière : Sézenove

Lieu où l'arrestation fut effectuée : b. 51

Heure de l'arrestation : 21 h 15

Lieu et heure de passage : b. 51, 21 h 15

Nombre de personnes : 3

Composition du convoi : 3 enfants non accompagnés

Correspondance avec la liste de l'OSE : Tous ces noms apparaissent sur la liste de l'OSE sous l'annotation « par Simon »

Liste des enfants du convoi et extraits de leurs Déclarations :

4980 Ilia Muszkatblat, 8, fille, Paris, « par Simon » :

« J'ai toujours habité Paris avec mes parents. Mon père est maroquinier, actuellement il est déporté depuis août 1943 et ma mère depuis 1942. Une demoiselle Jeanne m'a conduit jusqu'à St-Julien en compagnie de 6 autres enfants, puis ensuite un homme nous a amenés jusqu'au barbelés. J'ai franchi la frontière le 28.9.43 dans la région de Bernex et nous avons été arrêtés par un douanier. Ces derniers temps j'habitais avec ma tante M. Jenny LEVENBERG, Fontaine (Isère), celle-ci m'a dit que l'on était très bien en Suisse et que je devais m'y rendre pour aller dans une colonie d'enfants à Sierre. »

4985 Boris Epstein, 8, garçon, Roanne, "par Simon":

Note : Dans la Déclaration, le nom de famille est écrit « Epsten ». La signature de l'enfant montre clairement qu'il s'appelle « Epstein ». De plus, la date de passage sur la Déclaration semble être incorrecte puisqu'elle ne correspond pas avec la date indiquée sur son rapport d'arrestation.

« Nés à Roanne nous avons quitté cette ville en 1940. Nous sommes allés à Clisson-Toulouse-Aussonne et de là nous sommes venus en Suisse. Nos parents se cachent à Aussonne et nous ont envoyé en Suissse de crainte des mesures prise par les Allemands contre les juifs. C'est un monsieur qui est venu nous chercher à Aussonne et nous a conduits depuis Toulouse et jusqu'à la frontière. Nous avons passé la frontière le 29-9-43 vers les 203 0 dans la région de la Feuillée. »

4985 Renée Epstein, 5, fille, Roanne. C'est la sœur de Boris. « par Simon »

Profil du convoi du 29 septembre 1943

Convoi MJS numéro 13

Résumé des renseignements :

Poste-frontière : Sézenove

Lieu où l'arrestation fut effectuée : Lully

Heure de l'arrestation : 21 h 00

Lieu et heure de passage : « à travers les barbelés B. 50/51 à 20 :30 »

Composition du convoi : 4 enfants non accompagnés

Correspondance avec la liste de l'OSE : Tous ces noms apparaissent sur la liste de l'OSE sous l'annotation « par Simon »

Liste des enfants du convoi et extraits de leurs Déclarations :

4977 Simon Grimberg, 9, garçon, Bruxelles, « par Simon » :

« J'ai habité Bruxelle jusqu'en mai 1940 avec mesparents. Dès lors je me suis réfugié en France. Mon père est horloger – bijoutier, actuellement mon père est parti par le Portugal pour le Congo belge, ma mère ira sûrement le rejoindre. Je suis venu en Suisse pour ne pas rester en France, vu que ma mère va partir au Portugal et qu'elle ne pouvait pas me prendre avec elle. J'ai franchi la frontière le 29.9.43 durant la nuit dans la région de Bernex en compagnie de 3 autres enfants. Le passeur qui nous a fait passés s'appelait Michel âgé de 23 à 25 ans. »

4978 Marcel Zauberman, 12, garçon, Paris, « par Simon » :

« Né en 1931 à Paris, je n'y suis resté que très peu de temps. Je suis parti immédiatement pour LENS avec mes parents. Je suis resté à Lens jusqu'en 1942. J'y ai fait mes écoles primaires. Puis nous sommes allés dans le Cantal jusqu'au printemps 1943 pour nous réfugier, toujours avec mes parents. Dernièrement nous nous trouvions à Châles les Eaux où se truvent encore mes parents. Nous avons gagné la suisse pour éviter les mesures prises par les autorités allemandes contre lesisraelites. Nous avons franchi la frontière suisse le 29.9.43 à 2230 dans la région de la Feuillée. Depuis Châles les Eaux, un certain M. ROLAND s'est occupé de nous et nous a conduit à St.Julien où un Monsieur MICHEL nous a fait franchir la fronrière. Je n'ai rien payé du tout. C'est mes parents qui se sont occupés de tout. »

4978 Mireille Zauberman, 9, fille, Lens. C'est la sœur de Marcel. « par Simon »

4978 Hélène Zauberman, 7, fille, Lens. C'est la sœur de Marcel. « par Simon »

Profil du convoi du 4 octobre 1943

Convoi MJS numéro 14

Résumé des renseignements :

Poste-frontière : Hermance

Lieu où l'arrestation fut effectuée : Les Glands

Heure de l'arrestation : 18 h 00

Lieu et heure de passage : Les Glands, 18 h 00

Nombre de personnes : 13

Composition du convoi : 3 enfants non accompagnés et 4 familles (6 adultes et 4 enfants)

Correspondance avec la liste de l'OSE : Les noms de tous les enfants non accompagnés apparaissent sur la liste de l'OSE avec la désignation « par Simon ». Aucun des enfants accompagnés (c'est-à-dire ceux voyageant avec un parent) n'apparaît sur la liste de l'OSE.

Liste des enfants du convoi et extraits de leurs Déclarations :

5047 Mordka Grynsztejn, 32, sexe masculin, Kozienice (Pologne) :

« Né en 1911 en Pologne, j'y suis resté jusqu'en 1932. J'y fait mes écoles primaires et mon apprentissage de cordonnier. De 1932 à 1942 à Paris où j'ai également exercé mon métier de cordonnier. Je me suis marié en 1928 à Paris. Depuis 1942, nous nous sommes réfugiés dans le Loth et Garonne à Bon Encontre où nous étions enrésidence forcée. Nous avons gagné la Suise pour éviter les mesures prises par les autorités allemandes contre les israelites. Nous avons franci la frontière suisse le 4.10.43 à 1800 dans la région d'Hermance. Nous avons passé par nos propres moyens. »

5047 Laja Grynsztejn, 23, sexe féminin, Varsovie. C'est l'épouse de Mordka.

5047 Léon Grynsztejn, 2, garcon, Paris. C'est le fils de Mordka.

5048 Rebecca Zaidenband, 15, fille, Bruxelles, « par Simon » :

« Nés à Bruxelles nous sommes restés dans cette ville jusqu'en 1940. Nous avons commencé nos écoles primaires que nous avons continuées dans les diverses villes où nous sommes allés par la suite. Nous sommes partis de Bruxelles en 1940 pour Toulouse, nous habitons à Gripiac, près de Toulouse, et jusqu'à ces dreniers jours. Mes parents sojt restés à Gripiac car nous avons un frère qui est malade ils viendrons nous rejoindre dés qu'il sera guéri. Nous sommes venus par lIntermédiaire du comité "OSE" nous avons pris le train à Toulouse et jusqu'à Thonon et là deux personnes nous attendaient. Nous avons passé 2 jours puis on est venu nous chercher en taxis et l'on nous a conduits jusqu'à la lisière d'un bois. Là nous nous sommes trouvé avec 14 personnes et nous nous sommes dirigés sur la frontière. Nous avons passé la frontière le 4.10.43 vers les 1800 dans la région de Hermance. »

5048 Léon Zaidenband, 12, garçon, Bruxelles. C'est le frère de Rebecca. « par Simon »

5048 Simon Zaidenband, 7, garcon, Bruxelles. C'est le frère de Rebecca. « par Simon »

5049 Jankiel Kolodny, 39, sexe masculin, Horodec (Pologne) :

« Né en 1904 en Pologne, j'y suis resté jusqu'en 1923. J'y fait mes écoles primaires et le commencement de mes études que je suis venu finir à Paris où je suis resté jusqu'en 1940. J'y ai exercé ma profession de professeur au consitoire Israelite. Je me suis marié en 1931 à Paris. Mobilisé au milieu de 1940 dans l'Armée Polonaise, je n'y suis resté que très peu de temps, l'exode ayant suivi tôt après. Nous nous sommes réfugiés à Montpellier jusqu'en 1942, puis mis en résidence forcée à Nice jusqu'à ces derniers temps. Nous avons gagné la Suisse pour éviter les mesures prises par les autorités allemandes contre les israelites. Nous avons franchi la frontière suisse le 4.10.43 à 1900 dans la région d'Hermance. Nous avons passé par nos propres moyens. »

5049 Henriette Kolodny, 41, sexe féminin, Phlippopoli [Philippopolis] (Bulgarie). C'est l'épouse de Jankiel.

5049 Rachel-Lilianne Kolodny, 7 semaines, fille, Nice. C'est la fille de Jankiel.

5050 Boba Szer, 39, sexe féminin, Krasnik (Pologne) :

« Née à Krasnik en 1904, je suis restée dans cette ville jusqu'en 1929. J'ai fait toutes mes classes primaires et je me suis mariée en 1927. Nous avons été habiter à Lublin 2 ans puis nous sommes venus à Paris où nous sommes resté jusqu'à u mois août. Mon mari a été déporté en 1942. Depuis j'ai vécu seule et ces derniers temps je suis venue à Ni ce avec mon enfant. De cette ville je suis venue en Suisse. Je suis venue en Suisse pour éviter les mesures prises par les Allemands contre les juifs. J'ai passé la frontière le 4.10.43 vers les 1800 dans la région d'Hermance. »

5050 Nicole Szer, 1, fille, Paris. C'est la fille de Boba.

5051 Esther Weinstein, 43, sexe féminin, Usky (Tchécoslovaquie) :

« Née en Tchécoslovaquie en 1900, j'y suis resté jusqu'en 1928. J'y ai fait quelques écoles. de 1928 à 1940, je suis à Anvers avec mon mari. Je me suis mariée en Tchécoslovaquie en 1922. En 1940, je me suis réfugié en France avec mon mari à St.Gervais, puis mis en résidence forcée à Nice. Mon mari a été déporté il y a seulement quelques semaines. Nous avons gagné la Suisse pour éviter les mesures prises par les autorités allemandes contre les israelites. Nous avons franci la frontière suisse le 4.10.43 à 1900 dans la région de Hermance. Nous avons passé par nos propres moyens. »

5051 Michel Weinstein, 7 mois, garçon, Rodez. Il est le fils d'Esther.

Profil du convoi du 7 octobre 1943

Convoi MJS numéro 15

Résumé des renseignements :

Poste-frontière : Cornières

Lieu où l'arrestation fut effectuée : Les Huteaux

Heure de l'arrestation : 17 h 40

Lieu et heure de passage : « au travers des barbelés »

Nombre de personnes : 7

Composition du convoi : 7 enfants non accompagnés

Correspondance avec la liste de l'OSE : 3 des 7 noms apparaissent sur la liste de l'OSE sous l'annotation « par Simon »

Liste des enfants du convoi et extraits de leurs Déclarations :

5074 Elie Knout-Fixman, 8, garçon, Paris, « par Simon » :

« J'ai habité Paris jusqu'au bombardements et j'ai été en pension depuis. Mon père était officier français à Paris. Mon père doit d'être en Suisse où à la côte d'Azur. Une demoiselle m'a accompagné jusqu'à Annecy, je la connais mais je ne sais pas son nom. A Toulouse j'étais avec ma maman Mme Arianne FIXMAN.?? Mon père n'est en tout cas pas en Allemagne. Je viens en Suisse pour être plus tranquille. J'ai passé la frontière le 7.10.43 en compagnie de 6 enfants. »

5076 Pia-Manon Russak, 15, fille, Plauen (Allemagne), « par Simon » :

« J'ai habité l'Allemagne jusqu'au 19.4.39 avec mes parents. Mon père était dentiste en Allemagne. Mes parents sont déportés depuis le 31.8.42 et je n'ai pas de nouvelle depuis. En France nous avons été tout d'abord à Paris, puis à Blois (Loire et Cher), Châteauroux (Indre), et enfin à Nice. Je suis venue me réfugiés en Suisse pour éviter la déportation à cause de ma race juive. Nous nous sommes trouvés 7 enfants à Annecy pour passer la frontière. Un passeur dont je ne connais pas le nom nous a conduit jusqu'aux barbelés. J'ai passé la frontière le 7.10.43 à 1800 environ […] »

5076 Ursula Russak, 7, fille, Plauen (Allemagne). C'est la sœur de Pia-Manon. « par Simon »

5079 Myriam Czarny, 14, fille, Biala (Pologne) :

« Née à Biala en 1929 j'ai quitté cette ville avec mes parents en 31. Nous sommes venus à Paris et dans cette ville ma sœur est née, nous avons commencés mes écoles que nous avons continuées à Toulouse où nous sommes venues après Paris en 1940. Dans cette ville nous sommes restées jusqu'à ces derniers jours. Nous sommes venues en Suisse car mon père est déporté et notre maman se cache à Toulouse, nous sommes venues pour éviter les mesures prises par les Allemands contre les juifs. KRIST Annette est née à Paris en 1936 et est restée dans cette ville jusqu'en 194i pour venir ensuite à Toulouse où elle est restée jusqu'à ces derniers jours. Ses parents sont cachés dans cette ville est l'ont envoyée en Suisse pour éviter les mesures prises par les allemands contre les juifs. Rosenkorn Eveline est née à Paris en 1936 et est restée dans cette ville jusqu'en 1940 puis elle est venue à Toulouse avec sa maman, qui y est encore actuellement où elle se cache, son père a été déporté et elle est venue en Suisse pour éviter les mesures prises par les Allemands contre les juifs. Nous sommes parties de Toulouse accompagnées d'une jeune fille jusqu'à Annecy de cette ville nous sommes allées jusqu'à Annemasse et là un paysan nous attendait

et nous a conduites jsuqu'à la frontière. Nous avons passé la frontière le 7.10.43 vers les 1730 dans la région de Cornières. »

5079 Jeannine Czarny, 11, fille, Paris. C'est la sœur de Myriam.

5079 Annette Krist, 7, fille, Paris. C'est la cousine de Myriam.

5079 Eveline Rosenkern, 7, fille, Paris. C'est la cousine de Myriam.

Profil du convoi du 11 octobre 1943

Convoi MJS numéro 16

Résumé des renseignements :

Poste-frontière : Certoux

Lieu où l'arrestation fut effectuée : Plaine du Loup

Heure de l'arrestation : 22 h 00

Lieu et heure de passage : « sous les barbelés entre bornes 52/51 à 2130 »

Nombre de personnes : 8

Composition du convoi : 8 enfants non accompagnés

Correspondance avec la liste de l'OSE : 7 des 8 noms apparaissent sur la liste de l'OSE sous l'annotation « par Simon »

Liste des enfants du convoi et extraits de leurs Déclarations :

5122 Blanche Uklejska, 14, fille, Lipno (Pologne), « par Simon » :

« Nous avons quitté la Pologne en 1934 et dès lors en France, à Paris. Mon père est tailleur. Mes parents se trouvent actuellement à Vizille et je ne sais pas s'ils viendront en Suisse. Nous venons en Suisse pour échapper aux mesures prises par les Allemands concernant les juifs. Nous a vons passé clandestinement la frontière le 11.10.43 dans la région de Bernex en compagnie de 8 enfants. Un Monsieur nous a conduit jusqu'àux barbelés nous ne savons pas le non, il est âgé d'une cinquantaine d'années et doit habiter St-Julien. Sur Suisse on a été arrêtées tout de suite […] »

5122 Esther Uklejska, 12, fille, Lipna (Pologne). C'est la sœur de Blanche. « par Simon »

5142 Gérard Dreyfuss, 14, garçon, Rueil, « par Simon » :

« Né en 1929 à Rueil dans la Seine et Oise, j'y suis resté jusqu'en 1939. J'y ai fait une partie de mes écoles et écoles. En 1939, nous nous sommes dirigés sur Les Pyhrénées, près de Biarritz, puis à Issoire (Puy de Dôme) où mon père avai t établi son usine. Ma mère, ma sœur et mon frère ont été pris par les troupes d'occupation comme otages en représailles à un attentat et mon père s'est sauvé et moi'même est passé en Suisse. J'ai gagné la Suisse pour éviter les mesures prises par les autorités allemandes contre les israelites. J'ai franchi la frontière suisse le 11.10.43 à 2230 dans la région de Certoux. J'ai été chez une tante à Lyon et cette dernière m'a confié à une jeune dame que je ne connais pas qui m'a conduit jusqu'à St.Julien (en car depuis Annecy) et de St. Julien un passeur m'a conduit à la frontière. Je ne connais pas ce passeur. »

5144 Gerda Bierzonski, 12, fille, Breslau (Allemagne), « par Simon » :

« J'ai habité l'Allemagne jusqu'en 1939 avec mes parents, ensuite jusqu'en novembre 1941 en Belgique, puis en France, Lyon, St-Hilaire le château et Grenoble. Mon père est commerçant en tissus. Mes parents sont actuellement en France et je ne sais pas s'ils veulent venir en Suisse. Je viens en Suisse pour éviter la déportation, en Pologne j'ai de la parenté qui a été déportée. J'ai franchi la frontière 11.10.43 à 2230 dans la région de Bernex, nous étions 8 enfants. Deux personnes nous conduisirent jusqu'aux barbelés […] »

5147 Hélène Rubinstein, 12, fille, Bruxelles-Uccle, « par Simon » :

« Née en 1931 à Bruxelles-Uccle, j'y suis restée jusqu'à la déclaration de la guerre soit jusqu'en 1940. J'y ai fait le commencement des mes écoles primaires, ainsi que mon frère. En 1940, nous nous sommes réfugiés avec mes parents à Paris, Marseille, à Nice et enfin à Aix-les-Bains. Nos parents setrouvent encore à Aix-les-Bains.

Nous avons gagné la Suisse pour éviter les mesures prises par les autorités allemandes contre les israelites. Nous avons franchi la frontière suisse le 11.10.43 à 2230 dans la région de Certoux. C'est une organisation de secours qui a organisé le passage. Nous étions 8. Une jeune femme nous a conduit d'Aix-les-Bains jusqu'à Annecy, puis d'Annecy à St.Julien. Elle s'appelait Mlle ROLANDE. Dès St. Julien nous avons eu deux passeurs que nous ne connaissons pas. »

5147 Georges Rubinstein, 11, garcon, Bruxelles-Uccle. C'est le frère d'Hélène. « par Simon »

5148 Denise Rivet, 9, fille, Annecy :

« Née en 1933 à Annecy je suis partie de cette ville en 1938 pour aller à Lyon avec mes parents. Je suis restée dans cette ville jusqu'à ces derniers jours et j'ai commencé mes écoles. C'est mes parents qui m'ont envoyée en Suisse pour venir rejoindre ma grand-mère. Ma maman était Suisse avant son mariage et elle m'a envyée en Suisse de crainte des bombardements. J'ai passé la frontière avec un convoi d'enfant organisé par le comité "OSE" et nous avons été accompagnés jusqu'à Annecy par une demoiselle . Ma maman est venue avec moi jusqu'à Annecy et de là je suis partie avec cette demoiselle jusqu'à St. Julien puis un Mr. Nous a accompagnés jusqu'à la frontière. Nous avons passé le 11.10.43 vers les 2230 dans la région de Certoux. »

5149 Abraham Cymerman, 14, garçon, Sosnowiec (Pologne), « par Simon » :

« Né à Sosnowiec je suis parti de cette ville èà l'âge de 1 an, pour venir à Paris avec mes parents depuis cette date nous avons toujours habité à Paris jusqu'en 1942. J'ai fait toutes mes classes à Paris. Mes parents ont été déportés au mois de juillet 42 et depuis nous avons été arrêtés avec ma sœur et conduit dans un camp. Nous avons été libéré et mis en résidence forcée à Aux Bonnes puis nous avons été par la suite à Grenoble rejoindre notre cousin. Je suis venu seul en Suisse pour éviter les mesures prises par les Allemands contre les juifs. J'ai passé la frontière le 11.10.43. vers les 2230 dans la région de Certoux. C'est avec un convoi d'enfant que je suis venu en Suisse organisé par le comité "OSE" nous avons été conduits jusqu'à Annemasse – Annecy et de là le car jusqu'à St. Julien. A St. Julien un Mr. nous attendait et nous a conduits jusqu'au barbelés. »

Profil du convoi du 12 octobre 1943

Convoi MJS numéro 17

Résumé des renseignements :

Poste-frontière : Certoux

Lieu où l'arrestation fut effectuée : Plaine du Loup

Heure de l'arrestation : 21 h 25

Lieu et heure de passage : « à pied entre les bornes 52/51 à 2120 »

Nombre de personnes : 8

Composition du convoi : 8 enfants non accompagnés

Correspondance avec la liste de l'OSE : Tous ces noms apparaissent sur la liste de l'OSE sous l'annotation « par Simon »

Liste des enfants du convoi et extraits de leurs Déclarations :

5123 David Hirsch, 15, garcon, Mayence (Allemagne), « par Simon » :

« J'ai habité en l'Allemagne jusqu'en 1940 et dès 1940 en France. Mes parents sont en Argentine depuis 1937, mon père est menuisier. Je viens en Suisse pour éviter d'être déporté en Allemagne. Je suis venu avec un convoi de 8 enfants, nous avons franchi la frontière clandestinement dans la région de certoux à 2200 environ. Nous avons passé la frontière seul, une personne nous a indiqué la direction à suivre uniquement. »

5143 Maurice Szwed, 12, garçon, Paris, « par Simon » :

« Nous avons toujourd habité Paris. Mon père est tailleur. Actuellement il est déporté depuis le 14.5.41, ma mère se cache à Paris. Nous venons en Suisse pour ne pas être déportés. Une personne nous a conduit de Paris à Annecy, puis ensuite deux hommes jusqu'à une maison près de la frontière. Nous avons passé la frontière le 12.10.43 dans la région de Certoux et avons été arrêtés immédiatement […] »

5143 Marcel Szwed, 9, garcon, Paris. C'est le frère de Maurice. « par Simon » « rue Amelot »

5145 Heinz Diewald, 15, garcon, Trèves (Trier) (Allemagne), « par Simon » :

« Né en 1928 en Allemagne, j'y suis resté jusqu'en 1939. J'y ai fait le commencementde mes écoles primaires. En 1939 jusqu'en 1940, nous nous sommes réfugiés à Bruxelles avec mes parents. de 1940 à 1942 à Marseille et enfin à Chabannes qui fut mon dernier domicile. Mes parents ont été déportés en 1942 depuis Marseille. J'ai gagné la Suisse pour éviter les mesures prises par les autorités allemandes contre les israelites. Nous avons franchi la frontière suisse le 12.10.43 à 2215 dans la région de Certoux. C'est une organisation de secours qui s'est occupée de notre passage. Nous avons été avec un autre camarade jusqu'à St-Julien en car et delà deux passeurs nous ont fait traverser la frontière. Je ne connais pas ces passeurs. »

5146 Madeleine Rozenberg, 15, fille, Tomasow (Pologne) « par Simon » :

« Née 1928 en Pologne, nous sommes venus en 1931 en France à Paris où nous avons tous fait ou commencé nos écoles primaires. Nous y sommes restés jusqu'en 1942. Nous avons été en vacances dans la Sarthe où nous notre mère et notre grand frère ànt été déportés . Puis nous avons été en Pension à Clamard (Seine). Puis, nous sommes retournés en vacances dans la Sarthe d'où nous venons présentement. Nous avons gagné la Suisse pour éviter les mesures prises par les autorités allemandes contre les israelites. Nous avons franchi la frontière suisse le 12.10.43 à 2215 dans la région de Certoux. Notre passage a été organisé par un comité d'Assistance Sociale de Paris et avons été remis mains en mains à différentes personnes que nous ne connaissons pas. Depuis St.Julien, 2 hommes ont fait fonction de passeurs. »

5146 Suzanne Rozenberg, 13, fille, Tomasow (Pologne). C'est la sœur de Madeleine. « par Simon »

5146 Rachèle Rozenberg, 5, fille, Paris. C'est la sœur de Madeleine. « par Simon »

5146 Bernard Rozenberg, 9, garçon, Paris. C'est le frère de Madeleine. « par Simon »

Profil du convoi du 13 octobre 1943

Convoi MJS numéro 18

Résumé des renseignements :

Poste-frontière : Cornières

Lieu où l'arrestation fut effectuée : Vignes de Bran

Heure de l'arrestation : 17 h 00

Lieu et heure de passage : « à pied, Vignes de Bran »

Nombre de personnes : 8

Composition du convoi : 8 enfants non accompagneés

Correspondance avec la liste de l'OSE : Tous ces noms apparaissent sur la liste de l'OSE sous l'annotation « par Simon »

Liste des enfants du convoi et extraits de leurs Déclarations :

5153 Fanny Zilberg, 12, fille, Paris, « par Simon » :

« Née en 1930 à Paris j'y suis restée constamment jusqu-en 1942 ainsi que mes sœurs. J'y ai fait mes écoles primaires. En 1942, ma mère a été déportée avec tous les papiers d'identité. Mon père se trouve actuellement en Amérique du Sud. Depuis la déportation de ma mère, j'ai été ennourice avec mes sœurs chez une Dame PICCOT, à Fontenay St.Père. Nous avons gagné la Suisse pour éviter les mesures prises par les autorités allemandes contre les israelites. Nous avons franchi la frontière suisse le 13.10.43 à 1830 dans la région de Cornières. C'est le Comité Israelite de Secours à Paris qui a organisé notre convoi composé de 8 enfants. Depuis Paris, c'est une dame que je ne connais pas qui nous a conduits jusqu'à Lyon. De lyon à Annecy, c'est M. ROLAMD qui nous conduisait . Egalement il s'est occupé de nous de puis à Annecy à Annemasse aidé de Mlle Jeanne. Pour le passage clandestin, 2 passeurs nous ont conduits mais je ne les connais pas. »

5153 Anette Zilberg, 11, fille, Paris. C'est la sœur de Fanny. « par Simon »

5153 Lili Zilberg, 7, fille, Paris. C'est la sœur de Fanny. « par Simon »

5155 Jacques Rosenberg, 13, garçon, Paris, « par Simon » :

« Né en 1930 à Paris, j'y suis resté constamment, ainsi que mon frère et ma sœur. J'ai fait mes écoles primaires à Paris de même que ma sœur. Ma mère habite toujours Paris, Montreuill-s.Bois Seine. Mon père est prisonnier en Allemagne depuis le 6.6.41. Nous avons gagné la Suise pour éviter les mesures prises par les autorités allemandes contre les israelites et les bombardements. Nous avons franchi la frontière suisse le 13.10.43 à 1830 dans la région Cornière. C'est le Comité Israelite de Secours à Paris qui a organisé ce voyage pour un convoi de 8 enfants. Depuis Paris, c'est une dame qui nous a conduits jusqu'à Lyon- De Loyn à Annecy, c'est un certain M. ROLAND qui nous a également accompagnés jusqu'à Annemasse avec Mlle

JEANNE. Depuis Annemasse, 2 passeurs nous ont fait traverser la frontière. Je ne connais pas ces deux personnes. »

5155 Victor Rosenberg, 5, garcon, Paris. C'est le frère de Jacques. « par Simon »

5155 Jeanne Rosenberg, 11, fille, Paris. C'est la sœur de Jacques. « par Simon »

5158 Charles Beinart, 14, fille, Paris, « par Simon » :

« Nous avons toujours habité Paris avec nos parents. Mon père était chauffeur de ta xis, actuellement il est déporté depuisenviron deux ans. Ma mère est à Paris. Nous avons quitté Paris avec un convoi de 8 enfants sous la conduite d'un certain M. Roland qui nous a amené jusqu'à Annecy. Puis deux hommes et une dame qui doivent s'appeler Denis, François et Suzanne nous conduisirent jusqu'au passeur dont je ne sais pas le nom. Nous avons franchi la frontière le 13.10.43 dans la région de Chêne et sur Suisse nous avons été arrêté tout de suite […] »

5158 Maurice Beinart, 9, garcon, Paris. C'est le frère de Charles. « par Simon »

Profil du convoi du 14 octobre (1) 1943

Convoi MJS numéro 19

Résumé des renseignements :

Poste-frontière : Cornières

Lieu où l'arrestation fut effectuée : Chemin des Vignes

Heure de l'arrestation : 19 h 15

Lieu et heure de passage : « à travers les barbelés »

Nombre de personnes : 9

Composition du convoi : 9 enfants non accompagnés

Correspondance avec la liste de l'OSE : Tous ces noms apparaissent sur la liste de l'OSE sous l'annotation « par Simon »

Liste des enfants du convoi et extraits de leurs Déclarations :

5176 Jacques Jungerman, 12, garçon, Paris, « par Simon » :

« J'ai habité Paris jusqu'au mois de mai 1943. Mes parents sont déportés depuis environ deux semaines. Mon père était tailleur. Mes parents ont été pris à Nice par les allemands, car c'est dans cette ville q ue j'ai habité en dernier lieu. Je suis venu avec un convoi d-enfants, nous étions 9. Les deux pa sseurs nous conduisirent jusqu'aux barbelés et sur Suisse nous avons été arrêtés puis conduits au poste de Gendarmerie, puis aux Cropette Nous avons passé la frontière le 14.10.43 à 2000 environ, dans la région de Cornières. »

5177 Lucie Kuhn, 15, fille, Luxembourg, « par Simon » :

« Nées à Luxembourg nous sommes restées dans cette ville jusqu'en 1940. Nous sommes alors venues en France avec notre maman pour rejoindre notre père qui se rouvait déjà en France à Nice. Nous n'avons pas pû passer la ligne de démarcation et nous avons été en résidence forcés à Montélimar jusqu'en 1942. Nous avons été prises dans une refle et conduite dans un camp. Un comité israelite réussi à faire sortir tous les enfants en dessous de 16 ans, nous sommes sorties et nous avons été rejoindre une tante à Nice puis à Lyon et ensuite je suis allée dans un couvent puis par lasuite nous avons été mises dans une école privée à Nice. De là notre tante a été prise par les Allemands et depuis je ne sais plus où elle se trouve ainsi que ma mère. Nous étions sans ressourses et nous sommes venues en Suisse. Nous sommes venues en Suisse car nous n'avions plus de ressourses en France et de crainte des représailles Allemandes contre les juifs. Nous avons passée la frontière le 14.10.43. vers les 1930 dans la région de Corniées. Nous sommes venues avec un convoi d'enfant accompagné par une jeune fille, Melle Mila, jusqu'à Annecy et de là nous sommes allées à Annemasse avec deux jeunes gens qui nous ont remises en tre les mains de passeurs. »

5177 Sonia Kuhn, 6, fille, Luxembourg. C'est la sœur de Lucie. « par Simon »

5179 Edith Salik, 15, fille, Vienne, « par Simon » :

« Née à Vienne en 1928 je suis restée dans cette ville jusqu'en 1939, j'ai fait toutes mes classes et je suis venue en France . Et par la suite mes parents sont partis pour l'Amérique où mon père est mort. EnFrance je suis allée dans une maison d'enfant où je suis restée jusqu'en 1942 puis je suis allée rejoindre un cousin à Voiron où je suis restée jusqu'à ces derniers jours, Je suis venue en Suisse pour éviter les mesures prises par les Allemands contre les juifs. J'ai passé la frontière le 14.10.43. vers les 1930 dans la région de Cornières. Je suis partie de Voiron accompagnéed 'une demoiselle Ruth, jusqu'à Annecy. Là deux jeunes gens nous ont accompagés jusqu'à Annemasse avec d'autre enfants que l'on a trouvés à Annecy. Nous avons été ensuite remis en tre les mains de passeurs qui nous ont accompagnés jusqu'à la frontière. »

5180 Fernande Valigora, 12, garçon, Paris, « par Simon » :

« Née à Paris en 1931 je suis restée dans cette ville jusqu'en 1942. J'ai commencé mes écoles et je suis partie de Paris avec ma mère et ma sœur. Nous avons été à Rodès rejoindre mon oncle, où je suis restée jusqu'à ces derniers temps. Ma mère m'a envoyée en Suisse de crainte des représailles Allemandes contre les israelites Je suis partie de Rodès avec une jeune fille, Melle Andrée, qui m'a accompagnée jusqu'à Annecy. Là j'ai rejoint un groupe d'enfants et nous avons été conduits jusqu'à Annem sse par un jeune homme, puis il nous a remis en tre les mains de passeurs. J'ai passé la frontière le 14.10.43. vers les 1930 dans la région de Cornières. »

5184 Louis Folbaum, 11, garçon, Paris, « par Simon » :

« Nés à Paris nous avons quitté cette ville en 1942. Nous sommes allés à Nice avec nos parents et c' est là que nos parents ont été pris par les Allemands nous ne savons pas où ils se trouvent actuellement. De cette date nous sommes restés chez une dame qui nous élevait. De Nice nous sommes venus en Suisse. Nous sommes venus en Suisse pour éviter les mesures prises par les Allemands contre les juifs. Nous avons passé la frontière 14.10.43. vers les 1930 dans la région Cornières. Nous sommes venus avec un convoi d'enfants et de Nice nous avons été accompagnés par une demoiselle, Melle Mila,jusqu'à Annecy de là avec deux jeunes gens jusqu'à Annemasse et par des passeurs jusqu'au barbelés. »

5184 Bernard Folbaum, 4, garcon, Paris. C'est le frère de Louis. « par Simon »

5185 Alain Charas, 7, garçon, Paris, « par Simon » :

Note : La date de passage mentionnée dans la Déclaration semble incorrecte, elle ne correspond pas avec celle du rapport d'arrestation.

« Nés à Paris en 1936 nous avons quitté cett e ville avec nos parents pour nous rendre dans plusieurs villages et ensuite à Marseile. De là nous acons été à Moirons (Isère) et de là nous sommes venus en Suisse. Nos parents sont restés ca chés à Moirons et nous ont envoyé en Suisse pour éviter les mesures prises par les Allemands contre les juifs. Nous avons passé la frontière le 15.10.43. vers les 1930 dans la région de Cornières. Nous sommes venus avec un convoi d'enfants accompagnés par des jeunes filles, qui nous ont remis entre les mains de passeurs. »

5185 Martine Charas, 7, fille, Paris. C'est la sœur jumelle d'Alain. « par Simon »

Profil du convoi du 14 octobre (2) 1943

Convoi MJS numéro 20

Résumé des renseignements :

Poste-frontière : Certoux

Lieu où l'arrestation fut effectuée : Plaine du Loup

Heure de l'arrestation : 22 h 30

Lieu et heure de passage : « Sous les barbelés entre les bornes 52/51 à 2230 h. »

Nombre de personnes : 8

Composition du convoi : 4 enfants non accompagnés et une famille de 4 personnes (parents et 2 enfants)

Correspondance avec la liste de l'OSE : 3 des 6 noms apparaissent sur la liste de l'OSE sous l'annotation « par Simon »

Liste des enfants du convoi et extraits de leurs Déclarations :

5174 Louis Salomons, 55, sexe masculin, Amsterdam :

« Né en 1888 en Hollande, j'y suis resté jusqu'en 1893. Dès lors j'ai habité constmment à Paris où j'ai fait mes écoles primaires et mes études. Je me suis marié deux fois. La derrière en 1939. J'ai quitté Paris fin 1941. Nous nous sommes réfugiés dès 1942 à Montauban et à Nice dernièrement que j'ai quitté il y a 8 jours. Nous avons gagné la Suisse pour éviter les mesures prises par les autorités allemandes contre les israelites. Nous avons franchi la frontière suisse le 14.10.43 à 2200 dans la région de Certoux. C'est une organisation israelite qui nous a fourni des passeurs que nous ne connaissons pas. Un nous a accompgné de Annecy à St-Julien en car et les deux autres sont venus de St-Julien pour le passage. J'ai payé fr.f. 15.000. »

5174 Alice Salomons, 44, sexe féminin, Paris. C'est l'épouse de Louis.

5174 Philippe Salomons, 3, garcon, Paris. C'est le fils de Louis.

5174 Anne Ischwall, 13, fille, Peterborough (Angleterre). C'est la fille d'Alice d'un précédent mariage.

5183 Marcel Morgenstern, 4, garçon. Lieu et date de naissance non indiqués.

« Mes parensts sont restés à Nice où ils se cachent et compte venir me rejoindre prochaibement en Suisse. »

5203 Hélène Junger, 15, fille, Sighet (Roumanie), « par Simon » :

« Nées en Roumanie en 1928 nous avons quitté ce pays pour aller à Anvers (BE) à l'âge d'un an. Nous sommes restées dans cette ville jusqu'en 1940, nous avons fait toutes nos écoles et nous sommes venues en France avec nos parents à Péraclos. Après un séjour de deux semaines nous avons été arrêtés et conduites dans un camp. Après 3 mois nous a vons été à Draguignan où nous sommes restées jusqu'en mois de septembre 43. Nous avons été ensuite à Aixen-Provence et de là à Nice et de là en Suisse. Nous sommes venues en Suisse car nos parents ont été déportés et nous avons craint les mesures prises par les Allemands, contre les israelites. Nous avons passé la frontière le 14.10.43. vers les 2230 dans la région de Certoux. Nous sommes venues avec un convoi organisé par un comité israelite et nous avons été accompagnées par un jeune homme jusqu'à St. Julien et là il nous a remises entre les mains de passeur. »

5203 Berthe Junger, 15, fille, Sighet (Roumanie). C'est la sœur jumelle d'Hélène. « par Simon »

5204 Lydia Merwitzer, 15, fille, Milan, « par OSE » :

« Née à Milan en 1928 j'ai quitté cette ville avec mes parents pour aller à Nice, en 1939. J'ai fait une partie de mes études à Milan et j'ai encore continué deux ans à Nice. J'ai quitté Nice au début de l'année pour aller en résidence forcée à Vance puis je suis partie avec les Italiens pour aller à la Bollène. Je suis à nouveau venue à Nice et de cete ville je suis venue en Suisse. Je suis venue en Suisse car mes parents ont été déportés et je n'ai plus de parents en France. JE suis venue dans la crainte des mesures prises par les Allemands contre les israelites. J'ai passé la frontière le 14.10.43. vers les 2200 dans la région de Certoux. Je suis venue avec un convoi organisé par un comité juif. Nous sommes parties de Nice accompagnées jusqu'à St. Julien par un jeune homme et là il nous a remises entre les mains de passeurs. »

Profil du convoi du 18 octobre 1943

Convoi MJS numéro 21

Résumé des renseignements :

Poste-frontière : Certoux

Lieu où l'arrestation fut effectuée : Plaine du Loup

Heure de l'arrestation : 21 h 00

Lieu et heure de passage : « sous les barbelés entre B. 51/52 à 2100h. »

Nombre de personnes : 9

Composition du convoi : 7 enfants non accompagnés et une mère avec son enfant

Correspondance avec la liste de l'OSE : 5 des 8 noms apparaissent sur la liste de l'OSE sous l'annotation « par Simon » et un nom sous l'annotation « par OSE »

Liste des enfants du convoi et extraits de leurs Déclarations :

5217 Berthe Weinstein, 6, fille, Anvers, date de naissance non indiquée, « par Simon » :

« Nés à Anvers nous sommes venus en France avec nos parents. Nous avons habité à St. Gervais puis à Nice. Ma maman est venue en Suisse et elle est actuellement au camp de Champel. N'est pas en âge de donner des renseignements précis. Serait venue en Suisse pour rejoindre sa maman qui est entrée dernièrement en Suisse avec un autre enfant. Il sont venus de Nive avec un convoi d'engant et ont passé la frontière le 18.10.43. dans la région de Certoux. »

5217 Robert Weinstein, 4, garcon, Anvers, date de naissance non indiquée. C'est le frère de Berthe. « par Simon »

5218 Sarah Kalmanowicz, 39, sexe féminin, Wyschcow (Pologne) :

« Née en 1904 en Pologne, j'y suis resté jusqu'en 1926. J-y ai fait mes écoles primaires. De 1926 à 1933 en Belgique à Anvers. de 1933 à 1939 en Italie à Trieste où je me suis mariée en 1934. Dès 1939, je suis à Nice. Mon mari a été déporté en 1942. Nous avons gagné la Suisse pour éviter les mesures prises par les autorités allemandes contre les israelites. Nous avons franchi la frontière suisse le 18.10.43 à 2100 dans la région de Certoux. J'ai fait le trajet de Nice à Annecy en train en compagnie de quelques enfants que j'ai rencontré en Gare de Nice. Depuis Annecy jusqu'à St. Julien en car. Un monsieur nous a donné des renseignements à Annecy, mais je ne le connais pas. Dès St. Julien à la frontière nous avonsneu deux passeurs. »

5218 Paulette Kalmanowicz, 9 mois, fille, Nice. C'est la fille de Sarah.

5222 Henri Wander, 14, garcon, Lvov (Pologne), « par OSE » :

« Né à Lwow en 1929 j'ai quitté cette ville avec mes parents pour venir en France. Nous sommes allés à Paris et dans cette ville j'ai commencé mes écoles. Je suis ensuite venu à Nice où j'ai contunué mes écoles et suis resté jusqu'à ces derniers représailles Allemandes contre les israelites. J'ai passé la frontière le 18.10.43. vers les 2130 dans la région de Certoux. Je suis venu avec un convoi organisé par un comité israelite. Nous avons été accompagné par une jeune fille jusqu'à Annecy. De là nous avons pris le car jusqu'à St. Gervais et quatre Mr. qui se trouvaient dans le car nous ont accompagné jusqu'à la frontière. »

5224 Dora Chimon, 11, fille, Milan :

« Née en 1932 à Milan, j'y suis restée jusqu'au milieu 1938. Dès 1938, j'ai habité Nice avec mes parents. Ma mère et ma sœur ont été déportées ce printemps. Mon père est toujours caché à Nice. J'ai gagné la Suisse pour éviter les mesures prises par les autorités allemandes contre les israelites. J'ai franchi la frontière suisse le 18.10.43 à 2030 dans la région de Certoux. J'ai fait partie d'un convoi d'enfants, convoir organisé par un Comité Israelite. Une personne que je ne connais pas nous a acconpagnées jusqu'à Annecy, puis de là deux messieurs que je ne connais pas nous ont conduits en car à la frontière. »

5226 Louise Tchoukran, 16, fille, Trieste (Italie), « par Simon » :

« Née en 1927 à Trieste, j'y suis restée jusqu'en 1936 où j'ai commencé mes écoles primaires, puis à Milan jusqu'en 1939 où j'ai continue mes écoles primaires. Dès 1939, nous nous trouvons à Nice où mes parents habitent encore. Nous avons gagné la Suisse pour éviter les mesures prises par les autorités 18.10.43 à 2000 dans la région de Certoux. C'est une organisation qui s'est occupé de notre convoi où nous étions plusieurs enfants. Nous avons été accompagné de Nice à Annecy par une dame que je ne connais pas. Puis de de Annecy à la frontière par deux passeurs (voyage en car). Nous ne les connaissons pas. »

5226 Nisso Tchoukran, 12, garçon, Trieste. C'est le frère de Louise. « par Simon »

5227 Simon Rozen, 13, garçon, Paris, « par Simon » :

« J'ai toujours habité Paris,depuis la guerre à Clermont Ferrand. Mes parents sont déportés depuis cette année. Mon père était soudeur en autogène. Je suis fils unique. Je viens en Suisse pour éviter d'être déporté et maintenant je seul en France, mamère étant déportée le 29.9.43. Je suis venu avec un convoi d'enfants depuis Nice, je ne sais pas exactement combien on était. Unedemoiselle, puis ensuite un homme nous on conduit jusqu'aux barbelés. Nous avons passé le 18.10.43 au soir dans la région de Certoux, nous avons été arrêtés sur Suisse immédiatement [...] »

Profil du convoi du 20 octobre (1) 1943

Convoi MJS numéro 22

Résumé des renseignements :

Poste-frontière : Cornières

Lieu où l'arrestation fut effectuée : Les Huteaux

Heure de l'arrestation : 20 h 00

Lieu et heure de passage : Les Huteaux, 20 h 00

Nombre de personnes : 9

Composition du convoi : 6 enfants non accompagnés et une mère avec ses 2 enfants

Correspondance avec la liste de l'OSE : 5 des 8 noms d'enfants, y compris ceux des 2 enfants qui traversèrent avec leur mère, figurent sur la liste de l'OSE sous l'annotation « par Simon »

Liste des enfants du convoi et extraits de leurs Déclarations :

5235 Dora Israel, 37, sexe féminin, Constantinople (Turquie) :

« Née à Constantinople je suis restée dans cette villejusqu'en 1916. J'y ai fait toutes mes écoles et je suis partie pour Bologne (IT) . Je me suis mariée à Bologne en 19287(sic), je suis restée dans cette ville avec mon mari jusqu'en 1928 puis nous sommes partis pour Milan où nous sommes restés jusqu'en 1939 pour aller à Nice, où nous sommes restés jusqu'à ces derniers jours. Mon mari à fait la campagne avec la france et est actuellement prisonnier de guerre à Metz. Je suis venue en Suisse pour éviter les mesures prises par les Allemands contre les israelites. Nous avons passé la frontière le 20.10.43. vers les 2000 dans la région de Cornières. Je suis venue de Nice jusqu'à Annecy avec mes enfants et là un Mr. m'a remis plusieurs enfants en me disant de les conduire jusqu'à Annemasse, là un Mr. nous dit de le suivre et il nous a indiqué le chemin jusqu'à la frontière. »

5235 Robert Israel, 14, garcon, Milan. C'est le fils de Dora. « par Simon »

5235 Fortunée Israel, 3, fille, Nice. C'est la fille de Dora. « par Simon »

5238 Mylan Isaack, 6, garcon, Milan. La Déclaration mentionne qu'il n'est pas capable vu son âge de fournir des précisions sur son parcours. Selon la Déclaration, ses parents sont à Nice. « par Simon »

5239 Suzanne Sobelman, 7, fille, Paris :

« Née à Paris en 1936 je suis restée dans cette ville jusqu'en 1941. Je suis ensuite allée à Lyon avec, mes parents et de là à Vizille. De Vizille je suis venue en Suisse. J'ai commencé mes écoles à Paris et je les ai continuées dans les différents villages où je suis apssée. Mes parents sont restée à Vizille et je suis venue en Suisse pour éviter les mesures prises par les Allemands contre les israelites. J'ai passé la frontière le 20.10.43. vers les 2030 dans la région de Cornières. Nous avons, été accompagnées par un Mr. jusqu'à Annecy Puis nous sommesallés jusqu'à Annemasse avec Mme. ISRAEL, et là un Mr. nous a montré

le chemin jusqu'à la frontière. »

5240 Jeanette Wahl, 8, fille, Anvers, « par Simon » :

« Née à Anvers j'ai quitté cette v lle avec mes parents à l'âge de 4 ans pour venir en France. Nous avons été arrêtés et conduits dans un camp puis nous avons été relarchés et nous nous sommes instalés à Nimes où je suis restée une année de là j'ai été à Montpellier et Nice, puis nous avons été en résidence forcée à Mègève puis nous sommes venus à nouveau à Nice de de là je suis venue en Suisse, Mon papa, ma maman, puis mon oncle et ma tante ont été déportés et je suis venue en Suisse pour éviter les mesures prises par les Allemands contre les israelites. Je suis venue en Suisse le 20.10.43. vers les 2030 dans la région de Cornières. Nous sommes venus de Nice avec un convoi accompagné par une demoiselle jusqu'à Annecy et de là nous sommes allés avec Mme. ISRAEL jusqu'à Annemasse et un Mr. nous a montré le chemin pour passer les barbelés. »

5244 Liba Rosenberg, 13, fille, Tomastow (Pologne) :

« Née en Pologne j'ai quitté ce pays avec mes parents à l'âge de trois ans pour venir à Paris. Dans cette ville j'ai fait mes classes jusqu'à ces derniers temps. Nous avons quitté Paris en 1942 pour aller à Decines puis à Vizille et de là en Suisse. Mes oarenst sont restée à Vizille et viendrons peut-être nous rejoindre en Suisse, nous sommes venus en Suisse pour éviter les mesures prises par les Allemands contre les israelites. Nous avons passé la frontière le 20.10.43. vers les 2030 dans la région de Cornières. Nous sommes partis de Grenoble seuls jusqu'à Annecy là nous avons trouvé Mme. ISRAEL qui est venue avec nous jusqu'en Suisse . Nous sommes allé jusqu'à Annemasse et là un Mr. nous a montré le chemin. »

5244 Paul Rosenberg, 8, garcon, Paris. C'est le frère de Liba.

5245 Lisette Palestrant, 13, fille, Varsovie, « par Simon » :

« Née à Varsovie je suis partie de cette ville avec mes parents à l'âge de 1 an pour venir à Paris. J'ai fait, dans cette ville, toutes mes écoles et suis restée jus qu'à ces derniers hours. Mon papa est déporté et ma maman est cachée à Paris, je suis venue en Suisse pour éviter les mesures prises par les Allemands contre les israelités. J'ai passé la frontière le 20.10.43. vers les 1930 dans la région de Cornières. Je suis venue en Suisse envoyée par ma maman qui m'a confiée à un Mr. qui m'a conduit jusqu'à Annecy. De là il m'a conduite à une dame où se trouvait déjà d'autre enfants. Cette dame est venue avec nous jusqu'en Suisse. »

Profil du convoi du 20 octobre (2) 1943

Convoi MJS numéro 23

Résumé des renseignements :

Poste-frontière : Certoux

Lieu où l'arrestation fut effectuée : Plaine du Loup

Heure de l'arrestation : 22 h 30

Lieu et heure de passage : « sous les barbelés entre les bornes 52/51 à 2230 h. »

Nombre de personnes : 8

Composition du convoi : deux familles proches (6 adultes et 2 enfants)

Correspondance avec la liste de l'OSE : aucun nom n'apparaît sur la liste de l'OSE

Liste des enfants du convoi et extraits de leurs Déclarations :

5242 Adam Rapaport, 28, sexe masculin, Vienne :

« Né en 1915 à Vienne, j'y suis resté jusqu'en 1923 où commencé mes écoles primaires. Dès 1925 à 1940 à Anvers. Je me suis marié en 1939 à Anvers. De 1935 à 1937 j'ai fait un séjour en Palestine. Dès 1940, nous nous sommes réfugiés en France à Montpellier d'abord, puis aux environs de Nice et enfin à S.Martin Vésubié. Nous avons gagné la Suisse pour éviter les mesures prisespar les autorités militaires allemandes contre les israelites. Nous avons franchi la frontière suiss ele 20.10.43 à 2230 dans la région de Certoux. Un paysans nous a indiqué le chemin de la frontière. »

5242 Mirjam Rapaport, 25, sexe féminin, Lodz (Pologne). C'est l'épouse d'Adam.

5242 Sylvie Rapaport, 2, garçon, Montpellier. C'est la fille d'Adam.

5246 Mager Lubelski, 65, sexe masculin, Ivanowicz (Pologne) :

« Né en 1878 en Pologne, j'y suis resté jusqu'en 1930. J'y ai fait mon apprentissagede boulanger-pâtissier. Dès 1930 à 1940, je suis venu m'établir à Anvers avec ma famille. J'y ai exercé mon métier avec mon fils. Dès 1940, nous nous sommes réfugiés en France, d'abord à Montpellier, puis dans les environs de Nice et enfin dernièrement à Chambéry Nous avons gagné la Suisse pour éviter les mesures prises par les autorités militaires allemandes contre les israelites. Nous avons franchi la frontière suisse le 20.10.43 à 2230 dans la région de Certoux. Un paysan nous a montré le chemin à la frontière. »

5246 Hinda Lubelski, 61, sexe féminin, Lodz (Pologne). C'est l'épouse de Mager.

5246 Maurice Lubelski, 23, sexe masculin, Lodz (Pologne). C'est le fils de Mager.

5246 Nadia Lubelski, 22, sexe féminin, Lodz (Pologne). C'est la belle-fille de Mager.

5246 Elly Lubelski, 2, fille, Montpellier. C'est la petite-fille de Mager.

Profil du convoi du 21 octobre 1943

Convoi MJS numéro 24

Résumé des renseignements :

Poste-frontière : Cornières

Lieu où l'arrestation fut effectuée : Les Huteaux

Heure de l'arrestation : 19 h 15

Lieu et heure de passage : « à travers les barbelés »

Nombre de personnes : 8 (Note : Le rapport indique 10 personnes, mais je n'ai identifié que 8.)

Composition du convoi : deux familles (4 adultes et 4 enfants)

Correspondance avec la liste de l'OSE : aucun nom n'apparaît sur la liste de l'OSE

Liste des enfants du convoi et extraits de leurs Déclarations :

5254 Zajwel Djament, 39, sexe masculin, Tirobin [Turobin] (Pologne) :

« Né en Pologne j'ai quitté ce ays en 1928 pour venir en France. J'ai fait toutes mes écoles et mon apprentissage en Pologne. Ma femme est restée en Pologne jusqu'en 1929 elle a fait toutes ses classes en Pologne. Nous nous sommes mariée en France à St. Léger-des-Vignes en 1939. Nous sommes venus à Paris et nous sommes restés dans cette ville jusqu'en 1939. J'ai fait mon régiment et ma femme a été évacuée sur St. Léger. Nous sommes retournés à Paris et en 1941 venus à Nice. Et de là en Suisse. Nous sommes venus en Suisse de crainte de la déportation étant de race juive. Nous avons assé la frontière le 21.10.43. vers les 1930 dans la région de Cornières. »

5254 Rywka Djament, 34, sexe féminin, Stawiezyn [Stawiszyn] (Pologne). C'est l'épouse de Zajwel.

5254 Henri Djament, 10, garçon, Paris. C'est le fils de Zajwel.

5254 Paul Djament, 4, garçon, Paris. C'est le fils de Zajwel.

5257 Srul Engel, 38, sexe masculin, Kaluszyn (Pologne).

« Né en Pologne, j'ai quitté ce pays pour aller en Allemagne où je suis resté quelques temps puis je suis allé en Belgique et en France. J'ai fait toutes mes études en Pologne et mon apprentissage. J'ai fait la connaissance de ma femme dans le village de ma naissance qui est aussi le sien . Elle a quitté san pays en 1927 pour venir me rejoindre à Paris où j'étais depuis 1 année. Nous nous sommes mariés en 1928 à Paris. Nous sommes restés à Paris jusqu'en 1941 puis nous sommes allés à Nice, de là nous avons été en résidence assignée à La Turbie, et après 9 mois nous sommes à nouveau venus à Nice où nous s mmes restés jusqu'à ces derniers jours. Nous sommes venus en Suisse pour eviter les mesures prises parles Allemands contre les juifs. Nous avons passé la frontière le 21.10.43 vers les 1930 dans la région de Chêne. »

5257 Léa Engel, 37, sexe féminin, Kaluszyn (Pologne). C'est l'épouse de Srul.

5257 Rachèle Engel, 14, fille, Paris. C'est la fille de Srul.

5257 Yvonne Engel, 4, fille, Paris. C'est la fille de Srul.

Annexe 3 : Hébergement des enfants juifs en Suisse
par Samantha Lakin
Université de Lausanne, Suisse, 2011-2012

Les enfants juifs entrés illégalement en Suisse pendant la Seconde Guerre mondiale et autorisés à séjourner dans la Confédération se retrouvèrent dans des hébergements fort divers, quant à leurs qualités, lieux, types et parrainages. En voici un bref aperçu.

Les réfugiés dès qu'ils avaient pénétré en Suisse, étaient arrêtés par les garde-frontières, conduits au poste de garde et interrogés. Il est vrai que certains passaient les premiers jours en prison, cependant pour la plupart ils étaient dirigés vers les « camps d'accueil ». (Un individu qui avait besoin de soins médicaux pouvait être mis en quarantaine.) Le réfugié était confiné au camp pendant une période indéterminée – généralement de quelques jours à quelques semaines – en attente d'un placement permanent. Organisés et supervisés par Eidgenössisches Justiz- und Polizeidepartment (ANAG ; Département Fédéral de Justice et Police), les camps d'accueil se répartissaient en diverses structures, allant des résidences pour une seule famille, aux hôtels, usines et casernes. Les camps d'accueil situés dans le canton de Genève comprenaient Champel, Charmilles et Bout du Monde.

Le soulagement qu'éprouvaient les enfants juifs assignés à ces camps était mêlé d'anxiété, et d'incertitude. Ils ne couraient plus le danger imminent d'être arrêtés et déportés, ils étaient logés et nourris. Après avoir pendant des mois dissimulé leur identité, ils pouvaient enfin dire ouvertement qui ils étaient. Certains se retrouvaient avec des amis ou des connaissances, d'autres parvenaient à communiquer avec des gens du même pays d'origine ou qui partageaient la même langue. Beaucoup cependant ne savaient pas où étaient leurs parents, ils craignaient pour leur sécurité. Dans l'attente d'un placement permanent, ils redoutaient d'être expulsés. Ces enfants réfugiés étaient finalement placés dans des familles d'accueil ou des institutions. Ceux de moins de douze ans qui avaient passé la frontière non accompagnés de parents ou de proches étaient en général répartis dans des familles d'accueil. C'est l'organisation non confessionnelle de femmes appelée SHEK (Schweizerisches Hilfswerk für Emigrantenkinder ; Secours suisse aux enfants réfugiés) qui eut principalement la charge de confier les enfants juifs à des familles d'accueil. De nombreux survivants parmi ces enfants que j'ai interrogés, se souvenaient de leur expérience vécue avec des familles suisses. Certains ont apprécié les mois, voire les années, passés avec leurs hôtes et ont noué des liens durables avec la famille. D'autres ne se sont pas sentis intégrés et, angoissés, ont souffert d'être à part. Dans certains cas, le placement ne marchait pas, et il était nécessaire de transférer l'enfant dans une autre famille ou une autre institution. Je dois aussi mentionner que ce n'étaient pas uniquement les enfants sans parents en Suisse, qui se retrouvaient en familles d'accueil. Des enfants furent séparés de leurs parents ou même de proches avec lesquels ils avaient franchi la frontière. Les enfants étaient remis à des familles d'accueil, et les adultes envoyés dans des camps de travail.

Les adolescents étaient en général placés dans des institutions, principalement des foyers d'enfants. (Entendre également par là des orphelinats). Ces foyers étaient mis en place, financés et gérés par diverses organisations religieuses et laïques ainsi que par des bienfaiteurs privés. Les organisations juives OSE (Œuvre de secours aux enfants), HaShomer HaTza'ir, et VSJF (Verband Schweizerischer Jüdischer Fürsorgen ; Union suisse des comités d'entraide juive) jouèrent un rôle essentiel, ainsi que SHEK et la Croix Rouge suisse. Un petit nombre d'enfants furent placés dans des couvents.

L'Institut Monnier, les Mureilles, et le Foyer de la Forêt étaient les principaux foyers d'enfants situés dans le canton de Genève. Là, enseignants et administrateurs se préoccupaient non seulement de prendre soin et d'éduquer les enfants, mais aussi de renforcer, rétablir, ou établir leur lien avec le judaïsme. On observait le Shabbat, on célébrait les fêtes juives. L'Institut Monnier, à Versoix, que dirigeait l'HaShomer HaTza'ir, s'inspirait de l'idéal sioniste. Organisé comme un kibboutz, il préparait les enfants à faire leur *aliyah*. Educateurs et enfants étaient tous des réfugiés, ce qui renforçait les liens entre eux et avec le judaïsme.

Reflets des réalités de la guerre, les conditions de vie dans les foyers d'enfants n'étaient pas luxueuses. Les repas permettaient de se nourrir sans plus, chauffage et eau chaude étaient strictement limités. Cependant les hommes et les femmes qui avaient la responsabilité d'administrer les foyers et d'éduquer les enfants étaient pour la plupart des professionnels compétents. Enseignants, infirmiers ou travailleurs sociaux, tous avaient réellement le souci des enfants. Ils s'efforçaient de répondre de leur mieux à leurs besoins, sur le plan physique, psychologique ou éducatif.

Titulaire d'une bourse d'Études Fulbright de septembre 2011 à juillet 2012, Samantha Lakin a fait des recherches sur le vécu des enfants juifs réfugiés qui pénétrèrent en Suisse entre 1942 et 1944 et demeurèrent là un certain temps. Elle a mené 60 entretiens pour recueillir l'histoire de ces enfants-survivants, des hommes et des femmes qui vivent aujourd'hui en Suisse, France, Israël, aux Pays-Bas, en Angleterre et aux États-Unis. Elle a également mené des recherches aux archives, qu'elles soient cantonales, fédérales, ou internationales. Inscrite à Fletcher, Université Tufts, en Droit et Diplomatie, Samantha Lakin poursuit son travail de recherche sur le sujet.

Glossaire

all. = allemand ; ita. = italien ; héb. = hébreu ; yid. = yiddish

Anschluss	Annexion de l'Autriche par l'Allemagne nazie le 12 mars 1938. all.
aliyah	Acte d'immigration d'un Juif en Israël. Littéralement, ascension. héb.
Aufseherin	Gardienne. all.
Bunker	Nom donné à la prison de Ravensbrück. all.
Carabinieri	Gendarmes italiens. ita.
chutzpah	Culot. yid.
Il duce	Benito Mussolini. ita.
erev	Soir. Dans le judaïsme, le jour est mesuré du coucher du soleil au coucher du soleil suivant. Ainsi, les fêtes juives commencent le soir et se finissent au coucher du soleil du jour suivant. La veille. héb.
gdoud	Brigade. (Pluriel gdoudim). héb.
haimish	Familier, accueillant. yid.
chaverim	Camarades. héb.
Eretz Israël	Terre d'Israël. héb.
judenrein	Nettoyé des Juifs. all.
Kristallnacht	Littéralement, Nuit de Cristal. Pogrom d'une violence inouïe qui se déroula dans la nuit du 9 novembre 1938 dans tout le Reich. Saccages de synagogues et de commerces juifs. Une centaine de Juifs furent assassinés, des centaines d'autres se suicidèrent ou moururent des suites de leurs blessures et près de 30 000 furent déportés. all.
Magen David	Étoile de David. héb.
minyan	Quorum de dix hommes requis pour la prière. héb.

Polizia Razziale Police raciale italienne. ita.

Revier Nom donné à l'infirmerie de infirmerie de Ravensbrück. all.

Shemini Atzeret Fête juive qui suit immédiatement les sept jours de Sukkot ; son nom signifie littéralement « le huitième jour du rassemblement ». Cette fête ne célèbre aucun évènement particulier. Les sages expliquent que Dieu a mis cette journée de côté comme un jour de festival supplémentaire parce que, ainsi l'hôte qui ne veut laisser partir ses visites, il souhaite prolonger le festival d'automne. héb.

Siddur Recueil des prières juives pour tous les jours. héb.

Tefillin Phylactères. héb.

Verfügbar Littéralement, disponible. À Ravensbrück, ce mot désignait une déportée qui n'était pas assignée à un commando ou une colonne de travail fixe. all.

Bibliographie

1. Livres

ADLER, Jacques. *Face à la Persécution : les Organisations juives à Paris de 1940 à 1944*. Paris : Calmann-Lévy, 1985.

AGAROSSI, Elena. *Une Nazione allosbando*. Bologna : Mulino, 1993. Traduit par Harvey Fergusson II et publié sous le titre *A Nation Collapses: The Italian Surrender of September 1943*. Cambridge: Cambridge University Press, 2006.

AMICALE DE RAVENSBRÜCK ET ASSOCATION DES DÉPORTÉES ET INTERNÉES DE LA RÉSISTANCE. *Les Françaises à Ravensbrück*. Paris : Gallimard, 1965.

ANCIENS DE LA RÉSISTANCE JUIVE EN FRANCE (ARJF). *Organisation juive de Combat : Résistance/Sauvetage France 1940–1945*. Paris : Éditions Autrement, 2002.

ARCHIVES D'ÉTAT DE GENÈVE. *Le Passage de la Frontière durant la Seconde Guerre mondiale : Sources et méthodes*. Genève : État de Genève, Archives d'État, 2002.

BALDRAN, Jacqueline, et BOCHURBERG, CLAUDE. *David Rapoport, « La Mère et l'enfant », 36 rue Amelot*. Paris : Mémorial de la Shoah, 2007.

BERGIER, Jacques (« Verne »). *Agents secrets contre Armes secrètes*. Paris : Éditions Arthaud, 1955. Traduit par Edward Fitzgerald et publié sous le titre *Secret Weapons—Secret Agents*. London : Hurst & Blackett, 1956.

BIKALES, Gerda. *Through the Valley of the Shadow of Death*. Lincoln, Nebraska : iUniverse, Inc., 2004.

BODÉNÈS, Stéphane. *Promenades sur la Frontière Franco-Genevoise*. Genève : Éditions Slatkine, 2001.

BOWER, Tom. *Klaus Barbie: The Butcher of Lyons*. New York : Pantheon Books, 1984.

BUBER-NEWMANN, Margarete. *Under Two Dictators*. New York : Dodd, Mead, 1949.

CARPI, Daniel. *Between Mussolini and Hitler : The Jews and the Italian Authorities in France and Tunisia*. Waltham, Massachusetts : Brandeis University Press, 1994.

CHOMBART DE LAUWE, Marie-Jo. *Toute une Vie de Résistance*. Paris : Éditions Graphein : FNDIRP, 1998.

COHEN, Richard I. *The Burden of Conscience: French Jewish Leadership during the Holocaust*. Bloomington: Indiana University Press, 1987.

COMMISSION INDÉPENDANTE D'EXPERTS SUISSE – SECONDE GUERRE MONDIALE. *La Suisse et les Réfugiés à l'Époque du National-socialisme (Rapport Bergier)*. Berne : BBL/EDMZ, 1999.

CROQUET, Jean-Claude. *Chemins de Passage : Les Passages clandestins entre la Haute-Savoie et la Suisse de 1940 à 1944.* Saint-Julien-en-Genevois : La Salévienne, 1996.

CURÉ DE DOUVAINE. *Résistance non violente : la Filière de Douvaine : l'Abbé Jean Rosay, Joseph Lançon, François Périllat : Morts en Déportation.* Douvaine (Haute-Savoie) : Le Curé de Douvaine, 1987.

DEREYMEZ, Jean-William (ed.). *Être jeune en Isère (1939–1945).* Paris : L'Harmattan, 2001.

DOULUT, Alexandre, et LABEAU, Sandrine. *Les 473 Déportés juifs de Lot-et-Garonne : Histoires individuelles et Archives.* Marmande : Après l'oubli et Les fils et filles des déportés juifs de France, 2010.

DUFOURNIER, Denise. *La Maison des Mortes, Ravensbrück.* Republié avec une nouvelle préface. Paris : Julliard, 1992. Publication originale : Hachette, 1945. Les citations se réfèrent à l'édition de 1992.

DUPRAZ, Pierre. *Bientôt, la Liberté : Une Chronique de la Seconde Guerre mondiale à Passy, Saint-Gervais, Les Contamines, et Servox.* Passy : Pierre Dupraz, 1997.

ESTÈBE, Jean. *Les Juifs à Toulouse et en Midi toulousain au Temps de Vichy.* Toulouse : Presses Universitaires du Mirail, 1996.

FABRE, Emile C. (ed.). *Les Clandestins de Dieu : CIMADE, 1939–1945.* Textes rassemblés par Jeanne Merle d'Aubigné et Violette Mouchon. Paris : Librairie Arthème Fayard, 1968.

FIVAZ-SILBERMANN, Ruth. *Le Refoulement de Réfugiés civils juifs à la Frontière Franco-Genevoise durant la Seconde Guerre mondiale.* Paris : Fondation Beate Klarsfeld, 2000.

FLÜCKIGER, Pierre, et BAGNOUD, Gérard. *Les Réfugiés civils et la Frontière genevoise durant la Deuxième Guerre mondiale : Fichiers et Archives.* Genève : Archives d'État, 2000.

FONDATION POUR LA MÉMOIRE DE LA DÉPORTATION. *Livre-mémorial des Déportés de France.* Volume 1, [s.d.].

FREIHAMMER, Josef. *Heimat Amstetten VI.* Amstetten : Medieninhaber und Verleger, 2001.

GAMZON, Robert. *Les Eaux claires : Journal 1940–1944.* Paris : Eclaireuses Eclaireurs Israélites de France, 1981.

GAULLE-ANTHONIOZ, Geneviève de. *La Traversée de la Nuit.* Paris : Éditions du Seuil, 1998.

GERMAIN, Michel. *Mémorial de la Déportation : Haute-Savoie 1940/1945.* Montmélian : La Fontaine de Siloé, 1999.

GILDEA, Robert. *Marianne in Chains: Daily Life in the Heart of France during the German Occupation.* New York: Henry Holt and Company, First Picador Edition, 2004.

GORCE, Nelly. *Journal de Ravensbrück.* Arles : Actes Sud, 1995.

GORGIEL-SERCARZ, Hélène. *Memoirs of a Jewish Daughter.* Tel-Aviv : H. Gorgiel-Sercarz, 1990. Ce document est un manuscrit non publié, consultable dans quelques bibliothèques, parmi lesquelles celles de l'USHMM (Musée de l'Holocauste) à Washington et le CJDC à Paris. Le catalogue de l'USHMM indique la date de 1990 suivie d'un point d'interrogation.

GRANDJACQUES, Gabriel. *La Montagne-refuge : Les Juifs au Pays du Mont-Blanc.* Montmélian : La Fontaine de Siloé, 2007.

GROVE-POLLAK, Fay (ed.). *The Saga of a Movement: WIZO 1920–1970*. [sans lieu de publication] [s.d.] (Le fichier de la Bibliothèque du Congrès indique que le livre a été publié à Tel Aviv par le Département de l'Organisation et de l'Éducation de WIZO et cite 1970 comme une date probable de publication.)

GUREWITSCH, Brana (ed.). *Mothers, Sisters, Resisters: Oral Histories of Women who Survived the Holocaust*. Tuscaloosa : The University of Alabama Press, 1998.

HAMMEL, Frédéric Chimon. *Souviens-toi d'Amalek : Témoignage sur la Lutte des Juifs en France, 1938–1944*. Paris : C.L.K.H., 1982.

HÄSLER, Alfred A. *Das Boot ist voll...* Zürich: Stuttgart, Fretz & Wasmuth, 1967. Traduit par Charles Lam Markmann et publié sous le titre *The Lifeboat is Full: Switzerland and the Refugees, 1933–1945*. New York : Funk & Wagnalls, 1969.

HAYMANN, Emmanuel. *Le Camp du Bout du Monde 1942 : des Enfants juifs de France à la Frontière suisse*. Lausanne : Éditions Pierre-Marcel Favre, 1984.

HENRY, Patrick. *We Only Know Men: The Rescue of Jews in France during the Holocaust*. Washington : The Catholic University of America Press, 2007.

HERBERMANN, Nanda. *Der gesegnete Abgrund: Schutzhäftling Nr. 6582 im Frauenkonzentrationslager Ravensbrück*. Nürnberg : Glock und Lutz, 1948. Traduit par Hester Baer et publié sous le titre *The Blessed Abyss: Inmate #6582 in Ravensbrück Concentration Camp for Women*. Édité par Hester Baer et Elizabeth R. Baer. Détroit : Wayne State University Press, 2000.

HÖSS, Rudolph. *Death Dealer, the Memoirs of the SS Kommandant at Auschwitz*. Traduit par Andrew Pollinger. Texte établi par Steven Paskuly. New York : Da Capo Press, 1996.

ISRAEL, Gérard. *Heureux comme Dieu en France, 1940–1944*. Paris : Editions Robert Laffont, 1975.

JACOUBOVITCH, Jules. *Rue Amelot : Aide et résistance*. Traduit du yiddish par Gabrielle Jacoubovitch-Bouhana. Paris : Éditions du Centre Medem, 2006.

KAPEL, René S. *Un Rabbin dans la Tourmente (1940–1944)*. Paris : CDJC, 1986.

KEDWARD, H. R. *In Search of the Maquis: Rural Resistance in Southern France, 1942–1944*. Oxford : Clarendon Press, 1994 ; New York: Oxford University Press, 1994.

KLARSFELD, Serge. *Nice : Hotel Excelsior : Les Rafles des Juifs par la Gestapo à partir du 8 septembre 1943*. Paris : Les Fils et Filles des Déportés Juifs de France, 1998.

KLARSFELD, Serge. *Le Calendrier de la Persécution des juifs en France 1940–1944*. Paris : Fondation Beate Klarsfeld, 1993. Une version ultérieure de cet ouvrage a été publiée sous le titre *Le Calendrier de la déportation*. Paris : Fayard, 2001. Cette dernière version constitue le Volume II de la série *La Shoah en France*. Les citations se réfèrent à l'édition de 1993.

KLARSFELD, Serge. *Le Mémorial de la Déportation des Juifs en France*. Paris : Klarsfeld, 1978.

KLARSFELD, Serge. *Vichy-Auschwitz : La « Solution finale » de la Question juive en France*. Paris : Librairie Arthème Fayard, 2001. Volume I de la série *La Shoah en France*. Version actualisée de *Vichy-Auschwitz : le Rôle de Vichy dans la Solution finale de la Question juive en France*. Paris : Librairie Arthème Fayard, 1983 et 1985. Les pages citées se réfèrent à la publication de 2001.

KNOUT, David. *Contribution à l'Histoire de la Résistance juive en France, 1940–1944.* Paris : Éditions du Centre, 1947.

KOTT, Aline et Jacques Kott. *Roanne : Enquête sur les Origines d'une Communauté juive atypique...* Paris : Édition Wern, 1998.

LAPIDUS, Serge. *Étoiles jaunes dans la France des Années noires : Onze Récits parallèles de jeunes Rescapés.* Paris : Harmattan, 2000.

LAQUEUR, Walter. *The First News of the Holocaust.* Conférence annuelle Leo Baeck, 1979. Numéro 23. New York : Leo Baeck Institute, 1979.

LATOUR, Anny. *Résistance juive en France, 1940–1944.* Paris : Stock, 1970.

LAZARE, Lucien. *La Résistance juive en France.* Paris : Stock, 1987.

LAZARE, Lucien. *Le Livre des Justes.* Paris : Éditions Jean-Claude Lattès, 1993.

LAZARUS, Jacques. *Juifs au Combat : Témoignage sur l'Activité d'un Mouvement de Résistance.* Paris : Editions du Centre, 1947.

LÉVITTE, Simon. *Le Sionisme : Quelques Pages de son Histoire.* Paris : Éditions des Cahiers Juifs, 1936.

LEWI, Monique, *Histoire d'une Communauté juive, Roanne : Étude historique et sociologique d'un judaïsme.* Roanne : Horvath, 1976.

MARRUS, Michael R., et Robert O. Paxton. *Vichy et les Juifs.* Paris : Éditions Calmann-Lévy, 1981.

MARZAC, Jacques, et Denise Rey Jouenne. *Irma Jouenne : Disparue à Ravensbrück.* Paris : Éditions N. C., 1995.

MAURICE, Violette. *Les Murs éclatés.* Saint-Etienne, France : Action Graphique, 1990.

MAURICE, Violette. *N. N.* Préface de Jean Nocher. Saint-Etienne : S. P. E. R., 1946. Ce livre a été republié sous le même titre, avec une préface de Marcel Conche, chez La Versanne en 1991. Les citations se réfèrent à l'édition originale de 1946.

MAZOWER, Mark. *Salonica, City of Ghosts: Christians, Muslims and Jews, 1430–1950.* New York : Vintage Books, 2006.

MORGAN, Ted. *An Uncertain Hour: The French, the Germans, the Jews, the Klaus Barbie Trial, and the City of Lyon, 1940–1945.* New York : Arbor House/William Morrow, 1990.

MORRISON, Jack G. *Ravensbrück: Everyday Life in a Women's Concentration Camp, 1939–45.* Princeton : Markus Wiener Publishers, 2000.

MOUTHON, Pierre. *Résistance, Occupation, Collaboration : Haute-Savoie 1940–1945.* Épinal : Éditions de Sapin d'Or, 1993.

MUNOS-DU PELOUX, Odile. *Passer en Suisse : Les Passages clandestins entre la Haute-Savoie et la Suisse, 1940–1944.* Grenoble : Presses Universitaires de Grenoble, 2002.

NAJMAN, Judith, et Emmanuel Haymann. *Claude Kelman : Une Ambition pour le judaïsme.* Paris : Alliance israélite universelle (AIU), 2001.

OFER, Dalia, et WEITZMAN, Lenore J. (eds.). *Women in the Holocaust.* New Haven: Yale University Press, 1998.

OUSBY, Ian. *Occupation: The Ordeal of France, 1940–1944.* New York : Cooper Square Press, 2000.

PANCZER, André. *Je suis né dans l'faubourg Saint-Denis...* Treignac, France : Le Loubanel, Éditions « Les Monédières », 2007.

PICARD, Jacques. *On the Ambivalence of Being Neutral: Switzerland and Swiss Jewry Facing the Rise and Fall of the Nazi State.* Conférence annuelle Joseph et

Rebecca Meyerhoff, 23 septembre 1997. Numéro 23. Washington : USHMM, Center for Advanced Holocaust Studies, 1998.

POLIAKOV, Leon. *La Condition des Juifs en France sous l'Occupation italienne.* Paris : Éditions du Centre, 1946.

POZNANSKI, Renée. *Les Juifs en France pendant la Seconde Guerre mondiale.* Paris : Hachette, 1997.

RAYSKI, Adam. *Le Choix des Juifs sous Vichy : Entre Soumission et Résistance.* Paris : Éditions La Découverte, 1992.

REYNAUD, Michel, et la Fondation pour la mémoire de la déportation. *Livre-mémorial des Déportés de France arrêtés par mesure de Répression et dans certains cas par mesure de Persécution, 1940–1945.* Paris : Éditions Tirésias, 2004.

RITTNER, Carol, et John K. Roth (eds.). *Different Voices: Women and the Holocaust.* New York : Paragon House, 1993.

ROCHLITZ, Joseph. *The Righteous Enemy: Document Collection.* Rome : Edizione in proprio, 1988.

RUTKOWSKI, Adam. *La Lutte des juifs en France à l'Époque de l'Occupation, 1940–1944 : Recueil de Documents.* Paris : CDJC, 1975.

SACHAR, Howard M. *A History of Israel from the Rise of Zionism to Our Time.* New York : Alfred A. Knopf, 2007.

SAIDEL, Rochelle G. *The Jewish Women of Ravensbrück Concentration Camp.* Madison, Wisconsin : The University of Wisconsin Press, 2004.

SALON, Jacques. *Trois Mois dura notre Bonheur : Journal 1943–1944.* Paris : Fondation pour la mémoire de la Shoah, 2005.

SAMUEL, Vivette. *Sauver les Enfants.* Paris : Liana Levi, 1995.

SHIRER, William L. *The Rise and Fall of the Third Reich: A History of Nazi Germany.* New York : A Fawcett Crest Book, 1960.

SZAJKOWSKI, Zosa, *Analytical Franco-Jewish Gazetteer, 1939–1945: With an Introduction to Some Problems in Writing the History of the Jews in France During World War II.* New York : Publié en privé avec l'aide de l'American Academy for Jewish Research et des fondations Lucius N. Littauer et Gustav Wurzweiler, 1966.

TILLION, Germaine. *Ravensbrück.* Troisième édition. Paris : Éditions du Seuil, 1988. Cette édition contient trois nouvelles annexes détaillées sur les chambres à gaz de Ravensbrück, Hartheim, Mauthausen, et Gusen : « *Les exterminations par gaz à Ravensbrück* » par Anise Postel-Vinay ; « *Les exterminations par gaz à Hartheim* » et « *Les exterminations par gaz à Mauthausen et Gusen* » par Pierre Serge Choumoff. Tillion, Germaine. *Ravensbrück.* Deuxième édition. Paris : Éditions du Seuil, 1973.

VIELCAZAT-PETITCOL, **Marie-Juliette**. *Lot-et-Garonne : Terre d'Exil, Terre d'Asile : les Réfugiés juifs pendant la Seconde Guerre mondiale.* Narosse : Éditions d'Albret, 2006.

VIGÉE, Claude. *La Lune d'Hiver : Récit – Journal – Essai.* Paris : Flammarion, 1970.

VILLERMET, Christian. *A noi Savoia : Histoire de l'Occupation italienne en Savoie, novembre 1942-septembre 1943.* Les Marches : La Fontaine de Savoisiennes Siloé, 1991.

VULLIEZ, Hyacinthe. *Camille Folliet : Prêtre et Résistant*. Paris : Les Éditions de l'Atelier/Les Éditions Ouvrières, 2001, et Annecy : Éditions Le Vieil Annecy, 2001.

WARSZAWSKI, Oser. *On ne peut pas se plaindre ou Résidences*. Traduit du yiddish par Marie Warszawski. Version française revue par Lydie Lachenal et Angélique Lévi. Paris : Éditions Liana Levi, 1997.

YAGIL, Limor. *Chrétiens et Juifs sous Vichy, 1940–1944 : Sauvetage et désobéissance civile*. Paris : Cerf, 2005.

ZEITOUN, Sabine. *L'Œuvre de Secours aux Enfants (O.S.E.) sous l'Occupation en France : Du légalisme à la Résistance 1940–1944*. Paris : Éditions L'Harmattan, 1990.

ZUCCOTTI, Susan. *The Holocaust, the French, and the Jews*. New York : BasicBooks, 1993.

ZUCCOTTI, Susan. *Holocaust Odysseys: The Jews of Saint-Martin-Vésubie and Their Flight Through France and Italy*. New Haven : Yale University Press, 2007.

ZUCCOTTI, Susan. *Under His Very Windows: The Vatican and the Holocaust in Italy*. New Haven and London : Yale University Press, 2000.

2. Articles

ARIEL, Joseph. "Jewish Self-Defence and Resistance in France During World War II." *Yad Vashem Studies on the European Catastrophe and Resistance* 6 (1967) : 221–250.

DIAMANT, Zanvel. "Jewish Refugees on the French Riviera." *YIVO Annual of Jewish Social Science* 8 (1953) : 264–280.

KIEVAL, Hillel J. "Legality and Resistance in Vichy France: The Rescue of Jewish Children." *Proceedings of the American Philosophical Society* 124, no. 5 (October 1980) : 339–366.

PANICACCI, Jean-Louis. « Les Juifs et la Question juive dans les Alpes-Maritimes de 1939 à 1945. » *Recherches régionales, Côte d'Azur et Contrées limitrophes : Bulletin Trimestriel* 4 (octobre-décembre 1983): 239–331.

ROBY. « Dans les Mains de la Police allemande sous l'Occupation. » *Le Républicain savoyard*, no. 37 (13 septembre, 1986) : 1–4.

RUTKOWSKI, Adam. « Les Évasions de Juifs de Trains de Déportation de France. » *Le Monde Juif*, no. 73 (1974) : 10–29.

SCHNEK, Georges. « Etre jeune en France, 1939–1945. » Discours prononcé au Colloque international de Grenoble 23/01/1997 au 25/01/1997. Copie imprimée donnée à Nancy Lefenfeld par Georges Schnek. Ce discours apparaît avec quelques changements minimes dans l'ouvrage de Dereymez, Jean-William (ed.), *Être jeune en Isère (1939–1945)*, 60–61. Paris : L'Harmattan, 2001.

VERNAY, Denise (« Miarka »). Copie imprimée d'un discours donné le 20 novembre 1981. Collection privée d'Emmanuel Racine. Ce discours apparaît aussi sous le titre « J'ai le Devoir, l'Obligation douloureuse de témoigner sur Mila », dans *Revue de la WIZO*, novembre-décembre 1981.

3. Autres sources

COMMISSION DE RÉHABILITATION SUR SON ACTIVITÉ PENDANT LES ANNÉES 2004 À 2008. *Rapport : Réhabilitation de Personnes ayant aidé des Fugitifs à fuir les Persécutions nazis*. Téléchargé le 2 mars 2009 de www.admin.ch/ch/f/ff/-2009/2903.pdf

FIVAZ-SILBERMANN, Ruth. Thèse de doctorat en cours, *La Fuite en Suisse : Migrations, Stratégies, Fuite, Accueil, Refoulement et Destin des Réfugiés juifs venus de France durant la Seconde Guerre mondiale*. Genève : Université de Genève.

LUDWIG, Carl. *La Politique pratiquée par la Suisse à l'égard des Réfugiés au cours des Années 1933 à 1955*. Annexe au Rapport du Conseil fédéral à l'Assemblée fédérale sur la Politique pratiquée par la Suisse à l'égard des Réfugiés au cours des Années 1933 à nos Jours. Berne, 1957. La version allemande de ce livre s'intitule *Die Flüchtlingspolitik der Schweiz in den Jahren 1933 bis 1955: Bericht an den Bundesrat zuhanden der eidgenössischen Räte*. Bern, 1957.

4. Archives

AFHRA	Air Force Historical Research Agency, Maxwell Air Force Base, Alabama, États-Unis
ADHS	Archives départmentales de la Haute-Savoie, Annecy
AEG	Archives de l'État de Genève, Genève
AIU	Alliance israélite universelle, Paris
CDJC	Mémorial de la Shoah Musée/Centre de documentation, Paris
ICJ-OH	Institut de la Communauté Juive Contemporaine, Division d'Histoire Orale, Université hébraïque, Jérusalem
JDC	American Jewish Joint Distribution Committee, New York
MAU	Archiv der KZ-Gedenkstätte Mauthausen, Vienne
USHMM	United States Holocaust Memorial Museum, Washington, D.C.
YIVO	YIVO Institute for Jewish Research, Center for Jewish History, New York
YV	Yad Vashem, Jérusalem

5. Correspondances et entretiens privés

BIKALES, Gerda (née BIERZONSKI)
BONALDI, Marie-Claude (née MION)
BRINBAUM, Miriam (née WAJNTROB)
BROUSSE-MAURIER, Jeanne
CHARMATZ, Jacques
CHOMBART DE LAUWE, Marie-Jo
COCHET, Jean et Germaine
CONSTANT, Sonia (née VEISSID)
EMERICH, Claude
GILL, Nadine (née RACINE)
GLAZMAN, Maurice
GLIKLICH, Alice (née GRYN)
GOSTYNSKI, Cécile
GRAIMONT (GRABSZTOK), Victor

GRANDJACQUES, Gabriel
GRUNBERG, Sara
GRYN, Tito
HARRIS, Nelly (née CHENDER)
KLEINBERGER, Edgar
KOTT, Bernard
LEUWENKROON, Lilly
LOINGER, Georges
MAIDENBERG, Sacha (née RACINE)
MAURICE, Violette
MERCIER, Père François
MIRKINE, Helen (Hélène) (née RACINE)
MOOS, Robert
PANCZER, André
RACINE-PEYSER, Lili
POSTEL-VINAY, Anise
PUPIER, Myriam (née CHARMATZ)
RACINE, Emmanuel (Mola)
ROMBAUT, Lucia
SCHNEK, Georges
SUERNICK, Eliane (née NEOUSSIKHIN)
VERNAY, Denise (née JACOB)
WAPNIARZ, Wolf
WATTENBERG, Frida
WEIL, Esther (née VEISSID)
WEISSBERG, Lydie
WEXLER, Daniella Marianne (née RACINE)
WIENER, Renée (née KURZ)

Beaucoup d'individus cités ci-dessus m'ont autorisée à consulter leurs archives privées.

Index

ALAMAND, Esther : 154, 292.
ANTCHER, Janine : 176, 308.
ATZSTEIN : 114, 115.
AXELRAD, Cécile, Rosie, Simon : 175, 301.
BALEZ, Henriette : 176, 309.
BAUD, Père Alphonse : 146.
BEINART, Charles, Maurice : 191, 319.
BENADON, Lilianne : 174, 295.
BENÔÎT, Père Pierre-Marie : 180, 267.
BERASSE, Cécile : 121, 286.
BERGER, Myrianne : 176, 307.
BERGMAN, David : 121, 286.
BERKOWICZ, Bernard : 143, 289.
BIKALES, Gerda (née BIERZONSKI) : 26, 189, 190, 315, 339.
BIRGY, Rolande : 101, 148, 170, 267.
BOCCARD, Frère Raymond : 108, 109, 267.
BONALDI, Marie-Claude (née Mion) : 27, 212, 215, 229, 236, 339.
BRAUNSTEIN, Tibere : 104, 281.
BRINBAUM, Miriam (née WAJNTROB) : 26, 57, 169, 203, 204, 339.
BRUNNER, Alöis : 125, 126, 140, 141, 159-163, 168.
BRUST, Isidor : 174, 298.
BUBLENS, Père Philibert : 146, 267.
CHAILLET, Père Pierre : 145, 267.
CHARAS, Alain, Martine : 191, 321.
CHARMATZ, Jacques, David, Rachel : 26, 118-122, 285, 339.
CHETRET, Elie, Maurice, Marcel, Yvette : 26, 127, 287, 288.
CHEVRIER, Père Michel : 106.
CHIMON, Dora : 192, 323.
CHOMBART DE LAUWE, Marie-Jo : 27, 243, 244, 250, 251, 254, 255, 339.
CIGE : 114, 115.
CONSTANT, Sonia (née Veissid) : 26, 59, 91, 94, 101, 138, 339.
CUKIERMAN, Isaac : 143, 289.
CYMERMAN, Abraham : 189, 316.
CYMERMAN, Simon, Anna : 104, 283.
CZARNY, Myriam, Jeannine : 186, 314.
DANNECKER, Theodor : 32, 33.

DE SALES, Saint-François : 107, 108, 143, 236, 237.
DEFFAUGT, Jean : 198-200, 202, 203, 267.
DIAMANT (DJAMENT), Zanvel (Zajwel), Rivka, Henri, Paul : 37, 57, 193, 327.
DIEWALD, Heinz : 190, 317.
DOLBERG, Rosette : 175, 300.
DONATI, Angelo : 64, 141, 179, 180.
DREYFUS, Madeleine : 211.
DREYFUSS, Gérard : 189, 315.
DRUCKER, Abraham : 162, 163.
DUFOURNIER, Denise : 216, 217, 219, 227-234, 239, 240, 245, 246, 248.
DZIERLATKA, Renata : 175, 299.
EHERLICH, Isidore : 174, 296.
EICHMANN, Adolf : 32, 33, 126.
EILANDER : 114, 115.
EISENHOWER, Dwight : 123, 124, 180.
EJZENBAUM, David : 154, 291.
EMERICH, Claude : 26, 118-121, 285, 339.
ENGIEL (ENGEL), Srul, Léa, Rachèle, Yvonne : 193, 327, 328.
EPSTEIN, Boris, Renée : 181, 310.
EPSTEIN, Roland : 154, 155, 191, 193, 195, 196, 200-203, 206, 207.
FAVRAT, Père François : 108, 109, 220, 237.
FAVRE, Père Louis : 108, 109, 146, 220, 236, 237, 267.
FELDHANDLER : 114.
FEFERMAN, Hélène, Sarah : 175, 302, 303.
FENSTER : 114, 115.
FISCHEL, Monique : 121, 285, 286.
FISCHER, Joseph : 39
FLEISCHER, Oscar, Jeanette, Renée : 104, 281.
FOLBAUM, Louis, Bernard : 191, 192, 320, 321.
FOLLIET, Père Camille : 144-148, 267.
FRAJERMAUER : 114.
FRONTIN, Père Pierre : 108, 109, 220, 237, 267.
GALINSKY, Henri, Wolf, Jean, Joseph, Charles : 143, 289, 290.
GALLAY, Père Simon : 146, 267, 268.
GARBOWNIK : 114.
GAREL, Georges : 68.
GILL, Nadine (née RACINE) : 26, 74, 78-80, 339.
GLAUBERG, Lisa : 176, 309.
GLAZMAN, Maurice, Chaim, Sura, Gusta : 26, 99-101, 103, 104, 115, 157, 283, 339.
GLIKLICH, Alice (née Gryn) : 26, 111, 113, 339,
GOLDBERG, Harry : 175, 300.
GOLDFARB, Estelle, Frida : 174, 297, 298.
GOLDSCHMIDT : 114, 115.
GOLDSTEIN, Sarah, Berthe : 104, 283, 284.
GORCE, Nelly : 209, 210-212, 215-217, 219, 227-238, 240, 242-245, 247, 251.
GORGIEL-SERCARZ, Hélène : 41, 42, 44, 52, 57-61, 71, 72, 123, 139, 140, 164, 165.
GOSTYNSKI, Cécile, Sarah : 26, 94, 138, 279, 339.
GRAIMONT (GRABSZTOK), Victor : 26, 154, 157, 158, 291, 339.

GRANAT, Anna, Jacob, Simon, Joseph, Sarah : 174, 297.
GRAVILLON, Eugénie (Micheline) : 253.
GRIMBERG, Simon : 181, 311.
GRUNBERG, Sarah : 27, 52 58-60, 340.
GRYN, Nethanel (Tony), Isaac, Rwyka, Tito : 26, 69, 101, 103, 104, 106, 110-113, 121, 142, 148, 151, 170, 183, 187, 193, 206, 207, 340.
GRYNSZTEJN, Mordka, Laja, Léon : 185, 186, 312.
GUTMANN, Claude : 168, 180, 181.
GWIAZDA, Madeleine, Jeannette : 154, 293, 294.
HALBERTHAL, Armand : 104, 281.
HALBERTHAL, Gérard : 60.
HALEGUA, Jacques : 176, 308.
HARIF, Victor : 175, 303.
HARRA, Suzanne : 121, 286.
HARRIS, Nelly (née CHENDER) : 26, 74, 340.
HAYUM : 114.
HENDLER, Marcus, Henri : 94, 279.
HERMANN, Nahum : 39.
HERZ, Adolphe : 175, 299.
HERZ (ou HERTZ) : 114, 115.
HIRSCH, David : 190, 317.
HIRSCHHORN, Henriné : 175, 299.
HOPS : 114, 115.
HOROWITZ, Marcel, Julien : 175, 303.
HÖSS, Rudolf : 72, 73.
ISAACK, Mylan : 192, 325.
ISCHWALL, Anne : 192, 322.
ISRAEL, Dora, Robert, Fortunée : 192, 324, 325.
JACOB, Bernard, Ginette, Marie-Claire : 121, 285.
JAKUBOWITZ, Jacques : 94, 278, 279.
JARBLUM, Marc : 45, 48, 61, 93, 163.
JEFROYKIN, Jules (Dika) : 39.
JOLIVET, Père Marius : 95, 101-103, 146, 268.
JUNGER, Hélène, Berthe : 192, 322.
JUNGERMAN, Jacques : 191, 319.
KAATZ, Suzette : 121, 286.
KALMANOWICZ, Sarah, Paulette : 192, 323.
KAMER, Henri : 154, 294, 295.
KANTOROWICZ, Jérémie, Bernard, Maurice : 154, 294.
KAPEL, Rabbin René : 71, 88.
KARWASSER, Hélène, Génia : 174, 295, 296.
KATZ, Arnold : 174, 296, 297.
KEMPFNER, Fred, Paul : 104, 282.
KIELMANOWICZ : 114, 115.
KLARSFELD, Arno, Raïssa, Serge, Beate : 126, 133, 141, 161, 183-185, 203, 204.
KNOUT, David : 78, 81-84, 90, 186.
KNOUT-FIXMAN, Ariane (née SCRIABINE), Elie : 81, 83, 186, 313, 314.
KOCH : 114, 115.

KOLODNY, Jankiel, Henriette, Rachel-Liliane : 185, 312, 313.
KORINSCHTAIN, Jacqueline : 176, 306.
KORN, Louis : 176, 306.
KORNFELD, Georges : 175, 304.
KORZEN, Léa : 174, 295.
KOTKOWSKI, Isaac, Max : 155, 293.
KOTT, Joseph, Chava, Bernard, Sara : 25, 45-49, 51-55, 58-61, 63, 117, 340.
KRIST, Annette : 186, 314.
KUHN, Lucie, Sonia : 191, 319, 320.
KUPERAS, Raymond : 154, 158, 291.
KUPERHANT, Paulette, Max : 155, 292, 293.
LANÇON, Joseph : 106, 117, 185, 186, 220, 234, 235, 251, 268.
LANGSZNER : 114, 115.
LASAR, Arny, Carlo : 26, 104, 281.
LAZARUS, Jacques : 90, 195, 196.
LESZKOWITZ, Bella, Rose : 176, 309.
LEUWENKROON, Isy, Lilly, Robert : 27, 61, 115, 116, 340.
LEVI : 114, 115.
LEVINER, Marie, Maurice : 176, 308.
LÉVITTE, Simon : 55, 56, 69, 73, 86, 87, 91, 106, 113, 138, 157, 201, 203.
LINDERMAN, Rachele : 104, 282, 283.
LIPSCHITZ, Renée : 174, 297.
LITMAN, Jacob : 175, 303, 304.
LOBERSTEIN, Maurice, Lisa, Ginette, Jules, Nathan : 127, 288.
LOISEAU-CHEVALLEY, Suzanne : 146, 268.
LOSPINOSO, Guido : 38-40, 64, 140, 141.
LUBELSKI, Mager, Hinda, Maurice, Nadia, Elly : 192, 326, 327.
LUBLIN, Aron-Lucien : 83, 90, 113.
LUSTMAN, François : 127, 287.
MADJORA, Albert, Rose, Michel, Maurice : 155, 292.
MAIDENBERG, Maurice : 142, 148-150, 170, 183.
MAIDENBERG, Sacha (née RACINE) : 26, 44, 49, 59, 74-78, 81, 85, 87, 89-91, 142, 148-151, 163, 170, 193, 199, 201, 206, 212, 217.
MAJEROVICZ, Léon : 174, 296.
MAJUFES : 114, 115.
MANASSE, Jean : 175, 305.
MANTEL, Lore, Cécile, Jacques, Maurice : 175, 301, 302.
MARBURGER, Jacques : 168, 178, 179, 183.
MARBURGER, Suzanne, Joseph : 175, 305.
MAURICE, Violette : 27, 231, 232, 253-255, 257-259, 262, 266, 340.
MELLER, Marie : 175, 302.
MÉNACHÉ, Isidore : 176, 307.
MERWITZER, Lydie : 192, 322.
MERZER : 114, 115.
MICHAELI, Asher (Ado) : 142, 150, 151, 183.
MICHAELI, Bella (née WENDLING) : 142, 148, 150, 151, 169, 181, 183, 232.
MILGRAM, David : 104, 280.

MION, Hélène : 212, 215, 229, 236, 238, 240, 242, 245, 247, 251, 253, 257, 259, 263, 266.
MIRKINE, Hélène (née RACINE) : 26, 74, 78, 79, 80, 340.
MODIANO, Vidal : 39.
MORGENSTERN, Marcel : 192, 322.
MUSSOLINI, Benito : 29, 30, 39, 63, 64, 69, 180.
MUSZKATBLAT, Ilia : 181, 310.
NAJDBERGER, Emile : 121, 285.
NEURY-LANÇON, Thérèse : 185, 186, 268.
PALESTRANT, Lisette : 192, 326.
PANCZER, André, Désiré, Thérèse : 26, 170-174, 296, 340.
PELLET, Marguerite (Mag) (née Baud), René : 210, 253.
PERELMUTER, Renée : 93-95, 279.
PÉRILLAT, François : 106, 117, 220, 234, 235, 244, 268.
PERLES, Blanche, Léa : 175, 303.
PERNOUD, Père Gilbert : 108, 109, 268.
PÉTAIN, Philippe : 29, 106, 145.
PEYSER, Lili (née RACINE) : 26, 77-79, 81, 87, 206, 208, 233, 236, 340.
PHILIP, Mireille : 146, 268.
PIEKARSKI, Michel : 121, 286.
PLAUT, Edwige : 155, 294.
PLEWA, Suzanne : 127, 287.
PLUOT, Père : 146, 170.
POLAC, Jacques, Rose : 175, 304.
POLONSKI, Abraham, Génia : 83, 84, 90.
PRIACEL-PITTET, Geneviève : 146, 268.
PROBST : 114.
PROCEL : 114, 115.
PUPIER, Myriam (née CHARMATZ) : 26, 118-122, 285, 340.
RACINE, Alexandre : 78, 80.
RACINE, Hirsch, Berthe : 74, 75, 77, 78, 81, 87, 266.
RACINE, Emmanuel (Mola) : 26, 74-77, 81-83, 87, 89, 91, 201-203, 206-212, 217, 232, 233, 236, 237, 243, 266, 340.
RACINE, Mila (Myriam) : 21, 22, 26, 27, 43, 44, 55, 56, 58-61, 69, 72-81, 84, 85, 87, 89-91, 93-96, 101, 103, 104, 106, 110-113, 115, 116, 121, 142, 148, 151, 183, 184, 187, 191-193, 195, 196, 199-203, 205-212, 215, 217, 228, 228-233, 236-238, 240, 242, 243, 245, 247, 251, 253, 254, 257, 259, 263, 264, 266, 267.
RAJCHMAN, Edmond : 143, 290.
RAPAPORT, Adam, Mirjam, Sylvie : 192, 326.
RAPOPORT, David : 127.
REFKOLEVSKY, Marcelle, Mireille : 176, 307.
REISZ, Albert : 175, 298.
REVAH, Sarah : 94, 280.
REYNAUD, Paul : 29.
RIBIÈRE, Marcel : 37, 141.
RINGORT : 114, 115.
RIVET, Denise : 189, 316.
ROSAY, Père Jean : 105-107, 117, 146, 185, 186, 220, 234, 235, 264, 268.

ROSENBAUM, Ludwig, Rosi : 104, 284.
ROSENBERG, Jacques, Jeanne, Victor : 191, 318, 319.
ROSENBERG, Liba, Paul : 192, 325.
ROSENBERG : 114, 115.
ROSENFELD, Fradja, Berthe, Rachel, Marie, Sarah : 154, 291, 292.
ROSENKERN, Eveline : 186, 314.
ROSENZWEIG, Annette : 176, 306.
ROZENBERG, Madeleine, Suzanne, Bernard, Rachèle : 190, 317, 318.
RÖTHKE, Heinz : 39, 124-126.
ROUBANOWICZ : 114, 115.
ROZEN, Simon : 192, 324.
RUBINSTEIN, Hélène, Georges : 189, 315, 316.
RUSSAK, Pia-Manon, Ursula : 186, 314.
SAGALOWITSCH : 114, 115.
SALIÈGE, Monsignor Jules-Géraud : 35, 161, 268.
SALIK, Edith : 191, 320.
SALOMON, Andrée : 69.
SALOMONS, Louis, Alice, Philippe : 192, 321.
SALON, Jacques, Nicole (née WEIL) : 115-117.
SCHAECHTER : 114, 115.
SCHNEK, Georges : 26, 70-72, 167, 340.
SCHOENBACH : 114, 115.
SECKLER : 114.
SEGAL, Gilles : 175, 302.
SEIDEN, Betty : 175, 302.
SIDI, Esther, Elie : 155, 293.
SIEMIATYCKI : 114, 115.
SOBELMAN, Suzanne : 192, 325.
SOSNOWSKI, Joseph, Marcel : 26, 174, 297.
SUERINCK, Eliane (née NEOUSSIKHIN), Anatole, Valentine : 26, 154-158, 292, 340.
SZER, Boba : 185, 313.
SZKOLNY : 114, 115.
SZMULEWICZ : 114, 115.
SZTERENBARG, Boris : 94, 279.
SZWED, Maurice, Marcel : 190, 317.
TCHOUKRAN, Louise, Nisso : 192, 324.
TEITELBAUM : 114, 115.
THÉAS, Monsignor Pierre-Marie : 36, 268.
THIBOUVILLE, Raymonde (Frédérique) (née Dreyfus) : 254, 266.
TILLION, Germaine : 221, 222, 238, 239, 241, 250, 251, 254.
TOREZYNSKI, Nathan, Henri : 176, 307.
TORONCZYK, Wolf : 164.
TOVY, Dora : 155, 294.
TRAUMANN, Michel : 176, 308, 309.
UBOGHI : 114, 115.
UKLEJSKA, Blanche, Esther : 189, 315.
UNTERMAN, Rudolph : 175, 301.
VALIGORA, Fernande : 191, 320.

VEISSID, Jacques : 94, 96, 280.
VERNAY, Denise (Miarka) (née Jacob) : 27, 151, 242-244, 251, 253, 254, 257-259, 262, 263, 266, 340.
WAHL, Jeanette : 192, 325.
WAJNTROB, Jacques, Léa (née EISENBAUM) : 26, 57, 58, 60, 166-169, 178-180, 183, 185, 191, 203-205.
WAKSMAN, Emile : 155, 294.
WALTER, Harry : 175, 300.
WANDER, Henri : 192, 323.
WAPNIARZ, Wolf, Zureck, Golda : 26, 131-133, 176-178, 306, 307.
WARSZAWSKI, Oser, Marie : 41, 91-93.
WATTENBERG, Frida : 26, 169, 170, 340.
WAYSBROT, Hélène : 100, 104, 282.
WEIL, Esther (née VEISSID) : 26, 49, 59, 91, 340.
WEINSTEIN, Berthe, Robert : 192, 323.
WEINSTEIN, Esther, Michael : 185, 313.
WEISSBERG, Lydie, Léon : 26, 42, 49, 91-96, 100, 101, 278, 340.
WEXLER, Danielle : 26, 340.
WOLCZAK, Rosette : 175, 176, 202, 305.
WOLKOWSKI, Henri : 127, 287.
ZAIDENBAND, Rebecca, Léon, Hélène : 26, 27, 186, 312.
ZANGER, Mendel : 127, 288.
ZAUBERMAN, Marcel, Mireille, Hélène : 181, 311.
ZEGEL, Gertrude : 174, 296.
ZILBERG, Fanny, Anette, Lili : 191, 318.
ZLOTNITZKY, Ida, Odette, Ginette, Hélène, Marguerite : 143, 290.
ZLOTOWICZ : 114.
ZYLBERSZTEIN : 114, 115.
ZYSMAN, Maurice : 143, 289.

Récits, Mémoires, Témoignages
aux éditions L'Harmattan

Dernières parutions

ATOUT-CHŒUR
Un demi-siècle de direction chorale – Entretiens avec Jacqueline Heinen
Heinen Jacqueline, Rebut Jean-Louis
Après avoir dirigé des chœurs, dont nombre qu'il a créés, et enseigné la musique à Genève, Jean-Louis Rébut, passionné de chant grégorien et polyphonique, est Maître de Chapelle en Bourgogne. Quand il dirige, il partage avec choristes et public l'histoire des musiciens et l'expressivité des écoles flamande et italienne. Il livre ici les qualités essentielles pour un chef de chœur, la satisfaction retirée de ses tournées à l'étranger, la fierté d'avoir vu certains élèves devenir des solistes renommés ou suivre sa trace.
(Coll. Graveurs de Mémoire, 12.50 euros, 108 p.)
ISBN : 978-2-343-05667-8, ISBN EBOOK : 978-2-336-37026-2

FLEURIS LÀ OÙ DIEU T'A SEMÉ
Histoire d'une vie
Dhejju Mgr Léonard
Le récit de Mgr Léonard plonge ses racines dans la foi chrétienne que l'enfant a rencontrée dès les premières années de sa scolarité, grâce aux missionnaires Pères Blancs qui ont fondé en Ituri l'Église Catholique, dans laquelle il est devenu prêtre puis évêque. Le lecteur cheminera avec lui tout au long des péripéties de son histoire jusqu'au grand drame peu connu, qui a profondément blessé les populations de l'Ituri ces dernières décennies.
(Coll. Graveurs de Mémoire, série Récits de vie / Afrique centrale, 25.00 euros, 256 p.)
ISBN : 978-2-343-05044-7, ISBN EBOOK : 978-2-336-36865-8

UN REGARD DE HAUTE-BRETAGNE
Une enfance à la Roche aux fées
Beuchée Laurent
Laurent Beuchée évoque dans ce livre les faits et anecdotes qui ont jalonné son parcours d'élu local et d'exploitant agricole. C'est son attachement au monde rural et son goût du partage qui l'ont poussé à écrire ce recueil fait de pensées, d'interrogations, rassemblant ses convictions et ses doutes sur notre société et sur la vie.
(Coll. Rue des écoles, 19.50 euros, 212 p.)
ISBN : 978-2-343-05033-1, ISBN EBOOK : 978-2-336-36857-3

LE SOURIRE DU PÈRE
Un souvenir d'enfance à la Libération
Duhameaux-Lefresne May
64 ans après la Libération, l'auteur est partie fouiller les Archives à Lille, Roubaix et Lewarde à la découverte de l'action héroïque de l'ingénieur en chef des mines de charbon du Nord-Pas-de-Calais. Elle n'a jamais oublié l'instant où, à six ans, sur le balcon de l'Hôtel de ville de Béthune, elle vit son père se tenir à côté d'un inconnu, le général de Gaulle. Malmenée par la vie, elle n'a jamais pu élucider le mystère de cette apparition jusqu'au jour où elle se lança dans cette quête de vérité.
(Coll. Rue des écoles, série Récits, 16.50 euros, 160 p.)
ISBN : 978-2-343-05471-1, ISBN EBOOK : 978-2-336-36977-8

LES TRIBULATIONS D'UN TECHNOCRATE EUROPÉEN
Récit
Renauld Patrick
«Je suis là pour promouvoir et défendre des valeurs européennes comme la légalité, l'état de droit, le respect de la dignité humaine par exemple». Combattre l'obscurantisme européen et oriental à coups d'utopies. Ce récit est l'histoire d'un mec, technocrate mais pas complètement. C'est l'histoire d'une Europe qui défend la dignité et la justice, qui est fière et encore respectée pour cela dans les pays du Proche Orient.
(21.00 euros, 212 p.)
ISBN : 978-2-343-05436-0, ISBN EBOOK : 978-2-336-36868-9

L'AVENTURE DES SURFS
Souvenirs d'un groupe vocal malgache
Rocky A. Harry Rabaraona
L'auteur de ce récit a fait partie du groupe mythique originaire de Madagascar, les Surfs, qui fit carrière jusqu'en 1971, date de leur séparation. En tournée avec Sheila pour trente spectacles, ce groupe vocal formé de quatre frères et deux sœurs Rabaraona, va connaître le succès aux côtés des nombreuses stars de la chanson française des années 60. C'est leur histoire et celle de l'un des protagonistes qui nous est racontée ici enrichie des anecdotes les plus savoureuses.
(Coll. Graveurs de Mémoire, 28 euros, 286 p., novembre 2014)
EAN : 9782343047560 EAN PDF : 9782336362618

IL FAUT QUE JE RACONTE
Conversations avec son fils, Pierre Aron - Récit
Edith Aron
Une vieille dame octogénaire et devenue aveugle raconte à son fils aîné sa vie au sein d'une famille juive de Berlin, au XXe siècle, entre fuite, émigration en France, misère, lutte pour la survie, nouvelle guerre, occupation, fuites répétées, arrestation, camps en France, père et mari morts en déportation, suicide de sa mère, assignation à résidence et enfin libération, en 1944. Une femme pour qui le combat continuera au service de ses enfants, des personnes déplacées et des jeunes rescapés du désastre jusqu'à ce que l'épuisement l'oblige à arrêter.
(Coll. Rue des écoles, 33 euros, 454 p., novembre 2014)
EAN : 9782343040899 EAN PDF : 9782336362144

UN JEUNE BRETON DANS LA GUERRE
Raymond Jaffrézou
Dans ce récit relatant les souvenirs de guerre d'un jeune garçon vivant avec ses parents dans une ferme du bocage breton, on sent que le jeune spectateur a vécu intensément les événements qu'il rapporte. Il veut les faire partager et laisser un témoignage poignant de ce que fut réellement la guerre 1939-45 dans son terroir natal des Côtes-d'Armor. Il insiste sur la dureté de l'existence, les privations, la peur, le rationnement, sans omettre les exactions des occupants et des résistants.
(Coll. Graveurs de Mémoire, 16,5 euros, 164 p., décembre 2014)
EAN : 9782343045450 EAN PDF : 9782336362786

LES SEIGNEURS DU CHÂTEAU
Souvenirs d'un réfugié hongrois en Alsace
Georges Ferdinandy – Texte révisé par Marc Sénéchal
Le premier soulèvement contre l'empire soviétique, la révolution hongroise de 1956, aura bientôt 60 ans. Après l'échec de la révolte, quatre-vingts jeunes Hongrois trouvèrent asile à Strasbourg. Avec les yeux de la maturité, c'est leur histoire que relate l'auteur, un ancien du Château de Pourtalès. Comment ont-ils vécu ces premières années d'exil ? Que sont-ils devenus ? Tout au long de cette chronique, on découvre peu à peu le portrait de ces jeunes dont le sort s'est joué ces années-là le long du Rhin.
(Coll. Graveurs de Mémoire, 19 euros, 194 p., novembre 2014)
EAN : 9782343047225 EAN PDF : 9782336362076

VALEUREUX PAYSANS DU HAUT BOCAGE VENDÉEN
Ces géants qui m'ont précédé
Marc Girard
En évoquant la vie de ses ascendants, François et Francis, l'auteur nous dépeint des paysans rudes et généreux, des hommes humbles et dignes, des travailleurs vaillants et infatigables, rivés à cette terre du Haut Bocage vendéen. C'est là, en effet, aux Landes-Génusson, une petite cité du canton de Mortagne-sur-Sèvre située entre Les Herbiers et Montaigu, qu'ils vécurent l'un et l'autre tout au long du XXe siècle, au lieu-dit Le Plessis.
(Coll. Rue des écoles, 15 euros, 174 p., décembre 2014)
EAN : 9782343043814 EAN PDF : 9782336363073

UNE VIE
Fernand Sage, notre Papé
Jean Le Bot, Pierre Sage
Fernand Sage a vécu les formidables transformations de la société française à travers les grands progrès technologiques et deux guerres mondiales. Avec le regard de Jean Le Bot, il nous devient familier tant les diverses anecdotes, demeurées 60 ans après intactes dans la mémoire de l'auteur, semblent avoir eu lieu hier. Du bassin d'Arcachon au Havre de Rothéneuf, en passant par Verdun, Hédé, Paramé et Saint-Malo, ce témoignage offre de nombreuses images de la France d'autrefois.
(21 euros, 170 p., novembre 2014)
EAN : 9782343045870 EAN PDF : 9782336362410

VOL AU-DESSUS DES BIDONVILLES
Parcours d'une femme des Aurès à Paris (1957-2010)
Akila Hadjadj
«Voici le journal d'une femme d'aujourd'hui, riche d'une expérience peu commune, ayant traversé plusieurs vies contrastées. C'est l'histoire d'une petite fille algérienne de 6 ans née sous le signe de la baraka, dont l'enfance insouciante fut brutalement interrompue par une guerre cruelle et un exil déboussolant» (Extrait de la préface de Catherine Serrurier).
(Coll. Rue des écoles, 17 euros, 172 p., novembre 2014)
EAN : 9782343039626 EAN PDF : 9782336360171

LES CAHIERS D'IDA
Mémoires d'une jeune femme juive, de la Pologne à la France dans la première moitié du XXe siècle
Ida Spitzberg
Traduit du yiddish par Jean Spector
La voix de sa grand-mère Ida c'était le yiddish ; en lui remettant ces cahiers, écrits semble-t-il d'une traite et sans ponctuation, son petit-fils, Daniel Haber, croit avoir compris qu'Ida, cachée à Varenne, en 1944, son mari déporté, recherchée sans cesse par les polices française et allemande, avait été saisie par une sorte d'urgence d'écrire tout ce qu'elle pouvait avant d'être arrêtée. Grâce à cette traduction son passé redevient héritage, un dernier cadeau inestimable.
(22,5 euros, 272 p., octobre 2014)
EAN : 9782343030203 EAN PDF : 9782336358376

CHEZ LA TARDIVE, UNE AMITIÉ INACHEVÉE
Régions : Auvergne, Champagne, Languedoc-Roussillon
Gérard Quesor
J'ai écrit ce livre pour oublier le regard que Pierre, mon copain d'enfance, m'a adressé du fond de son lit d'hôpital où je lui rendais une visite longtemps différée. Je savais, et il ne l'ignorait sans doute pas lui aussi, que c'était une des dernières. Tous deux fils de la guerre nous resterons amis jusqu'à sa mort dramatique.
(Coll. Graveurs de Mémoire, série Récits de vie / France, 25 euros, 304 p., octobre 2014)
EAN : 9782343040875 EAN PDF : 9782336358864

GRANDEURS ET SERVITUDES SCOLAIRES
Itinéraire passé et réflexions présentes d'un professeur
Andrée Walliser

Comment l'évolution de l'enseignement en France, des lendemains de la guerre à nos jours, peut-elle être appréhendée à travers un parcours à la fois banal et singulier d'élève, d'étudiante et de professeur ? Une scolarité commencée dans une ville de province et poursuivie à l'Université de Strasbourg fait revivre une époque trop souvent idéalisée, puis, de nombreuses expériences pédagogiques en tant que professeur permettent d'élaborer une fresque contrastée du système éducatif.
(Coll. Graveurs de Mémoire, 20 euros, 208 p., octobre 2014)
EAN : 9782343043258 EAN PDF : 9782336358895

LES MASQUES SONT SILENCIEUX
Chronique familiale au fil du XXᵉ siècle – Récit romancé
Martine Merlin-Dhaine

Ce récit romancé est l'histoire d'une famille du Nord de la France, sur trois générations, au travers des parcours de vie noués aux grands mouvements de l'Histoire qui ont marqué cette région. C'est Anne, enfant de cette lignée, qui questionne les absents pour tenter de suivre au plus près ces fragiles humains de bonne volonté ballotés dans les tourmentes du XXᵉ siècle.
(Coll. Rue des écoles, 20,5 euros, 238 p., octobre 2014)
EAN : 9782343043586 EAN PDF : 9782336358994

DU MAQUIS CREUSOIS À LA BATAILLE D'ALGER
Albert Fossey dit François - De la Résistance à l'obéissance
Christian Penot
Préface de Laurent Douzou ; postface de Guy Pervillé

Nous découvrons ici le parcours atypique d'Albert Fossey. Destiné à la prêtrise, sa personnalité et la Seconde Guerre mondiale ont bouleversé son parcours. Engagé dès 1941 dans la résistance creusoise, il en devient chef militaire en 1944 et sera fait Compagnon de la Libération. Son entrée dans l'armée professionnelle remet en cause ses choix d'avant-guerre. Devenu officier parachutiste, il connaîtra tous les champs de bataille de l'Indochine à l'Algérie jusqu'à sa mort en 1958.
(Coll. Graveurs de Mémoire, 33 euros, 328 p., septembre 2014)
EAN : 9782343041742 EAN PDF : 9782336356716

ENTRE DEUX LONGS SILENCES
Récit
Galatée Dominique Hirigoyen

Au fil des pages de ses souvenirs d'adolescente solitaire, rêveuse et révoltée, l'auteure évoque la relation avec sa mère, rendue plus difficile par sa perte d'autonomie et son entrée tardive en maison de retraite, et celle avec son père, timide et réservé, dont la réminiscence est à la fois douloureuse et lumineuse. Elle met ainsi en avant la préoccupation partagée par de nombreux adultes qui doivent gérer la fin de vie parfois complexe de leurs parents.
(Coll. Rue des écoles, 24 euros, 292 p., septembre 2014)
EAN : 9782343042411 EAN PDF : 9782336356310

GILBERT PÉROL
Un diplomate non conformiste
Huguette Pérol

Si les écrits de Gilbert Pérol, ici réunis et présentés par son épouse, méritent de retenir l'attention, c'est d'abord parce que cet ambassadeur de France accomplit ses missions en un temps où se produisaient dans le monde de grands évènements, mais aussi parce que ce «diplomate non conformiste» était un homme libre, aussi exigeant envers lui-même qu'attentif et accueillant aux autres. Il contribua au développement des relations entre la Chrétienté et l'Islam. Son message reste d'une grande actualité.
(Coll. Graveurs de Mémoire, 30 euros, 312 p., septembre 2014)
EAN : 9782343038094 EAN PDF : 9782336353265

L'HARMATTAN ITALIA
Via Degli Artisti 15; 10124 Torino
harmattan.italia@gmail.com

L'HARMATTAN HONGRIE
Könyvesbolt ; Kossuth L. u. 14-16
1053 Budapest

L'HARMATTAN KINSHASA
185, avenue Nyangwe
Commune de Lingwala
Kinshasa, R.D. Congo
(00243) 998697603 ou (00243) 999229662

L'HARMATTAN CONGO
67, av. E. P. Lumumba
Bât. – Congo Pharmacie (Bib. Nat.)
BP2874 Brazzaville
harmattan.congo@yahoo.fr

L'HARMATTAN GUINÉE
Almamya Rue KA 028, en face
du restaurant Le Cèdre
OKB agency BP 3470 Conakry
(00224) 657 20 85 08 / 664 28 91 96
harmattanguinee@yahoo.fr

L'HARMATTAN MALI
Rue 73, Porte 536, Niamakoro,
Cité Unicef, Bamako
Tél. 00 (223) 20205724 / +(223) 76378082
poudiougopaul@yahoo.fr
pp.harmattan@gmail.com

L'HARMATTAN CAMEROUN
BP 11486
Face à la SNI, immeuble Don Bosco
Yaoundé
(00237) 99 76 61 66
harmattancam@yahoo.fr

L'HARMATTAN CÔTE D'IVOIRE
Résidence Karl / cité des arts
Abidjan-Cocody 03 BP 1588 Abidjan 03
(00225) 05 77 87 31
etien_nda@yahoo.fr

L'HARMATTAN BURKINA
Penou Achille Some
Ouagadougou
(+226) 70 26 88 27

L'HARMATTAN SÉNÉGAL
10 VDN en face Mermoz, après le pont de Fann
BP 45034 Dakar Fann
33 825 98 58 / 33 860 9858
senharmattan@gmail.com / senlibraire@gmail.com
www.harmattansenegal.com

L'HARMATTAN BÉNIN
ISOR-BENIN
01 BP 359 COTONOU-RP
Quartier Gbèdjromèdé,
Rue Agbélenco, Lot 1247 I
Tél : 00 229 21 32 53 79
christian_dablaka123@yahoo.fr